Karl May · In den Cordilleren

KARL MAYs HAUPTWERKE

IN 33 BÄNDEN

»ZÜRCHER AUSGABE«

7. AMERIKA-BAND

KARL MAY

In den Cordilleren

REISEERZÄHLUNG

ZÜRCHER AUSGABE

DER TEXT DIESER AUSGABE
FOLGT DEN ZEITSCHRIFTEN-ERSTDRUCKEN,
STUTTGART 1887 UND 1887/88.
DIE ORIGINALE ORTHOGRAPHIE UND INTERPUNKTION
WURDEN RESPEKTIERT.

UMSCHLAGBILD VON
KLAUS DILL
KONZEPTION UND GESTALTUNG VON
URS JAKOB

HERSTELLUNG: EBNER ULM
ISBN 3 251 20216 2

Inhalt

IN DEN CORDILLEREN

Reiseerzählung

ERSTES KAPITEL

Im Gran Chaco

Die Stadt Palmar liegt in der Provinz Corrientes, dem Argentinischen Mesopotamien, und zwar an dem Flusse, welcher denselben Namen wie die Provinz selbst führt. Sie ist nicht groß, treibt aber einen bedeutenden Handel, wenigstens nach den dortigen Verhältnissen bedeutend, denn trotz der außerordentlichen Fruchtbarkeit von Corrientes liefert der Ackerbau nur den heimischen Bedarf; die Industrie ist nicht nennenswert, und die Ausfuhr besteht nur aus den Produkten des Waldes und der Herden.

Zu der Zeit, als wir uns diesem Städtchen mit unsern Gefangenen von Süden her näherten, bildete es den Ausgangspunkt aller von Norden her gegen den aufständischen Lopez Jordan gerichteten militärischen Unternehmungen. Da gab es Soldaten aller Art, über deren Aussehen ein deutscher Landwehrmann den Kopf geschüttelt hätte. Doch machten sie immerhin einen bessern Eindruck als diejenigen, welche ich bei Jordan gesehen hatte. Als wir ankamen, sahen wir sie rechts und links vom Wege exerzieren.

Das Städtchen liegt nicht direkt am Flusse, sondern es wird durch Moräste von ihm getrennt, welche man durch Schilfdämme wegbar gemacht hatte. Der Oberst hieß uns im Galopp bis auf die Plaza reiten und vor der Casa de Ayuntamiento, dem Rathause, halten, welches einem Lüneburger Heidehofe ähnlicher sah als dem Sitze einer städtischen Behörde.

Dort stellte er sich dem Platzkommandanten vor, wobei der Bruder und ich ihn begleiten mußten, um ihn bei der Erzählung des Vorgefallenen zu unterstützen. Der Erfolg dieses Berichtes war, daß die Offiziere der Aufständischen im Stadthause eingeschlossen und ihre Soldaten in mehrere Corrals gesperrt wurden, um später abgeurteilt zu werden. Uns aber lud der Herr, einschließlich aller meiner Begleiter, zum Essen ein.

Die ohne einen einzigen Schuß oder Schwertstreich erfolgte Gefangennahme der an Zahl so überlegenen Gegner und die Erbeutung so vieler Pferde, an welchen großer Mangel war, galt natürlich für eine vielverheißende Einleitung der kriegerischen Thätigkeit des Obersten. Und da er diesen Erfolg uns zu verdanken hatte, so erging er sich in den zartesten Aufmerksamkeiten gegen uns. Er forderte uns auf, möglichst lange in Palmar zu bleiben, und versprach, uns den Aufenthalt so angenehm wie möglich zu machen und uns dann mit allem für unsre Weiterreise Nötigen reichlich zu versorgen. Sein Erstes war, uns ein möglichst gutes Quartier anzuweisen. Wir fanden dasselbe in dem Hause eines reichen Handelsherrn, welcher sich mit der Ausfuhr von Landesprodukten beschäftigte. Bei ihm wurden wir sehr freundlich aufgenommen und teils in zwei Gaststuben, teils in einem für die Dienerschaft bestimmten Nebengebäude untergebracht.

Was mich betraf, so zog ich es vor, mich sofort schlafen zu legen, nachdem ich mich überzeugt hatte, daß mein Pferd sich in guter Pflege befand. Die Stadt bot gar nichts Sehenswertes, und nach den gehabten Anstrengungen war eine ausgiebige Ruhe das allernötigste für uns.

Der Frater, Turnerstick und sein Steuermann legten sich auch schlafen. Die andern zogen es vor, sich in der Stadt zu vergnügen. Dies war auch der Fall mit Gomez, dem Indianer, dessen Mutter durch das unfreiwillige Bad im Parana ganz nachhaltig wieder hergestellt zu sein schien. Sie waren gegangen, um sich mit ihren Stammesgenossen zu unterhalten, welche in der Stadt lebten oder auch in das hier befindliche Militär getreten waren. Gomez gehörte zu dem Stamme der Aripones, welche ihren hauptsächlichsten Aufenthalt zwischen dem Rio Salado und Rio Vermejo haben und infolgedessen die besten Kenner des geheimnisvollen Gran Chaco sind.

Als es längst dunkler Abend war, kam er, mich zu wecken. Er entschuldigte das damit, daß er Abschied nehmen müsse, weil er Ursache habe, Palmar sofort zu verlassen. Als ich ihn nach dem Grunde fragte, antwortete er:

»Ich muß sofort in meine Heimat gehen, da die Meinigen sich in Gefahr befinden, aus ihren Wohnsitzen verdrängt zu werden. Ich habe sie zu warnen.«

»Wo befinden sich diese Wohnsitze?«

»Jenseits des Parana, zwischen dem Rio Salado und dem obern Laufe des Rio Vivoras.«

»Giebt es dort nicht eine Reihe verlassener Ansiedelungen?«

»Ja. Es waren vor langer, langer Zeit Weiße eingewandert, welche sich aber nicht halten konnten – der – der – Indianer wegen, die sich feindlich gegen sie verhielten. Die Weißen haben fortgemußt, und ihre Häuser sind zerfallen. Jetzt kommen abermals welche, um uns aus unserm Reviere zu vertreiben. Sollen wir gehen, ohne uns gewehrt zu haben?«

»Was wollen diese Leute dort? Es giebt doch anderwärts Land genug, welches bequemer liegt und weit fruchtbarer ist. Warum ziehen sie gerade jene Gegend vor, welche zu dem wilden Gran Chaco gehört?«

»Dasselbe sagen und fragen auch wir. Es giebt so viel Platz, daß man uns in Ruhe lassen kann.«

»Was für Leute sind denn diejenigen, von denen Sie sprechen?«

»Sie sind teils aus Buenos Ayres herauf- und aus Corrientes heruntergekommen. Ihre Anführer sind ein nordamerikanischer Ingenieur und der Bevollmächtigte eines Bankiers in Buenos. Sie wollen den Rio Salado tiefer und breiter machen, damit Dampfer denselben befahren können. Ist das geschehen, so wollen sie in dem dichten Walde, welcher sich weit, weit am linken Ufer des Flusses hinzieht, Bäume fällen und Yerba[1] sammeln lassen, um beides auf dem Salado in den Parana gehen zu lassen und sich viel Geld zu verdienen.«

»Haben sie Konzession dazu?«

»Das weiß ich nicht. Die beiden Anführer sind hier in Palmar gewesen, weil der Führer, den sie haben wollten, sich hier

1 Paraguaythee, Mate.

befand. Die andern Leute, welche zu dieser Expedition gehörten, blieben an der Mündung des Flusses zurück, um ihre Rückkehr dort zu erwarten.«

»Ist die Gesellschaft zahlreich?«

»Ja. Eine Anzahl Männer sind mit Booten den Rio Salado hinauf, um die andern dort zu erwarten, welche mit zahlreichen Ochsenwagen nach den alten Ansiedelungen gehen.«

»Ist es denn möglich, mit solchen Wagen dieses Ziel zu erreichen?«

»Ja. Nur in der Nähe des Parana bieten sich solche Schwierigkeiten, daß die Wagen zerlegt werden müssen. Die Teile derselben werden ebenso wie das Gepäck von den Ochsen so weit getragen, bis man freien Camp findet. Dann setzt man die Wagen wieder zusammen und kann bis zu den Ansiedelungen fahren. Man scheint zu denken, daß diese Schwierigkeiten nicht schwer zu überwinden seien, denn mehrere der Männer haben ihre Frauen und Kinder mitgenommen.«

»Dann ist es allerdings auf einen längern, wohl gar bleibenden Aufenthalt abgesehen.«

»Jedenfalls. Da aber mein Stamm in der Nähe der alten Ansiedelungen wohnt und das Land für sein Eigentum hält, so wird es ganz gewiß zu einem Zusammenstoße kommen. Ich muß also schleunigst hin, Sennor. Auch kenne ich die Gebräuche der Weißen besser als meine Genossen, und da ich gut spanisch spreche, kann ich auch als Dolmetscher von großem Nutzen sein, obgleich der Führer der Weißen unsre Sprache so genau versteht, als ob er zu uns gehörte. Er ist der berühmteste weiße Kenner des Gran Chaco.«

»Wie heißt er?«

»Geronimo Sabuco.«

»Ah! Ist's etwa der, welcher gewöhnlich nur el Sendador genannt wird?«

»Ja. Kennen Sie ihn?«

»Persönlich nicht. Aber Sie müssen doch wohl gehört haben, daß ich mit meinen Gefährten oft von ihm gesprochen habe?«

»Sie haben von einem Sendador gesprochen; aber es giebt

deren so viele, daß ich nicht wissen konnte, welchen Sie meinen.«

»Vielleicht irren Sie sich, und es ist ein anderer. Wir waren überzeugt, ihn weit nördlicher zu finden.«

»Es ist Sabuco, kein anderer. Suchen Sie ihn?«

»Ja. Wir wollen zu ihm, um ihn als Führer zu engagieren.«

»Da kommen Sie nun zu spät. Er ist schon engagiert.«

»Aber wir wollen und müssen ihn haben. Wir sind nur deshalb hierher gekommen, um ihn im Gran Chaco aufzusuchen.«

»Wenn dies der Fall ist, Sennor, so freue ich mich, weil Sie dann jedenfalls mit mir gehen werden, denn anders können Sie ihn nicht finden.«

»Das ist richtig. Ich werde mich mit meinen Gefährten besprechen.«

»So thun Sie das bald, da ich noch vor Anbruch des Morgens fort will. Ich habe keine Zeit zu verlieren. Je schneller ich reise, desto eher kann ich meinen Stamm warnen.«

»Es fragt sich, ob Ihnen das noch zur rechten Zeit möglich ist. Können Sie die Expedition denn nicht einholen?«

»Ja, denn sie ist vor fünf Tagen von hier aufgebrochen, aber diese Leute reisen mit Ochsenkarren, also sehr langsam, während ich aber reiten werde.«

»Wie lange reitet man bis zu den alten Ansiedelungen?«

»Vom Parana aus ungefähr zehn Tage, während man zu Wagen wenigstens fünfzehn braucht. Ich muß diese Leute also erreichen, bevor sie an ihr Ziel kommen, werde mich aber nicht vor ihnen sehen lassen, da sie nicht zu wissen brauchen, daß ich meinen Stamm benachrichtigen will. Sie würden mich natürlich daran zu hindern suchen.«

»Da Sie Ihre Mutter mitnehmen, können Sie keine sehr bedeutenden Tagesmärsche machen, welche die Frau übermäßig anstrengen würden. Darum ist es sehr wahrscheinlich, daß Sie doch zu spät kommen. Und so liegt an einer kleinen Versäumnis von wenig Stunden auch nicht viel. Sie können immerhin warten, bis es Tag geworden ist.«

»Nein, Sennor. Wenn Sie nicht eher aufbrechen wollen, so reite ich allein. Was hindert Sie denn, eher aufzubrechen?«

»Erstens der Umstand, daß Tiere und Menschen einmal ausruhen müssen. Und sodann reitet man nicht nach dem Gran Chaco, ohne die dazu nötigen Vorbereitungen zu treffen.«

»Das ist wahr. Zwei Personen bedürfen nicht viel; Sie aber zählen mehr.«

»Und wie kommen wir über den Parana?«

»Wir warten ein Schiff oder Floß ab, das uns übersetzt.«

»Dabei könnten wir viel Zeit verlieren. Nein; ich werde mit dem Obersten und dem Platzkommandanten sprechen. Hoffentlich stellen sie uns einige Fahrzeuge zur Verfügung, mit denen wir den Rio Corrientes hinab in den Parana fahren und am jenseitigen Ufer des letzteren anlegen können. Das würde für uns eine große Zeitersparnis bedeuten.«

»Sennor, Sie haben recht. Ich sage Ihnen, daß ich die Gegend genau kenne. Die großen Sümpfe, welche an den Ufern des Parana liegen, halten jeden Reiter nicht nur auf, sondern können ihm sogar höchst gefährlich werden. Ich aber kenne eine schmale Wasserbucht, welche der Parana weit in das Land hineinsendet. Bekommen wir Kähne, so können wir dieselben benutzen und an der Sumpfregion vorüberkommen.«

»Also eine Art Bayou, wie man im Norden diese toten Flußarme nennt? Das ist sehr gut. Sie sehen aber ein, daß ich die beiden Herren, mit denen ich sprechen will, nicht jetzt mitten in der Nacht wecken darf. Also werden Sie warten?«

»Unter diesen Verhältnissen, ja. Vorausgesetzt natürlich, daß Sie wirklich mitreiten.«

»Auf alle Fälle. Wir müssen den Sendador finden, und da er nach den Ansiedelungen ist, werden wir ihm folgen. Wie aber steht es mit dem Wege, welchen wir bis dorthin zurückzulegen haben? Ist er sehr beschwerlich?«

»Nein, wenn wir einmal über den Parana und seine Sümpfe hinüber sind. Wo ein Fluß ist, giebt es freilich Moor und große Feuchtigkeit, sowie weite, dichte Waldungen. Auch findet man bedeutende Strecken, in denen man nichts als Sand und wieder Sand findet. Aber Sie haben auch herrliche Campostrecken, welche von schönen Gehölzen unterbrochen sind. Die Hauptsache ist, daß Sie einen Führer haben, welcher die Gegend kennt.«

»Nun, den werden wir wohl in Ihnen finden?«

»Ja. Noch bewanderter aber ist mein Vetter Gomarra, welchen ich Ihnen empfehlen kann. Der allererfahrenste freilich ist Geronimo Sabuco. Wenn Sie den finden, so bringt er Sie durch den ganzen Chaco, ohne daß Sie eine Ahnung bekommen, wie gefährlich er eigentlich für den Fremden, besonders für den Weißen ist.«

»Warum gerade für den Weißen?«

»Weil dieser nicht an das Klima gewöhnt ist und also bald das Fieber bekommt. Und sodann, weil es für ihn noch andere und weit schlimmere Gefahren giebt.«

»Welche? Wilde Tiere?«

»Ja. Der Jaguar ist gefährlich.«

»Pah, den fürchten wir nicht. Aber Sie sprachen auch von wilden Menschen, welche jedenfalls noch gefährlicher als die Jaguare sind.«

»Wilde Menschen? Da meinen Sie natürlich uns Indianer. Glauben Sie wirklich, daß wir zu den Wilden gezählt werden müssen?«

»Von Ihnen persönlich will ich nicht reden; aber denken Sie, daß man zum Beispiel die Aripones unter die hochgebildeten Völker rechnen muß?«

»Nein. Aber wer ist schuld, daß wir nicht mehr das sind, was wir früher waren? Wer hat uns aus unsern früheren Wohnsitzen vertrieben, so daß wir nun in den Wildnissen leben müssen, die man uns nun auch nicht länger gönnen will? Müssen wir nicht die Weißen hassen? Müssen wir uns nicht ihrer zu erwehren suchen, wenn sie immer auf uns eindringen, so daß wir nicht einmal im wilden Chaco in Ruhe gelassen werden?«

»Sie mögen nicht unrecht haben. Ich gebe zu, daß Sie erbittert sein müssen. Aber Ihre Art, sich zu verteidigen durch Raub und Mord, ist die der echten Wilden.«

»Sennor, besteht nicht jeder Krieg aus Raub und Mord? Geben Sie uns Ihre Waffen und Ihre Vorteile, so können wir uns anders verteidigen. Bis dahin aber müssen wir uns der Waffen bedienen, welche wir besitzen.«

»Ist es nicht schrecklich, Menschen zu überfallen, um sie zu töten oder sie mit in die Wildnis zu schleppen, um sie später gegen hohes Lösegeld freizugeben?«

»Ja, das ist schrecklich, Sennor. Aber wer thut das? Wer hat es zuerst gethan? Wer hat uns diese Weise der Kriegsführung gezeigt?«

»Die Weißen etwa?«

»Sie glauben es nicht? Nun, so denken Sie doch an das gegenwärtige Beispiel! Der Sendador führt eine ganze, große Gesellschaft Weißer über den Parana. Die Leute wollen an den Rio Salado, welcher uns gehört. Sie wollen in unserem Gebiete wohnen und auf demselben Yerba suchen und die Wälder niederschlagen, die uns gehören und ohne welche wir nicht leben können. Ist das nicht Ueberfall? Haben sie uns um die Erlaubnis gefragt? Werden sie uns das bezahlen, was sie uns nehmen, den Fluß, die Wälder, die Yerba, die Bäume? Nein! Und wenn wir uns sträuben, uns berauben zu lassen, so greifen sie nach ihren Waffen und wenden Gewalt an. Wie viele von uns dabei getötet werden, das erzählen sie nicht. Und wenn sie je davon sprechen, so rühmen sie sich dessen. Habe ich recht oder nicht, Sennor?»

Ich zögerte mit der Antwort, denn ich konnte ihm nicht Unrecht geben. Dann fuhr er fort:

»Wenn Sie also von Raub und Mord sprechen, so klagen Sie die Weißen an, aber nicht uns. Sie sind die Angreifer, während wir uns nur verteidigen.«

»Aber verteidigt man sich durch die Entführung von Frauen und Mädchen?«

»Ja, wenn einem sonst kein Mittel übrig bleibt.«

»Sie haben andere Mittel, Ihre Waffen.«

»Das können Sie sagen, weil Sie fremd im Lande sind. Die

Weißen haben Gewehre, Pulver und Patronen. Wir aber besitzen nur Spieße und Pfeile, mit denen wir gegen sie nichts vermögen. Muß es da nicht unser Bestreben sein, auch Gewehre zu erhalten?«

»Freilich wohl.«

»Nun, kaufen können wir sie uns nicht, denn wir haben kein Geld. Die Weißen haben uns das gute Land weggenommen, so daß wir weder Estanzias noch Ranchos besitzen. Wir können uns nichts verdienen. Darum nehmen wir, wenn sich uns Gelegenheit dazu bietet, die Frauen und Töchter der Weißen gefangen und geben sie ihnen gegen ein Lösegeld zurück, für welches wir uns dann kaufen, was wir brauchen.«

»Aber die Männer und Knaben tötet ihr bei solchen Gelegenheiten!«

»Sollen wir sie leben lassen, da sie uns bei der nächsten Veranlassung umbringen würden? Wir handeln nur aus Rücksicht für unsere Verteidigung so. Wollen Sie den Schaden, welchen wir durch die Weißen erlitten haben, vergleichen mit den Verlusten, die sie uns zufügten, so werden Sie zu der Erkenntnis kommen, daß wir sehr im Nachteil sind.«

»Da kommen Sie auf ein eigenartiges Thema. Ich glaube nicht, daß Sie ahnen, welchen Schaden nur in den La Platastaaten die Indianer anrichten. Die Indianer dieses Landes haben während der letzten fünfzig Jahre ungefähr elf Millionen Rinder, zwei Millionen Pferde und ebensoviele Schafe gestohlen. Dabei sind dreitausend Häuser zerstört und fünfzigtausend Menschen getötet worden.«

»Sennor, glauben Sie das doch nicht!«

»Ich muß es glauben, denn es ist berechnet worden!«

»Das haben die Indianer nicht gethan. Die Weißen sind die größten Spitzbuben. Was sie selbst thun, dafür klagen sie uns an. Wenn ein Weißer Pferde stiehlt, so sind wir es gewesen. Wenn ein Weißer den andern ermordet, so sind wir die Mörder. Die Hälfte, wenigstens die Hälfte dessen, wovon Sie jetzt sprachen, haben Weiße verschuldet. Und wenn diese Leute an ihren eigenen Genossen so handeln, wie mögen sie sich da gegen uns verhalten! Nein, Sennor, was Sie da vorbringen, das spricht mehr zu unseren Gunsten als zu unserem Schaden.«

»Hm! Ich hörte allerdings schon Aehnliches äußern.«

»So hat man Ihnen die Wahrheit gesagt. Man sendet Soldaten gegen uns aus, angeblich um die Ansiedler gegen unsere Raubzüge zu schützen. Aber ich sage Ihnen, daß die größten Räuber sich unter den Grenzsoldaten befinden. Und wenn die Zahlen, welche Sie vorhin brachten, die volle Wahrheit enthielten, so wäre der Schaden, welchen die Weißen uns verursacht haben, doch viel größer. Das ganze Land gehörte uns. Was darauf lebt und wächst, ist also unser Eigentum. Wenn ich mir ein Rind, ein Pferd fange, so stehle ich nicht etwa, sondern ich nehme nur das, was mir gehört.«

So sagen alle südamerikanischen Indianer. Sie sind überzeugt, ganz in ihrem Rechte zu sein, und niemand kann ihnen das Gegenteil beweisen. Wenn sie einmal von dem Grundsatze ausgehen, daß sie die rechtmäßigen Herren des Landes sind, so hilft keine Polemik gegen die daraus gezogenen Schlüsse.

»Schweigen wir lieber,« sagte ich. »Keiner von uns beiden kann dem Schicksale der Eingeborenen eine andere Richtung geben. Uebrigens erwähnte ich die Raubzüge der Ihrigen nur bei der Gelegenheit, als wir von den Gefahren des Chaco sprachen.«

»So brauchen Sie keine Sorge zu tragen, daß sie Ihnen gefährlich werden. Sie haben meine Mutter durch die empörten Fluten des Wassers getragen. So lange ich bei Ihnen bin, wird Ihnen kein Leid geschehen.«

»Nun, große Sorge habe ich in dieser Beziehung überhaupt nicht. Aber was wird man mit den Leuten thun, deren Ankunft Sie den Aripones melden wollen?«

»Man wird sie überfallen.«

»Und töten?«

»Wahrscheinlich. Wenigstens die Männer. Die Frauen schafft man tiefer in den Chaco, um Geld für sie zu erhalten.«

»Und dazu wollen Sie beitragen?«

»Ich bin Indianer und handle als solcher!«

»Sie werden dadurch zum Mörder!«

»Die Weißen werden sich keinen Augenblick besinnen, auf uns zu schießen. Warum verlangen Sie von uns solche Nachsicht?«

»Wenn Sie mit solchen Absichten von hier fort wollen, muß ich Sie eigentlich festhalten.«

»Das werden Sie nicht thun! Gegen einen andern wäre ich nicht so aufrichtig gewesen. Zu Ihnen aber habe ich offen sprechen dürfen. Wollen Sie die gute Meinung, welche ich von Ihnen habe, zu schanden machen?«

»Nein. Aber ich sage Ihnen, daß ich von jetzt an Ihr Gegner bin. Sie wollen die Weißen verderben; ich aber werde sie zu retten versuchen.«

»Das ist ein fruchtloses Beginnen.«

»Das will ich nicht hoffen. Warnen Sie die Ihrigen, und ich werde die Weißen warnen. Persönlich aber werden wir beide Freunde sein.«

»Sennor, es kann doch sehr leicht geschehen, daß wir uns dann als Feinde gegenüber stehen. In diesem Falle haben Sie von mir nichts zu befürchten. Ich werde alles thun, Sie vor Schaden zu bewahren. Wollen wir diesen Pakt schließen?«

»Ja. Hier ist meine Hand.«

»Gut! Jetzt schlafen Sie wohl, damit Sie am Morgen gestärkt zur Reise erwachen.«

Er ging und ließ mich in Gedanken zurück, welche den Schlaf noch längere Zeit fern von mir hielten. Es war wieder das alte Thema gewesen, das Thema über die Berechtigung der weißen Rasse, die rote von der Erde zu verdrängen. Wenn wir dieses Recht wirklich besitzen, so wird es uns doch nie gelingen, die Indianer von demselben zu überzeugen. Sie werden unsere Feinde sein, bis der letzte von ihnen unserem Andrängen gewichen ist. Jede Erklärung ist da vergeblich.

Also der Sendador war hier gewesen und hatte sich gewinnen lassen, die Weißen nach den verlassenen Ansiedelungen zu führen. Eigentlich konnte uns das lieb sein, weil uns dadurch die Fahrt nach Goya und der beschwerliche Ritt durch die Urwälder des Rio Vermejo erspart wurde. Die Absicht, in welcher diese Expedition unternommen wurde, war keineswegs eine neue. Schon früher hatten Nordamerikaner und auch andere den Rio Salado befahren, um zu begutachten, ob derselbe besser schiffbar zu machen sei. Es waren bedeutende Summen auf diese Untersuchung verwendet worden, doch hatte man stets nur ein negatives Resultat erzielt. Ob der Erfolg jetzt ein besserer sein werde, war wenigstens zu bezweifeln.

Der Schlaf kam erst später wieder und hielt mich nicht lange gefangen. Ich erwachte, als der Morgen zu grauen begann, und weckte den Bruder, der nun wohl ausgeschlafen haben konnte. Als ich ihm erzählte, was mir Gomez mitgeteilt hatte, sagte er:

»Das ist gut, Sennor. Wir treffen auf diese Weise den Sendador weit eher, als zu erwarten war. Wollen gleich nach unsern Gefährten sehen, damit sie sich zum Aufbruche rüsten.«

»Das eilt nicht so sehr, da wir erst mit den beiden Offizieren zu reden haben. Vorher aber möchte ich einmal mit Gomez sprechen. Lassen Sie uns ihn aufsuchen.«

Wir begaben uns in das Nebengebäude, in welchem er mit den Yerbateros untergebracht worden war. Er befand sich nicht mehr dort; vielmehr hörten wir, daß er des Nachts mit seiner Mutter fortgeritten sei.

»Wohin?« fragte ich.

»Er verriet es uns nicht, doch sollten wir Ihnen sagen, Sie wüßten wohl, warum er vor Ihnen aufbreche. Sie sollten ihn entschuldigen, wenn er sich vielleicht eines Bootes bemächtigen müsse.«

»So ist's gut. Ich weiß, wohin er ist. Sie haben wohl nicht bemerkt, ob er nach dem Flusse ritt?«

»Nein. Wir haben uns nicht stören lassen und sind liegen geblieben. Bevor er sich entfernte, bedankte er sich für die Freundlichkeit, welche er bei uns gefunden hat. Er sagte, er würde möglichst dafür sorgen, daß uns nichts Böses geschehe.«

»Ich vermute, was er meinte. Wir werden auch baldigst aufbrechen. Halten Sie sich bereit dazu!«

Kapitän Turnerstick und sein Steuermann waren mit unserem Vorsatz einverstanden. Sie waren entschlossen, mit uns zu gehen, wohin es uns beliebe.

Zunächst ließen wir den Oberst wecken. Als wir ihm unser Anliegen vortrugen, meinte er:

»Da brauchen Sie den Platzkommandanten gar nicht zu bemühen. Er hat sich ja doch nur nach meinen Wünschen zu richten. Es thut mir leid, Sie so schnell zu verlieren; aber Ihr eigenes Interesse verbietet mir, Sie um ein längeres Verweilen zu ersuchen. Ich werde Sie schnell mit guten Vorräten und einigen Packpferden versehen und auch für ein oder mehrere Fahrzeuge sorgen, auf denen Sie die Fahrt bis in den Parana machen können.«

Er gab sofort die nötigen Befehle, und wir beide hatten nun zunächst uns bei Antonio Gomarra zu erkundigen, ob er im stande sei, uns ohne Umwege nach den Ansiedelungen zu bringen.

»Ganz gut!« sagte er. »Ich war schon öfter dort.«

»Kennen Sie die Aripones?«

»Ich verstehe ihre Sprache leidlich. Was das betrifft, so können Sie sich auf mich verlassen. Also der Sendador ist noch dort? Bin begierig, ihn baldigst einzuholen!«

Unser Aufbruch ging doch nicht ganz still von statten. Der Kommandant war erwacht und hatte sich nach der Ursache des Geräusches erkundigt. Er kam, um uns zu verabschieden. Bei dieser Gelegenheit erfuhren wir, daß Geronimo Sabuco wirklich der erwähnte Führer sei.

»Ich habe den Leuten abgeraten, diesen Mann zu engagieren,« fügte er hinzu.

»Warum?« fragte ich.

»Es hat keinen bestimmten Grund. Aber sein Auge ist falsch. Uebrigens lassen verschiedene Gerüchte vermuten, daß er es mit den Indianern hält.«

»Das kann doch nicht befremden, Sennor! Ein Mann, welcher sich so oft und so lange im Gran Chaco befindet, muß vor allen Dingen darauf sehen, mit den Roten in Frieden zu leben!«

»Das ist wahr; aber ich hörte einigemal munkeln, daß er

höchst wahrscheinlich bei verschiedenen Teufeleien der Indianer seine Hand im Spiele gehabt habe.«

»Sollte er Leute verraten haben, welche sich seiner Führung anvertraut hatten?«

»Ja. Man muß ihm auf die Finger sehen.«

»Haben Sie ihn Ihr Mißtrauen merken lassen?«

»Nicht nur das; ich habe es ihm sogar in sehr deutlichen Worten gesagt. Ich drohte ihm, ihn erschießen zu lassen, falls der Expedition ein Unglück geschehe. Er zuckte lächelnd die Achsel und sagte kein Wort.«

»Ist die Expedition gut ausgerüstet?«

»Mit allem Nötigen im reichlichsten Maße. Besonders an Waffen und Munition fehlt es den Leuten nicht.«

»Das wird die Indianer gerade anlocken.«

»Pah! Sie können nichts machen. Denken Sie nur, daß die Gesellschaft aus zwanzig rüstigen Männern besteht. Und jenseits des Waldes werden sie auf dem Rio Salado von einer ebenso zahlreichen Truppe erwartet.«

»Zwanzig sind nicht allzuviel gegen einen ganzen Indianerstamm!«

»Die Zahl der Roten thut nichts. Sie reißen vor den Gewehren aus, und es ist höchst selten, daß sie sich auf einen wirklichen Kampf einlassen. «

»Ich hörte, daß man auch Frauen mitgenommen hat?«

»Es sind fünf Männer dabei, welche ihre Familien bei sich haben. Die alten Ansiedelungen sollen wieder instandgesetzt und bewohnbar gemacht werden. Dazu sind Frauen erforderlich. Ist der Anfang einmal gemacht und hat man damit bewiesen, daß man dort gut und ohne Fährnis wohnen und leben kann, so werden sehr bald andere nachfolgen.«

»Aber dieser erste Versuch ist eben gefährlich, denn es steht nicht zu erwarten, daß sich die Indianer zu demselben ruhig verhalten werden.«

»Nun, dann werden sie einfach niedergeschossen, zumal ja Sie nachfolgen und der Expedition beistehen können.«

Damit war die Sache, welche er sehr leicht nahm, erledigt. Desto sorgfältiger aber verfuhr er in der Sorge für uns. Er und der Oberst begaben sich persönlich nach dem Flusse, um sich zu überzeugen, daß man die Befehle des letzteren auch vollständig ausgeführt habe. Wir erhielten zwei lange Boote, welche Raum genug für uns und unsere Pferde hatten, und wurden mit allem versehen, was wir brauchten, ohne daß man uns eine Bezahlung dafür abverlangte. Dann verabschiedeten wir uns von den Leuten, mit denen wir uns so schnell befreundet hatten, und stiegen in die Boote. Der Wind war uns sehr günstig, und wenn der Rio Corrientes auch kein starkes Gefälle hat, so gelangten wir doch mit Hilfe der kräftigen Ruderer, welche man uns mitgegeben hatte, schon nach vier Stunden in den Rio Parana.

Ich hatte Gomarra gefragt, ob er von der Bucht etwas wisse, von welcher der Indianer gesprochen hatte. Er antwortete:

»Es giebt mehrere solcher toter Arme, welche weit in das Land treten. Wir werden keinen von ihnen benutzen, denn ich weiß ein kleines Flüßchen, welches von Westen her in den Parana tritt. Es ist breit genug für unsere Boote, und wir rudern also in demselben so weit wie möglich aufwärts. Auf diese Weise gelangen wir aus der Region der Sümpfe am schnellsten und leichtesten auf trockenen Camposboden.«

»Wäre es nicht geraten, zunächst die Fährte der Gesellschaft aufzusuchen, welcher wir folgen wollen?«

»Wozu? Diese Fährte ist jetzt über fünf Tage alt und also nur schwer zu erkennen. Mit ihren Ochsenwagen haben die Leute nicht den geradesten Weg einschlagen können. Es giebt Wasserläufe, denen sie mühsam folgen müssen, bis sie eine Stelle finden, an welcher sie hinüber können. Das haben aber doch wir nicht nötig.«

»Gut! Wir verlassen uns auf Sie. Können Sie uns die Ansiedelungen beschreiben?«

»Sehr leicht. In diesen Gegenden baut einer wie der andere, und sodann hat die Natur alles gethan, sie einander ähnlich zu machen, indem sie alles mit Pflanzen überwucherte.«

»Also sind die Häuser unbewohnbar geworden?«

»Vollständig; sie sind zerfallen. In Zeit von einigen Jahren ist alles verfault und zerbröckelt, und die Schlingpflanzen legen ihre dicke Decke darüber hin.«

»Hatten diese Ansiedelungen ihre bestimmten Namen?«

»Das versteht sich ja von selbst. Man läßt hier keinen einzelnen Rancho ohne Namen, viel weniger aber eine ganze Siedelung. Sie lagen nicht weit voneinander in der Nähe des Lago Honda und hießen, glaube ich, Pozo de Sixto, Pozo de Quinti, Pozo de Campi, Pozo Olumpa und Pozo Antonio. Es sind noch andere da, deren Namen ich aber vergessen habe. Es ist ein ganz eigenartiger Eindruck, den so ein verlassener und von blühenden Schlinggewächsen überwucherter Ort auf den Menschen macht. Man meint, vor einem riesenhaften Grabe zu stehen, und trotz des Duftes, welcher den Blumen entströmt, hat man den Geruch von Fäulnis und Moder in der Nase. Warum die Glieder der Expedition gerade dorthin wollen, das kann ich nicht begreifen. Beabsichtigen sie, dort zu wohnen, so können sie monatelang arbeiten, bevor es ihnen gelingt, den Schutt hinwegzuräumen.«

»Vielleicht haben sie sich für diese Gegend entschlossen, weil es dort gutes Wasser giebt.«

»O, in der Gegend des Rio Salado ist überall Wasser vorhanden, Wasser mehr als genug. Sie werden das vielleicht kennen lernen.«

»Schwerlich, denn wir beabsichtigen ja nicht, uns lange am Rio Salado aufzuhalten.«

»Aber Sie wollen ja nach Tucuman, und da thun Sie am klügsten, wenn Sie dem Laufe des Salado bis ungefähr dahin folgen, wo Matara liegt. Von dort führt ein Weg über Santiago nach Tucuman. Das ist die beste Richtung, welche Sie einschlagen können.«

»Ich werde leider nicht über mich selbst bestimmen können, denn wenn wir den Sendador treffen, wird es nur auf ihn ankommen, in welcher Richtung ich nach Tucuman gehe.«

»Wenn er nun überhaupt nicht mit dorthin will?«

»Warum sollte er nicht wollen?«

»Weil es doch seine Absicht ist, Ihnen die Pläne zu zeigen und dann hinauf in die Berge zu gehen.«

»So wird er dennoch vorher mit mir nach Tucuman müssen. Ich kann meinen Besuch in dieser Stadt nicht aufgeben, da ich einen Bekannten dort treffen will. Verlangt der Sendador, daß ich mit ihm gehe, so kann ich auch fordern, daß er mich vorher nach Tucuman geleite.«

Während dieses Gespräches waren wir in den Parana gelaufen und hielten quer abwärts über denselben hinüber. Auch weiter oben mußte es außerordentliche Regengüsse gegeben haben, denn die Fluten des Stromes waren noch gelber und dicker als gewöhnlich. Dieser Fluß ist sehr fischreich, aber wegen seines schlammigen Wassers ist es unmöglich, jemals einen schwimmenden Fisch zu sehen. Auch hier wurde er durch einige langgestreckte Inseln in mehrere Arme geteilt, was die Ueberfahrt wesentlich erschwerte. Gomarra war ein guter Führer. Wir erreichten das jenseitige Ufer gerade an der Mündung des kleinen Flüßchens, dem wir aufwärts folgen sollten. Hier konnten wir die Segel nicht mehr benutzen. Wir griffen daher zu den Rudern und Stangen und arbeiteten alle so fleißig, daß wir bei Anbruch des Abends eine ganz bedeutende Strecke zurückgelegt hatten.

Als es dunkel geworden war, landeten wir und machten es uns teils in den beiden Fahrzeugen, teils auch am Ufer so bequem wie möglich. Essen gab es in Hülle und Fülle, da man uns auf das reichlichste versorgt hatte. Ebenso reichlich bescherte uns der Fluß dichte Schwärme von Stechmücken, gegen welche wir uns nur durch große Feuer schützen konnten, in welche wir nasses Schilf warfen. So wurden die Mückenwolken durch die Rauchwolken bekämpft und unschädlich gemacht.

Am andern Morgen ruderten und stakten wir uns zeitig weiter, bis um die Mittagszeit das Flüßchen so schmal und seicht wurde, daß wir nicht weiter fahren durften, wenn wir nicht auf den Grund geraten wollten. Wir schifften uns also aus, bezahlten die Bootsleute und verabschiedeten uns von ihnen, da von hier an die Reise zu Pferde fortgesetzt werden mußte.

Gomarra hatte ganz richtig vorhergesagt, daß wir hier die

Region der Sümpfe hinter uns haben würden. Nachdem wir eine schmale, mit dünnem Buschwerke bestandene Strecke zurückgelegt hatten, sahen wir den freien Camp vor uns.

Unsre Pferde hatten sich gut ausgeruht; wir durften sie also anstrengen, und so ging es bis zum Abende fast stets im Galoppe über die Ebene. Bis Mitternacht ritten wir langsamer; dann lagerten wir, brachen aber bereits beim Morgengrauen wieder auf, denn es kam uns natürlich darauf an, die vor uns ziehende Gesellschaft zu erreichen, bevor der Indianer Gomez an ihr vorüberkommen und die Indianer warnen konnte.

Heute bekam die Gegend ein anderes Gesicht. Sie bot weit mehr Abwechslung als gestern. Es gab kleinere Camps, welche durch hübsche Waldungen voneinander getrennt wurden. Hier und da kamen wir auch über eine sandige Strecke, welche wenig Spuren von Pflanzenwuchs zeigte und mich an die nordmexikanische Sonora erinnerte. Dann gelangten wir an eine Lagune, deren Ufer flach im Sande verliefen und mit dichtem Schilfe besetzt waren. Ganze Scharen von Wasservögeln flogen bei unserm Nahen auf, und wenn der Schilfkranz sich einmal öffnete, so daß wir einen Blick über das Wasser gewannen, so sahen wir die knorrigen Köpfe der Krokodile aus demselben ragen.

Die Wälder, durch welche oder an denen wir vorüber kamen, bestanden meist aus Quebrachos, Mistols, Vinals, Channars und sehr hohem Kaktus. Einen schönen Anblick gewährte es, wenn diese Bäume von Schlingpflanzen überwuchert waren, in denen zahlreiche Vogelnester hingen.

Auch heute machten wir erst spät am Abende Halt, brachen aber am nächsten Morgen später auf, da die Pferde doch mehr als gestern der Ruhe bedurften.

Wir befanden uns nun inmitten des so berüchtigten Gran Chaco. Aber ich fand nichts, was den schlechten Ruf dieser abgelegenen Gegend erklärt hätte. Nur unter dem Uebelstande eines großen Temperaturwechsels hatten wir zu leiden. Während die Tage schon sehr warm waren, brachten uns die Nächte eine fast winterliche Kälte, welche durch den starken

Luftstrom erhöht wurde, der frei über die offenen Camps streichen konnte.

An Speise hatten wir keinen Mangel; selbst als unser Fleischvorrat zur Neige ging, fanden wir Wild mehr als genug. Leider wurde mein sehnlichster Wunsch, einen Jaguar zu sehen oder gar zu erlegen, nicht erfüllt.

Die meisten Lagunen, an denen wir vorüberkamen, führten salziges Wasser. Dies und die Krokodile waren schuld, daß es keine Fische gab.

Da sonst nichts Ungewöhnliches über die Gegend zu sagen ist und uns auch nichts Außerordentliches passierte, so erwähne ich nur, daß wir acht Tage lang fast immer gerade gegen Westen ritten und die Strecken, welche wir zurücklegten, von Tag zu Tag immer kleiner wurden, eine Folge der steigenden Ermüdung der Pferde, denen wir nur die allernötigste Ruhe gönnten.

In diesen acht Tagen hatten wir nach Aussage Gomarras zehn gute Tagesritte zurückgelegt und näherten uns nun den Ansiedelungen. Der Führer meinte, daß wir sie morgen gegen Abend erreichen würden. Gomez hatte also die Entfernung nicht richtig geschätzt, als er sie auf zehn Tagesstrecken angegeben hatte.

Noch war uns keine Spur zu Gesicht gekommen, weder von Gomez noch von der Wagenkarawane. Am heutigen Tage aber sollten wir auf die erstere treffen.

Ich ritt mit dem Bruder und unserm Führer voran. Wir befanden uns auf reich bewachsenem Prairieboden, dessen Gras den Pferden fast bis an den Leib reichte. Da war eine frische Fährte schon von weitem zu erkennen.

Und wirklich erblickten wir im Süden, also links von uns, einen dunklen Strich, welcher sich parallel mit unsrer Richtung durch das Gras zog. Natürlich suchten wir ihn auf, um ihn zu untersuchen. Er stammte von zwei Pferden her, welche hier nebeneinander geritten waren.

»Sollte das Gomez mit seiner Mutter gewesen sein ?« fragte der Frater.

»Möglich,« antwortete ich.

»Ich halte es für unmöglich. Bedenken Sie nur, wie wir geritten sind, wie wir unsre Pferde angestrengt haben. Das kann er nicht ebenso gethan haben. Er muß also hinter uns und kann nicht vor uns sein.«

»Hm! Wer weiß, welcher Hilfsmittel er sich bedient hat. Er ist hier bekannt.«

»Ehe er nur über den Fluß gekommen ist!«

»Jedenfalls hat er auch ein Boot gehabt.«

»Aber der Proviant hat ihm gefehlt. Um nicht zu hungern, hat er also jagen müssen, und das hält auf.«

»Kann er sich nicht auch auf irgend eine Weise mit Fleisch versehen haben?«

»Das ist möglich, mir aber gar nicht sehr wahrscheinlich.«

»Ich halte es für sehr möglich,« erklärte Gomarra. »Gomez ist ein höchst umsichtiger und kluger Mensch, dem man seinen Scharfsinn nicht so leicht ansieht.«

»Das habe ich erfahren,« stimmte ich bei.

»Nicht wahr, Sennor! Leider kann man solchen Pferdespuren nicht ansehen, wen die Tiere getragen haben.«

»Sie irren sich.«

»Sie halten es für möglich, dieser Fährte abzulesen, wer hier geritten ist? Bitte, thun Sie es!«

Er sprach diese Aufforderung mit einem Lächeln aus, welches seinen Unglauben deutlich zu erkennen gab. Ich antwortete:

»Das braucht nicht gleich zu sein. Eine Fährte ist lang, und was sie hier an dieser Stelle nicht verrät, das wird sie uns später sagen, wenn wir ihr folgen. Einstweilen genügt es mir, zu wissen, daß die beiden Pferde sehr ermüdet gewesen sind.«

»Woraus schließen Sie das?«

»Daraus, daß sie die Füße geschleppt haben. Zwei Pferde, und zwar ganz abgemattet, genau in der Richtung nach den Ansiedelungen, das macht es freilich sehr wahrscheinlich, daß wir Gomez und seine Begleiterin vor uns haben.«

»Es können auch andre sein. Ich gebe dem Frater ganz recht. Gomez hatte nur wenige Stunden Vorsprung vor uns. Wie sollte er sich also noch immer vor uns befinden?«

»Warten wir es ab!«

Wir folgten von jetzt an natürlich genau der Fährte, welche immer die gleiche Deutlichkeit behielt, aber auch kein einziges Merkmal zeigte, aus welchem zu schließen gewesen wäre, wer die Reiter gewesen seien. Erst nach langer Zeit, als wir eine der bereits erwähnten Lagunen vor uns liegen sahen, gab es eine Abwechslung, und zwar eine ganz bedeutende. Es kam nämlich von links herauf eine breite, tief eingegrabene Spur, welche aus vielen Wagengeleisen bestand. Hier an der Lagune hatten die Fuhrwerke angehalten; es war da Rast gemacht worden.

Wir untersuchten den Platz. Es hatten da mehrere Feuer gebrannt. Die durstigen Pferde und Ochsen waren in das Wasser gestiegen, um zu saufen, denn man sah die Spuren der Tiere deutlich im Uferschlamme.

Das war aber auch alles, was wir bemerkten. Besondere Merkmale fanden wir nicht.

»Das ist die Karawane, welche wir suchen,« sagte Gomarra. »Wann mag sie hier gewesen sein?«

»Vorgestern,« antwortete ich, »wie ich aus verschiedenen Anzeichen sehe, welche ich kennen gelernt habe. Die Spuren alle sind nicht von gestern, sondern von einem Tag früher.«

»So hätten diese Leute ihre Ochsen außerordentlich angetrieben!«

»Ja, aber das Terrain war ein gutes. Es hat ihnen fast gar keine Hindernisse geboten. Gestern früh sind sie von hier fortgereist.«

»Und wann sind die beiden Reiter hier gewesen, deren Fährte wir bisher folgten?«

»Heute am Vormittage. Da es jetzt erst Mittag ist, so befinden sie sich also nur wenige Stunden vor uns.«

»Vielleicht können wir sie erreichen?«

»Nein, denn auch unsere Pferde sind ermüdet, wenigstens ebenso wie die ihrigen. Wir holen sie nun nicht vor den Ansiedelungen ein.«

»Das ist schade!«

»Allerdings. Es giebt freilich ein Mittel, sie zu erreichen, indem ich ihnen allein nachreite. Mein Pferd ist das beste und hält noch eine gute Strecke aus. Wenn ich mich jetzt von Ihnen trenne, bin ich überzeugt, die beiden Reiter noch vor Abend zu erreichen.«

»Das werden Sie nicht thun, Sennor. Sie dürfen sich nicht von uns trennen. Man weiß nicht, was Ihnen widerfahren kann.«

»Was könnte mir geschehen?«

»Fühlen Sie sich ja nicht zu sicher! Wir kommen nun in das Gebiet der Aripones. Sie könnten leicht auf einige von diesen Leuten stoßen.«

»Ich halte sie nicht für gefährlich. Ich wünsche sogar, die Leute kennen zu lernen. Leider aber verstehe ich ihre Sprache nicht.«

»Das ist ein höchst triftiger Grund, sich von ihnen fern zu halten, wenigstens so lange Sie keinen Dolmetsch bei sich haben. Nein, wir können Sie nicht fort lassen.«

Da die andern ihm beistimmten, so mußte ich auf meinen Plan verzichten, obgleich ich mich gar zu gern überzeugt hätte, wem die beiden Pferde gehörten, deren Spuren wir zuerst gesehen hatten.

Wir folgten also von jetzt an der Wagenfährte, mit welcher die erstere Spur nun zusammenfiel. Schon nach wenigen Stunden sahen wir, daß die Karawane wieder Halt gemacht hatte und die vorige Nacht geblieben war, mitten auf freiem Camp; das war doch sonderbar, ja sogar auffallend. Was mußte geschehen sein?

Ich umritt den Lagerplatz und bemerkte bald die Spur eines einzelnen Mannes, welcher da umhergelaufen war. Zu welchem Zwecke? Er hatte zu der Gesellschaft gehört, denn seine Spur kam von der Lagerstätte und führte auf dieselbe zurück. Er war wie suchend umhergegangen, weit vom Lager fort.

Heute früh war dann die Karawane von hier aufgebrochen. Sie hatten ihren Weg sehr, sehr langsam fortgesetzt, wie man aus der Fährte ersehen konnte. Leider wurde es bald Nacht, und da mußten wir lagern, sonst hätten wir die Spur leicht verlieren können.

Das, was wir bisher beobachtet hatten, war wenig genug; es bot eigentlich gar keinen Grund zu Befürchtungen, und doch hegte ich ein Mißtrauen, welches zwar dunkel war, aber sich doch nicht überwinden ließ. Oft hat der Mensch eine Ahnung, auf welche er sich besser als auf ein offenbares Ereignis verlassen kann.

Wir brachen am frühen Morgen wieder auf. Natürlich mußten wir annehmen, daß die Karawane während der Nacht gerade so wie wir gerastet habe, aber wir ritten Stunde um Stunde und sahen doch nicht die Spur eines Lagerplatzes.

Das war wieder sehr auffällig. Erst zwei Lagerplätze so eng nebeneinander, und nun eine lange Wagenfahrt während der Nacht! Das mußte gewisse Gründe haben. Aber ich konnte darüber noch so lange nachdenken, es fiel mir keine stichhaltige Erklärung bei.

Da plötzlich tauchte vor uns ein dunkler Punkt auf, welcher sich uns schnell näherte und dabei immer größer wurde. Es war ein Reiter, der im Galopp herangehetzt kam. Wir sahen, daß er sein Pferd mit dem Lasso peitschte. Als er nahe herangekommen war, schwenkte er den breitrandigen Hut und rief uns laut entgegen:

»Hallo, Sennores, sind Sie diejenigen, welche ich suche?«

»Wen suchen Sie?« fragte der Bruder.

»Leute, die aus Palmar kommen.«

»Das stimmt, Sennor. Wir kommen von dort.«

»Gott sei Dank! So ist Hilfe doch vielleicht noch möglich!«

»Für wen?«

»Für – –«

Die Antwort blieb ihm im Munde stecken. Er hielt jetzt vor uns und hatte bis jetzt nur den Bruder beobachtet, der mit ihm sprach. Nun aber fiel sein Blick auf mich, und da hielt er mitten in der Antwort inne. Er trug die Kleidung eines Gaucho, einen dichten Vollbart, welcher von seinem Gesichte fast nur die Nasenspitze sehen ließ, und hatte den Hut tief in die Stirne gezogen.

»*Cobrido!*« rief er. »Ist es möglich!»

»Was?« fragte ich, da er mich noch immer anstarrte.

»Daß Sie da sind!«

»Ich? Kennen Sie mich?«

»Na, und ob! Sie aber scheinen mich ganz vergessen zu haben.«

»Kann mich wirklich nicht besinnen.«

»Wirklich nicht? Sollte – –? Ah, ja, der Bart, der Bart!«

»Ihre Stimme kommt mir freilich bekannt vor.«

»Nicht wahr? Ja, ja! Wollte soeben heim, weil ich dachte, daß Sie kommen würden, und nun treffe ich Sie da mitten im Chaco!«

»Heim – weil Sie dachten – – daß ich kommen würde? Ah, jetzt geht mir das Licht auf! Sie sind Sennor Pena?«

»Endlich, endlich kommt er auf meinen Namen!« rief der Mann jetzt. »Willkommen, Sennor, willkommen!«

Er gab mir die Hand, welche ich ihm kräftig schüttelte, und drückte mir die meine, daß ich hätte schreien mögen. Dabei rief er lachend:

»Also Sie haben mich wirklich nicht erkannt? Sie wollen zu mir und kennen mich nicht? Das ist im höchsten Grade lustig! Und hier treffe ich Sie! In der Wildnis, während ich überzeugt war, daß Sie den sehr zahmen Weg per Diligence von Buenos Ayres aus einschlagen würden? Das ist noch spaßhafter!«

»Wie es scheint, kommt Ihnen jetzt alles sehr spaßhaft vor, während Sie sich droben in Mexiko stets in sehr ernster Stimmung befanden!«

»Da hatte ich alle Veranlassung, ernst zu sein, Sennor!«

»Und wo kommen Sie jetzt her?«

»Von Goya.«

»Dahin wollten wir, um den Führer Geronimo Sabuco zu suchen.«

»Den konnten Sie nicht dort finden. Ich habe ihn vor ganz kurzer Zeit bei den alten Ansiedlungen gesehen.«

»Haben Sie mit ihm gesprochen?«

»Fällt mir nicht ein! Das hätte mich meinen Kopf gekostet.«

»Ist er Ihr Feind?«

»Nein. Aber ich belauschte ihn, und wenn er bemerkt hätte,

daß ich sein Gespräch gehört hatte, so wäre ich in einer Minute eine Leiche gewesen.«

»So hörten Sie schlimme Geheimnisse?«

»Ja, sehr schlimme. Ich komme, sie Ihnen mitzuteilen.«

»Und haben Sie denn gewußt, daß wir kommen?«

»Ja; aber wissen konnte ich nicht, daß Sie dabei seien, daß Sie der Deutsche seien, von welchem gesprochen wurde.«

»Von mir? So ist es wohl Gomez, der Indianer, gewesen?«

»Ein Indianer war er, und Gomez wurde er von dem Sendador genannt.«

»So handelt es sich um einen Verrat an den Weißen, welche der Sendador führt?«

»Ja.«

»Das müssen Sie uns schleunigst mitteilen. Schnell, schnell!«

»Langsam, Sennor! Wir können in aller Gemächlichkeit eilen. Wenn ich Ihnen alles schnell erzähle und wir bleiben dabei hier halten, so nutzt das denen, welchen ich Hilfe bringen will, weniger, als wenn wir schnell weiter reiten und ich erzähle euch die Sache dabei langsam. Kommen Sie also; ich kehre mit Ihnen um!«

Wir gaben unseren Pferden die Sporen und jagten weiter, so schnell die Tiere konnten. Natürlich waren wir sehr begierig, zu erfahren, was er uns zu sagen hatte. Darum drängten wir alle in seine Nähe, und er wurde gebeten, so laut zu sprechen, daß jeder es hören könne.

»Also ich war in Goya und wollte über den Salado nach Hause,« sagte er.

»Ganz allein?« fragte ihn der Bruder. »Das ist ja sehr gefährlich!«

»Gefährlich? Pah! So ein alter Abenteurer wie ich bin, kennt keine Gefahr. Freilich würde so ein frommer Herr, wie Sie nach Ihrer Kleidung sind, einen so einsamen Ritt durch den Chaco nicht wagen!«

»O, ich habe ihn auch gewagt!«

»Alle Wetter! Dann sind Sie wohl gar – wohl gar – der Bruder Jaguar?«

»Man nennt mich allerdings so.«

»Ja, das ist freilich etwas ganz anderes! Ihnen sind alle möglichen Kühnheiten zuzutrauen. Freut mich unendlich, Sie kennen zu lernen, Sennor. Sie und dieser Deutsche da, den ich von Mexiko aus kenne, Sie sind die richtigen Leute, welche ich heute gebrauchen kann. Darf ich vielleicht auch erfahren, wer die andern Sennores sind?«

Ich stellte sie ihm vor. Nach den allgemeinen Redensarten, welche bei solchen Gelegenheiten gewechselt werden, bat man ihn, fortzufahren, und er kam der Aufforderung nach:

»Der beste Weg von Goya nach meinem Ziele führt über die alten Ansiedelungen, und ich wählte ihn. Heute kam ich da an. Da ich aber wußte, daß es dort wegen der Aripones nicht recht geheuer ist, hielt ich mich möglichst verborgen. Ich versteckte mein Pferd in einen alten Hof, welcher nur schwer zugänglich ist, und legte mich an einer Stelle nieder, wo mich nicht so leicht jemand finden konnte. Es waren da zwei Wände eingestürzt; sie hatten sich gegeneinander geneigt und zwischen sich einen engen Raum gelassen, welcher vorn ganz mit Schlingpflanzen verhangen war. Ich hatte früher diese Stelle einmal durch Zufall gefunden. Also da wollte ich ausruhen, da ich die ganze Nacht geritten war. Nach Mittag wollte ich wieder fort, um bis zum Abend den Urwald zu erreichen. Ich hatte nun wohl auch bis zum Mittag geschlafen, als ich von Stimmen geweckt wurde. Zwei Männer sprachen spanisch miteinander. Ich schob die Lianen ein wenig auseinander und sah sie auf zwei Steinen vor meinem Verstecke sitzen. Der eine war ein Weißer, alt, hager und knochig, der andere ein junger Indianer. In der Nähe saß ein indianisches Weib.«

»Die Mutter von Gomez.«

»Mag sein. Ich konnte jedes Wort hören. Sie führten folgendes Gespräch:

»Ich bin alle letzten Nächte um das Lager gegangen,« sagte der Weiße, »um vielleicht einen eures Stammes zu entdecken, doch vergeblich. Du bist der erste, welchen ich sehe.«

»Und ich bin Ihren Spuren schon seit gestern gefolgt, getraute mich aber heute, als ich Sie erreichte, nicht in Ihre Nähe,« meinte der Indianer.

»Was wolltest du thun?«

»Sie in einem Bogen umreiten und dann meinen Stamm aufsuchen.«

»Ah! Du willst die Deinen auf uns hetzen?«

»Nicht auf Sie, Sennor.«

»Also nur auf die andern. Ich danke dir. Wo sind deine Angehörigen?«

»Sie sind stets in der Nähe. Heute abend werde ich sie gefunden haben.«

»Kannst du sie hierher bringen?«

»Ja, wenn Sie es ehrlich meinen.«

»Unsinn! Deine Häuptlinge kennen mich. Ich bin bereit, dasselbe Geschäft wie immer mit ihnen zu machen. Kennst du meine Bedingungen?«

»Nein, Sennor.«

»So warst du noch nie dabei, wenn ich – –«

»Noch nie.«

»Aber du hast doch wenigstens gehört, daß ich euer Freund bin und euch zuweilen einen Fang in die Hände treibe?«

»Das weiß ich, Sennor.«

»Kannst du schweigen?«

»Schweigen ist die beste Tugend.«

»Gut! So will ich dir sagen, daß ich euch solche Leute stets unter der Bedingung überliefere, daß alles Geld, welches sie besitzen, alles Gold und Geschmeide mir gehört; alles andere ist euer. Ist dir das recht?«

»Ja.«

»Werden die Deinen auch heute beistimmen?«

»Ja, wenn sie es schon früher gethan haben.«

»So sage ihnen, daß ich zwanzig Männer, fünf Frauen und zwölf Kinder habe, die sie bekommen sollen. Was diese Leute an Gold, Ringen und Uhren bei sich tragen, das gehört mir; alles andere sowie das Lösegeld für die Kinder ist dann euer.«

»Ich werde es dem Häuptlinge sagen.«

»Ihr tötet die männlichen Gefangenen und Kinder stets?«

»Ja.«

»Das dulde ich diesesmal nicht. Auch die Knaben sollen leben; ihr werdet desto mehr Lösegeld bekommen.«

»Wir bekommen nicht mehr, denn wenn wir Knaben leben lassen, so behalten wir sie; sie müssen Indianer werden.«

»Damit bin ich einverstanden. Ich will mit euch ein Geschäft machen. Ich will Geld haben, und ihr sollt Waffen, Pulver, Kleider, Pferde, Rinder, Wagen und Lösegeld erhalten; aber morden wollen wir nicht.«

»Das müssen wir doch! Die zwanzig Männer sollen sterben!«

»Nein, sage ich dir!«

»Aber dann können wir ihnen doch nicht ihr Eigentum und ihre Kinder nehmen!«

»Warum nicht?«

»Weil sie es verteidigen werden.«

»Schwachkopf! Sie sollen sterben, ohne daß wir sie töten. Kennst du diese Gegend genau?«

»Ja.«

»Auch die Krokodileninsel?«

»Ja. Unsere Väter sandten ihre Kriegsgefangenen nach derselben, damit sie dort entweder verhungern mußten oder von den Krokodilen verschlungen wurden.«

»Nun, dorthin führe ich noch vor Abend die zwanzig Männer.«

»Sie werden nicht folgen.«

»Sie werden gern mitgehen. Ich werde schon einen Grund finden, ihnen Appetit nach der Insel zu machen.«

»Aber wie kommen sie hinüber?«

»Es stehen ja Bäume verschiedener Stärke am Wasser. Da ist leicht ein Floß angefertigt.«

»Wollen Sie die Leute auf demselben hinüber schaffen?«

»Ja.«

»So müssen doch Sie wieder zurück, und da werden die Männer mitwollen.«

»Nein. Ich werde einen Grund finden, allein herüber zu rudern. Dann sitzen sie drüben auf dem nackten Sande, rings von Wasser umgeben, welches von Krokodilen wimmelt. Sie können es nicht wagen, zurückzuschwimmen und müssen also verschmachten.«

»Sie werden die Krokodile erlegen!«

»Womit? Ihre Waffen werde ich ihnen schon ablocken. Und mit irgend einer religiösen und frommen Finte bringe ich sie schon nach der Insel.«

»Dann werden sie gehorchen; ich glaube es. Ich hole indessen die Aripones herbei, und dann teilen wir.«

»Ja, dann teilen wir, und ich reite weiter. Also nun kennst du meine Bedingungen; ich halte sie fest und gehe auf keine anderen ein. Jetzt beeile dich, daß du zu deinen Leuten kommst!«

»Ich gehe, Sennor. Vorher aber muß ich Sie bitten, sehr vorsichtig zu sein. Stellen Sie Wachen aus, denn es ist möglich, daß heute noch andere Weiße kommen.«

»Ah! Wirklich?«

»Ja. Sie wollen auch nach den Ansiedelungen hier und den Sendador suchen.«

»*Diablo!* Mich? Täuschest du dich nicht?«

»Nein, denn der Deutsche hat es mir selbst gesagt.«

»Welcher Deutsche?«

»Der schon zwei Majors gefangen genommen hat und auch Lopez Jordan entkommen ist. Er hat es so weit gebracht, daß wir vierhundert Feinde besiegten und gefangen nahmen.«

»So ist er ein Teufelskerl!«

»Ja, das ist er. Alle, die bei ihm sind, sagen, daß er alles mögliche zustande bringe, daß er alles wisse und alles könne.«

»So ist dieser Kerl ein wahres Unikum! Und was will er von mir?«

»Sie sollen ihm den Weg zeigen, aber wohin, das weiß ich nicht.«

»Aus deinen Reden zu schließen, ist er nicht allein?«

»Nein. Es sind noch andere bei ihm, ein amerikanischer Seekapitän mit seinem Steuermanne, der Bruder Jaguar – –«

»Jaguar? Alle Teufel! Das ist mir freilich nicht sehr willkommen. Was mögen denn diese Menschen bei mir wollen?«

»Das werden sie Ihnen wohl sagen. Und ferner sind dabei sechs Yerbateros. Ihr Anführer wurde Sennor Monteso genannt.«

»Monteso? Ah! Ein guter Bekannter von mir! Was der mit – – – ah, sagtest du nicht, daß dieser Deutsche alles könne?«

»Ja, ich hörte es so.«

»Kann er spanisch sprechen?«

»Wie ein Spanier.«

»Haben sie nicht von Peru gesprochen? Oder von Kipus? Von der Inkasprache?«

»Nein.«

»Auch nicht von Papieren, von Plänen, von verborgenen Schätzen?«

»Nein.«

»Vortrefflich, ganz vortrefflich! Sie sind sehr verschwiegen dabei. Weißt du nicht wenigstens, ob dieser Deutsche indianisch spricht?«

»Ich hörte, er sei jahrelang bei den Indianern gewesen.«

»So stimmt es; so stimmt es. Jetzt weiß ich, weshalb sie zu mir wollen. Aber warum suchen sie mich hier? Sie konnten doch nicht wissen, daß ich jetzt hier bin?«

»Sie wollten über Goya nach dem Gran Chaco; aber ich hörte in Palmar, daß Sie jetzt hier seien, und sagte es ihnen.«

»So ist es, so! – Wann kommen sie?«

»Kurze Zeit nach mir. Sie werden nur wenige Stunden nach mir abgeritten sein und sich außerordentlich beeilt haben. Gomarra, mein Vetter, führt sie.«

»Auch einer von den Aripones?«

»Nein; er ist andern Stammes; aber seine Mutter war eine Schwester meiner Mutter.«

»Warum bist du nicht geblieben, bis sie mit dir ritten?«

»Ich wollte es; aber dann hätten wir auf die Beute verzichten müssen, weil der Deutsche die Weißen vor den Aripones warnen will.«

»Teufel! Das soll er bleiben lassen!«

»Darum wollte er so schnell aufbrechen, und dann wird er seine Pferde angestrengt haben, und darum bin ich schleunigst noch vor ihm fortgeritten. Wir haben unsere Pferde fast totgejagt.«

»Das ist recht! Also er glaubt, daß die Weißen von den Aripones überfallen werden sollen?«

»Ja.«

»Er weiß aber doch nicht etwa, daß ich es mit euch halte?«

»O nein. Er will eben kommen, um sie zu warnen.«

»Ah so! Das mag er immerhin thun, wenn er nur nicht zu zeitig kommt.«

»Gerade das befürchte ich. Er kann in jedem Augenblick hier eintreffen.«

»Verflucht! Eigentlich könnte ihn der Teufel holen; aber da ich ihn sehr notwendig brauche, so mag er ihn noch leben lassen. Also er kann in jedem Augenblicke hier sein? Hm! Und ich soll bis des Nachts oder noch länger auf euch warten? Das geht nicht. Ist der Mann da, so ist nichts mehr zu thun. Ich muß also handeln, noch ehe er kommt. Ja, wenn man wüßte, ob er gleich hier diese Stelle findet. Es sind mehrere Ansiedelungen hier. Vielleicht sucht er uns von einer zur andern.«

»Gewiß nicht, Sennor. Ich habe ja auch nicht nötig gehabt, zu suchen. Ihre Wagenspuren sind so deutlich, daß sie selbst ein Blinder mit dem Fuße entdecken würde.«

»Das ist wahr. Er findet die Spur und kommt dann direkt hierher. Lasse ich es soweit kommen, so ist alles verloren. Aber da kommt mir ein Gedanke. Will er weiter als bis hierher zu den Ansiedelungen?«

»Nein. Er will hierher, um Sie zu finden.«

»Gut. So locke ich die Männer auf die Krokodileninsel, und dann fahren wir weiter nach einem Orte, an welchem ich mit euch zusammentreffe und euch den Raub samt den Weibern und Kindern übergebe. Dann kehre ich nach hier zurück und warte auf den Deutschen. Kommt er, so sage ich ihm, daß die Karawane mich abgelohnt habe und weitergefahren sei.«

»Wird er es glauben?«

»Ganz gewiß. Ich werde ihm die Sache derart darstellen, daß er keinen Zweifel haben kann.«

»Aber dann leben doch die zwanzig Männer auf der Krokodileninsel noch!«

»Was schadet das?«

»Sie können ihnen ihr Geld doch erst dann abnehmen, wenn sie tot sind!«

»Ich werde ihnen etwas weißmachen, daß sie gar nichts Wertvolles einstecken. Sie mögen dann, wenn wir fort sind, sehen, wie sie allein in den Himmel kommen oder in die Hölle fahren.«

»Gut, Sennor. Aber ich muß den Ort wissen, an welchen Sie die Frauen bringen wollen.«

»Schön! Du behauptest, hier bekannt zu sein. Kennst du das Kreuz im Walde?«

»Welches? Die früheren Ansiedler haben mehrere Kreuze errichtet.«

»Ich meine das Riesenkreuz, welches man nur unter dem Namen *Nuestro Sennor Jesu-Cristo de la floresta virgen* kennt.«

»Den Herrn Jesus Christus im Urwalde? Ja, dieses Kreuz kenne ich.«

»Nun wohl. Richte dich so ein, daß ihr um Mitternacht dort seid. Wir werden um diese Zeit mit den Wagen dort ankommen. Ihr fallt über uns her, zum Scheine auch über mich, und es gelingt mir, zu entkommen. Ich kann ja dann auch dem Deutschen erzählen, daß der Wagenzug von euch überfallen worden sei.«

»Ja, dann wird er die Männer nicht auf der Insel, sondern bei uns suchen.«

»Was die Insel betrifft, so kennt er sie nicht, wird also nicht nach derselben fragen und nie über sie etwas hören. Also hast du alles verstanden, Gomez?«

»Ja.«

»So brich auf, und reite weiter, damit du die Aripones zur rechten Zeit finden und zur Stelle bringen kannst!« –

»Das war das Gespräch, welches ich belauschte,« fuhr Pena

fort. »Der Indianer verschwand mit seiner Mutter. Der Sendador aber blieb noch eine Weile sitzen, in tiefes Nachdenken versunken. Dann stand auch er auf und entfernte sich langsam von der Stelle, an welcher er gesessen hatte.«

Wir alle hatten natürlich mit größter Aufmerksamkeit zugehört. Keiner aber war so gespannt gewesen, wie Monteso, der Yerbatero. Er besaß ein außerordentliches Vertrauen zu dem Sendador, dessen Freund er sich nannte. Was er jetzt hörte, kam wie ein Donnerschlag über ihn. Darum war es kein Wunder, daß er jetzt sein Pferd an dasjenige des Erzählers drängte und diesen fragte:

»Sennor, behauptet Ihr etwa, was Ihr erzählt habt, sei wahr?«

»Das behaupte ich allerdings.«

»Und wenn ich es nun nicht glaube?«

»So werde ich nicht vor Trauer sterben. Nur bitte ich, mir nicht etwa direkt zu sagen, daß es nicht wahr sei. Glauben könnt Ihr alles, was Ihr wollt; aber eine Beleidigung würde ich sofort mit einer Kugel beantworten!«

»Na, bitte Sennor! Man wird doch wohl seine Meinung sagen dürfen!«

»Nein. Man kann seine Meinung sehr wohl für sich haben; aber es ist keineswegs geraten, sie andern aufzudrängen. Ich habe erzählt, was ich gesehen und gehört habe. Wenn Sie es nicht glauben, so behalten Sie das für sich; bezeichnen Sie mich aber als einen Lügner, so fahren Sie in die Luft!«

»Verzeihung, Sennor! Der Sendador ist einer meiner besten Freunde. Es ist mir fast unmöglich, so etwas von ihm zu denken.«

»Wenn Sie ihn Ihren Freund nennen, so sind Sie nur zu bedauern. Mehr kann und will ich nicht sagen. Die Folge wird ja zeigen, daß er Ihrer Freundschaft nicht wert ist. Der Beweis wird sehr bald vor Ihnen liegen, denn hoffentlich sind die Sennores mit mir einverstanden, daß wir den schändlichen Plan dieses Menschen zunichte machen?«

»Natürlich, natürlich!« rief es rundum.

Und ich erkundigte mich:

»Was thaten Sie, als der Sendador sich entfernt hatte?«

Der Gefragte antwortete:

»Mein erster Gedanke war natürlich, alles zu thun, den schrecklichen Anschlag zu verhindern. Aber wie das anfangen?«

»Nichts leichter als das. Was Sie vorzunehmen hatten, das lag ja klar auf der Hand.«

»Nicht so klar, wie Sie zu denken scheinen, Sennor. Ich bin kein unerfahrener Mann und pflege mir alles, was ich zu thun habe, vorher genau zu überlegen. Ich glaube, Sie meinen, daß ich die Mitglieder der Expedition hätte warnen sollen?«

»Natürlich ist das meine Meinung. Es war das nächste und kürzeste, was Sie vornehmen konnten.«

»Die Leute hätten mir keinen Glauben geschenkt. Ich war ihnen unbekannt. Der Sendador aber war ihnen empfohlen worden als ein ehrlicher und zuverlässiger Führer. Auch nehme ich an, daß er bisher sein möglichstes gethan hatte, sich ihr Vertrauen zu erwerben. Wäre ich nun als Unbekannter gegen ihn aufgetreten, so hätte er natürlich alles abgeleugnet und sich dadurch verteidigt, daß er mich als einen Feind hinstellte, welcher ihn in Schaden bringen wolle.«

»Ich kann Ihnen nicht Unrecht geben. Sie mußten vor allen Dingen sich selbst zu erhalten suchen, um die Bedrohten beschützen zu können.«

»Ganz richtig! Darum trat ich weder öffentlich noch heimlich gegen ihn auf. Ich mußte Leute haben, welche mir dabei halfen. Er hatte von Ihnen gesprochen. Der Indianer erzählte von dem Deutschen, welcher mit seinen Begleitern wohl schon nahe sein könne. Darum hielt ich es für das allerbeste, Ihnen entgegen zu reiten, um Sie um Ihre Hilfe zu bitten.«

»Natürlich stellen wir uns Ihnen sofort und vollständig zur Verfügung. Hoffentlich kommen wir noch zur rechten Zeit, die Bedrohten zu retten?«

»Ich denke es. Nur dürfen wir nicht säumen. Die Männer sollen auf die Insel gelockt werden. Das ist vielleicht schon geschehen. Da sie aber nicht getötet werden sollen, so steht zu erwarten, daß wir sie befreien werden. Dann wird es uns wohl auch gelingen, die übrigen zu finden und ihnen Hilfe zu bringen.«

»Wollen wünschen, daß uns dies gelinge. Ist Ihnen die Lage der Insel und der Ort, welchen Sie *Nuestro Sennor Jesu-Cristo de la floresta virgen* nennen, bekannt?«

»Nein. Doch steht zu erwarten, daß wir Spuren finden, welche uns dorthin führen.«

»Spuren wird es jedenfalls geben; aber es dürfte dann bereits zu dunkel sein, um sie sehen und ihnen folgen zu können.«

Da meinte Antonio Gomarra:

»Die Insel weiß ich auch nicht, aber das Kreuz kenne ich genau. Wie es scheint, haben die Leute an der früheren Ansiedelung Pozo de Sixto gehalten; wenigstens führen die Wagenspuren dorthin. Ich kenne den Weg, welcher von diesem Platze nach dem Kreuze führt.«

»Das ist sehr gut. Wir wollen uns beeilen, um das Tageslicht so viel wie möglich ausnutzen zu können.«

Wir ließen die Pferde fühlen, daß wir Eile hatten, und sie griffen so wacker aus, daß wir wie vom Sturme getragen über den Camp flogen. Jeder hatte das Bewußtsein, vor einem Ereignisse zu stehen, welches gefahrvoll war. In solcher Lage fällt der Mensch in Schweigsamkeit, und so sprach keiner von uns ein Wort, bis Sennor Pena die Hand erhob und, vor sich hindeutend, sagte:

»Sehen Sie dort die Baumgruppen? Da liegt die vereinsamte Niederlassung. Wir werden gleich an Ort und Stelle sein.«

Wir waren den Wagenspuren gefolgt und gelangten nun an den Ort, wo die Leute gehalten hatten. Wir sahen die Spuren zerfallener Bauwerke, welche die Zeit in einen dichten Ueberzug von Schlingpflanzen gehüllt hatte. Dicht belaubte Bäume neigten ihre Wipfel darüber. Zur Seite erblickten wir die Spuren einiger Felder, welche aber so verwildert waren, daß ein scharfes Auge dazu gehörte, zu erkennen, daß hier einst der Spaten in Gebrauch gewesen sei. Der Ort hatte und machte den Eindruck tiefster Verlassenheit. Auch von den Leuten, welche hier gewesen waren und die wir suchten, war keiner zu sehen.

Wir bemerkten, daß die Ochsen ausgespannt worden waren, um zu grasen; aber der Aufenthalt war kein langer gewesen. Man hatte Pozo de Sixto bald wieder verlassen, und zwar nach verschiedenen Richtungen, wie die Fährten deutlich erkennen ließen. Eine derselben führte nach rechts, nach Norden. Man sah deutlich, daß man nicht geritten, sondern gegangen war. Die zweite Fährte führte in der bisherigen Richtung weiter. Sie schlug einen Bogen um die verlassene Ansiedelung und ging dann genau westwärts fort.

Als ich sie untersuchte, erkannte ich, daß sie von den Ochsenkarren stammte, an welche man die ledigen Reitpferde hinten angebunden hatte. Die Führer der Wagen waren nebenher gegangen. Da sonst keine Fußabdrücke zu sehen waren, so mußten wir annehmen, daß die Frauen und Kinder sich in den Wagen befunden hatten.

»Hier hat der Sendador die Unglücklichen nach dem Kreuze geführt,« sagte Pena. »Wie groß mag der Vorsprung sein, welchen er hat?«

»Nur eine halbe Stunde,« antwortete ich, »wie ich aus den Fährten der Treiber sehe. Das von ihnen niedergetretene Gras liegt noch tief gesenkt. Wäre es vor länger als einer halben Stunde niedergedrückt worden, so hätten sich die elastischen Halme bereits wieder erhoben. Betrachten wir nun auch die andere Fährte!«

Diese bestand, wie bereits erwähnt, nur aus Fußspuren. Sie ging wie ein dunkler Strich durch die Grasfläche, aber nur hier oder da war ein einzelner Fußstapfen noch zu unterscheiden. Diese Fährte war wenigstens drei Stunden alt. An einer Stelle trennten sich die Stapfen eines Fußgängers von den andern, um sich bald darauf wieder mit denselben zu vereinigen. Meine Gefährten beachteten das nicht, und als ich mich niederbückte, um die Eindrücke sorgfältig zu betrachten, meinte Kapitän Turnerstick:

»Warum schaut Ihr so neugierig in das Gras, Sir? Es ist einer von den Männern da gegangen; weiter nichts.«

»Die Sprache des Grases ist eine sichtbare und nicht eine hörbare. Seht Euch doch einmal die Hauptfährte an, Kapt'n! Das Gras ist wieder aufgestanden, aber die Spitzen der Halme hängen noch nieder. Nach welcher Richtung wohl!?«

»Von uns ab, gegen Norden.«

»Warum das?«

»Weil die Leute nach Norden gegangen sind. Man tritt ja das Gras nach derjenigen Richtung nieder, in welcher man sich bewegt.«

»Betrachtet Euch nun einmal die Spur dieses einzelnen Fußgängers! Die Spitzen der Halme hängen auch. Nicht wahr?«

»Ja.«

»Aber weit tiefer als die andern. Was folgt daraus?«

»Weiter nichts, als daß sie sich noch nicht ganz aufgerichtet haben.«

»Sehr scharfsinnig! Aber meines Erachtens folgt daraus, daß diese einzelne Spur jünger ist als die Gesamtfährte. Der Betreffende ist weit später hier gegangen, als die andern.«

»Ich denke, sie sind alle beisammen gewesen!«

»Auf dem Hinwege, ja; aber auf dem Rückwege war er allein. Sagt mir doch einmal, nach welcher Richtung sich hier die Grashalme neigen!«

Turnerstick betrachtete die Spur genauer als bisher und antwortete dann:

»Nach uns zu, nach Süd.«

»Wie also ist dieser Mann gegangen?«

»Her zu, gegen uns.«

»Die andern aber gingen von uns ab. Wir haben es also mit der Fährte des Sendador zu thun, welcher allein zurückkehrte. Das ist für mich der Beweis, daß ihm sein Vorhaben gelungen ist. Er hat die Männer nach der Insel geführt und sie dort verlassen. Wer weiß, in welcher Lage sie sich befinden.«

Der Kapitän schüttelte den Kopf. Der Bruder aber meinte:

»Tot sind sie nicht; aber es droht ihnen große Gefahr. Sie müssen auf der Insel elend umkommen, wenn niemand kommt, sie zu befreien. Denn, wollen sie den einzig möglichen Fluchtweg einschlagen, nämlich an das Ufer schwimmen, so werden sie von den Bestien zerrissen. Das ist die Lage, in welcher sich die von uns gesuchten Männer befinden werden. Der Sendador hat sie dorthin gelockt.«

»Hm!« brummte der brave Yerbatero kopfschüttelnd. »Ich habe noch keine rechte Lust, an die Sache zu glauben. Der Sendador ist mein Freund, wie Sie ja wissen, Sennor!«

»Er hat Sie getäuscht.«

»Nie. Gegen mich ist er stets ehrlich gewesen.«

»Das schließt aber nicht aus, daß er gegen andere unehrlich ist.«

»Nun, jedermann ist wohl mehr auf seinen eigenen als auf anderer Vorteil bedacht; aber hier handelt es sich ja um ein wirkliches Verbrechen.«

»Und zwar um ein sehr großes!«

»Und darum nehme ich an, daß wir uns alle irren.«

»Und ich glaube dem, was Sennor Pena uns erzählt hat. Streiten wir uns nicht. Wir werden in kurzer Zeit erfahren, wer recht hat.«

Wir hatten indessen nicht etwa die kostbare Zeit versäumt. Wir waren nicht halten geblieben, sondern im Galoppe der Spur gefolgt. Es war anzunehmen, daß die Krokodileninsel nicht allzuweit entfernt sei; denn die Leute eine große Strecke fortzulocken, das wäre dem Sendador wohl nicht so leicht gelungen. Es war auch kaum eine Viertelstunde vergangen, so erblickten wir vor uns einen Strich, welcher sich dunkel gegen den hellen Horizont abhob. Als wir näher kamen, sahen wir, daß dieser Strich aus dichtem Gebüsch bestand, über welchem sich die Wipfel einiger Bäume erhoben. Zugleich wurde das Gras saftiger; ein Zeichen, daß Wasser, und zwar nicht wenig Wasser in der Nähe sei.

Als wir das Gebüsch an einer Stelle erreichten, wo die Fährte durch eine Oeffnung führte, sahen wir, daß die Laubsträucher einen breiten Gürtel hoher Bambus einschlossen, hinter welchem wir das vermutete Wasser erblickten.

Ob dieses letztere eine selbständige Lagune sei oder mit einem Flusse, vielleicht dem Rio Salado in Verbindung stehe, das war zunächst nicht zu unterscheiden. Tief schien es nicht zu sein; das bewiesen die zahlreichen Krokodile, welche in weiter Entfernung vom Ufer im Schlamme lagen und deren Mäuler dabei aus dem Wasser ragten. Die Tiere hatten die zahlreichen seichten Stellen eingenommen, zwischen denen sich tiefere, schmale oder breite Rinnen hinzogen. Die häßlichen Kreaturen mußten sich sehr lange Zeit ungestört vermehrt haben dürfen, denn es war nicht schwer, auf einem gar nicht weiten Umfang ihrer hundert und noch mehr zu zählen. Uns gerade gegenüber, aber so weit entfernt, daß es nur für ein scharfes Auge zu erkennen war, lag ein flaches, vollständig baum- und strauchloses Land, wohl die Insel, auf welche wir es abgesehen hatten.

Für unsere Zwecke hoch willkommen, befand sich ein aus Schilf und Bambus zusammengesetztes Floß am Ufer. Man sah es demselben an, daß es erst vor ganz kurzer Zeit gefertigt worden war. Auch bemerkten wir die Stellen, an welchen die Bambusse und Schilfhalme abgeschnitten oder abgebrochen worden waren. Vier oder fünf lange Bambusstangen, welche auf dem Flosse lagen, zeigten die Art und Weise, in welcher das letztere bewegt worden war.

Ich zog mein Fernrohr und schaute nach dem drüben im Wasser liegenden flachen Land. Ja, es war eine Insel, und ganz deutlich unterschied ich Männergestalten, welche sich auf derselben bewegten.

»Ist's die Insel? Was sahen Sie?« fragte der Bruder.

»Sie ist es, und ich sehe auf derselben die Leute gehen, welche wir suchen.«

»Gott sei Dank! So kommen wir also nicht zu spät. Hier liegt das Floß. Sie hatten recht, Sennor, als Sie vorhin vermuteten, daß man ein solches gebaut haben werde. Es ist alles, alles genau so, wie Sie sagten. Steigen wir schnell ab, um die Aermsten zu erlösen!«

Er schwang sich vom Pferde und eilte nach dem Flosse. Die andern thaten dasselbe.

»Halt, Sennores!« rief ich ihnen zu. »Wir müssen erst für die Pferde sorgen. Am besten ist es, wir führen sie hinaus auf den Camp und pflocken sie da an. Da mögen sie grasen.«

Der Vorschlag wurde ausgeführt. Sodann kehrten wir zum Flosse zurück. Es war nicht angebunden, sondern so weit an das flache Ufer gestoßen, daß es fest sitzen geblieben war. Die einzelnen Teile desselben hatte man durch Schlingpflanzen zu einem ziemlich festen Ganzen vereinigt.

Kaum hatten wir es betreten, so schossen zahlreiche Krokodile herbei. Es waren ihrer so viele, daß sie einander berührten, und in dieser Menge boten sie einen Anblick, welcher gar nicht zu beschreiben ist.

»*All devils!*« rief Turnerstick. »Jetzt begreife ich erst die Gefahr, in welcher sich die armen Menschen befinden. Bei einer solchen Schar von Bestien käme keiner von ihnen an das Land zurück. Wollen die Kreaturen etwas fern von uns halten.«

Er griff nach seinem Gewehre.

»Aber nur in die Augen, Sir!« sagte ich ihm.

»*Well!* Weiß schon. Durch die Hochzeitsfracks dieser saubern Herrschaften geht ja keine Kugel.«

Die Alligatoren schlossen uns förmlich den Weg. Sie drängten sich bis auf nur wenige Ellen an das Floß heran; ihre Rachen klappten auf und zu, und die kleinen tückischen Augen waren gierig auf uns gerichtet.

Wir konnten nicht vorwärts. Wir mußten uns mit unsern Kugeln Bahn brechen. Die ersten Schüsse fruchteten wenig, und erst als wir wohl gegen zwanzig der Ungeheuer erlegt hatten, erhielten wir dadurch Luft, daß die andern über dieselben herfielen und sie in tieferes Wasser zerrten, um sie zu zerreißen und zu verzehren. Es war eine wirklich scheußliche Szene.

»Ich begreife nicht, wie es den Männern, falls sie unbewaffnet waren, gelingen konnte, von hier nach der Insel zu kommen!« sagte der Bruder.

»Es läßt sich erklären,« antwortete ich. »Die Tiere waren zerstreut und haben sich erst dann hier zusammengefunden, als sie durch die Hin- und Rückfahrt des Flosses darauf aufmerksam wurden, daß es hier vielleicht Beute gebe. Auch glaube ich, daß man sie mit den Bambusstangen von sich abwehren kann. Ein tüchtiger Hieb oder Stoß, zumal in das Auge, wird selbst von so einem Tiere gefühlt.«

Jetzt, da der Weg nun leidlich frei war, griffen wir zu den erwähnten Stangen und stakten uns vom Ufer fort. Wir mußten die tieferen Stellen des Wassers benutzen, doch betrug die Tiefe derselben nicht mehr als höchstens vier oder fünf Ellen. Sobald das Floß in Bewegung war, getraute sich keins der Krokodile mehr in die Nähe desselben; desto ausdauernder aber kamen sie hinterdrein geschwommen. Gefahr gab es nicht, aber unleidlich war der Gestank, welcher von diesen Sauriern ausging.

Mir war es ein Rätsel, wovon die Tiere lebten. Hatte es früher Fische und andre Tiere im Wasser gegeben, so mußten dieselben von den Krokodilen doch längst ausgerottet worden sein. Die Bestien lebten vielleicht nur von den schwächeren Individuen ihrer eigenen Sippe.

Da fünf Stangen in kräftiger Bewegung waren, so näherten wir uns der Insel so schnell, daß wir die darauf befindlichen Personen bald mit bloßen Augen erkennen konnten. Auch sie sahen uns. Sie standen am Ufer. Aber anstatt uns zuzurufen, verhielten sie sich still. Sie wußten nicht, ob wir in freundlicher oder feindlicher Absicht kamen. Als wir uns nahe genug befanden, sah ich, daß jeder von ihnen ein Messer in der Hand hatte. Ihre Mienen waren entschlossen. Man sah es den Leuten an, daß sie bereit waren, sich nötigenfalls in einen Kampf mit uns einzulassen.

»Halt!« rief uns einer in spanischer Sprache entgegen. »Kommt nicht näher heran! Wir müssen wissen, was ihr wollt. Wer seid ihr?«

Ich wollte antworten, aber vor mir ertönte des Fraters Stimme:

»Seit wann mißtrauen Sie mir, Sennor Harrico? Glauben Sie, in mir einen Feind sehen zu müssen?«

Der Bruder kannte zufälligerweise den Mann, welcher der bereits erwähnte Vertreter eines Bankiers in Buenos Ayres war. Auch dieser sah jetzt, wen er vor sich hatte. Er antwortete:

»*Bendito sea Dios!* Der Bruder Jaguar! Wir sind gerettet! Sennores, diese Herren können nur in freundlicher Absicht zu uns kommen!«

Es wurde unsrer Landung nichts in den Weg gelegt. Wir legten an und zogen das Floß so weit an das Ufer, daß es nicht fortgeschwemmt werden konnte. Die Leute reichten uns mit Freudenrufen ihre Hände entgegen, und dann wurden wir durch den Bruder und Sennor Harrico einander in aller Eile vorgestellt.

Es genügt, nur zu erwähnen, daß sich zwei Nordamerikaner unter ihnen befanden, welche natürlich von Kapitän Turnerstick mit lebhaftester Freude begrüßt wurden.

»Aber, Sennor,« fragte der Bruder seinen Bekannten aus Buenos Ayres, »wie sind Sie nur auf diese Insel gekommen?«

»Um *Nuestro Sennor Jesu-Cristo de la floresta virgen* zu sehen.«

»Das ist ja nicht hier!«

»Leider ja. Wir wurden betrogen. Dieser Sendador ist ein ungeheurer Schurke. Und wir haben ihm ein solches Vertrauen geschenkt.«

»Er verdient es keinesfalls, wie ich beweisen kann!«

»Wir bedürfen Ihres Beweises gar nicht, denn er selbst hat es uns bewiesen. Aber was thun Sie in dieser Gegend?«

»Wir suchen Sie, um Sie zu retten.«

»Wo erfuhren Sie und durch wen, daß wir uns in Gefahr befanden?«

Bruder Hilario machte in aller Kürze die nötigen Mitteilungen. Die Männer und Väter gaben ihren Schrecken durch Ausrufe des Entsetzens zu erkennen. Der Bruder tröstete sie:

»Sie können ruhig sein, Sennores. Bis jetzt ist den Ihrigen nichts geschehen, und wir werden dafür sorgen, daß ihnen auch überhaupt nichts geschieht.«

»Aber der Ueberfall unsrer Frauen!«

»Soll erst heute um Mitternacht vor sich gehen. Bis dahin aber haben wir vollständig Zeit, ihn zu vereiteln.«

»So sei dem Himmel und Ihnen Dank. Wir werden ja Zeit

finden, uns näher auszusprechen, aber sagen Sie zunächst, wo sich der Sendador befindet.«

»Bei der Karawane.«

»Also bei der alten Niederlassung?«

»Nein. Sie sind fort nach eben dem heiligen Bilde, dessen Namen Sie vorhin nannten.«

»Ohne uns? – So befinden sich die Hilflosen in seiner Hand?«

»Einstweilen, ja. Aber ich gebe Ihnen die Versicherung, daß ihnen nichts geschehen wird. Jetzt ist es für uns die Hauptsache, zu erfahren, womit es ihm gelungen ist, Sie hierher zu locken.«

»Durch eine Lüge.«

»Natürlich. Aber durch welche?«

»Er sagte, daß wir hier das Kreuz unsers *Sennor Jesu-Cristo* finden würden.«

»Und nur aus diesem Grunde folgten Sie ihm? Welche Unvorsichtigkeit!«

»Er beschrieb uns dieses Kreuz in einer Weise, welche alle unsre Wißbegierde rege machte. Er sagte, ein Inka sei einst auf einem Kriegszuge hierhergekommen. Er sei ein Christ gewesen und hier von den Indianern überfallen worden. Er rettete sich mit einem Häuflein seiner Getreuen nach der Insel, wo sich die Tapfern bis auf den letzten Mann verteidigten. Wie sie fielen, so liegen sie noch heute, so neben und aneinander gelegt, daß sie ein Kreuz bilden, eben das Kreuz unsers *Sennor Jesu-Cristo de la floresta virgen*.«

»Wunderbar, das zu glauben!«

»Warum sollten wir es bezweifeln?«

»Weil die Indianer Heiden waren. Sie hätten die christlichen Leichen nicht zu der heiligen Figur zusammengelegt.«

»O, der Inka starb zuletzt und bekehrte sie vor seinem Tode.«

»Ah so! Während er sich gegen sie verteidigte, fand er Zeit, sie zu bekehren?«

»Ja. Und die Bekehrung war eine so tiefe und wunderbare, daß die Heiden selbst die Schätze, die goldenen Rüstungen, welche die Inkas trugen, nicht anzurühren wagten.«

»Eine solche Bekehrung wäre freilich anzustaunen.«

»Der Sendador erzählte es, und wir glaubten es. Es sind ja noch ganz andre Dinge geschehen. Die Leichen, das heißt die Gerippe liegen noch heute hier auf der Insel, ein Kreuz bildend und mit allem ihrem Geschmeide angethan.«

»Ich verstehe. Diese Fabel hat der Sendador sich gar nicht übel zurecht gelegt. Die Geschichte von dem Leichenkreuze und den Schätzen ersann er, um Sie nach der Insel zu locken. Die Messer durften Sie mitnehmen, weil diese notwendig waren, um Schilf und Bambus zu einem Floße zu schneiden. Andre Waffen aber waren verboten, denn wenn Sie Ihre Gewehre bei sich hätten, so wäre es Ihnen möglich gewesen, eine solche Menge von Krokodilen zu erlegen und zu verscheuchen, daß Sie ohne Schaden wieder an das Ufer hätten gelangen können. Haben Sie das alles denn wirklich geglaubt?«

»Ja.«

»Und es ist Ihnen gar kein Zweifel gekommen?«

»Nicht eher, als bis er uns verließ.«

»Haben Sie sich alle auf einmal auf dem Floße befunden?«

»Ja. Wir hatten Platz genug.«

»Wurden Sie nicht von den Krokodilen belästigt?«

»Nein. Diese Tiere richteten ihre Aufmerksamkeit erst später auf das Floß.«

»Sie stiegen alle an das Land?«

»Alle, nur der Sendador nicht. Als wir ihn fragten, warum er auf dem Floße bleibe, antwortete er uns höhnisch, daß er uns das Vergnügen gönne, uns allein in die Kostbarkeiten zu teilen.«

»Und Sie hielten ihn nicht zurück?«

»Wir konnten nicht, denn er war schon wieder abgestoßen; die Krokodile kamen herbei, und wir hatten die Stangen auf dem Floße gelassen. Erst die Worte, welche er uns dann noch aus der sichern Ferne zurief, daß er unsere Frauen mit den Indianern verheiraten und die schönsten unserer Töchter für sich selbst behalten werde, während uns hier die Krokodile auffressen würden, enthüllten seine Absicht. Wir wollten nur schwer an unsere Lage glauben. Vielleicht hatte der Sendador nur gescherzt. Wir durchsuchten die Insel nach den Inkas.«

»Natürlich fanden Sie nicht die geringste Spur von ihnen!«

»Nichts, gar nichts fanden wir. Da waren wir denn doch überzeugt, daß es auf unseren Untergang abgesehen sei. Von da an saßen wir beisammen und berieten uns. Aber keinem kam ein guter Gedanke. Darum sind wir alle voller Dank gegen Sie und Ihre Freunde. Hoffentlich findet sich eine Gelegenheit, Ihnen diesen Dank abzutragen.«

»Denken Sie nicht daran! Suchen wir vor allen Dingen, von dieser unglückseligen Insel fortzukommen.«

»Wird das Floß uns alle tragen?«

»Probieren wir es wenigstens.«

Die Probe erwies, daß wir es wagen konnten. Die zwanzig Unbewaffneten mußten sich lang nebeneinander legen, damit das Gleichgewicht des Floßes nicht gestört wurde. Fünf griffen zu den Staken, und wir andern knieten am Rande, um die etwa sich zu weit heranwagenden Krokodile zu erschießen. Da das Floß jetzt schwerer beladen war als vorher, ging es tiefer als auf der Herüberfahrt, aber es ragte doch so weit aus dem Wasser empor, daß wir nicht naß wurden.

Nachdem wir wieder einige der Alligators erlegt hatten, bemerkten die übrigen, daß es für sie gefährlich sei, in unsere Nähe zu kommen. Sie zogen infolgedessen in solcher Entfernung hinter uns her, daß wir sie nicht zu fürchten brauchten. Wir gelangten glücklich an das Ufer zurück, wo unsere erste Sorge war, nach unseren Pferden zu sehen. Es war gar nicht mein Gebrauch, mein Pferd in dieser Weise wie heute zu verlassen. Ich mußte es als eine Unvorsichtigkeit bezeichnen, daß nicht wenigstens einer von uns als Wächter zurückgeblieben war. Wie leicht konnten sich Indianer in der Nähe befinden und unsere Tiere davontreiben. In diesem Falle wäre es uns wohl nicht möglich gewesen, unser Vorhaben auszuführen. Glücklicherweise zeigte sich, daß meine Besorgnis überflüssig gewesen war.

Nun die zwanzig Männer sich wieder in Sicherheit befanden und keine Sorge mehr um sich zu haben brauchten, konnten wir beraten, was zu geschehen habe. Die Männer und Väter der bedrohten Frauen und Kinder drängten freilich zum schnellsten Handeln; aber ich riet von jeder Ueberstürzung ab. Eine Viertelstunde ruhiger Ueberlegung bringt später Stunden und wohl gar Tage ein, wie ich oft erfahren hatte.

Natürlich war es unsere Absicht, der Wagenkarawane nachzueilen. Holten wir sie noch vor der Zeit des geplanten Ueberfalles ein, so hatten wir es nur mit dem Sendador zu thun. Zwar war er nicht der einzige Mann, denn die Fuhrknechte befanden sich dabei; aber Harrico versicherte, daß sie treue Leute seien, welche sicher nicht mit ihm unter derselben Decke spielten. Sie brauchten wir also gar nicht zu scheuen.

Wir brachen auf. Ich war dagegen, daß sich je zwei Mann auf ein Pferd setzen sollten, da dadurch die Tiere zu schnell ermüdet würden. Da für dreißig Männer nur zehn Pferde vorhanden waren, so geschah es jedenfalls besser, wenn nur zehn ritten und desto häufiger abgewechselt wurde. Die andern waren einverstanden, und in dieser Weise wurde der Weg angetreten.

Er war zunächst kein beschwerlicher, denn er führte durch den ebenen, grasigen Camp, auf welchem sich nur hier und da einmal eine Buschinsel befand. Das Gras stand weder hoch, noch dicht, infolgedessen diejenigen, welche zu Fuße gehen mußten, nicht schnell ermüdeten, obgleich sie gezwungen waren, mit den schnell ausgreifenden Pferden gleichen Schritt zu halten.

Ich befand mich unter den Fußgängern, da ich meinen Braunen einem andern übergeben hatte. Sennor Pena hatte dasselbe gethan und sich dann zu mir gesellt, um mit mir über das bevorstehende Abenteuer zu sprechen. Als wir unsere Ansichten ausgetauscht hatten, kam die Rede auf unsere mexikanischen Erlebnisse. Bei dieser Gelegenheit brachte ich seine Nationalität zur Sprache, indem ich ihn fragte:

»Sennor, sind Sie von spanischer Abstammung?«

»Nein,« antwortete er.

»Ich vermute allerdings, daß Sie ein Deutscher sind.«

»Sie vermuten nur? Das können Sie doch gewiß wissen.«

»Dazu würde ein Scharfsinn gehören, den ich vielleicht nicht besitze. Dennoch hegte ich die Ansicht, daß Sie ein Deutscher sind; aber ich konnte das eben nur vermuten, da Sie sich in Mexiko darüber ausschwiegen.«

»Das hatte damals einen guten Grund.«

»Darf ich erfahren, welchen?«

»Ja, denn heute kann ich darüber sprechen. Man kennt mich hier als eifrigen Chinarindensammler und Goldsucher. Ich ging nach Mexiko in der letzteren Eigenschaft, wollte das aber nicht wissen lassen. In meiner damaligen Gesellschaft befand sich einer, welcher mich zwar gar nicht persönlich, aber doch meinen Namen und auch sonstiges von mir kannte, da er längere Zeit hier im Süden gewesen war. Ich sah mich also gezwungen, meine deutsche Abstammung zu verleugnen und legte mir infolgedessen einen spanischen Namen bei.«

»Aber wenigstens gegen mich konnten Sie aufrichtig sein!«

»Nein. Sie waren zwar kein Goldsucher, und ich hatte Ihrerseits also keinen Konkurrenzneid zu befürchten, aber Sie konnten mich leicht durch ein unbewachtes Wort verraten.«

»Wenn Sie so außerordentlich vorsichtig verfuhren, so mußten die Gründe, welche Sie hatten, sehr zwingende sein.«

»Das waren sie allerdings.«

»Sie hatten wahrscheinlich einen glücklichen Fund im Auge?«

»Das hatte ich. Auf welche Weise ich zu der betreffenden Erfahrung gekommen war, das thut nichts zur Sache, kurz und gut, ich hatte mir eine Gegend beschreiben lassen, in welcher sehr wahrscheinlicherweise eine Goldgrube zu finden sein würde. Aus diesem Grunde ging ich nach Mexiko und schloß mich jenen Leuten an, welche auf ihrem Zuge durch die betreffende Gegend kommen mußten. Natürlich verheimlichte ich meine Absicht, sonst hätte ich die andern alle auf dem Halse behalten.«

»Und hatten Sie Erfolg?«

»Mehr als ich erwartete. Als wir durch die Gegend kamen, erkannte ich auf den ersten Blick aus der Formation derselben, daß meine Reise nicht vergeblich gewesen sei. Ich ritt noch eine Tagereise weiter mit und entfernte mich dann heimlich des Nachts, um zurückzukehren. Nach einem dreitägigen Suchen entdeckte ich die Ader, welche außerordentlich ergiebig sein mußte. Ich verbarg die Stelle mit Sand und Steingrus und ritt davon, um meine Entdeckung zu verkaufen.«

»Fanden Sie einen Käufer?«

»Sofort. Ich führte ihn in die Berge und zeigte ihm den Fund. Er war ein Kenner und ersah seinen Vorteil augenblicklich. Erst schlug er mir vor, die Goldgrube in Compagnie auszubeuten; da ich aber wieder nach den La Plata-Staaten wollte und auf diese Offerte also nicht eingehen konnte, kaufte er mir meine Entdeckung ab. Die Summe, welche ich erhalten habe, ist mehr als genügend, mir eine sorgenfreie Zukunft zu sichern.«

»So gratuliere ich Ihnen auf das herzlichste. Wie aber kamen Sie dazu, sich gerade Pena zu nennen?«

»Weil dieses Wort die Uebersetzung meines deutschen Namens ist.«

»Also heißen Sie wohl Kummer?«

»Ja.«

»Nun, dann halte ich es für überflüssig, daß wir spanisch sprechen. Lassen Sie uns doch deutsch reden!«

»Mit dem größten Vergnügen. Ich hätte mich damals in Mexiko Ihnen gegenüber sehr gern der Muttersprache bedient, hielt dies aber, wie gesagt, für eine Unvorsichtigkeit.«

»Darf ich Sie fragen, aus welchem Teile Deutschlands Sie stammen?«

»Warum nicht? Ich bin ein Preuße.«

»Aus welcher Provinz?«

»Schlesien. Ich bin aus Breslau.«

Wir sprachen nun natürlich über unser gemeinsames Vaterland und kürzten so unsern Weg ab.

Mittlerweile hatten wir schon zweimal die Pferde gewechselt, und nun war es dunkel geworden. Das hinderte uns aber wenig, denn Pena war ein vortrefflicher Führer, und wenn er ja einmal in Zweifel gekommen wäre, so hätte Gomarra ihn mit Auskunft unterstützen können.

Der Weg war beiden freilich nicht bekannt; aber die Richtung wußten sie, und da sie die Eigenart der Gegend früher studiert hatten, so brauchten wir uns nicht zu fürchten, uns etwa zu verirren.

Nach und nach trat der Camp zurück, und das Buschwerk wurde häufiger. Auch Bäume gab es, aber sie standen so weit auseinander, daß sie uns nur sehr wenig hinderlich waren. Die Gegend bestand aus einer vollständigen Ebene, so daß der Boden uns keinerlei Schwierigkeiten bot. Die einzigen Hindernisse waren die Lagunen, welche wir entweder umgehen oder an schmalen Stellen durchreiten mußten. Dazu standen die Sterne am Himmel, und für später war der Mond zu erwarten.

So ritten wir mehrere Stunden durch das abendliche Halbdunkel, bis wir auf eine breite Ausspülung des Erdbodens stießen, bei deren Anblick Pena in frohem Tone erklärte:

»Das ist der Weg zum Kreuze des Urwaldes. Ich habe mich also nicht geirrt.«

»Ein Weg?« fragte ich. »Das hat eher das Aussehen eines Flußbettes.«

»Ist es auch. Wenn zur Regenzeit die Wasser vom Gebirge stürzen, so breiten sie sich weit über die Ebene aus. Es entstehen an tieferen Stellen Nebenarme des Flusses Salado, welche ihre Wasser an geeigneten Stellen dem Hauptarme wieder zuführen. An einem solchen Nebenarme befinden wir uns.«

»Aber können da Wagen fahren?«

»Gewiß. Dieses Flußbett bietet fast die einzige Gelegenheit, per Wagen nach dem Kreuze zu gelangen. Natürlich benutzen wir es jetzt auch.«

»Meinen Sie nicht, daß wir dabei auf den Sendador stoßen werden?«

»Nein, denn wir haben ihn überholt. Er befindet sich hinter uns.«

»Das wäre ja vortrefflich, denn wir würden noch vor ihm beim Kreuze ankommen. Wie weit haben wir bis dorthin?«

»In drei Viertelstunden sind wir dort.«

»Hm! Ich wollte, ich hätte die Gegend einmal gesehen, weil wir dort höchst wahrscheinlich gezwungen sein werden, zu kämpfen. In einem solchen Falle ist es stets vorteilhaft, die Gegend genau zu kennen.«

»Nun, ich kenne sie und kann sie Ihnen beschreiben. Meiner Ansicht nach hat vor alter Zeit ein Kloster dort gestanden, denn es sind noch Mauern vorhanden, und einst entdeckte ich sogar den Eingang zu einem Kellergewölbe.«

»Dann stammt dieser Bau freilich von den Weißen; denn die hiesigen Indianer bauen kein Gewölbe. Ist die Gegend ebenso eben wie hier? Hat sie Wald?«

»Es giebt dort einen Hügel, um dessen Fuß sich unser Flußbett schlingt. Seine Seiten sind mit Bäumen bewachsen, und auf dem Gipfel liegen die Ruinen des Bauwerkes, von welchem ich sprach. Auf dem höchsten Punkte, der hinab zum Flusse blickt, steht das Kreuz des Urwaldes.«

»Führt ein Weg, welcher von Wagen benutzt werden kann, auf den Hügel?«

»Nein – der Sendador wird mit seinen Karren unten am Hügel halten.«

»Und dort wird er von den Indianern erwartet. Es ist anzunehmen, daß sie sich nicht sofort sehen lassen werden. Sie werden sich verstecken.«

»Das denke ich auch. Sie werden den Ueberfall nicht eher unternehmen, als bis sie mit dem Sendador gesprochen haben.«

»Er wird sie also aufsuchen, um ihnen mitzuteilen, daß sein Anschlag gegen die Männer gelungen sei, und daß sie sich nun die Frauen und Kinder holen können. Ich denke, daß die Roten oben in dem Gemäuer stecken werden.«

»Auch ich bin so sehr davon überzeugt, daß ich glaube, darauf schwören zu können.«

»So dürfen wir nicht ganz bis an den Hügel reiten, weil man uns sonst bemerken würde. Vielleicht haben die Indianer sogar Posten ausgestellt.«

»Das glaube ich nicht. Sie haben keine Veranlassung dazu. Sie erwarten ja nur die Wagen mit den Weibern. Etwas anderes wäre es, wenn sie das Nahen einer bewaffneten Kriegerschar befürchten müßten. Ich glaube, daß sie in den Ruinen, vielleicht gar in dem Keller stecken und ganz ruhig warten, bis der Sendador kommt, um sie abzuholen.«

»Haben Sie damals das Kellergewölbe genau untersucht?«

»Natürlich. Man kann ja niemals wissen, in welcher Weise die Kenntnis eines solchen Ortes einem von Nutzen sein kann.«

»Ist es groß?«

»Wenn sie eng stehen, haben zweihundert Personen Platz.«

»Sind mehrere Ein- oder Ausgänge da?«

»Das war es, was ich vor allen Dingen suchte; aber ich habe trotz aller Mühe nur den einen Eingang gefunden. Es führten früher Stufen hinab, welche aber jetzt nur noch teilweise vorhanden sind. Der Eingang gleicht also nicht einer Treppe, sondern einem Stollen, welcher steil hinunter führt.«

»Ich wünschte, die Roten befänden sich da unten. In diesem Falle wäre es leicht, uns ihrer ohne alle Gefahr zu versichern, während im andern Falle ein Kampf nicht zu vermeiden ist. Und dieser würde wegen der Giftpfeile für uns höchst gefährlich sein. Jetzt läßt sich freilich gar nichts sagen; wir müssen sehen, wie wir die Sache finden.«

Das trockene Flußbett glich wirklich einer leidlich bequemen Straße, auf welcher wir uns wenig über eine Stunde aufwärts bewegten. Als Pena dann erklärte, daß der Hügel höchstens fünfhundert Schritte vor uns liege, hielten wir an. Die andern mußten sich unter die Bäume zurückziehen, um still auf uns zu warten, während ich mit Pena rekognoszieren ging. Wir gaben uns Mühe, kein Geräusch zu verursachen. Das fiel nicht schwer, da der Boden weder Steine noch Sand besaß. Wir hielten uns am Rande unter den Bäumen.

Die Nacht war still. Kein Laut war zu hören. Und doch war uns nicht wohl zu Mute. Ein Giftpfeil, aus einem Rohre geblasen, verursacht auch kein Geräusch und ist doch weit gefährlicher als eine Büchsenkugel. Ein solcher Pfeil konnte jeden Augenblick uns treffen, falls die Indianer Wachen ausgestellt hatten. Glücklicherweise war das nicht der Fall. Wir erreichten den Fuß des Hügels und huschten nun unter den Bäumen nach oben.

Das war freilich nicht allzu leicht. Es gab da allerlei Schlinggewächse, welche uns zum Kriechen zwangen, denn die gewaltsame Beseitigung derselben hätte Geräusch verursacht. Als wir endlich oben ankamen, bemerkte ich, so gut das Halbdunkel und die Bäume es erkennen ließen, daß die Spitze des Hügels eine ziemlich große Platte bildete. Eingefallenes Mauerwerk gab es gleich da, wo wir standen. Doch mußten wir sein Vorhandensein mehr erraten, als daß wir es sahen, denn es war dicht mit Pflanzen überrankt.

»Wo ist der Eingang in die Ruine?« fragte ich Pena leise.

»Gleich rechts da in der Nähe.«

»Sind vielleicht verschiedene Höfe da?«

»Wahrscheinlich. Offen ist aber nur der vordere, während hinten alles einen wüsten, unzugänglichen Trümmerhaufen bildet.«

»Und gelangt man in den Keller aus diesem vorderen Hofe?«

»Ja.«

»So kommen Sie! Aber vorsichtig!«

Er ergriff meine Hand und zog mich weiter. Bald erreichten wir die Stelle, an welcher sich das große, breite Thor befunden hatte, wie leicht zu erkennen war. Es galt da, vorsichtig zu sein; denn wenn überhaupt Wachen ausgestellt waren, so stand hier ganz sicher eine. Aber die Roten schienen ihrer Sache sehr gewiß zu sein, denn dieser Haupteingang war frei.

Als wir ihn passiert hatten, befanden wir uns auf einem rund von niedrigen Mauertrümmern eingefaßten Vierecke. Das war der Hof. Uns gerade gegenüber sah ich etwas wie den Schein eines verdeckten Lichtes. Zugleich drang uns ein brenzlicher Geruch entgegen.

»Dort geht es in den Keller hinab,« sagte Pena. »Man hat da unten ein Feuer angemacht.«

»Das giebt Rauch. Da müssen die Männer ja ersticken!«

»O nein. Ich habe im Gewölbe zwei Löcher bemerkt, rechts

und links hoch oben an den Seiten. Da kann der Rauch abziehen.«

»Sind diese Löcher etwa groß genug, daß ein Mensch hindurchkriechen kann?«

»O nein. Uebrigens liegen die beiden Luftlöcher oben so frei, daß wir durch sie hinabblicken können.«

»Das ist sehr gut. Auf diese Weise können wir beobachten und die Feinde wohl auch zählen. Vorwärts jetzt!«

Wir schlichen uns nach dem Eingange. Auch da stand niemand. Ja, unten brannte ein kleines Feuer, und jetzt bemerkte ich den Duft bratenden Fleisches. Der Schein drang eine kleine Strecke in den Treppengang herein, und so sah ich, daß da allerlei Trümmer der früheren Stufen lagen, welche es uns unmöglich machten, uns lautlos hinabzuschleichen und einen Blick in das Gewölbe zu werfen. Die Steinchen hätten sich losgelöst und uns durch ihren Fall verraten. Da uns hier ein direkter Einblick nicht möglich war, wandten wir uns erst zum einen und dann auch zu dem anderen Luftloch, welche oben zu beiden Seiten lagen. Da sahen wir unten die Indianer sitzen. Aber unser Gesichtskreis war so eng, daß ich nicht mehr als acht Personen zählen konnte.

»Es sind natürlich weit, weit mehr vorhanden,« meinte Pena. »Wenn diese Leute einen Ueberfall planen, so ziehen sie zahlreich aus, denn Tapferkeit ist ihre Tugend nicht. Was thun wir jetzt?«

»Sie eilen zurück und holen die Kameraden. Dieselben mögen aber vorher die Pferde an einem Orte anbinden, an welchem der Sendador sie nicht findet.«

»Und was thun Sie indessen?«

»Ich bewache den Eingang.«

»Herr, das ist gefährlich!«

»Ganz und gar nicht. Die Kerle stecken ja alle in der Falle!«

»Aber wenn einer herauskommt?«

»So nehme ich ihn bei der Gurgel oder gebe ihm einen Klapps auf die Nase, daß er hinunterrutscht.«

»Dann kommen die andern alle!«

»Das werden sie bleiben lassen. Es können höchstens zwei

Personen nebeneinander gehen; also halte ich alle mit meinen Revolvern in Schach.«

»Gut! Wir werden sehr bald kommen.«

»Allzu vorsichtig brauchen Sie nicht zu sein. Es ist niemand da, der Ihnen gefährlich werden kann; also können Sie ganz offen und unbesorgt heranmarschieren.«

Er ging, und ich ließ mich neben dem Eingange nieder, fest entschlossen, keinen Menschen herauszulassen. Von unten herauf drang unterdrücktes Stimmengewirr; einzelne Stimmen oder gar Worte waren nicht zu unterscheiden. Uebrigens hätte mir das gar nichts nützen können, da ich die Sprache der Aripones nicht verstand. So hatte ich wohl über zehn Minuten gesessen, als ich das Geräusch rollender Steine vernahm. Ich beugte mich vor und sah zur Treppe hinab. Da kam einer langsam heraufgestiegen. Er befand sich noch im Kreise des Feuerscheines, und so konnte ich ihn erkennen. Es war Gomez. Er trug keine Waffen als nur sein Messer bei sich. Ich stand auf und trat ein wenig zur Seite. Dort stand ein Baum, unter dessen Krone der hellere Ton meines Lederanzuges nicht leicht zu erkennen war.

Jetzt trat der Mann hervor. Er sah sich um und lauschte in die Nacht hinaus. Schon drehte er sich um, um wieder hinabzusteigen; da sagte ich in halbem Tone, nur so, daß er es gerade zu hören vermochte:

»Gomez.«

Schnell wendete er sich zurück.

»Wer ist da?« fragte er.

»Der Sendador.«

»Schon? Das ist schnell gegangen. Wo sind die Weiber und Kinder?«

»Unten bei den Wagen.«

»Das ist ja ganz – –«

Er hielt inne. Während der kurzen Fragen und Antworten war er näher gekommen. Jetzt befand er sich gerade vor mir und mochte nun doch bemerken, daß der, bei dem er stand, nicht der Sendador sein könne. Er beugte den Kopf vor, um wo möglich mein Gesicht zu erkennen, und sagte:

»Das ist ja nicht – – wer ist – –?«

Er wollte sich zur Flucht wenden. Da aber hatte ich ihn mit der Rechten bei der Kehle, so daß er nicht schreien konnte, und mit der Linken zog ich das Messer aus seinem Gürtel, damit er sich desselben nicht bedienen könne. Gegen mich war er von der Schwäche eines Kindes. Er brach sofort in die Kniee. Ich setzte ihm das Messer auf die Brust und drohte:

»Ein lautes Wort, so steche ich Sie nieder. Werden Sie schweigen?«

»Jaaaa – – –« gurgelte er, als ich ihm zu diesem Zwecke ein wenig Luft in die Kehle ließ.

»Gut, so will ich Sie wenigstens atmen lassen. Aber ich gebe Ihnen mein Wort, daß ich Sie beim ersten unerlaubten Laute ersteche! Legen Sie die Hände auf den Rücken, damit ich Sie binden kann!«

Ich nahm die Hand von seinem Halse, hielt ihn aber mit der einen Hand fest, während ich mit der andern einige Riemen aus der Tasche zog. Dabei mußte ich mich bücken. Mein Gesicht kam in die Nähe des seinigen, und nun erst erkannte er mich.

»Sie sind es, Sie, Sennor!« sagte er.

»Wer sonst? Habe ich Ihnen nicht gesagt, daß ich kommen werde?«

»Ah! Sie, Sie! Nun ist alles verloren!«

»Was verstehen Sie unter diesem alles?«

»Etwas, was Sie nicht zu wissen brauchen.«

»Ganz richtig! Ich brauche es nicht zu wissen, weil ich es schon weiß.«

»Sie? Unmöglich!«

Während dieser Worte band ich ihm die Hände auf den Rücken und die Füße zusammen. Nun lag er regungslos vor mir auf der Erde. Ich zog ihn seitwärts bis an eine Stelle, von welcher aus ich den Eingang gut vor Augen hatte, und setzte mich bei ihm nieder.

»Sennor, was haben Sie mit mir vor? Was werden Sie mir thun?« fragte er.

»Das wird ganz auf Ihr Verhalten ankommen.«

»Sind Sie allein da?«

»Nein. Wenn Sie so große Sehnsucht nach meinen Gefährten und Ihren früheren Bekannten haben, so kann ich Ihnen zu Ihrer Beruhigung mitteilen, daß sie sich Ihnen baldigst vorstellen werden. Auf unsere Freundschaft dürfen Sie freilich nicht mehr zählen.«

»Was habe ich denn gethan?«

»Erstens sind Sie uns ausgerissen, und zweitens – –«

»Sennor, das dürfen Sie doch nicht ausreißen nennen! Ich mußte!«

»Warum?«

»Das ist mein Geheimnis.«

»Aber ein Geheimnis, welches ich auch kenne. Ich habe Ihnen in Palmar gesagt, daß ich Sie hindern werde, das zu thun, was Sie vorhaben.«

»Sennor, Sie können ja gar nicht wissen, was wir beabsichtigen!«

»Ich weiß es nur zu gut. Sie haben die zwanzig Männer auf die Krokodileninsel gelockt, und hier wollen Sie nun die Frauen und Kinder holen.«

»*Cielo!* Wer sagt das?«

»Sie selbst haben es zu dem Sendador gesagt.«

»Das ist nicht wahr.«

»Leugnen Sie doch nicht, Gomez! Die Lüge hilft Ihnen nichts. Sie sind belauscht worden. Man hat jedes Ihrer Worte genau vernommen. Wir sind Ihnen natürlich schnell von Palmar aus gefolgt. Sie haben das auch gar nicht anders erwartet, denn Sie sagten heute zu dem Sendador, daß wir jeden Augenblick eintreffen könnten.«

»Auch das wissen Sie?«

»Alles, alles weiß ich. Wir sind auf der Krokodileninsel gewesen und haben die zwanzig Männer befreit. Das Floß lag noch am Ufer; eine große Dummheit von dem Sendador! Nun sind wir alle da, um die zweite Hälfte des geplanten Streiches zu verhüten.«

»Das ist – das ist – – das kann ich doch nicht glauben!« stammelte er.

»Sie werden es glauben, denn – – hören Sie! Jetzt kommen meine Leute. Sie können sich also überzeugen, daß ich die Wahrheit sage.«

Ich hörte die Schritte vieler Nahenden und erhob mich vom Boden, um von ihnen gesehen zu werden. Es waren die Gefährten. Sie kamen herbei. Als sie hörten, wen ich da vor mir liegen hatte, verlangten sie, daß Gomez sofort ausgepeitscht werde. Ich brachte sie aber auf bessere Gedanken, indem ich ihnen vorstellte, daß er als Indianer gehandelt habe, welcher die Weißen als Eindringlinge betrachte. Die von der Krokodileninsel befreiten Leute waren zwar nicht geneigt, Milde walten zu lassen, doch gab ich mir Mühe, ihnen zu erklären, daß es für sie besser sei, zu verzeihen und sich die Aripones zur Dankbarkeit zu verpflichten, als durch Strenge die Rache des ganzen Stammes auf sich zu laden.

»Aber was soll denn da mit ihnen, die wir doch jetzt als unsere Gefangenen betrachten müssen, geschehen?« fragte einer.

»Das werden Sie gleich hören,« antwortete ich. »Ich meine, daß Sie uns Ihr Leben zu verdanken haben, und ich fordere von Ihnen die Erlaubnis, mit den Aripones Frieden schließen zu dürfen. Sie werden mir das nicht versagen, da es nicht in meinem, sondern vielmehr in Ihrem Interesse liegt.«

Nach einer kurzen, unter sich gepflogenen Beratung stimmten sie mir bei. Darum bückte ich mich zu Gomez nieder, nahm ihm die Riemen ab, richtete ihn auf und sagte zu ihm, der nun inmitten unseres Kreises stand:

»Merken Sie sich, was Sie jetzt hören! Es soll Ihnen und keinem der Ihrigen ein Leid geschehen; aber ich stelle einige Bedingungen, nach denen Sie sich zu richten haben werden.«

Er holte tief Atem, froh, in so glimpflicher Weise behandelt zu werden, und fragte mich:

»Welches sind diese Bedingungen?«

»Sie begeben sich jetzt in den Keller zu Ihren Leuten. Wie viele sind es?«

»Sechzig.«

»Sie sagen ihnen, daß dreißig gut bewaffnete Leute hier

stehen und auf einen jeden schießen werden, der sich ohne unsere Erlaubnis gestattet, den Keller zu verlassen. Morgen früh könnt Ihr dann unbehelligt abziehen, nachdem Ihr vorher mit denen, welche Ihr töten wolltet, Friede geschlossen habt. Wollen Sie das Ihren Leuten vorstellen und sie dazu bringen, diese Bedingungen zu erfüllen?«

»Ja. Ich verlange aber, daß Sie Wort halten!«

»Ich lüge nicht. Also daß keiner es wagt, den Keller zu verlassen. Habe ich Ihnen etwas zu sagen, so werde ich Ihren Namen laut in den Eingang rufen. Jetzt gehen Sie!«

Er entfernte sich und verschwand mit einer Schnelligkeit im Keller, aus welcher zu ersehen war, wie froh er war, in dieser Weise davongekommen zu sein.

Einige der Anwesenden wollten sich über meine Milde beschweren, aber der Bruder gab mir recht und erklärte ihnen, daß sie alle Veranlassung hätten, in Frieden mit den hiesigen Indianern zu verkehren.

Zwei von uns waren bei den Pferden zurückgelassen. Die andern setzten sich vor den Kellereingang. Ich aber ging mit dem Steuermanne vor das Thor, um das Kommen des Sendadors zu erwarten. Den Steuermann nahm ich mit, weil er eine riesige Körperstärke besaß. Ich wußte ja nicht, ob ich Manns genug sei, es allein mit dem Sendador aufzunehmen.

Wir verbargen uns hinter den Mauertrümmern. Unsere Geduld sollte gar nicht lange auf die Probe gestellt werden. Wir hatten kaum fünf Minuten gesessen, als das schrille, häßliche Gekreisch ungeschmierter, hölzerner Wagenräder zu uns heraufschallte. Weibliche Stimmen ertönten. Man schien mit der Errichtung des Lagers beschäftigt zu sein. Dann wurde ein Feuer angebrannt, dessen Helligkeit wir sogar hier oben bemerkten.

»Nun wird er bald kommen,« sagte der Steuermann.

»Jedenfalls. Wenn Sie zugreifen, so nehmen Sie ihn gleich so, daß er allen Widerstand aufgeben muß!«

»Haben Sie keine Sorge! Ich sehne mich geradezu, einmal jemand so recht aus Herzensgrund umfassen zu dürfen. Wie viele Rippen soll ich ihm zerdrücken? Alle oder nur einige?«

»Ich muß ihn unverletzt haben. Sie wissen ja, daß wir ihn noch brauchen. Wenn er verwundet oder verletzt wird, so ist es ihm unmöglich, uns zu seinen Schätzen zu führen. Schweigen wir jetzt!«

Bald darauf hörten wir langsame Schritte. Der Kommende gab sich nicht die geringste Mühe, leise aufzutreten. Er war seiner Sache außerordentlich gewiß. Auch mußte er die Oertlichkeit genau kennen, denn er kam direkt auf das eingefallene Thor zu. Seine Gestalt war länger als die meinige, aber schmal. Eben als er an uns vorüber wollte, richtete ich mich auf. Er sah es, prallte einen Schritt zurück und fluchte:

»*Caramba!* Was schießest du hier, wie ein Teufel aus der Erde empor, Gomez! Das kann einen ja erschrecken! Sind deine Leute da?«

Da ich am dunklen Gemäuer stand, über welchem sich außerdem noch ein dichtes Laubwerk erhob, so konnte er meine Gestalt nicht deutlich erkennen. Er hielt mich für Gomez, von welchem er angenommen hatte, daß dieser ihn erwarten werde. Da ich die Stimme des letztern kannte, so gelang es mir, dieselbe nachzuahmen, indem ich antwortete:

»Sie sind alle hier im Keller, Sennor.«

»So will ich hinab, um ihnen meine Befehle zu geben. Es ist alles sehr gut gelungen. Die Männer stecken auf der Insel und werden dort von den Krokodilen festgehalten. Die Weiber und Kinder haben mir freilich viel zu schaffen gemacht, aber ich brachte sie endlich doch mit dem Vorgeben fort, daß die Männer bereits vorangegangen seien. Ihr werdet heute gute Beute machen, Gomez. Ich darf also für später wohl auf eure Dankbarkeit rechnen.«

»Was das betrifft, so sollen Sie den Dank schon jetzt haben, und zwar sofort.«

Ich hatte das in meinem eigenen Tone, mit unverstellter Stimme gesagt. Er neigte sich mir zu, um mir in das Gesicht zu sehen, und sagte:

»Was war das für eine Stimme! So spricht Gomez nicht. Es ist ein ganz anderer!«

»Allerdings bin ich ein anderer, Sennor Sabuco.«

»Und zwar kein Indianer, sondern ein Weißer! Mann, ich will doch hoffen, daß Sie zu denen gehören, welche ich hier suche!«

»Zu den Aripones also? Nein, zu ihnen gehöre ich freilich nicht.«

Ich konnte ihm in aller Ruhe so antworten, denn ich sah, daß sich der Steuermann hinter ihm erhoben hatte und bereit stand, ihn mit seinen gewaltigen Armen zu umfangen.

»Nicht!« rief er aus. »Dann frage ich Sie, wer Sie sind. Antwort, oder ich steche Sie augenblicklich nieder!«

Er griff nach seinem Messer.

»Lassen Sie das Messer stecken, Sennor! Ich habe Sie in der besten Absicht erwartet.«

»In welcher?«

»Um Sie zu grüßen von den zwanzig Sennores, welche Sie den Krokodilen übergeben haben. Sie befinden sich nicht mehr auf der Insel, sondern hier ganz in der Nähe. Ich werde Sie zu ihnen bringen, denn es verlangt sie, mit Ihnen zu sprechen.«

»Hole Sie der Teufel! Hier haben Sie das Messer in die Rippen, als Lohn für die Neuigkeit, welche Sie mir bringen, und zugleich als – – –«

Er unterbrach sich und stieß einen Schreckensruf aus, weil in diesem Augenblick der Steuermann ihn von hinten umfaßte und ihm die beiden Arme an den Leib drückte.

»Da haben wir ihn im Schraubstocke,« lachte der gute Hans Larsen. »Welche Wonne, wenn ich ihn so umarmen dürfte, wie ich es wünsche!«

Der Sendador wollte schreien, aber seine Stimme erstickte; der Steuermann preßte ihm fast den Brustkasten ein. Er wollte sich wehren, aber die Umschlingung war eine so gewaltige, daß es nur zu einem ohnmächtigen Zucken seiner Beine kam.

»Was nun?« fragte Larsen.

»Wir binden ihn und schaffen ihn dann zu den andern.«

»Warum erst binden? Das können wir nachher auch thun. Wen ich einmal zwischen meinen Händen habe, der entläuft mir nicht. Nehmen Sie ihm nur die Waffen ab!«

Ich folgte dieser Aufforderung. Der Sendador hatte außer dem Messer noch ein Gewehr und einen Revolver bei sich. Larsen ließ ihn für einen Augenblick los, legte ihm aber schnell die Hand um das Genick und sagte in spanischer Sprache zu ihm:

»Jetzt vorwärts, Sennor! Und wenn Sie nicht gehorchen, drücke ich Ihnen einige Halswirbel ein!«

Der Griff des Steuermanns war so energisch, daß der Sendador fast die Besinnung verlor. Er wurde, ohne zu einem Widerstand zu kommen, von Larsen vorwärts geschoben. Als wir bei den Gefährten anlangten, standen die an der Erde Sitzenden auf und umringten uns.

»Bringen Sie den Halunken?« fragte Harrico, der Vertreter des Bankiers.

»Ja, hier ist er,« antwortete der Steuermann. »Gebt Riemen her! Wollen ihm Hände und Füße binden, daß er nicht an das Fortlaufen denken kann.«

»Ja, aber fest genug! Und ein Feuer wollen wir anbrennen, damit er sehen kann, wen er vor sich hat.«

Während die einen den Gefangenen fesselten, suchten die andern brennbares Material für das Feuer zusammen. Als dieses letztere aufflackerte, konnte ich die Züge des berühmten Führers erkennen. Sein Gesicht war hager, scharf gezeichnet und von der Sonne dunkel gebrannt. Er gab nicht zu erkennen, daß er sich schäme. Sein finstrer Blick ging von einem zum andern im Kreise umher; in seinen Zügen gab sich nichts als nur das größte Erstaunen zu erkennen. Er schüttelte den Kopf und sagte:

»Aber, Sennores, was fällt Ihnen denn eigentlich ein? Was bringt Sie auf den mir unbegreiflichen Gedanken, mich mit einer solchen Feindseligkeit zu behandeln?«

Er suchte sich nun mit allerlei Lügen aus der Schlinge zu ziehen und berief sich endlich auf Monteso, daß er es ehrlich meine. Der Yerbatero hatte freilich nicht an die Verruchtheit dieses Menschen glauben wollen; aber die vorhandenen Beweise sprachen so laut gegen den Sendador, daß der Genannte, indem er eine abwehrende Handbewegung machte, sagte:

»Verlassen Sie sich nicht auf mich, Sennor! Ich kann Ihnen mit meiner Empfehlung leider gar nicht dienen, weil ich überzeugt bin, daß Sie schlecht gehandelt haben.«

»Wie? Auch Sie? So hat sich also Alles gegen mich verschworen!«

»Verschworen? Davon ist keine Rede. Wir kennen Ihr Vorhaben. Wir besitzen Beweise. Es thut mir leid, einen Mann, den ich meinen Freund nannte, jetzt für einen Mörder halten zu müssen; aber ich kann leider nicht anders. Sie sind in Ihrem Gespräch mit Gomez belauscht worden.«

Der Kerl war wirklich ein außerordentlich hartgesottener Sünder. Er leugnete trotzdem mit einer geradezu beispiellosen Frechheit. Es zuckte mir in den Händen. So mochte es auch den andern ergehen. Sie ließen Ausrufe des Zornes hören und Bewegungen der Ungeduld sehen. Pena ergriff für Monteso das Wort und rief dem Sendador drohend zu:

»Mensch, ich bin es, der euch belauscht hat. Wenn du von Lügen sprichst, so beleidigst du mich, und dies von dir zu dulden, habe ich keine Lust!«

»Wer sind Sie, daß Sie es wagen, den Sendador Du zu nennen?«

»Ich bin Kummer, der Cascarillero, verstanden?«

Als der Sendador diesen Namen hörte, ging es doch wie Schreck über sein scharfes Gesicht.

»*Caramba!*« sagte er. »Der deutsche Cascarillero!«

»Ja. Meine überhaupt ja nicht, daß du Leute vor dir habest, welche du zu täuschen vermagst. Hier sitzt ein ehrwürdiger Herr. Kannst du raten, wer er ist?«

Der Sendador musterte den Bruder. Kannte er ihn oder erriet er es aus dem Aeußern desselben, er antwortete:

»Der Frater Jaguar!«

»Richtig! Er ist nicht der Mann, sich ein X für ein U machen zu lassen. Und da neben ihm sitzt der Sennor, vor welchem dich Gomez gewarnt hat.«

Jetzt schenkte der Gefesselte mir mehr Aufmerksamkeit als bisher.

»Der Deutsche?« fragte er.

»Ja. Dieser schaut dir bis in das tiefste Herz. Selbst wenn es dir gelänge, uns an dich glauben zu machen, ihn würdest du nicht täuschen. Dein Urteil ist bei ihm gesprochen. Aber es sind noch andere da. Du wirst dich freilich wohl nicht darüber freuen, sie wiederzusehen. Kennst du diesen?«

Er deutete auf Gomarra. Der Sendador betrachtete nun auch diesen. Er schien sich seiner Züge zu erinnern, wußte aber nicht genau, wen er vor sich hatte. Er sagte:

»Ich kenne ihn nicht – –«

»Halt!« unterbrach ihn Gomarra. »Jetzt bin ich es, der mit ihm reden will!«

»Nein, schweigen Sie noch!« bat ich ihn.

»Warum? Soll er nicht wissen, wen er vor sich hat?«

»Jetzt noch nicht. Sie schaden sich selbst und unserm Vorha – – –«

»Schaden?« unterbrach er mich. »Wenn auch! Nichts soll mich hindern, diesem Ungeheuer mitzuteilen, was er zu erwarten hat.«

Und sich wieder an den Sendador wendend, fuhr er, ohne meiner Winke zu achten, fort:

»Also Sie erinnern sich, mich gesehen zu haben?«

»Es ist möglich,« antwortete der Gefragte.

»Es war oben in den Bergen, in der Pampa de Salinas.«

Der Sendador schien, als er dies hörte, unter seiner dunkeln Haut zu erbleichen.

Er antwortete nicht.

»Sie kennen doch diese Pampa?« fragte Gomarra. »Und wissen, daß dort ein Mord geschehen ist?«

»Möglich, geht m i c h aber doch nichts an.«

»Den Mörder soll das nichts angehen?«

»Sennor, Sie nennen mich einen Mörder?«

»Ja, denn Sie sind es. Sie haben meinen Bruder getötet.«

»Ich? Ihren Bruder? Es scheint, man spielt hier Theater mit mir! Ich kenne weder Sie noch Ihren Bruder!«

»So besinnen Sie sich! Sie sind mir einmal oberhalb der Salina begegnet.«

»Wer kann sich auf so etwas, was oft geschieht, besinnen?«

»Sie sollen gleich nähere Details hören. Sie ritten weiter und trafen weiter unten auf meinen Bruder.«

»Davon weiß ich nichts.«

»Er kam dazu, als Sie die Kipus eingraben wollten.«

»Kipus?« rief der Sendador, jetzt freilich in erschrockenem Tone.

»Ja, Kipus, welche in einer Flasche steckten.«

»Woher wissen Sie das?«

»Weil ich seit jenem Tage oft da oben gewesen bin und nachgegraben habe, um zu sehen, ob sich die Flasche noch dort befindet.«

»*Valgame Dios!*«

»Ja, nun erschrecken Sie!«

»Nein, ich erschrecke nicht,« behauptete der Führer. »Ich weiß gar nichts davon!«

»So? Gar nichts? Sie wissen auch nicht, daß Sie meinen Bruder erschossen haben, damit er Ihr Geheimnis nicht verraten könne?«

»Kein Wort!«

»Daß Sie ihn für tot liegen ließen und dann weiter ritten, um die Flasche unten am Felsen der Salina abermals zu vergraben?«

»Sennor, Sie dichten da wohl gar einen Roman?«

»Nein, ich dichte nicht, sondern ich rede die reine Wahrheit. Ich habe Sie ja mit diesen meinen eigenen Augen beobachtet. Ich bin dann oft hingekommen und habe nachgegraben. Ich wollte wissen, ob Sie wieder dort gewesen seien. Ich habe vergebens gestrebt, Ihnen wieder zu begegnen. Nun ich Sie hier habe, sollen Sie Ihren Lohn finden! Ich lasse Sie sicher nicht entkommen; darauf können Sie sich verlassen!«

Es schien dem Sendador nicht behaglich zu Mute zu sein. Er schüttelte den Kopf, zeigte die Miene gekränkter Unschuld und sagte:

»Sennor, Sie verkennen mich und haben mich verkannt. Es ist ein anderer gewesen, welcher wohl eine kleine Aehnlichkeit mit mir gehabt hat.«

»Wir glauben Ihnen doch nicht. Machen Sie sich auf den Tod gefaßt! Der Bruder Jaguar kann noch mit Ihnen beten; dann sterben Sie. Ich habe mir fest vorgenommen, daß Sie bei unserer ersten Begegnung meine Kugel erhalten sollen. Heute treffen wir uns zum erstenmal, und ich halte mein Wort.«

Er wendete sich ab. Seine Art und Weise behagte mir keineswegs. Durch seine Ausplauderei hatte er mir einen ganz bedeutenden Strich durch meine Rechnung gemacht. Der Sendador sollte doch gar nicht ahnen, daß sich so ein Bluträcher, ein Zeuge seiner Thaten unter uns befinde. War es ihm einmal gesagt worden, so mußten wir auf unser Unternehmen, auf den Ritt nach der Pampa de Salinas, verzichten. Ich aber war fast begierig, die Zeichnungen und Kipus zu sehen. Nun Gomarra den Fehler begangen hatte, brauchte ich über das übrige nicht mehr zu schweigen. Vielleicht wurde er durch die Wucht unserer Anschuldigungen mürbe gemacht. Darum ergriff ich jetzt das Wort, indem ich zu ihm sagte:

»Sie leugnen mit einer ganz unbegreiflichen Hartnäckigkeit. Da wir solche Beweise in den Händen haben, gehört eine geradezu freche Stirn dazu, das alles in Abrede zu stellen.«

Er warf mir einen fast verächtlichen Blick zu und antwortete:

»Was wollen denn nun auch Sie? Ich kenne Sie nicht. Sie sind ja ganz fremd im Lande!«

»Aber doch bereits höchst vertraut mit Ihrer Person!«

»Das wäre ein Wunder!«

»Gar nicht. Zunächst will ich Ihnen sagen, daß es eine Dummheit von Ihnen ist, zu leugnen, daß Sie mit den Aripones im Bunde stehen. Ein offenes Geständnis würde Ihre Lage sicherlich nicht so verschlimmern, wie Ihr verstocktes Lügen.«

»Ich lüge nicht!«

»Behaupten Sie das nicht! Gomez hat schon alles eingestanden.«

»Gomez? Wie könnten Sie mit dem gesprochen haben!«

»Durch diese Ihre Worte verraten Sie sich selbst. Er hat natürlich hier auf Sie gewartet. Wir kamen eher als Sie und haben uns seiner ganz ebenso bemächtigt, wie wir Sie ergriffen haben.«

Jetzt fuhr er mit dem Kopfe in die Höhe. Es war zum erstenmal, daß er seinen Schreck deutlich sehen ließ.

»Sie haben ihn gefangen?« entfuhr es ihm.

»Wie ich sage, und er sitzt in sicherem Gewahrsam, da unten in dem Keller.«

»Und seine Indianer? Wo befinden sich diese?«

»Ah, Sennor, jetzt lassen Sie die Maske plötzlich fallen! Jetzt fragen Sie nach den Indianern. Sie geben damit alles zu, was Sie bisher geleugnet haben.«

»Zum Teufel, reden Sie! Mag ich zugeben oder nicht; ich will wissen, wo die Roten stecken.«

»Auch im Keller. Sie sind also vollständig unfähig gemacht, Ihr Vorhaben auszuführen.«

»Und Gomez hätte gestanden?«

»Ja. Er war aufrichtiger als Sie; er war zugleich auch klüger, denn er sah ein, daß ihm das Leugnen nichts nützen, sondern nur schaden könne. Es wäre ihm gewiß an Hals und Kragen gegangen; aber infolge seines Geständnisses werden wir ihm und den andern Indianern das Leben schenken.«

»Aber, gesetzt, es sei alles so, wie Sie es sich einbilden, so wäre es doch eine Ungerechtigkeit, diese Leute zu begnadigen und mich zu töten!«

»Nein; es wäre im Gegenteile ganz gerecht gehandelt. Den Indianern kann man infolge des Standpunktes, welchen sie einnehmen, verzeihen. Sie aber haben als Weißer eine verzehnfachte Strafe verdient, zumal noch ganz andere Verbrechen auf Ihnen lasten.«

»Noch andere, weitere Verbrechen?« fragte er in beinahe höhnischem Tone. »Nach Ihrer Meinung muß ich ja ein wahres Scheusal sein!«

»Beinahe.«

»Darf ich fragen, was Sie noch von mir wissen wollen?«

»Ja. Ich möchte gern wissen, wo der Padre begraben liegt, welchem Sie die Zeichnungen und Kipus abgenommen haben.«

Jetzt fuhr er sichtlich zusammen. Dann gab er seinem liegenden Oberkörper einen Schwung, so daß er trotz der Fesseln zum Sitzen kam, starrte mich eine Weile an und fragte dann wie abwesend:

»Welchen Padre meinen Sie?«

»Den Sie ermordeten, um ihm die genannten Gegenstände abzunehmen.«

»Alle Wetter! Wieder ein Mord, von dem ich nichts weiß und den ich trotzdem begangen haben soll!«

»Wollen Sie etwa wieder leugnen?«

»Nein, leugnen werde ich nicht, denn leugnen kann man nur etwas, was man wirklich gethan hat. Ich bin mir aber keiner Schuld bewußt, und darum kann ich nur sagen, daß Sie sich gewaltig irren.«

»Nun, Sie hatten einen Zeugen. Er rief Ihnen zu, um den Mord zu verhindern. Sie achteten aber nicht auf ihn, weil er zu fern war.«

»Sennor, Sie sehen mich erstaunt über Ihre Erfindungsgabe!«

»Spotten Sie nicht, denn Sie verschlimmern dadurch Ihr Los! Glücklicherweise für ihn entdeckten Sie in dem Zeugen einen alten Kameraden, einen Freund. Der kleine Rest von Gefühl, welchen Sie damals noch besaßen, empörte sich doch dagegen, diesen Mann zu ermorden. Sie überwältigten ihn also nur und zwangen ihm einen Eid ab, über Ihre That zu schweigen.«

»Und diesen Eid hat er gebrochen?«

»Nein. Was mich betrifft, so hat er mir nichts erzählt, sondern ich habe es erraten.«

»Erraten! So! Und was Sie nur erraten haben, das halten Sie für so gewiß, daß Sie mich des Mordes zeihen? Das ist stark, mein so außerordentlich scharfsinniger Sennor!«

Ohne diesen Spott zu beachten, fuhr ich fort:

»Ferner hat er sich an geeigneter Stelle erkundigt, ob so ein Schwur gehalten werden müsse. Man hat ihn überzeugt, daß er damit keine Sünde begehen würde, denn ein Mörder ist kein Mann, der einem andern einen vor Gott geltenden Schwur abnehmen kann. Der alte Jäger und Goldsucher hat also auf seinem Sterbebette das Geheimnis verraten können, ohne seine Seele zu gefährden.«

»Er hat gesagt, ich habe einen Padre ermordet?«

»Ja. Ermordet und beraubt.«

»Welche Lüge! Halten Sie sich übrigens für den Mann, welcher mich zu richten hat?«

»Ja. Wir alle sind nach dem Brauche der Pampa berechtigt, über Sie zu Gericht zu sitzen. Und wenn Sie uns wie bisher mit Hohn und Spott bedienen, so dürfen Sie auf keine Nachsicht rechnen.«

»Ich verlange sie auch nicht; aber Gerechtigkeit will ich haben. Und zu dieser Gerechtigkeit gehört, daß man die Sache einem ordentlichen Richter übergiebt!«

Da trat einer von den Männern, welche er nach der Insel gelockt hatte, an ihn heran, versetzte ihm einen Fußtritt und herrschte ihm zu:

»Schweig, Schurke! Dir soll das Recht der Pampa werden, nämlich eine Kugel in den Leib oder ein Strick um den Hals! Vielleicht machen wir dir die Abfahrt in die Hölle noch etwas schwerer. Wollen nur erst sehen, wie es mit unseren Frauen steht, nach denen wir noch gar nicht gesehen haben. Wehe dir, wenn du einer von ihnen ein Haar gekrümmt hast! Du wirst mit glühenden Messern zerschnitten!«

»Ja, wollen vor allen Dingen nach unseren Frauen und Kindern sehen,« stimmte ein anderer bei. »Sterben muß dieser Mensch, aber auf sein Verhalten zu ihnen soll es ankommen, ob er leicht oder schwer zum Satan fährt. Wer steigt mit hinab?«

»Ich – ich – ich!« riefen alle außer mir.

Keiner schien bleiben zu wollen. Jeder wollte sehen, wie es mit den Frauen stand.

»Halt!« bat ich. »Alle können unmöglich fort. Wir müssen doch den Keller und auch den Sendador bewachen. Dazu gehören mehrere Personen.«

Man gab das zu. Den Familienvätern war nicht zuzumuten, da zu bleiben. Der Bruder ging mit ihnen, um nötigenfalls seines Trösteramtes zu walten. Der Kapitän Turnerstick wollte aus Neugierde fort und veranlaßte den Steuermann, mit ihm zu gehen. Pena und Gomarra waren ebenso neugierig, und so blieb nur ich mit den Yerbateros übrig.

Wir waren Männer genug, den Eingang zu bewachen. Uebrigens war es uns allen lieb, daß die andern sich entfernten, weil sie den Tod des Sendador wollten; wir aber wünschten, daß er leben bleibe, um uns seine Geheimnisse anzuvertrauen. Gegen uns hatte er ja nicht gesündigt, und so konnten wir ihn weder anklagen noch gar richten. So war auch Monteso gesinnt, denn als die andern fort waren, sagte er in leisem Tone, so daß der Sendador es nicht verstehen konnte:

»Gut, daß sie fort sind! Was denken Sie, Sennor? Soll er getötet werden?«

»Was mich betrifft, so bin ich freilich dagegen.«

»Ich auch und meine Kameraden ebenso. Denken Sie an die Kipus und Pläne!«

»Es wird uns nur nicht möglich sein, seinen Tod zu verhindern.«

»Das befürchte ich auch. Gomez haben sie begnadigt, weil sie ihn als Indianer nicht für zurechnungsfähig, wenigstens nicht für so sehr schuldig halten wie diesen, den sie sicherlich nicht laufen lassen werden.«

»Ich bin überzeugt, daß unsere Bitten nichts helfen werden, aber es giebt noch einen Ausweg – die List.«

»Ah! Wie aber meinen Sie das?«

»Wir lassen ihn laufen. Wir lockern ihm jetzt den Riemen, welcher seine Hände zusammenhält. Nachher soll er hinunter nach den Wagen gebracht werden. Er muß gehen, folglich wird man ihm die Beinfesseln abnehmen. Da kann er unterwegs einen Sprung zur Seite thun. Da es dunkel ist, dürfte eine Verfolgung vergeblich sein.«

»Gut. Aber was dann?«

»Dann erwartet er uns irgendwo. Hoffentlich hält er Wort.«

»Jedenfalls, da er sich darüber freuen muß, endlich einen Mann zu sehen, welcher seine Pläne lesen und vielleicht gar die Kipus entziffern kann. Soll ich mit ihm sprechen?«

»Ja.«

Während unsers leisen Gespräches hatte der Sendador still dagelegen und kein Auge von uns verwendet. Aber es schien mir doch, als ob seine Aufmerksamkeit nicht allein auf uns gerichtet sei. Er hielt den Kopf zur Seite, als ob er nach dem Keller lausche. Da dies in seiner Lage sehr natürlich war, weil seine Verbündeten sich dort befanden, so fiel mir dieses Lauschen gar nicht weiter auf.

»Sennor Sabuco,« sagte der Yerbatero, »es schmerzt mich, in Ihnen einen solchen Verbrecher entdeckt zu haben. Es wird mir angst und bange um Ihr Seelenheil; darum bitte ich Sie, in sich zu gehen und der Wahrheit die Ehre zu geben!«

»Schwatzen Sie nicht!« fuhr ihn der Angeredete an. »Mir thut es noch viel mehr leid, daß ein Freund, der Sie doch bisher sein wollten, einem solchen Unsinn Glauben schenken kann.«

»Ich sage Ihnen, daß Sie bei diesem fortgesetzten Lügen auf keine Gnade zu rechnen haben. Wären Sie aber aufrichtig, so daß wir wüßten, woran wir mit Ihnen sind, so wäre dieser Sennor und also auch ich zu Ihrer Rettung bereit.«

Diese Worte blieben nicht ohne den gewünschten Eindruck. Der Sendador sah uns forschend an und fragte dann:

»Von den andern habe ich nichts Gutes zu erwarten; das weiß ich; aber von Ihnen läßt sich eher denken, daß Sie etwas zu meinen Gunsten thun wollen.«

»Ja, das wollen wir; aber gestehen müssen Sie!«

»Was haben Sie denn von meinem Geständnisse?«

»Sehr viel!«

»Nein, gar nichts; denn durch dasselbe werden die Verhältnisse nicht im geringsten verändert.«

»Sie werden sehr verändert, und zwar zu Ihren Gunsten. Wer sein Unrecht offen gesteht, dem schenkt man neues Vertrauen.«

»Pah! Ihr Vertrauen könnte mir dann gar nichts nützen.«

»Sie irren. Wir sind ja eigentlich nach dem Gran Chaco gekommen, um Sie da aufzusuchen.«

»Um mich zu verfolgen!«

»Nein. Ich traf diesen Sennor in Montevideo und habe ihn veranlaßt, sofort mit mir zu Ihnen aufzubrechen wegen der beiden Zeichnungen.«

»Versteht er denn, Zeichnungen oder Pläne zu lesen?«

»Ja. Vielleicht liest er gar auch noch Ihre Kipus?«

»Was wissen Sie von Kipus! Ich habe Ihnen gar nichts davon gesagt.«

»Ueberlegen Sie sich die Sache schnell, ehe die andern zurückkehren! Wir sind als Ihre Freunde gekommen, da wir keine Ahnung hatten, was wir noch erfahren und erleben würden. Wollen Sie uns alles mitteilen? Entscheiden Sie schnell, denn dann ist es zu spät!«

Ueber das Gesicht des Sendador flog ein eigenes Lächeln.

»Es ist nie zu spät,« sagte er. »Ich bin zwar gebunden, aber ich fürchte keinen Menschen.«

»Seien Sie nicht allzu zuversichtlich! Die andern wollen Ihren Tod.«

»Sie werden mich aber leben lassen! Sie mögen sich nur selbst in acht nehmen. Es ist gefährlich, der Feind des Sendador zu sein! Also mir ist zwar nicht bange. Aber es wäre Thorheit, die Hilfe, welche Sie mir anbieten, zurückzuweisen, zumal Sie mir den Mann bringen, nach welchem ich jahrelang vergebens gesucht habe. Was Gomez mir erzählt hat, läßt allerdings erwarten, daß er etwas zu leisten vermag.«

Ich hatte mich bis jetzt nicht in die Unterredung gemischt; nun aber fiel ich ein.

»Sie geben also zu, mit Gomez gesprochen zu haben?«

»Ja doch!«

»Damit gestehen Sie aber auch alles andere ein.«

»Nein. Denken Sie, was Sie wollen; halten Sie mich für schuldig oder für unschuldig; es ist mir sehr gleichgültig. Sie gefallen mir, und ich bin bereit, Ihnen mein Vertrauen zu schenken. Sind Sie bereit, den Zug in die Berge mitzumachen, auch wenn Sie überzeugt sind, daß ich ein Mörder bin?«

»Auch dann. Ich bin nicht als Richter über Sie gesetzt.«

»Das ist sehr vernünftig!«

»Verstehen Sie mich nicht falsch! Es ist mir nicht gleichgültig, einen Verbrecher oder einen straflosen Menschen vor mir zu haben; aber ich interessiere mich ungemein für die Angelegenheit und bin außerdem überzeugt, daß Sie Ihrer Strafe mit Geschwindigkeit entgegen gehen.«

»Haben Sie Veranlassung, dies zu glauben?«

»Ja. Es giebt eine göttliche Gerechtigkeit, welcher keiner entgehen kann, und hier in Ihrem Falle ist der Rächer Ihnen nahe – Gomarra.«

»Den nehmen Sie doch keinesfalls mit!«

»Nun nicht; aber er wird uns und Ihnen folgen.«

»Da ist mir nicht bange. Ich werde dafür sorgen, daß er die Spur verliert. Hat der Yerbatero Ihnen alles erzählt?«

»Alles, was er wußte.«

»So wissen Sie also nur, daß ich in dem Besitze zweier Zeichnungen bin?«

»Ich weiß noch mehr, nämlich wie diese Zeichnungen in Ihre Hände gekommen sind.«

»Das ist jetzt ja Nebensache!«

»Gut, so weiß ich außerdem, daß Sie Kipus besitzen. Ich vermutete es, und dann wurde durch Gomarras Erzählung diese Vermutung zur Gewißheit.«

»War er wirklich bei der Leiche seines Bruders?«

»Ja.«

»Er spricht von einer vergrabenen Flasche. Kennt er den Ort, an welchem sie liegt?«

»Ja. Er ist öfters dort gewesen, um sich zu überzeugen, ob auch Sie dort waren. Zu Ihrem Glücke hat er Sie niemals getroffen.«

»Sagen Sie, zu seinem Glücke! Ich bin nicht der Mann, mit mir scherzen zu lassen. Das werden Sie noch erfahren!«

»Ich glaube es nicht nur, sondern ich bin überzeugt davon. Sie geben, wenn Sie auch alles andere in Abrede stellen, doch zu, daß unser Weg hinauf nach der Pampa de Salinas führen würde?«

»Ja.«

»Daß die Kipus sich in Wirklichkeit dort befinden und daß sie zu den beiden erwähnten Zeichnungen gehören?«

»Wiederum ja.«

»Haben Sie diese letzteren bei sich?«

»Kann mir nicht einfallen! Bei den Wechselfällen, denen ich unterworfen bin, werde ich doch so hochwichtige Papiere nicht mit mir herumschleppen! Ich habe sie vergraben.«

»Wo?«

»Das werden Sie später erfahren. Noch kenne ich Sie nicht. Ich muß Sie prüfen, ehe ich Ihnen alles anvertrauen kann. Jetzt ist die Hauptsache, Gewißheit darüber zu erhalten, ob Sie mir wirklich zur Flucht behilflich sein wollen.«

»Wir sind bereit dazu.«

»Hegen Sie aber nicht etwa welche Hintergedanken! Ich bin nicht so hilflos, wie Sie vielleicht denken!«

»Ich gebe Ihnen mein Wort und das muß genügen.«

»Gut, ich will Ihnen vertrauen. So wird es am allerbesten sein, daß Sie mich jetzt gleich fort lassen.«

»Das geht nicht. So sehr offen wollen wir es doch nicht merken lassen, daß wir Ihren Tod nicht wünschen.«

»Später aber ist es eben zu spät!«

»Nein. Ich lockere Ihnen jetzt den Riemen an den Händen. Dann werde ich dafür sorgen, daß man auf den Gedanken gerät, Sie hinab zu den Wagen zu schaffen. Man wird Ihnen da die Füße frei geben.«

»O, schön! Da entwische ich. Bitte, machen Sie mir den Riemen locker!«

»So ohne alle Bedingung denn doch nicht. Ich muß die Gewähr haben, Sie wieder zu finden.«

»Das sollen Sie. Reiten Sie morgen abend nur in dem Flußbette, dem Sie heute folgten, aufwärts. Ich werde Sie unbemerkt beobachten und an dem geeigneten Orte zu Ihnen stoßen.«

»Können wir uns darauf verlassen?«

»Zuversichtlich.«

»Aber Sie sehen doch ein, daß man einem Mörder nicht allzu großes Vertrauen schenken kann!«

»Meinetwegen! Dagegen gebe ich Ihnen zu bedenken, daß mir ohne Ihre Hilfe die Zeichnungen ebenso wie die Kipus ohne Wert und Nutzen sind. Es liegt also in meinem eigenen Interesse, Ihnen mein Wort zu halten.«

»Dasselbe denke auch ich. Darum werde ich Ihnen jetzt die obere Fessel locker machen. Ich schneide den Riemen entzwei, und Sie halten die beiden Schnittenden so fest in den scheinbar gefesselten Händen, daß der Riemen ganz straff angespannt erscheint. Sieht man dann ja nach, so gewahrt man den Knoten und wird keine Ahnung haben, daß Sie eigentlich frei sind.«

»So brauche ich den Riemen nur wegzuwerfen.«

»Ja; aber das werden Sie nicht thun. Unsre Gefährten könnten ihn finden und dann sehen, daß er vorher zerschnitten worden ist. Das dürfen sie auf keinen Fall entdecken.«

»Gut, so nehme ich ihn mit, und komme ich an eine Stelle, an welcher man ihn nicht finden kann, so werde ich ihn wegwerfen.«

»Darum bitte ich sehr. Dann aber haben Sie keine Waffen und kein Pferd.«

»Ich brauche zunächst keins, und später wird sich alles finden. Sorgen Sie sich nur nicht um mich.«

»Sie versprechen mir aber, gegen keinen von uns fernerhin eine Feindseligkeit zu unternehmen!«

»Gern! Ich will froh sein, wenn ich von hier fort bin. Wollte ich jemandem Uebles thun, so würde ich mich doch nur unnötig in Gefahr bringen.«

»Daß Sie das einsehen, beruhigt mich. Ich werde Sie los machen.«

Ich durchschnitt den Riemen. Er nahm die beiden Enden in die übereinander gebundenen Hände und sagte:

»Ich danke Ihnen, Sennor! Nun glaube ich, daß Sie es ehrlich mit mir meinen. Da ich Sie aber noch gar nicht kenne und Sie mir doch einen so wichtigen Dienst leisten wollen, so erklärt sich der Wunsch, Näheres über Sie erfahren zu dürfen.«

»Sie werden später alles hören.«

»Wir haben doch auch jetzt Zeit, bis Ihre Leute zurückkehren.«

»Wenden Sie sich an Sennor Monteso!«

Dieser letztere gab ihm die gewünschte Auskunft, indem er ihm unsre Erlebnisse kurz erzählte. Er war damit noch nicht ganz zu Ende, als die andern zurückkehrten. Sie erzählten, daß die Frauen und Kinder so außerordentliche Angst ausgestanden hätten, und drangen auf sofortige Bestrafung des Sendador. Als einzige gerechte und wohlverdiente Strafe bezeichneten sie seinen Tod. Ich war natürlich dagegen, der Bruder auch, obgleich der letztere noch nicht wußte, daß der Angeschuldigte schon halb befreit sei. Ich gab ihm aber einen bezeichnenden Wink, und er verstand mich gleich.

Der Kapitän und sein Steuermann blieben neutral. Die Yerbateros standen auf meiner Seite, und so entspann sich ein Streit, den ich dadurch zu beenden suchte, daß ich den Vorschlag machte:

»Auf diese Weise entscheiden wir nichts. Jede Partei mag einen Sprecher wählen. Beide Sprecher bringen ihre Gründe vor, und dann wird abgestimmt.«

»Das ist das allerbeste,« sagte Gomarra, welcher natürlich überzeugt war, daß da mehr für als gegen den Tod stimmen würden. »Halten wir ein ordentliches Gericht. Aber wo? Etwa hier? Nein. Der richtige, geeignete Ort wäre unten bei den Wagen, in Gegenwart derer, welche solche Angst ausgestanden haben.«

Er ahnte nicht, wie willkommen mir dieser Vorschlag war, welchem alle beistimmten.

»Aber einige müssen als Wächter hier bleiben,« sagte ich, »sonst entkommen uns die Indianer. Ich denke, wir lassen es wie bisher: Ich bleibe mit den Yerbateros hier, und Sie berücksichtigen, daß wir sieben Personen sind, welche gegen das Todesurteil stimmen.«

»Und wer soll für Ihre Partei sprechen?« fragte Gomarra.

»Frater Hilario. Er wird unsre Ansicht zu vertreten wissen.«

»Schön, bleiben Sie also als Wächter des Kellers hier. Wir andern steigen wieder hinab und nehmen den Kerl mit.«

»So müssen einige ihn tragen, da er gefesselt ist.«

»Fällt uns gar nicht ein! Auch noch tragen! Er mag nur laufen. Wir binden ihm die Beine los und nehmen ihn in die Mitte. Entkommen kann er uns nicht.«

Er bückte sich nieder und knüpfte den Riemen von den Füßen; dann richtete er den Sendador auf und fuhr fort:

»Die Arme sind doch fest auf den Rücken gebunden? Wollen einmal sehen.«

Er untersuchte die Fessel. Das war ein sehr kritischer Augenblick. Der Sendador hielt aber den Riemen sehr fest in den Händen, denn Gomarra bemerkte mit Befriedigung:

»Na, das geht ja fast ins Fleisch; den bringt er unmöglich auf. Also vorwärts, mein Bursche!«

Er faßte ihn am rechten Arme; Pena mußte ihn am linken nehmen, und so führten sie ihn fort, nicht dem Tode, wie sie meinten, sondern seiner Befreiung entgegen. Wir schauten ihnen nach, bis sie im Dunkel der Nacht verschwanden, und warteten dann auf den Lärm, welcher bei seiner Flucht entstehen mußte.

Es dauerte auch gar nicht lange, so vernahmen wir ein gellendes: »*Alto ahi, picano* – halt, Schurke!«

Diesem Rufe folgten mehrere, und dann war ein kunterbuntes Gewirr von Ausrufungen des Schreckens und Zornes zu vernehmen. Büsche rauschten; Aeste und Zweige knackten; eilige Schritte schallten.

»Er ist fort; er ist frei!« sagte Monteso. »Hoffentlich gelingt es ihnen nicht, ihn wieder zu ergreifen.«

»Er wäre ja Ohrfeigen wert, wenn er sich wieder fangen ließe. Warten wir!«

Nach einiger Zeit kam der Bruder gelaufen, mit ihm Gomarra.

»Sennor,« rief der letztere schon von weitem. »Der Sendador ist fort!«

»Sind Sie des Teufels? Er war doch gefesselt und wurde noch dazu von Ihnen und Pena geführt!«

»Ja, man sollte es nicht für möglich halten; aber kaum hatten wir die Ruine hinter uns, so riß er sich los und war fort.«

»Das ist stark! So einen Menschen entkommen zu lassen! Wäre ich doch mitgegangen! Aber man kann doch nicht überall dabei sein!«

»Oh, Ihnen wäre er auch entflohen!«

»Sicher nicht, denn ich hätte ihn nicht am bloßen Arme geführt, sondern mit mir zusammengebunden.«

»Ja, das hätten wir thun sollen. Jetzt ist er fort!«

»Aber wohin?«

»Wissen wir es?«

»Sie müssen doch gehört haben, nach welcher Richtung er sich wendete!«

»Gar nichts haben wir gehört. Wir selbst machten ja so viel Lärm, daß wir von ihm gar nichts hören konnten.«

»Das war wieder dumm. Sie hätten ganz still stehen bleiben und lauschen sollen.«

»Ja, nun können Sie uns gute Regeln geben! Wären Sie aber dabei gewesen, so hätten Sie ebenso geschrieen wie wir!«

Laut schreiend und rufend rannte er wieder fort. Der Bruder aber setzte sich zu uns und ließ sich Aufklärung geben; er billigte unser Verhalten und sagte:

»Wir sind nicht seine Obrigkeit, seine Richter. Befänden wir uns in der Nähe bewohnter Orte, so würde ich beantragen, ihn der Gerechtigkeit zu überliefern; da wir das nicht können, müssen wir ihn laufen lassen. Ich bin überzeugt, daß er der Strafe nicht entgeht.«

»Und sind Sie einverstanden, daß wir mit ihm zusammentreffen und mit ihm nach der Pampa de Salinas gehen?«

»Ja. Um des Zweckes willen müssen wir uns seine Gegenwart gefallen lassen. Ich bin überzeugt, daß der ermordete Padre die Kipus und Zeichnungen seinem Kloster hat überbringen wollen. Dieses letztere ist durch den Sendador beraubt worden, und wir werden uns bemühen, den Verlust wieder einzubringen. Mich wundert es, daß die Indianer sich so ruhig verhalten. Sie scheinen das Schreien gar nicht zu hören, sonst wäre ein Ausfall möglich.«

»Keiner hat es gewagt, sich am Ausgange zu zeigen.«

»O doch. Ich sah einen, welcher zu rekognoscieren schien.

Er mußte den Sendador sehen, welcher sich eben sitzend aufgerichtet hatte.«

»Warum sagten Sie es nicht?«

»Weil Sie auf den armen Teufel geschossen hätten, was mir doch leid gethan hätte.«

»Ich hätte nur dann geschossen, wenn seine Absicht eine für uns gefährliche gewesen wäre. Uebrigens horchte der Sendador fast unausgesetzt nach dem Keller. Haben Sie das nicht bemerkt?«

»Ja. Es schien, als ob er von dort her Hilfe erwarte.«

»Das dünkte mir auch so, zumal er einige Worte fallen ließ, welche vermuten ließen, daß er für seine Freiheit und sein Leben nicht allzu sehr besorgt sei. Er sagte sogar ganz offen, daß er nicht ganz so hilflos sei, wie wir meinten.«

»Sollte der Keller doch noch einen zweiten Ausgang haben?«

»Pena verneinte es.«

»Darauf gebe ich nichts. Die Indianer, welche hier daheim sind, müssen das alte Gemäuer besser kennen als er. Wie leicht können sie einen solchen Ausweg verborgen haben, daß er gar nicht zu sehen ist!«

»Das ist wahr. Wir müssen einmal rekognoscieren. Wir sind das der Rücksicht auf die vergifteten Pfeile schuldig, vor denen ich allen Respekt habe. Gehen Sie mit?«

»Wohin?«

»In den Treppengang können wir nicht. Das hinabrollende Steingeröll würde uns verraten. Aber zu den Seitenlöchern können wir gehen. Mir scheint überhaupt, als ob kein Rauch mehr aus den Oeffnungen komme.«

»Das Material zum Feuern wird ihnen ausgegangen sein. Kommen Sie!«

»Ja, aber vorsichtig. Wir müssen immer das Schlimmste annehmen. Giebt es je einen zweiten Ausgang, so ist es leicht möglich, daß sie irgendwo liegen und uns beobachten.«

Die Yerbateros blieben zurück. Wir beide verließen das Feuer und traten in das Dunkel zurück, um von da aus nach der Seite zu gelangen, an welcher das eine der Kellerlöcher lag.

Wir duckten uns auf den Boden nieder und schlichen langsam und unhörbar vorwärts. Es war nicht leicht, ohne Geräusch fortzukommen, da überall die Mauertrümmer umher lagen. Das Loch war ungefähr sechzig Schritte von unserem Feuer entfernt.

Als wir es erreichten und hinab in den Keller blicken wollten, sahen wir nichts. Es war dunkel.

»Ob sie nur wegen Mangels an Feuermaterial kein Feuer brennen?« fragte ich. »Oder sind sie gar nicht mehr unten?«

»Das wäre gefährlich.«

»Ja. Wir sind übrigens nicht weiter als nur bis zu diesen Löchern gekommen. Bleiben Sie zurück! Ich will einmal weiter forschen.«

»Hüten Sie sich! Es ist zu gefährlich. Nehmen Sie mich lieber mit!«

»Danke! Allein bin ich sicherer. Uebrigens wissen Sie ja, daß ich mich auf das Anschleichen verstehe. Legen Sie sich hinter die Steine, und stehen Sie vor meiner Rückkehr nicht auf!«

Ich schob mich längs der alten Mauer fort, lange, ohne etwas zu bemerken. Dann aber war es mir, als ob die Laute flüsternder Stimmen an mein gespanntes Ohr drängen. Ich horchte. Richtig, vor mir wurde leise gesprochen. Dabei war es, als ob hier und da ein Stock leicht auf den Boden gestoßen werde. Sollte das von den Blasrohren stammen? Das wäre höchst bedenklich gewesen.

Obgleich ich wußte, daß ich mein Leben wagte, schob ich mich noch weiter vorwärts. Bald war ich nahe genug, um zu erkennen, daß eine Menge Personen eng beisammen standen und flüsternd miteinander sprachen. Es waren die Indianer. Zum Deutlichsehen war es zu dunkel. Ich wußte aber nun genug. Die Aripones hatten auf uns unbekannte Weise den Keller verlassen und planten einen Ueberfall. Ich mußte mich beeilen, die Gefährten zu warnen.

Eben wendete ich mich um, als eine größere Bewegung mich veranlaßte, noch einmal nach der Gruppe zu blicken. Drei Gestalten trennten sich von ihr und schritten sehr langsam vorwärts, unserem Feuer entgegen. Ich bemühte mich, seitwärts von ihnen gleichen Schritt zu halten. Ich kam ihnen sogar ein wenig vor und erreichte den Bruder, welchem ich das Gesehene mitteilte. Ich zeigte ihm die Indianer, welche nun nicht mehr gingen, sondern auch krochen, weil das Feuer bis hierher leuchtete. Sie kamen in einer Entfernung von höchstens acht Schritten an uns vorüber. Gomez war dabei; ich erkannte ihn.

»Die andern werden Häuptlinge sein,« flüsterte mir der Bruder zu.

»Dann wäre uns geholfen,« meinte ich ebenso leise. »Wir würden uns ihrer bemächtigen und sie als Geiseln bei uns behalten.«

»Sehr gut! Wollen wir?«

»Ja, aber möglichst geräuschlos.«

Wir krochen leise, aber so schnell wie möglich weiter. Kehrten sie um, ehe wir sie erreichten, so waren wir entdeckt. Erst jetzt erkannte ich, wie unvorsichtig es von uns gewesen war, so offen und weithin sichtbar am Feuer zu sitzen. Die Indianer hätten uns alle einzeln mit ihren Pfeilen wegputzen können.

Der Bruder gab sich ebenso große Mühe, wie ich. Unser Nahen erregte nicht eine Spur von Geräusch. Jetzt waren wir da; er links von mir hinter Gomez, ich rechts von ihm hinter den beiden andern. Sie kauerten vor uns. Ich zielte mit den Händen nach den Hälsen und warf mich mit Gewalt vor. Es gelang mir, die Hälse zu umfassen und die Männer durch die Gewalt des Stoßes nach vorn, mit den Gesichtern zur Erde zu werfen. Auch dem Bruder glückte der Angriff. Eine viertel- oder halbe Minute lang hielten wir die drei nieder; sie bewegten konvulsivisch die Arme und Beine; nur ein leises Röcheln war zu hören; dann flüsterte mir der Bruder besorgt zu:

»Sennor, wir ersticken sie!«

»Nein, das Erwürgen geht nicht so rasch. Getrauen Sie sich, den Ihrigen so, wie Sie ihn gefaßt haben, bis zum Feuer zu schleifen?«

»Ja.«

»Dann schnell vorwärts!«

Den Hals des einen in der rechten, den des andern in der linken Hand, rannte ich, sie beide hinter mir herschleifend, dem Platze zu. Der Bruder folgte mir. Aber ich blieb nicht am Feuer stehen, sondern rannte noch ein Stück über dasselbe hinaus, wo ich meine Doppellast fallen ließ.

Die Yerbateros sprangen schnell auf und kamen herbei, nicht wenig darüber erstaunt, daß wir drei Indianer geschleppt brachten.

»Was ist geschehen? Wie kommen Sie zu diesen Leuten? Waren sie denn außerhalb des Kellers?«

»Ja. Bindet sie. Bringt auch unsere Gewehre vom Feuer her! Wir dürfen nicht dort sitzen bleiben.«

»Warum?«

»Weil uns die Roten dort sehen können; sie haben den Keller verlassen. Setzen Sie sich hier unter die Bäume, wo es ganz dunkel ist, und haben Sie, während ich mit Gomez rede, ein scharfes Auge auf die Ecke, um welche die Roten kommen müssen, wenn sie uns überfallen wollen! Sieben Büchsenschüsse genügen wohl, sie zurückzuhalten.«

Diesen Anordnungen wurde schnell Folge geleistet. Die beiden Indianer lagen gebunden da und starrten uns wortlos und nach Luft schnappend an. Der Schreck war noch nicht von ihnen gewichen. Der Bruder erklärte den Yerbateros in kurzen Worten, wie wir zu dem Fange gekommen waren.

Gomez war bei voller Besinnung, rang aber auch nach Atem. Ich hielt ihm mein Messer auf die Brust und sagte:

»Bleiben Sie liegen, und bewegen Sie sich nicht, sonst fährt Ihnen meine Klinge in das Fleisch! Sie kennen mich. Und beantworten Sie mir meine Fragen aufrichtig! Sie wissen, ich will Ihren Schaden nicht; aber wahr müssen Sie sein. Wie kamen Sie aus dem Keller?«

»Durch die verborgene Mauerlücke.«

»Ah so! Sie wollten uns überfallen?«

»Ja. Ich habe meinen Leuten aber das Versprechen abgenommen, niemanden zu töten.«

»Warum denn den Ueberfall, wenn Sie uns schonen wollten?«

»Um den Sendador zu befreien.«

»Sie hätten sich umsonst bemüht. Der Sendador ist geflohen.«

»Wie ist das möglich? Ihnen entkommt doch keiner!«

»Ich selbst habe ihm die Fesseln durchschnitten. Er ist mit meiner und der Yerbateros Erlaubnis geflohen; doch dürfen dies die andern, die ihn töten wollten, nicht wissen. Sie werden also auf alle Fälle einstweilen darüber schweigen.«

»Gern. Aber sagen Sie die Wahrheit?«

»Haben Sie schon einmal eine Lüge von mir gehört? Und horchen Sie! Die rufenden Stimmen da unten! Das sind unsere Gefährten, welche ihn suchen. Glauben Sie es nun?«

»Ja, Sennor. Aber wenn sie ihn nun wieder ergreifen?«

»Er wird wohl vorsichtig sein. Sie ersehen aus dem allen, daß ich es gut mit Ihnen meine.«

»Wenn das wahr ist, warum nehmen Sie uns gefangen?«

»Weil Sie uns überfallen wollten. Wir werden morgen diesen Ort verlassen und wünschen Frieden zwischen uns und euch. Wer sind diese beiden Indianer?«

»Sie sind Kaziken.«

»Also Häuptlinge? Sie sehen aber nicht so aus.«

»Sennor, die Aripones sind arm. Sie haben nicht das Vermögen, sich prachtvoll zu kleiden und mit Schmuck zu behangen. Der eine ist ein Friedens- und der andere ein Kriegshäuptling.«

»Sind noch mehrere Häuptlinge bei euch?«

»Nur noch ich; aber ich bin nur ein Unteranführer.«

»Gut! Ich will Ihnen einen Vorschlag machen. Wir behalten diese beiden Männer als Geiseln bei uns. Geschieht uns nichts, so lassen wir sie frei, wenn wir hier fortgehen. Haben wir aber im geringsten zu klagen, so stechen wir sie nieder und rotten auch euch aus. Sie wissen, daß ich Wort halte!«

»Sennor, man wird Ihnen nicht ein einziges Haar krümmen!«

»Auch unser Eigentum achten?«

»Ja.«

»Ich meine nicht nur uns allein, die wir jetzt hier sitzen,

sondern auch alle diejenigen, welche zu dem Wagenzuge gehören.«

»So verstehe auch ich es.«

»Gut, dann sind Sie wieder frei. Kehren Sie zu Ihren Kriegern zurück, und teilen Sie ihnen mit, was ich Ihnen gesagt habe!«

Er war sichtlich froh. Indem er zögernd vom Boden aufstand, erkundigte er sich in zweifelndem Tone:

»Ich darf also wirklich gehen?«

»Ja, Gomez.«

»Sennor, ich erkenne wieder, daß Sie unser Freund sind. Sie sind ganz anders, viel anders als die hiesigen Weißen. Es muß in Ihrer Heimat freundlichere Menschen geben.«

»Gute Menschen giebt es überall, auch hier.«

»Das habe ich noch nicht erfahren. Ich habe meinen Leuten von Ihnen erzählt. Alle wollen Sie sehen. Wenn Sie es erlauben, so kommen wir, wenn es Tag geworden ist, zu Ihnen.«

»Das ist zu gewagt.«

»Wir werden offen, einzeln und unbewaffnet kommen. Und wenn Sie uns mißtrauen, so werden wir Ihnen vorher noch zehn unserer besten Männer senden, welche Sie als Pfand unserer Freundschaft behandeln mögen.«

»Das will ich gelten lassen. Kommen Sie aber vorher allein zu mir, damit ich mit Ihnen die Bedingungen besprechen kann, unter denen ich einen Besuch von so vielen Menschen erlauben darf!«

»Ich werde kommen; ja, wenn Sie es verlangen, so werde ich jetzt meine Leute benachrichtigen und dann als Ihr Gefangener zu Ihnen zurückkehren.«

»Nein, das will ich nicht, Gomez. Und damit auch diese beiden Häuptlinge, deren Sprache ich leider nicht kenne, nicht über ihr Schicksal in Sorge sind, so teilen Sie ihnen unser Abkommen mit. Sie werden gut behandelt werden und gutes Essen und Trinken erhalten.«

Er sprach mit ihnen, und ich sah, daß ihre besorgten, ängstlichen Gesichter sich aufhellten. Dann bemerkte ich noch:

»Wir werden jetzt diese Anhöhe verlassen und hinab zu den

Wagen gehen, wo wir die Nacht zubringen wollen. Unsern Willen kennen Sie; handeln Sie nach demselben, so werden Sie nicht zu klagen haben. Gute Nacht, Gomez!«

»Sie werden mit uns zufrieden sein, Sennor!«

Er ging. Auch wir brachen auf, waren aber vorsichtiger, als vorhin Pena und Gomarra gewesen waren. Wir gaben den beiden Häuptlingen zwar die Füße zum Gehen frei, banden ihnen aber Riemen, die wir fest in den Händen hielten, um die Knöchel. So stiegen wir langsam die Höhe hinab. Der Schein der unten brennenden Feuer war unser Leiter.

Vielleicht war es unvorsichtig von mir, dem Versprechen des Indianers ein solches Vertrauen zu schenken; aber ich hatte eben die feste Ueberzeugung, daß er und seine Genossen dasselbe nicht täuschen würden. Hatten sie sich einmal in den Gedanken gefunden, daß sie nun auf die erwartete Beute verzichten mußten, so konnte es ihnen nur lieb sein, uns aus Gegnern in Freunde verwandelt zu sehen.

Als wir unten an dem Lagerplatze ankamen, fanden wir nur die Frauen und Kinder mit den Fuhrknechten vor. Die Männer waren noch abwesend, um die Umgegend nach dem entsprungenen Sendador zu durchsuchen, was bei der nächtlichen Dunkelheit ganz erfolglos sein mußte.

Die Frauen hatten natürlich erfahren, in welcher Gefahr sich ihre Männer befunden hatten, welchem Schicksale sie selbst verfallen gewesen waren und daß sie ihre Rettung nur uns zu verdanken hatten. Darum empfingen sie uns mit den Ausdrücken größter Dankbarkeit, die aber die beiden gefangenen Kaziken keineswegs auf sich beziehen durften; diese wurden vielmehr mit Blicken angeblitzt, welche alles, aber nur nicht freundlich waren. Wir machten sie mit dem Uebereinkommen bekannt, welches wir mit den Indianern getroffen hatten, und darauf erfreuten sich die beiden Häuptlinge einer wenigstens nicht ganz feindseligen Behandlung seitens der Frauen.

Es verging längere Zeit, ehe die Suchenden zurückkehrten; sie kamen einzeln, einer nach dem andern. Der vorletzte war

Pena, der letzte Gomarra. Die beiden waren am zornigsten über das Entkommen des Sendadors und hatten sich infolgedessen die meiste Mühe gegeben, seiner wieder habhaft zu werden. Besonders befand Gomarra sich in einem Zustande größter Wut.

»Wir hatten ihn!« knirschte er. »Wir hatten ihn sogar fest! Ich brauchte dem Mörder meines Bruders nur das Messer zwischen die Rippen zu stoßen, so war der Mord gerächt. Und nun ist er uns wieder entkommen! Sennor, daran sind Sie schuld!«

Er richtete diese Worte an mich; darum fragte ich im Tone der Verwunderung:

»Ich? Wie kommen Sie auf diese ganz grundlose Idee?«

»Sie wissen es ebensogut wie ich und wie die andern. Sie sind der große Menschenfreund, der selbst dem schlechtesten Kerl nichts zuleide thun will. Wäre es auf mich angekommen, so hätte ich diesen Erzhalunken sofort niedergestochen. Sie aber möchten einen solchen Kerl wie den größten Ehrenmann der Erde behandelt wissen, und der Erfolg einer solchen Dummheit ist dann, daß er die Flucht ergreift.«

»Ich will nicht mit Ihnen rechten, Gomarra, denn Sie sind aufgeregt; doch wenn Sie von Dummheit sprechen, so muß ich Ihnen sagen, daß ich Ihnen nicht die Erlaubnis gebe, das, was ich thue, in dieser Weise zu begutachten. Wenn Sie mich für einen dummen Menschen halten, so kann ich Ihnen nur den Rat erteilen, sich nach einem klügeren Kameraden umzusehen, mit welchem Sie Ihre Zwecke schneller und leichter erreichen als mit mir. Oder handeln Sie für sich allein! Ich zwinge Sie keinesweges, sich an meine Person zu binden.«

Er wollte zornig antworten, besann sich aber eines andern und setzte sich, während er mißmutig vor sich hin brummte, am Feuer nieder.

Die schlechte Laune der Leute wurde dadurch verstärkt, daß ich ein friedliches Abkommen mit den Indianern getroffen hatte; doch nahmen sie das ruhig hin, ohne sich darüber zu äußern. Sie erzählten einander, was sie jetzt in der Verfolgung des Sendadors geleistet hatten. Dabei stellte sich heraus, daß ihre Heldenthaten nur darin bestanden hatten, daß sie mit den Köpfen an die Bäume gerannt waren und sich die Hände und Gesichter an den Büschen zerrissen hatten, ohne einen Zipfel des Sendador zu sehen oder einen Hauch von ihm zu hören.

»Sie hätten dabei sein sollen, Sennor,« sagte Pena zu mir. »Dann hätten wir ihn vielleicht doch erwischt.«

»Vielleicht? Nein, sondern ganz gewiß,« antwortete ich.

»Oho!« meinte Gomarra, welcher noch immer nicht die Herrschaft über seinen Zorn gewonnen hatte. »Wenn Sie Ihrer Sache wirklich so gewiß waren, warum haben Sie da nicht mitgesucht?«

»Weil er keine Zeit hatte,« antwortete Pena an meiner Stelle. »Der Sennor mußte doch droben bei den Roten bleiben.«

»Und wenn das auch nicht der Fall gewesen wäre, so hätte er auch nichts gefunden. Bei dieser Finsternis war es unmöglich, ihn zu entdecken.«

»Nun, warum haben Sie ihn denn da gesucht?« fragte ich.

»Weil wir zu eifrig waren. Oder sollten wir nicht wenigstens den Versuch machen? Wir konnten ja zufällig auf ihn stoßen. Sie behaupten auch mit so großem Selbstvertrauen, daß Sie ihn gewiß bekommen hätten!«

»Aber wenn und wie! Ich hätte seine Spuren gefunden, und wenn man diese einmal hat, so hat man auch sehr bald den Mann selbst.«

»Dazu ist noch immer Zeit!«

»Nein, denn Sie haben sie nun ausgetreten und verwischt. Wenn über zwanzig Personen in den Büschen herumgekrochen sind, so soll mir selbst der beste Fährtensucher sagen, welche Stapfen die richtigen sind! Und wenn er sie auch finden sollte, so gehen sie ihm gleich wieder verloren, da die Eindrücke anderer Füße ihn irre machen müssen.«

Er antwortete nicht weiter und drehte sich ab, um sich wortlos in seinen Grimm zu versenken. Derjenige, welcher die Sache am drolligsten nahm, war der Steuermann. Er saß stumm da, schüttelte nur immer mit dem Kopfe und zog allerlei Grimassen.

»Was haben Sie denn?« fragte ich ihn.

»Einen Aerger habe ich, was denn sonst! Hätte ich nur Ihnen nicht gefolgt, sondern ihm zwei Rippen eingedrückt oder drei; dann hätte er es wohl unterlassen, davon zu laufen! Ich hatte ihn so hübsch zwischen diesen Händen!«

Er hielt mir seine Riesenhände hin und blickte sie betrübt an.

»Grämen Sie sich nicht!« tröstete ich ihn. »Sie werden schon noch Arbeit für diese Quadratrutenhände bekommen. Wer weiß, wozu es gut ist, daß der Kerl vorläufig entkommen ist.«

Ich gab ihm einen heimlichen Wink, und er schwieg. Später setzte sich Turnerstick zu ihm und mir, und ich erklärte den beiden mit leiser Stimme, auf welche Weise dem Sendador die Flucht ermöglicht worden war. Sie waren nicht blutdürstig genug, meine Gründe zu verwerfen, sondern stimmten mir bei.

Das Abendessen wurde von allen wortkarg eingenommen, und die Nacht verlief, ohne daß sich etwas Bemerkenswertes ereignet hatte. Schon am frühesten Morgen, als der Tag kaum graute, kam Gomez in das Lager und fragte an, ob uns seine Indianer nun besuchen dürften. Wir gaben die Erlaubnis, daß nur fünfzehn, höchstens zwanzig Mann auf einmal kommen dürften, und dieser Bestimmung wurde streng Folge geleistet.

Die Karawanenleute hatten verschiedene Tausch- und Geschenksartikel mitgebracht, da vorauszusehen gewesen war, daß sie mit Indianern zusammentreffen würden, mit denen ein möglichst gutes Einvernehmen zu erzielen sei. Von diesen Vorräten empfing jeder eine Kleinigkeit, und diese Gaben stimmten die Roten so freundlich, daß wir alle Sorgen, welche wir in Beziehung auf sie etwa noch gehabt hätten, fallen lassen konnten. Sie wurden so zutraulich, daß wir die Erlaubnis zur gleichzeitigen Anwesenheit aller gaben, was sie in solche Freude versetzte, daß sie, um uns ihre gute Gesinnung zu beweisen, alle ihre vergifteten Pfeile in das Feuer warfen.

Die gute Stimmung mußte ausgenutzt werden. Auf meinen Rat wurde Zucker, Rum und anderer Branntwein hervorgesucht und in den auf dem Wagen mitgebrachten Feldkesseln ein tüchtiger Grog gebraut, dessen Genuß die Roten so entzückte, daß die beiden Kaziken, deren Fesseln wir gelöst hatten, den Ansiedlern den Vorschlag machten, mit ihnen ein heiliges Schutz- und Trutzbündnis zu schließen, was natürlich sehr gern angenommen und unter dem gebräuchlichen und bindenden Ceremoniell vollzogen wurde.

Nun waren die vorherigen Feinde in sichere Freunde umgewandelt. Die Roten sahen ein, daß ein langer, steter und freundlicher Verkehr mit den Weißen, welche vielleicht für immer da blieben, ihnen mehr Nutzen bringen werde, als eine einmalige Beraubung derselben, und dachten nun gar nicht mehr daran, nach dem Sendador zu suchen und sich zur Ausführung seiner Pläne herzugeben.

Gomez machte den Dolmetscher. Es wurde eine Sitzung abgehalten, deren Erfolg der war, daß die Indianer versprachen, die Weißen zu begleiten, sie zu beschützen und ihnen in allem behilflich zu sein. Die letzteren waren über ihr für einstweilen vorgestrecktes Ziel hinausgekommen. Sie hatten zunächst nur bis an die früheren Ansiedelungen gewollt und waren nur durch den Sendador gezwungen worden, bis zu dem Orte, an welchem sie sich jetzt befanden, vorzugehen. Aus diesem Grunde mußten sie sich natürlich entschließen, zurückzufahren.

Hatten sie sich gestern abend nur schwer zu einer milden Beurteilung der Indianer bewegen lassen, so freuten sie sich jetzt, ein so gutes und vorteilhaftes Einvernehmen mit ihnen erzielt zu haben. Um so weniger aber zeigten sie sich geneigt, den Sendador durchschlüpfen zu lassen. Sie schworen ihm Rache und gelobten, ihn umzubringen, falls er sich wieder in ihrer Nähe blicken und ergreifen lasse, und forderten uns auf, ihn schleunigst zu verfolgen und, falls wir ihn träfen, unschädlich zu machen.

Dann wurden die Wagen umgelenkt und bespannt, und die Karawane kehrte, von den Aripones begleitet, auf demselben Wege, auf welchem die Karren gestern gekommen waren, nach dem vorigen Halteplatze zurück.

Pena und Gomarra waren während der letzten Stunden

nicht im Lager gewesen; sie hatten sich aufgemacht, um nach der Fährte des Sendadors zu suchen. Also waren nun nur noch diejenigen Personen vorhanden, welche von mir in das Vertrauen gezogen waren und ihre Zustimmung gaben, den Sendador wenigstens einstweilen noch zu schonen, um mit ihm nach der Pampa de Salinas zu gehen. Sie mußten mir durch Handschlag versprechen, gegen Gomarra und Pena nicht zu verraten, daß ich dem berüchtigten Führer den Riemen durchschnitten hatte, um ihm die Freiheit zu geben.

»Aber nun stehen wir vor einer sehr schwierigen Frage,« sagte der Frater, »und ich kann mir keine befriedigende Lösung derselben denken. Pena und Gomarra haben natürlich die Absicht, bei uns zu bleiben. Sie wollen aber den Sendador haben und brennen darauf, ihn zu bestrafen. Wir aber wollen mit ihm reisen. Wie wird das in Einklang zu bringen sein?«

»Das ist allerdings eine Schwierigkeit, welche nicht leicht zu überwinden ist,« antwortete ich.

»Wollen wir ihnen sagen, wie die Sachen stehen?«

»Nein, wenigstens jetzt noch nicht. Pena würde sich wohl beruhigen lassen, Gomarra aber nicht.«

»Oder wollen wir uns von ihnen trennen?«

»Nein. Das wäre nicht recht und gut gehandelt, selbst wenn die beiden uns fremd wären. Pena aber ist ein Bekannter, ein früherer Gefährte von mir, gegen den ich unmöglich treulos handeln kann.«

»So sollen sie also bei uns bleiben; zugleich aber soll auch der Sendador zu uns stoßen. Ich verstehe nicht, die Sache einzurichten, und bezweifle auch, daß Sie das fertig bringen.«

»Ja, es ist unangenehm. Vielleicht ist es am besten, wenn wir die Sache jetzt gehen lassen, bis wir den Sendador treffen.«

»Nun, so giebt es Mord und Totschlag! Gomarra wird sofort über ihn herfallen.«

»Das bezweifle ich sehr, denn der Sendador wird nicht so plötzlich in unsere Mitte treten. Ich denke, er erwartet uns und giebt mir ein heimliches Zeichen, daß er da ist. Dann kann ich ihm ja sagen, daß Gomarra unversöhnlich ist, und werde hören, welche Vorschläge er mir in dieser Beziehung macht.«

»Er wird Ihnen sagen, daß wir Gomarra fortschicken sollen.«

»Das ist wahrscheinlich. Aber wir können auf diesen Vorschlag nicht eingehen. Ich mag nicht in dieser Weise gegen einen bisherigen Gefährten handeln. Und selbst wenn wir das thäten, glauben Sie, daß dadurch die Sache besser würde?«

»Nein.«

»Ich auch nicht, denn Gomarra würde uns nachschleichen, um den Sendador zu erschießen. Dieser würde das vermuten und also auf seiner Hut sein. Einer von beiden müßte fallen. Nein, ich halte es doch für das allerbeste, Pena und Gomarra die Wahrheit zu sagen.«

»Dann machen Sie sich nur auf Vorwürfe gefaßt, welche jedenfalls keine freundlichen sein werden.«

»Was das betrifft, so fürchte ich mich nicht. Ich werde sie mir gefallen lassen, so lange sie sich innerhalb der Grenzen derjenigen Höflichkeit bewegen, welche ich selbst in diesem Falle beanspruchen muß.«

Jetzt kam Pena von der Suche zurück. Er machte ein mißvergnügtes Gesicht und sagte, sich an mich wendend:

»Sie haben recht gehabt. Wir waren dumm, als wir in den Büschen herumkrochen. Der Boden ist zertreten, und nun mag der Kuckuck entscheiden, welche Stapfen von den Füßen des Sendador herrühren.«

»Ich wußte, daß Sie vergeblich suchen würden.«

»Ich weiß es nun auch; aber ich habe nun doch wenigstens meine Schuldigkeit gethan. Es muß mich wundern, daß andere nicht ebenso denken.«

Er warf bei diesen Worten einen vorwurfsvollen Blick im Kreise umher.

»Es wundert Sie, daß wir so ruhig sitzen bleiben, ohne uns in der Weise wie Sie zu bemühen?«

»Selbstverständlich! Ihnen scheint es sehr gleichgültig zu sein, ob der Kerl entkommt oder nicht!«

»O nein. Aber wir haben zwei triftige Gründe, uns die Mühe des Nachforschens gar nicht erst zu geben.«

»Welche wären das?«

»Der eine Grund bezieht sich auf die Zeit. Sie haben auf der Strecke, welche Sie durchsuchten, die Spuren verwischt. Um sie doch noch zu finden, müßte man in einer sehr weiten Kreislinie um das Lager gehen, Schritt für Schritt, jeden Zoll breit des Bodens genau untersuchend. Das kann von jetzt bis zum Abend dauern, ohne daß wir unsern Zweck erreichen. Und selbst wenn das Glück uns so günstig wäre, daß es uns einen Fußeindruck zeigte, so wird der Sendador so klug gewesen sein, späterhin ein Terrain aufzusuchen, auf welchem er keine Fährte hinterläßt. Selbst wenn er über grasigen Boden gegangen ist, werden sich die Halme, bis wir kommen, wieder aufgerichtet haben. Wir würden also unsere Zeit verschwenden, ohne einen Erfolg zu haben.«

»Das ist wahr; ich sehe es auch ein. Und nun Ihr zweiter Grund?«

»Der ist noch viel triftiger als der erste. Wir wissen nämlich, daß wir den Sendador ganz gewiß treffen werden.«

»O!« rief er verwundert aus. »Wo?«

»Hier in diesem Flußbette, aufwärts von hier. Er selbst hat es uns gesagt.«

»Wie! Gesagt? Er selbst?«

»Ja. Er hat es uns sogar fest versprochen.«

»Sennor, Sie machen Spaß!«

»O nein. Ich habe mit ihm das Abkommen getroffen, daß er wieder zu uns stößt.«

»Das – das soll ich glauben?«

»Ja. Setzen Sie sich nieder; ich will es Ihnen erzählen.«

Er folgte dieser Aufforderung. Kaum aber hatte ich meinen Bericht begonnen, so stand er langsam wieder auf, stellte sich vor mich hin und sah mich, während er mir zuhörte, mit großen, erstaunten Augen an. Als ich dann fertig war, erwartete ich, daß er losbrechen werde; er aber setzte sich mit ebenso langsamen Bewegungen, wie er aufgestanden war, wieder nieder und fragte in ruhigem Tone:

»Und die Sennores hier sind alle einverstanden gewesen?«

»Alle.«

»So muß ich schweigen und mich fügen, denn die Mehrheit

ist gegen mich. Wissen Sie wohl, lieber Landsmann, daß ich Sie bisher für einen klugen Menschen gehalten habe?«

»Nur bisher?«

»Ja, nur bis heute! Nun aber ist's aus! Solches Ungeziefer muß ausgerottet werden, wo und sobald man es trifft. Daß Sie ihm die Freiheit wiedergegeben haben, ist wohl der größte Bock, den Sie in Ihrem Leben geschossen haben.«

»Möglich! Mag es ein Fehler sein, so glaube ich doch, ihn verantworten zu können.«

»Ein Fehler war es jedenfalls. Denn glauben Sie wirklich, daß er sich wieder sehen lassen wird?«

»Ja. Es liegt in seinem Interesse, mich mit nach der Pampa de Salinas zu nehmen.«

»Sie, aber nicht uns. In seinem Interesse liegt es vielmehr, alle Zeugen und Mitwisser seiner Thaten unschädlich zu machen. Wir mögen nur schleunigst diesen Ort verlassen, denn ich bin überzeugt, daß er sich in unserer Nähe umhertreibt, um uns heimlich wegzuputzen.«

»Er hat keine Waffen!«

»Pah! Was heißt Waffe! Ein Knüppel ist auch eine Waffe, mit welcher er, wenn ein einzelner sich von den übrigen entfernen sollte, ihn niederschlagen kann. Nimmt er dann dem Toten das Gewehr, so hat er, was er braucht, und kann uns alle nacheinander in die Ewigkeit befördern.«

»Wer soll ihm dann die Pläne und die Kipus entziffern?«

»O, Sie läßt er leben – Sie allein!«

»In diesem Falle würde es ihm unmöglich werden, meiner Rache zu entgehen und mich zu zwingen, ihm zu Diensten zu sein.«

»Was wollen Sie machen, wenn er Sie überfällt, überwältigt und zwingt, mit ihm zu gehen!«

»Papperlapapp! Wie will er es fertig bringen, mich in solche Entfernungen mit sich zu schleppen! Selbst wenn es mir unmöglich wäre, mich zu befreien, würde jede Begegnung mit anderen Leuten ihm verderblich sein. Sie vergessen, daß der Weg später durch bewohnte Gegenden führt.«

»Die er aber vermeiden kann. Sie hätten ihn festhalten sollen, selbst wenn Sie ihn nicht töten wollten. Entweder konnten wir mit ihm nach der Pampa de Salinas, um ihn dort zu zwingen, uns die Orte zu zeigen, an denen er die Kipus und die Pläne vergraben hat, oder wir übergaben ihn der Obrigkeit, die wohl kurzen Prozeß mit ihm gemacht haben würde.«

»Sie mögen recht haben; ich kann Ihre Ansicht nicht widerlegen, denn es ist eben eine Ansicht, und da kann nur der Erfolg entscheiden, ob sie richtig oder falsch ist; aber es ist nun einmal geschehen, und wir können es nicht ändern.«

»Vielleicht doch noch! Wenn er wirklich so dumm oder so vertrauensselig sein sollte, sich uns zu stellen, so nehmen wir ihn fest und befolgen das, was ich Ihnen jetzt gesagt habe.«

»Das geht nicht, weil ich ihm mein Wort gegeben habe.«

»Unsinn! Einem Mörder, einem solchen Verbrecher und gefährlichen Menschen braucht man das Wort nicht zu halten!«

»Doch! Wenn man nämlich damit keine Ungesetzlichkeit begeht. Ich habe ihm die Freiheit zugesagt und werde nicht gegen diese Zusage handeln.«

»Nun, mein Wort sollen Sie hiermit haben, da ich mich als Ihren Freund betrachte und mich also nicht mit Ihnen verunreinigen will. Ob aber Gomarra sich ebenso bereitwillig finden läßt, das bezweifle ich sehr. Sie mögen es versuchen!«

Er wendete sich ab und war nun nicht mehr zu sprechen. Doch konnte ich die Ueberzeugung hegen, daß er nichts thun werde, was gegen meinen Willen sein würde. Kurze Zeit später kam auch Gomarra zurück. Man sah es ihm an, daß er sich in der schlechtesten Laune befand. Die andern warfen mir heimlich bezeichnende Blicke zu, mit denen sie mir ihre Meinung kundthaten, daß ich wohl einen schweren Stand haben würde. Er warf sein Gewehr zornig zur Erde und sagte:

»Es ist nichts! Der Teufel mag wissen, wohin der Kerl geflohen ist. Ich bin rundum gegangen und habe alles durchsucht, aber vergeblich. Ja, Fußspuren giebt es genug, aber welche sind die seinigen! Ich könnte mich vor Aerger erstechen oder vergiften, daß ich so albern gewesen bin, ihn entkommen zu lassen! Aber Sie,« wendete er sich an mich, »verstehen die Spuren zu lesen. Sie müssen suchen; dann finden wir die richtige gewiß. Ich begreife nicht, daß Sie hier sitzen bleiben und nicht schon längst sich aufgemacht haben, uns zu helfen!«

»Ich hatte anderes zu thun und habe überhaupt die Absicht gar nicht, heute und hier nach dem Flüchtling zu forschen,« antwortete ich.

Der Bruder, welcher glaubte, Gomarra werde ihn seines Standes wegen besser behandeln als mich, ergriff nun das Wort und erklärte ihm in kurzen Worten das Geschehene und die Gründe, die uns zu diesem Verhalten veranlaßt hatten. Gomarra stand wie eine Bildsäule, ohne zu sprechen. Einige Male bewegten sich seine Lippen, aber es schien ihm vor Aufregung unmöglich zu sein, ein Wort hervorzubringen. Die Farbe kam und ging auf seinem Gesichte, und das Blut drang ihm nach dem Kopfe, so daß die Aederchen seiner Augen sich dunkelrot färbten. Aber als der Bruder geendet hatte, brach der leidenschaftliche Mann los:

»Alle tausend Teufel! Das hat man hinter meinem Rücken gethan! Ohne mich um die Erlaubnis zu fragen! Bruder, ich ermorde Sie! Glauben Sie etwa, weil Sie eben ein Bruder sind, werde ich Ihnen das so hingehen lassen? Sie haben den Sendador entkommen lassen. Sein Blut entgeht mir. Ich fordere dafür das Ihrige!«

Er raffte seine Flinte wieder auf und spannte den Hahn. Ich saß mit ausgestreckten Beinen da. Jetzt zog ich das eine an den Leib, um mich zum blitzschnellen Aufspringen bereit zu machen, denn diesem jähzornigen Menschen war es mit seiner Drohung vollständiger Ernst.

»Beherrschen Sie sich!« rief ihm der Bruder zu. »Wie können Sie von Blutvergießen sprechen! Sie befinden sich nicht in einem Matadero-Schlachthofe. Sie haben Menschen vor sich, aber keine Rinder!«

»Das ist mir gleich, Mensch oder Rind! Ich will Blut für Blut und frage, wer der Urheber dieses listigen und heimtükkischen Anschlages gewesen ist! Gewiß, der Deutsche da, der alle Halunken lieber umarmen als bestrafen möchte!«

Der Bruder wollte antworten, gewiß, um die Schuld auf sich zu nehmen; ich aber kam ihm zuvor und sagte:

»Ja, ich war es; es war mein Wille, und die anderen Sennores haben denselben befolgt.«

Da wurde sein Gesicht dunkelrot; er that einen katzenartigen Sprung auf mich zu, blieb dann stehen, richtete den Lauf des Gewehres auf mich und schrie:

»Du also, du warst es, Hund von einem Fremden! Du hast dem Mörder meines Bruders die Freiheit gegeben! Fahre hin!«

Er drückte ab. Aber mein Auge hatte an seinem Zeigefinger gehangen. Sobald dieser den Drücker suchte und die letzten Worte ertönten, schnellte ich mich auf und zur Seite. Der Schuß krachte; die Kugel ging an mir vorüber und hinter der Stelle, auf welcher ich gesessen hatte, in die Erde; desto sicherer aber traf meine Faust ihr Ziel. Ich schlug den Kerl auf den Kopf, daß er wie ein Sack zusammenbrach und regungslos liegen blieb.

Einen solchen Mordanfall hatte keiner erwartet; sie sprangen alle auf und fragten, ob ich verwundet sei, denn wir fanden erst später die Stelle, an welcher die Kugel in den Boden gedrungen war. Man beruhigte sich erst dann einigermaßen, als man vernahm, daß ich nicht getroffen worden sei. Ich nahm Gomarra das Messer, damit er kein Unheil mit demselben anrichten könne; die Flinte wurde natürlich auch entfernt, und dann warteten wir, daß er zu sich komme.

Es verging eine ziemlich lange Zeit, ehe er sich wieder zu bewegen begann. Er griff mit der Hand nach der Gegend des Kopfes, welche ich getroffen hatte; dann öffnete er die Augen und blickte im Kreise umher. Als sein Auge auf mich fiel, kam das volle Bewußtsein schnell über ihn. Er sprang auf und rief:

»Du lebst noch, Elender! Habe ich dich nicht getroffen? So werde ich – – –«

Er wollte sich bücken, um Pena, welcher ihm am nächsten saß, das Gewehr zu entreißen und auf mich anzulegen; ich aber nahm ihn schneller noch, als er war, beim Halse und beim Gürtel, hob ihn empor und warf ihn zu Boden, daß man glauben konnte, er habe alle Glieder gebrochen. Dennoch raffte er sich auf, griff nach dem Gürtel, und da er sein Messer nicht dort fand, warf er sich mit ausgestreckten Händen mir entgegen. Ich hob das rechte Bein auf und stieß es vorwärts; der Tritt traf ihn an den Leib und warf ihn wieder zur Erde nieder. Dann aber kniete ich auf ihm, nahm ihn beim Halse und drohte:

»Wollen Sie wohl Ruhe geben, Sie wahnsinniger Mensch! Soll wirklich Blut fließen, dann ist's doch nur das Ihrige! Oder bilden Sie sich wirklich ein, gegen mich aufkommen zu können?«

Vorhin hatte ich gar wohl bemerkt, daß die Gründe, welche Pena in so ruhiger Weise gegen mich vorbrachte, bei meinen Gefährten Wurzel faßten. Aber wenn sie durch dieselben beinahe zu der Ansicht bekehrt worden waren, daß er recht und ich unrecht hatte, so brachte jetzt das wütende Verhalten Gomarras sie wieder auf meine Seite. Sie rieten mir, ihn zu fesseln; ich aber ging nicht darauf ein. Ich untersuchte, während ich ihn mit den Knien und einer Hand festhielt, seine Taschen, nahm ihm die Munition ab und zog ihn dann in die Höhe, so daß er auf die Füße zu stehen kam. Dann sagte ich ihm:

»Sie haben nach mir geschossen; ich kann Sie nicht mehr in meiner Nähe dulden. Wir sind fertig miteinander. Ihr Gewehr und Ihr Messer werden Sie zurückerhalten; die Munition aber bekommen Sie nicht wieder, damit Sie nicht auf den Gedanken kommen können, abermals auf mich zu schießen.«

Er schnappte eine Weile nach Atem, denn das Sprechen wurde ihm schwer. Ich dachte, er werde entweder wieder zu schelten anfangen oder gute Worte geben. Er that aber keines von beiden. Sein Gesicht nahm einen trotzigen Ausdruck an, und in eben solchem Tone sagte er:

»Wovon soll ich leben, wenn ich mir nichts schießen kann!«

»Machen Sie sich an die Karawane, welche Sie bald einholen können. Dort erhalten Sie Pulver und Blei, und ehe Sie, von der Rache getrieben, hierher zurückkommen, sind wir bereits in Sicherheit vor Ihren Kugeln.«

Ich gab ihm sein Messer und seine Flinte; er nahm beides

aus meinen Händen und sah mir dabei in das Gesicht. Einen Augenblick lang war es, als ob ihn eine milde Regung übermannen, als ob er ein bittendes Wort sagen wolle; aber es kam nicht über seine Lippen. Er drehte sich um und schritt, ohne ein Wort zu sagen, in der Richtung davon, die ich ihm angedeutet hatte.

Einige Minuten lang herrschte tiefes Schweigen unter uns; dann sagte Pena:

»Bedauern wir ihn nicht! Er hat es nicht besser verdient. Er kann sein indianisches Blut nicht beherrschen und gehört nicht unter vernünftige Leute.«

»Haben Sie keine Sorge,« meinte der Bruder. »Der Mann kommt wieder.«

»Dieser Meinung bin auch ich. Er wird ein Stück fortgehen, um dann zurückzukehren und um Verzeihung zu bitten,« stimmte ich bei.

»Werden Sie ihn wieder aufnehmen?« erkundigte sich der Bruder.

»Ja.«

»Ich rate Ihnen allen Ernstes davon ab. Ich kann nicht glauben, daß er von seiner Rachsucht und Mordgier lassen kann.«

»Eben deshalb nehme ich ihn wieder auf. Es ist besser, wir haben ihn unter unsern Augen, als daß er hinter unserem Rücken handelt. Beaufsichtigen wir ihn, so ist es uns viel leichter möglich, zu verhüten, daß er uns Schaden thut.«

Man gab mir recht. Wir warteten wohl noch eine Stunde, aber er kehrte nicht zurück. Wir schienen uns also getäuscht zu haben. Da wir aber seinetwegen nicht die Zeit nutzlos verschwenden wollten, so beschlossen wir, nun aufzubrechen. Wir hatten die Pferde seitwärts von uns an Büsche gebunden, von deren Zweigen sie fressen konnten. Als wir nun zu ihnen traten, sahen wir – – Gomarra bei ihnen am Boden sitzen. Als er uns kommen sah, stand er von der Erde auf und sagte in bittendem Tone zu mir:

»Sennor, ich habe unrecht gehandelt und bitte Sie um Verzeihung! Werden Sie mich wieder aufnehmen?«

»Damit ich abermals in Lebensgefahr gerate? Nein!«

»Es war nicht so bös gemeint!«

»Nicht so bös gemeint? Sie sind wirklich ein ganz unsinniger Mensch! Diese Ausrede könnten Sie vielleicht machen, wenn Sie das Gewehr bloß auf mich angelegt hätten, ohne aber zu schießen. Sie haben aber aus einer Entfernung von nur drei Schritten auf mich abgedrückt und trafen nur deshalb nicht, weil ich auf meiner Hut gewesen war und mich im richtigen Augenblicke zur Seite warf. Hätte ich das nicht oder nur einen Moment zu spät gethan, so wäre ich jetzt eine Leiche. Und das nennen Sie nicht bös gemeint? Daß es Ernst war, konnte jeder sehen, und daß Sie nicht scherzten, haben Sie bewiesen, indem Sie nach Ihrem Erwachen so wütend waren, weil Ihre Kugel mich nicht getroffen hatte. Wenn Sie auch nun noch sagen wollen, daß es nicht bös gemeint gewesen sei, so sind Sie verrückt!«

»Sennor, es geschah in der Hitze, im Zorne!«

»So mäßigen und zähmen Sie sich! Was denken Sie denn eigentlich von sich, daß Sie es wagen, sich gegen mich aufzulehnen? Sie sind zwar nicht mein Diener, und ich bin nicht Ihr Vorgesetzter, nach dessen Befehlen Sie sich zu richten hätten; aber Sie dürfen mich nicht für einen Mann halten, der Angst vor Ihnen hat und sich von Ihnen zur Rede stellen läßt. Sie haben höflich und bescheiden zu sein, und wenn Sie das nicht wollen, so können Sie gehen, wohin es Ihnen beliebt. Und wenn Sie gar beginnen, mit Kugeln um sich zu schießen, dann schlage ich Sie eben nieder, so wie ich es gethan habe. Wenn ich Ihnen gestatte, wieder bei uns zu bleiben, so muß ich gewärtig sein, Sie wiederholen die Scene, und dann ist einer von uns beiden verloren, entweder Sie oder ich. Ich wenigstens würde Sie dann nicht etwa nur so treffen, daß Sie nur die Besinnung verlieren; es wäre vielmehr um Ihr Leben geschehen.«

»Sennor, ich gebe Ihnen mein festes Versprechen, mein heiliges Wort, daß ich gegen keinen von Ihnen die Hand wieder aufhebe!«

Er wendete sich mit seiner Bitte auch an die andern, und zwar in so dringlichem Tone, daß ich ihm endlich doch sagte:

»Unsere Entscheidung hängt davon ab, wie Sie gesonnen sind, sich gegen den Sendador zu verhalten.«

»Soll er denn wirklich ohne Strafe davonkommen?«

»Nein. Es ist gar nicht meine Absicht, ungerecht gegen Sie zu sein. Aber die Klugheit gebietet uns, mit ihm nach der Pampa de Salinas zu gehen. Bis dahin haben Sie Ruhe zu halten. Später können Sie thun, was Sie wollen.«

»Sie werden ihn dann nicht gegen mich in Schutz nehmen und auch nicht warnen?«

»Nein! Er wird sich schon ganz von selbst vor Ihnen in acht nehmen. Es kann mir nicht einfallen, Verbrecher vor der verdienten Strafe zu warnen.«

»Und Sie versprechen mir, daß er uns nicht entflieht, daß er bis zur Pampa de Salinas bei uns bleibt?«

»Das kann ich nicht versprechen. Uns wird er sein Wort halten. Stellen auch Sie sich zu ihm so, daß er sich sicher fühlt, so wird er bei uns bleiben. Sie sehen also, daß es ganz allein nur auf Sie ankommt.«

Er blickte finster vor sich nieder. Sein Gesicht war kein solches, wenigstens in diesem Augenblicke, dem man zutrauen kann, daß das gegebene Versprechen gehalten wird. Aber es hellte sich schnell auf, und in einem Tone, welcher vertrauenerweckend klingen sollte, sagte er:

»Nun wohl! Ich verspreche Ihnen, daß ich meine Rache aufheben will, bis Sie ihn nicht mehr brauchen. Dann aber werde ich keinen Augenblick länger warten. Nehmen Sie mich nun mit?«

»Ist Ihr Versprechen ehrlich gemeint?«

»Ja.«

»So werde ich es noch einmal versuchen. Sie können bei uns bleiben.«

»Dann müssen Sie mir aber auch meine Munition zurückgeben.«

Schon wollte ich ihm eine zustimmende Antwort geben, da fiel der Bruder ein:

»Nicht so schnell! Sie haben sich unser Vertrauen verscherzt und müssen es sich erst wieder erwerben, ehe wir Sie wieder als den guten Kameraden gelten lassen, der Sie uns bis jetzt gewesen sind. Sie hätten mit Ihrem Pulver und Blei beinahe ein Unheil angerichtet; Sie bekommen beides erst zurück, wenn Sie uns bewiesen haben, daß Sie wirklich willens sind, Ihr Versprechen zu halten.«

Die andern stimmten ihm bei. Gomarra warf ihm einen schnellen, finster drohenden Blick zu, den außer mir keiner zu bemerken und zu beachten schien, und antwortete dann in fast unterwürfiger Weise:

»Es mag geschehen, wie Sie wollen, Bruder Jaguar; ich sehe ein, daß ich es so und nicht anders verdient habe. Ich weiß aber, daß Sie mir Ihr Vertrauen bald wieder schenken werden.«

Damit war diese Sache abgemacht. Wir stiegen zu Pferde und ritten davon, indem wir dem Flußbette aufwärts folgten. Ich ritt mit dem Bruder voran und hielt den Blick scharf zur Erde gerichtet, um möglicherweise eine Fußspur des Sendador zu finden, doch vergeblich. Erst nachdem wir wohl zwei Stunden lang geritten waren, fiel mir auf, daß das Flußbett eine bedeutende Krümmung gemacht hatte. Darum antwortete ich dem Bruder, der sich darüber wundern wollte, daß nicht einmal ich die Fährte finde, die der Führer doch unbedingt zurückgelassen haben müsse:

»Sie ist hier überhaupt nicht zu finden. Er kennt die Gegend besser als wir und wird den Bogen, den wir geritten sind und wohl auch noch reiten, abgeschnitten haben. Die Krümmung unseres Weges zeigt nach links, nach Süden, folglich liegt sein Weg im Norden, rechts von uns, und er wird von dieser Seite gewiß wieder auf dieses Flußbett stoßen. Wenn wir gut aufpassen, werden wir seine Spur aus dieser Richtung auf die unserige stoßen sehen.«

»Das mag möglich sein. Hoffentlich bekommen wir ihn noch heute zu sehen!«

»Ich denke es.«

»Dann wollen wir ein scharfes Auge auf Gomarra haben. Ich traue ihm noch nicht.«

»Ich auch nicht. Meinen Sie etwa, daß er sich abermals an mir vergreifen werde?«

»Nein; das wird er nicht wagen, da Sie ihm eine solche Lehre gegeben haben; aber ich befürchte, daß er in Beziehung auf den Sendador sein Wort nicht halten wird.«

»Sie haben wohl auch den Blick gesehen, den er auf Sie warf, als Sie ihm die Munition versagten?«

»Nein.«

»Dieser Blick läßt nichts Gutes erwarten. Wir müssen diesen Mann scharf im Auge behalten, sonst wird er uns ernste Verlegenheiten bereiten.«

Wir hatten uns vorgenommen, nicht eher eine Ruhepause zu machen, als bis wir auf den Sendador trafen oder der Abend angebrochen war. Darum ging es immer vorwärts, bis mir am Spätnachmittage eine Stelle des rechten Ufers auffiel, welche ganz so aussah, als ob da ein Fuß ausgerutscht sei. Ich hielt an und stieg ab, um sie zu betrachten. Der Rand des Flußbettes war hier weniger hoch als bisher, aber steil. Man sah, daß hier jemand herabgestiegen und dann weiter gegangen war. Ich stieg mit dem Bruder hinauf. Zwischen den Bäumen, welche da standen, gab es weichen Boden, in welchem sich die Füße des Betreffenden eingedrückt hatten, so daß ein scharfes Auge die Spur nicht unschwer sehen konnte. Wir gingen auf derselben eine Strecke zurück, bis die Bäume sich nach einer kleinen, grasigen Pampa öffneten. Dort wurde die Spur deutlicher. Man sah den Strich, den die niedergetretenen Halme bildeten, sich dunkel von der Umgebung abheben.

»Ob das der Sendador gewesen ist?« fragte der Bruder.

»Jedenfalls. Die Spur kommt ganz so, wie ich vermutet habe, von rechts her. Der Bogen, den wir gemacht haben, ist hier zu Ende, denn das Flußbett scheint sich nun scharf südwärts zu wenden. Daß diese Stapfen gerade hier auf unsern Weg stoßen, ist ein Zeichen, daß der Sendador die Gegend ganz ausgezeichnet kennt. Er hat diesen Punkt getroffen, ohne sich um einen Schritt nach rechts oder links zu irren. Vielleicht befindet er sich in solcher Nähe, daß er sieht, wie wir uns seine Fährte betrachten. Reiten wir langsam weiter!«

Wir beide kehrten nach dem Flußbette zurück und stiegen wieder auf. Schon nach wenigen Schritten zeigte es sich, daß ich ganz richtig vermutet hatte; der jetzt trockene Wasserweg bog scharf nach Süden ab. Wir hielten die Blicke aufmerksam nach beiden Seiten gerichtet, wo der Sendador jeden Augenblick erscheinen konnte. Seine Spur war ziemlich gut zu sehen; sie lief geradeaus in der Mitte unseres Weges fort; aber er konnte aus Vorsicht da, wo er das Regenbette verlassen hatte, um im Verborgenen auf uns zu warten, eine Strecke rückwärts gegangen sein, um uns zu beobachten, während wir ihn noch vor uns suchten.

So aufmerksam wir nach ihm forschten, er war nicht zu sehen; bald aber erblickten wir ein Zeichen von ihm. Am Stamme eines am rechten Ufer stehenden Baumes hing ein kleines, weißes Stück Papier. Alle sprangen von den Pferden. Jeder wollte der erste sein, um es herabzuholen. Monteso kam voran, nahm es weg und brachte es mir. Ich las die Worte:

»Noch zwei Tagereisen immerfort westlich auf meiner Spur weiter.«

Wir sahen einander an. Das hatten wir nicht erwartet. Warum ging er so weit voraus? Warum hatte er nicht hier auf uns gewartet? Er mußte einen Grund dazu haben; das verstand sich ganz von selbst.

»Ob er uns nicht traut?« fragte der Bruder.

»Das wäre keine Erklärung,« antwortete ich. »Wenn er uns hier nicht traut, wird er es zwei Tagereisen weiter auch nicht thun. Sein Grund ist sicherlich ein anderer.«

»Aber welcher?«

»Ja, wer das wüßte! Wollen einmal sehen, ob er eine gute Fährte zurückgelassen hat.«

Ich war im Sattel geblieben, stieg aber nun ab und ging zu dem Baume. Bis jetzt war das Gehölz uns stets gefolgt; nun aber ging es zu Ende, und wir sahen nur niedriges Buschwerk, welchem schon nach kurzem eine weite, unabsehbare Pampa folgte. Der Baum, an welchem der Zettel gehangen hatte, war der allerletzte, und von ihm führte eine jedenfalls mit Absicht tief ausgetretene Fährte zwischen die Büsche hinein.

»Durch das Betrachten dieser Spur werden Sie wohl nicht zu einer Antwort auf unsere Frage kommen,« meinte Pena.

»Das ist wahr,« gab ich zu. »Aber wie war denn der Zettel befestigt?«

»Er steckte an einem dünnen, halb abgebrochenen Aestchen. Ich hab' es noch hier,« antwortete der Yerbatero. »Ich brach es vollends ab, um das Papier nicht zu zerreißen.«

»Zeigen Sie her!«

Der Yerbatero gab mir den Zweig, welcher ganz dürr und von der Stärke einer Stricknadel war. Ihn betrachtend, sagte ich:

»Das ist ein Aestchen der Aristolochia, welche sich da an der Böschung heraufwindet; der Baum aber ist ein Platano. Der Zweig ist also erst durch das Papier und dann in den Stamm gesteckt worden. Gab es denn in demselben einen Riß oder ein Loch?«

Ich untersuchte die Stelle und sah eine kleine, scharfrandige Vertiefung, welche die Form eines Ausrufezeichens ohne Punkt hatte, oben breiter und unten spitz.

»Der Sendador hat ein Messer gehabt!« rief ich verwundert aus.

»Sollten wir es nicht bei ihm gefunden haben?« fragte Pena.

»Dann könnte es nur ein Taschenmesser, ein Einbieger sein, der nicht viel Platz wegnimmt und in eine kleine Tasche gesteckt werden kann. Nur in diesem Falle wäre es möglich, daß wir es übersehen hätten. Dieses Messer hat aber eine beinahe drei Zoll breite Klinge gehabt; so breit ist kein Taschen- oder Einschlagemesser. Es ist ganz gewiß ein Cuchillo mit fester Klinge gewesen, wenigstens zehn Zoll lang mit dem Griffe, und das hätten wir, als wir ihn durchsuchten, unbedingt gesehen.«

»So hat er es von irgend jemanden bekommen?«

»Ohne allen Zweifel! Es ist auf alle Fälle von Vorteil für uns, zu wissen, wen er getroffen hat. Ich reite auf seiner Spur zurück. Es fällt mir natürlich auf, daß er sie uns hat verbergen wollen.«

»Verbergen? Woraus schließen Sie das?«

»Daraus, daß er nicht an der Stelle geblieben ist oder dort den Zettel angeheftet hat, wo er aus der Pampa wieder auf unsern Weg traf. Er ist noch eine volle Viertelstunde lang auf demselben fortgegangen, um unsere Aufmerksamkeit nach vorn zu lenken und von rückwärts abzuziehen. So klug und erfahren er ist, hat er doch, indem er die Spitze des Messers in den Baum bohrte, eine große Unvorsichtigkeit begangen; denn nun wissen wir, daß er ein Messer bekommen hat. Er konnte das Papier auf andre Weise befestigen.«

»Es fragt sich, ob es wirklich von ihm ist. Es steht kein Name dabei.«

»Von wem soll es sonst sein? Es ist für uns bestimmt, und der Sendador hat es geschrieben. Sie bleiben alle hier, bis wir zurückkehren; der Bruder und Sennor Pena mögen mich begleiten.«

Wir drei ritten zurück, und zwar galoppierend, um so wenig Zeit wie möglich zu verlieren. An der Stelle, wo wir die Spur des Sendadors getroffen hatten, verließen wir das Flußbett und ritten auf die Pampa hinaus, um ihr dort zu folgen. Wir kamen durch Gesträuch, dann auf eine größere Prairie, auf welcher wir die Pferde aus allen Kräften laufen lassen konnten. Die Fährte lag deutlich vor uns; es wäre unmöglich gewesen, von ihr abzuweichen.

Von Zeit zu Zeit sah ich nach der Uhr, um die Entfernung schätzen zu können. Es verging eine Viertelstunde nach der andern; die Spur führte stets in gerader Richtung weiter, bis wir das Ende der Prairie erreichten. Wir waren eine volle Stunde geritten, und die Sonne berührte fast den Horizont. Aber wir befanden uns nun auch am Ziele, denn wir sahen, was wir gesucht hatten.

Vor uns lag wieder Wald, welchen ein Rand von Buschwerk einsäumte. Aus diesen Sträuchern war der Sendador gekommen, und zwar nicht allein. Es hatte sich eine zweite Person bei ihm befunden und sich hier von ihm getrennt. Der Sendador war südwärts gegangen, nach der Richtung, in welcher unser Flußbett lag, der andere aber nach Westen, den Büschen entlang, an welchen wir standen. Wir sahen seine Spur und untersuchten dieselbe. Der Mann war ein Indianer gewesen.

»Das ist bedenklich!« meinte Pena. »Ich wollte lieber, daß es ein Weißer gewesen wäre.«

»Warum?« fragte der Bruder. »Der Sendador hat diesen Mann ganz zufällig getroffen und ihn um sein Messer gebeten.«

»Ganz richtig! Aber wo im Gran Chaco ein Indianer ist, sind ganz gewiß noch mehr in der Nähe. Oder meinen Sie, daß ein Roter sein Messer, welches er so notwendig braucht, verschenkt, wenn nicht Genossen von ihm nahe sind, von denen er wieder eins bekommen kann? Auch giebt ein Indianer kein Messer her, ohne etwas anderes dafür zu erhalten. Der Sendador hatte nichts bei sich, folglich hat er ihm etwas versprochen. Und was kann er ihm versprochen haben? Doch wohl nur die Beute, die bei uns zu machen ist!«

»Sie denken das Schlimmste!« entgegnete Frater Hilario.

»Das ist hier besser als das Beste denken und dann das Schlimme erleben,« antwortete Pena. »Wenn der Sendador hier rote Freunde findet, so hat er es nicht nötig, sich schutzlos in unsere Hand zu geben. Wir haben dann nicht nur nichts vor ihm voraus, sondern er ist uns vielleicht sogar überlegen. Auf diesem Papiere fordert er uns auf, zwei Tagereisen weit nach Westen zu reiten. Wie nun aber, wenn diese roten Freunde sich eben zwei Tagereisen von hier befinden?«

»Meinen Sie, daß der Mann, dessen Spur wir hier sehen, sich ganz allein so weit von den Seinen entfernt?«

»Warum soll das nicht möglich sein? Wer weiß, was er vorgehabt hat. Nur auf diese Weise ist es erklärlich, daß der Sendador uns so weit hinter sich herziehen will. Oder haben Sie vielleicht eine andere Erklärung?«

»Ja.«

»Dann bin ich neugierig, sie zu hören!«

»Sie ist sehr einfach. Der Sendador weiß, daß uns viel daran liegt, mit ihm nach der Pampa de Salinas zu gehen. Wir sind ihm also nicht gefährlich, wenigstens so lange nicht, bis wir dort unsern Zweck erreicht haben. Anders aber ist es mit den

Männern, die er nach der Insel gelockt hat. Diese haben nicht das mindeste Interesse daran, daß er leben bleibe; sie können nur wünschen und beabsichtigen, sich an ihm zu rächen. Darum muß er bemüht sein, so weit wie möglich von ihnen fortzukommen. Bis dahin, wo wir den Zettel fanden, könnten diese zwanzig Männer uns begleitet haben, um ihn dort zu fassen; aber weiter gehen sie auf keinen Fall mit, da sie ihre Weiber und Kinder unmöglich so lange Zeit in der gefährlichen Wildnis allein lassen können. Darum hat der Sendador uns gar nicht erwartet; er ist gegangen, und zwar je weiter, desto besser. Wir folgen ihm zwei Tagereisen weit, die zwanzig aber sicher nicht. Dies ist der einzige Grund, daß er heute unser Kommen nicht abgewartet hat.«

»Hm! Ich glaube nicht daran. Was meinen Sie dazu, Sennor?« fragte mich Pena.

»Ich gebe weder dem einen noch dem andern recht,« antwortete ich. »Beide belegen ihre Ansicht mit Gründen, welche triftig sind. Die Folge allein kann zeigen, wer recht hat. Der Sendador weiß nur allzugut, daß wir seine Feinde sind und daß es einen oder einige unter uns giebt, von denen er keine Gnade zu erwarten hat; es ist also sehr leicht möglich, daß er uns eine Falle legt. Wir müssen vorsichtig sein.«

»Und zwar sehr! Sie sehen also wohl ein, daß es unrecht war, ihn entkommen zu lassen. Wir befinden uns unbedingt in Gefahr, was nicht der Fall wäre, wenn wir ihn noch bei uns hätten. Was also thun? Wir wollen und müssen ihn haben und sind also gezwungen, seiner Aufforderung Folge zu leisten.«

»Ja, das werden wir. Reiten wir zurück. Wir haben hier nichts mehr zu thun.«

Die Sonne war verschwunden, und es dämmerte stark. Wir jagten über die Pampa hin, ohne zu befürchten, daß wir die Spur verlieren und uns verirren könnten. Wenn wir sie nicht mehr sahen, so durften wir uns auf die Pferde verlassen, welche gewiß nicht von der Richtung wichen, wenn wir sie nicht dazu zwangen. Dieses Vertrauen wurde auch nicht zu Schanden. Wir erreichten das Flußbett genau an der Stelle, an welcher wir es verlassen hatten. Die einzige Schwierigkeit bestand darin, in der Dunkelheit die steile Böschung hinabzukommen; dann, als diese überwunden war, ging es wieder aufwärts, bis wir die Gefährten erreichten.

Diese hatten nicht gewagt, ein Feuer anzubrennen; als sie aber hörten, daß wenigstens für heute keine Veranlassung zu allzu großer Vorsicht sei, wurde eine Flamme angefacht und, während wir schliefen, von der ausgestellten Wache unterhalten. Die Pferde waren an die Büsche gebunden, von denen sie fressen konnten, bis wir am Morgen aufbrachen.

Die Spur des Sendadors war so kräftig eingetreten, daß wir sie noch deutlich sahen, als der Tag angebrochen war. Wir folgten ihr mit möglichster Schnelligkeit, um ihn vielleicht noch vor der bestimmten Zeit einzuholen, was wir aber, wie sich bald zeigte, aufgeben mußten.

Wir hatten sieben Stunden gelagert; diese Zeit war für uns verloren, denn es stellte sich heraus, daß der Sendador die ganze Nacht hindurch gegangen war. Wir kamen ihm zwar leidlich nahe, denn als der Tag sich wieder zur Rüste neigte, schätzte ich seine Fährte auf nur drei Stunden alt; aber wir mußten nun wieder halten, da wir in der Dunkelheit die Spur nicht sehen konnten.

Es war zwar zu erwarten, daß er sich nun auch ausruhen müsse; aber in der Lage, in welcher er sich befand, genügten einige Stunden Schlafes, ihm die Kräfte für den Weitermarsch zu geben, während wir wieder wenigstens sieben Stunden warten mußten, bis wir den Weg fortsetzen konnten.

Wir hatten, seit das Flußbett von uns verlassen worden war, meist offene Pampas zu durchreiten gehabt; am nächsten Tage gab es Urwald, aber nicht den undurchdringlichen Urwald des Monte impenetrabile, sondern lichten, gut passierbaren Wald, dessen Stämme weit auseinander standen. Er glich einem Grasgarten, welcher zum Schutze gegen die Sonnenhitze mit unregelmäßig stehenden Bäumen bepflanzt ist. Hier und da gab es eine Lichtung, welche aber niemals von bedeutender Größe war.

Das mußte uns lieb sein. Wir hatten das Zusammentreffen mit dem Sendador zu erwarten und mußten vermeiden, uns in eine Lage zu begeben, in welcher er vielleicht mit Helfershelfern plötzlich und unerwartet über uns kommen konnte.

Darum blieb ich bedenklich halten, als wir gegen Abend wieder über eine dieser Lichtungen kamen und vor uns einen nicht so lichten, sondern geschlossenen Wald erblickten. Die Blöße war mit Gras bewachsen, aus welchem sich hier und dort ein einzelner Strauch erhob, und besaß einen Durchmesser von vielleicht dem vierten Teile einer Wegstunde.

Ich zog mein Fernrohr aus der Satteltasche und richtete es nach dem Walde, hinter welchem die Sonne verschwunden war. Ich sah Unterholz zwischen den Bäumen. Das gab keinen sichern Aufenthalt. Darum stieg ich vom Pferde und sagte, daß ich entschlossen sei, hier auf dieser Lichtung zu kampieren.

»Aber warum denn hier?« fragte Pena. »Die Spur führt ja weiter, und wir müssen ihr folgen, wenn wir den Sendador treffen wollen!«

»Nein, wir müssen nicht weiter,« antwortete ich. »Die zweite Tagereise ist zu Ende, und wir können überzeugt sein, daß er sich in der Nähe befindet. Ueberhaupt ist seine Fährte nicht über eine halbe Stunde alt; er steckt also ganz gewiß dort in dem Walde.«

»Was schadet das?«

»Das fragen Sie, der Sie vorher so mißtrauisch waren? Wie nun, wenn er Indianer bei sich hat, wie Sie behaupten wollten?«

»Die sehen uns ja nicht, da wir uns hüten werden, ein Feuer anzubrennen.«

»So! Der Sendador soll zu uns kommen, aber ein Feuer dürfen wir nicht brennen? Wie will er uns da finden, wenn es Nacht geworden ist? Ein Feuer ist unbedingt nötig, denn wenn wir auch noch so mißtrauisch sind, so müssen wir immerhin den Fall für möglich halten, daß er es für jetzt ehrlich meint. Wir haben uns einen Ort auszusuchen, an welchem er das Feuer sehen kann, aber keine Möglichkeit findet, uns zu überfallen. Im Walde kann er sich mit Indianern, wenn er ja welche bei sich hat, so nahe an uns schleichen, daß uns ihre vergifteten Pfeile treffen. Hier aber ist das Terrain offen, so daß wir ihn bemerken können.«

»O, er kann uns doch beschleichen, hier erst recht, wo er uns schon von weitem zu sehen vermag!«

»Nein. Wir müssen Wachen ausstellen, und diese werden hier einen etwa sich heimlich nähernden Feind leichter bemerken als im dichten Walde.«

»Ganz wie Sie wollen. Uebernehmen Sie aber auch dann, wenn Sie sich geirrt haben, die Verantwortung?«

»Das werde ich, während Sie es wohl nicht verantworten könnten, wenn wir Ihrem Rate folgten.«

Seit Pena wußte, daß ich es war, welcher dem Sendador die Flucht ermöglicht hatte, erteilte er seinem Verhalten gegen mich eine gewisse Schärfe, welche ganz geeignet war, uns nach und nach zu entfremden. Die andern Gefährten gaben mir recht, und so wurde abgestiegen und ein Vorrat von dürrem Holze für das Feuer gesucht. Wir hatten im Laufe des Tages Wild genug für ein hinlängliches Abendmahl geschossen, und für die Pferde war auch gesorgt, da es nicht nur Futter für sie, sondern auch ganz nahe eine Wasserlache gab, aus welcher sie trinken konnten.

Während die Vorbereitungen zum Kampieren getroffen wurden, verließ ich den Platz, um mich zu überzeugen, ob die Fährte wirklich nach dem Walde und nicht etwa nach der Seite führe. Um nicht von dem Walde aus gesehen zu werden, ging ich in möglichst gebückter Haltung und suchte hinter jedem Busche, welcher sich mir bot, Deckung. Nachdem ich etwa achthundert Schritte weit gegangen war, blieb mir kein Zweifel, daß der Sendador in gerader Linie den Wald aufgesucht hatte, und ich kehrte zurück.

Das Feuer brannte schon, und die Gefährten hatten sich an das Braten des Fleisches gemacht. Als es dunkel geworden war, stellte ich vier Wachen aus, welche von Zeit zu Zeit abgelöst werden sollten. Eine kam nach vorn, eine je zur rechten und linken Hand und eine auch rückwärts vom Lager, da der Sendador uns umgehen und also auch von hinten kommen konnte. Die Leute erhielten die Weisung, sich hinter Büsche niederzulegen, damit sie nicht leicht gesehen werden konnten. Sie wurden nicht nahe an das Lager, sondern fast zweihundert Schritte entfernt von demselben postiert, erstens weil ein etwaiger Feind sie in solcher Entfernung von uns wohl nicht vermutete und zweitens weil, wenn sie Gefahr bemerkten und uns durch einen lauten Zuruf warnten, wir Zeit zur Verteidigung finden konnten, noch ehe der Feind diese Strecke zurückgelegt hatte.

Aber es schien, als ob weder der Sendador noch irgend sonst wer kommen wolle. Ich hatte mich gleich nach dem Essen hingelegt, um jetzt, wo ein Ueberfall am wenigsten zu erwarten war, einige Stunden zu schlafen. Um Mitternacht sollte man mich wecken.

Als man dies that, hatte sich noch niemand sehen lassen, und Pena sagte:

»Der Sendador wird sich hüten, sich wieder sehen zu lassen! Das haben wir von Ihrer Milde, mit welcher Sie selbst einen solchen Menschen behandeln!«

»Verlassen Sie sich darauf, daß er kommt,« antwortete ich.

»So kommt er als Feind!«

»Das ist abzuwarten. Jetzt werde ich bis Tagesanbruch wachen und den vorderen Posten übernehmen.«

Als ich mich entfernte, sah ich noch, daß Pena und Gomarra die Köpfe zusammensteckten, um sich leise zu unterhalten. Der letztere gefiel mir von Stunde zu Stunde immer weniger. Er hatte während der letzten beiden Tage fast kein Wort gesprochen, und dieses Schweigen, sein verbissenes Gesicht und die Blicke, welche sein Auge warf, wenn vom Sendador gesprochen wurde, ließen mein Vertrauen nicht wieder aufkommen. Ich befürchtete einen Zusammenstoß, sobald der Sendador zu uns kam.

Der Steuermann war es, den ich ablösen wollte. Als ich bei ihm ankam, sagte er:

»Ein miserables Ding, so auf dem Ausguck zu liegen, ohne daß sich ein Segel sehen läßt! Am liebsten wäre es mir, wenn einige Dutzend Rote kämen, damit ich einmal richtige Arbeit machen könnte. Aber unsereinem geschieht nie das, was man sich wünscht!«

»Malen Sie den Teufel nicht an die Wand! Die Nacht ist erst halb vorüber, und es kann noch genug geschehen, was uns nicht lieb ist.«

»Es wird weiter nichts geschehen, als daß ich mich nun schlafen lege. Gute Nacht!«

Er ging mißmutig fort, und ich nahm seine Stelle ein. Es war, als ob er recht behalten sollte, denn es verging eine Stunde und dann noch eine, ohne daß sich ein lebendes Wesen hören oder sehen ließ. Hinter ihm flammte der müde Feuerschein zuweilen für einen kurzen Augenblick auf, und vor mir lag die dunkle Nacht, die aber nach und nach von einem helleren Schimmer überworfen wurde, denn die dünne Sichel des zunehmenden Mondes stieg am Himmel auf.

Da war es mir, als ob vor mir sich etwas rege. Ich legte das Ohr auf die Erde und hörte ein Schleifen, wie wenn jemand langsam und leise sich durch das Gras bewegt. Dann sah ich eine gebückte Gestalt, welche sich mir näherte. Die Fährte ging dicht neben dem Strauche, hinter welchem ich lag, vorüber. Daß der Mann auf dieser Spur zu uns kam, war ein gutes Zeichen; denn wäre er in feindlicher Absicht gekommen, so hätte er sich wohl gehütet, den Weg zu betreten, welchen wir kannten.

Er kam an mich heran und ging an mir vorüber. Ich blieb liegen, um erst zu sehen, ob er allein sei. Es kam niemand hinter ihm her, und so erhob ich mich, um mich ihm zu zeigen.

Ich hatte den Sendador erkannt. Wohl gegen zwanzig Schritte folgte ich ihm, ohne daß er mich hörte. Dann trat ich lauter auf. Er fuhr herum, erblickte mich, machte eine Bewegung, als ob er davoneilen wolle, blieb aber doch stehen und fragte mit unterdrückter Stimme:

»Ein Mensch hinter mir! Wer sind Sie?«

Ich trat nahe an ihn heran und antwortete:

»Sehen Sie genauer her, Sennor Sabuco! Erkennen Sie mich?«

»Ja,« antwortete er jetzt. »Sie sind es! Aber wie kommen Sie hinter mich?«

»Ich stand Posten oder vielmehr ich lag Posten und ließ Sie, als ich Sie kommen sah, an mir vorüber, um zu erfahren, ob Sie allein da sind. Dann folgte ich Ihnen.«

»Wer sollte außer mir da sein?«

»Gute Freunde von Ihnen.«

»Pah! Und Wachen haben Sie ausgestellt?«

»Natürlich! Das ist die Gewohnheit eines jeden vorsichtigen Menschen.«

»Hier bedarf es keiner Vorsicht. Ich meine es ehrlich mit meinem Versprechen. Wer ist mit Ihnen da? Nur die Yerbateros?«

»Ja, diese, dann die beiden Seeleute, der Bruder, Pena und Gomarra.«

»Alle Teufel! Diesen letztern wünsche ich nicht dabei.«

»Ich glaube nicht, daß Sie große Sorge zu haben brauchen. Er hat mir versprochen, sich einstweilen jeder Feindseligkeit zu enthalten.«

»Einstweilen also? So kann er also an jedem beliebigen spätern Augenblicke über mich herfallen?«

»Nein. So lange ich bei Ihnen bin, stehen Sie unter meinem Schutze.«

»Versprechen Sie mir das?«

»Ich habe es Ihnen bereits versprochen und halte mein Wort.«

»Daß Sie es ehrlich meinen, das glaube ich, und ich werde bald sehen, wie ich mit den andern daran bin. Haben sie eine Ahnung, auf welche Weise ich entkommen bin?«

»Ich habe es ihnen gesagt.«

»Sennor, das ist gefährlich für Sie!«

»Allerdings! Gomarra schoß in der ersten Wut auf mich.«

»Teufel! Wurden Sie getroffen?«

»Nein. Ich habe ihn dann aber so gepackt, daß er Respekt bekommen hat.«

»Also, den Tod konnten Sie davon haben? Das merke ich mir, Sennor! Sie sind für Ihren Feind ein höchst gefährlicher

Kerl; aber daß Sie ein gegebenes Wort halten, weiß ich ganz genau. Lesen Sie meine Kipus, und enträtseln Sie mir die Zeichnungen, so werden Sie mit mir zufrieden sein! Ich sah Ihr Feuer. Sie befinden sich hier; also haben Sie meinen Zettel gefunden?«

»Wir fanden und lasen ihn.«

»Und waren Ihre Gefährten gleich bereit, meiner Weisung Folge zu leisten?«

»So ziemlich, obgleich es ihnen nicht ganz ungefährlich erschien.«

»Welche Gefahr sollte dabei sein?«

»Es giebt da verschiedene Fährlichkeiten. Wie nun, zum Beispiel, wenn Sie nur deshalb Wort halten, um sich Ihrer gefährlichsten Feinde zu entledigen?«

»Wie könnte ich das anfangen? Sie haben ja meine Waffen behalten!«

»Sind Sie wirklich ganz unbewaffnet?«

Er blickte mir einige Augenblicke in das Gesicht und antwortete dann:

»Allerdings nicht.«

»Was für Waffen haben Sie?«

»Hier dieses Messer.«

Er zog es aus dem Gürtel und zeigte es mir.

»Von wem haben Sie es?« erkundigte ich mich.

»Von einem Indianer, den ich zufällig traf. Er borgte es mir.«

»Und er befindet sich jetzt noch in Ihrer Nähe?«

Wieder blickte er mir eine Weile in das Gesicht, bevor er zögernd antwortete:

»Ja, Sennor, er ist da. «

»Und andere mit ihm?«

»Ja. Es ist ein mir befreundeter Stamm, den ich durch den zufällig getroffenen Angehörigen desselben hierher beordern ließ. Meinen Sie und Ihre Gefährten es ehrlich, so werden Sie von diesen Roten freundlich behandelt werden; vergreifen Sie sich aber an mir, so werden Sie ausgelöscht wie die Lichter eines Wachsstockes.«

»Welchem Stamme gehören sie an?«

»Das erfahren Sie erst dann, wenn ich weiß, daß ich bei Ihnen sicher bin.«

»Und wie viele Personen sind es?«

»Sie werden einsehen, daß ich Ihnen auch das erst später sagen kann.«

»Gut! Ich dringe nicht in Sie, denn da ich mir keiner Hinterlist bewußt bin, habe ich diese Leute nicht zu fürchten. Ich sehe, daß Sie ehrlich sind und mich nicht belügen und täuschen; das wird ein möglichst gutes Einvernehmen ergeben.«

»O,« lachte er halblaut, »was das betrifft, so brauchen Sie nicht von Ehrlichkeit zu sprechen, Sennor. Es ist mehr Klugheit als Ehrlichkeit von mir.«

»Wie so?«

»Ich habe eine große Unvorsichtigkeit begangen, was mir aber erst spät einfiel. Gomez hat – – aber, wo ist der überhaupt? Auch bei Ihnen?«

»Nein, bei den Karawanenleuten.«

»So! Also Gomez hat mir von Ihnen erzählt, und was ich da gehört habe, das ist ganz geeignet gewesen, in mir die Vorstellung zu erwecken, daß Sie auf die geringste Kleinigkeit achten und sich nicht täuschen lassen. Sie haben also ganz gewiß gesehen, wie der Zettel an den Baum befestigt war?«

»Allerdings. Ich dachte mir gleich, daß Sie ein Messer hätten und daß Sie jemand getroffen haben müßten, der es Ihnen gab.«

»Und weiter?«

»Ich bin auf Ihrer Spur zurückgeritten und habe die Fährte des Indianers gefunden. Natürlich sagte ich mir, daß er gegangen sei, um Ihnen seine roten Kameraden zuzuführen.«

»Und darum haben Sie Posten ausgestellt!«

»Nicht darum allein. Ich hätte das auch in dem Falle gethan, daß ich überzeugt gewesen wäre, Sie ganz allein anzutreffen. Ich pflege auch in solchen Fällen, in denen es nicht unbedingt notwendig ist, gern vorsichtig zu sein.«

»Besonders hier, wo Sie mir doch nicht ganz trauen können!«

»Ja. Sie verraten da eine sehr anerkennenswerte edle Selbsterkenntnis. Daß Sie mir den eigentlichen Grund Ihrer Aufrichtigkeit sagen, macht Ihnen bei mir keinen Schaden. Haben Sie da nicht aus angeborener Ehrlichkeit, sondern aus Klugheit so gehandelt, so darf ich erwarten, daß Sie in Zukunft in gleicher Weise klug sein und also einsehen werden, daß Hinterlist Sie nur in Schaden bringen kann. Sähe ich, daß Sie mich oder einen meiner Gefährten schädigen wollten, so würde ich Sie keinen Augenblick länger schonen. So, nun wissen wir gegenseitig, woran wir miteinander sind. Jetzt kommen Sie mit mir an das Feuer!«

Wir hatten erst leise, dann aber lauter gesprochen und waren also am Feuer gehört worden. Die drei anderen Posten hatten sich dort eingestellt, und so waren, als wir hinkamen, alle versammelt.

Was der Sendador in diesem Augenblicke fühlte, ob Scham, ob etwas anderes, das war ihm jetzt nicht anzusehen. Er trat erhobenen Hauptes zu den Leuten und sagte in beinahe stolzem Tone:

»Hier bin ich. Sie sehen, daß ich Wort gehalten habe, und so erwarte ich, daß auch Sie dasselbe thun. Wir wollen uns bis nach beendigtem Geschäft in der Pampa de Salinas vertragen; dann aber kann es jeder halten, wie es ihm beliebt. Sind Sie damit einverstanden?«

»Ja!« ertönte es ringsum.

Nur Gomarra schwieg. Sein Auge ruhte mit einem glühenden, haßerfüllten Blicke auf dem Sendador, welcher fortfuhr:

»Sie haben geahnt, daß ich jetzt Indianer bei mir habe, und diese Voraussetzung hat Sie nicht getäuscht. Das sage ich Ihnen, um zu zeigen, daß ich mich nicht hilflos in Ihren Händen befinde.«

»Was für Rote sind es?« fragte der Bruder.

»Sie werden sie sehen.«

»Sehen? Sollen wir etwa mit ihnen zusammentreffen?«

»Ja; denn sie werden mich bis zur Pampa de Salinas begleiten, damit ich dann, wenn unser jetziger Waffenstillstand abläuft, mich nicht so vielen gegenüber allein befinde.«

»Und ob wir uns die Gesellschaft dieser Leute gefallen lassen wollen, das fragen Sie nicht?«

»Nein, denn Sie brauchen sie sich nicht gefallen zu lassen. Niemand wird Sie zwingen, mit den Roten zu verkehren. Ich bleibe bei ihnen, und Sie können sich für sich halten. So gehen wir in zwei Abteilungen in die Berge, und keine braucht der andern beschwerlich zu fallen.«

»Ah so! Sie wollen jetzt nicht bei uns bleiben?«

»Nein. Ich komme nur, um Ihnen zu zeigen, daß Sie sich auf mein Wort verlassen können, und mit Ihnen den Weg zu besprechen, welchen wir einschlagen werden. Dann gehe ich zu meinen Indianern, werde Ihnen aber mit denselben während des Zuges so nahe bleiben, daß Sie mich zu jeder Zeit sehen und auch sprechen können, natürlich unter denjenigen Vorsichtsmaßregeln, welche ich meiner Sicherheit schuldig bin!«

Gomarra hielt die Hand an den Mund und hustete. Das klang so unnatürlich, daß ich ihn noch schärfer als vorher ins Auge nahm.

»Das ist aber doch gegen die Verabredung!« sagte Pena. »Sie haben bei uns zu bleiben, und von Indianern ist erst recht keine Rede gewesen.«

»Das ist mir gleich. Ich bleibe bei Ihnen, aber nicht so, daß Sie mich jeden beliebigen Augenblick mit der Hand fassen können. Und nun muß ich mir natürlich auch meine Waffen ausbitten.«

»Sie sollen Ihr Gewehr bekommen,« sagte ich, »falls Sie versprechen, es gegen keinen von uns zu gebrauchen.«

»Ich werde mich desselben nur gegen den bedienen, welcher mich angreift.«

»Das genügt.«

»Nein, das genügt nicht!« schrie Pena. »Ich verlange, daß – – –«

»Schweigen Sie!« unterbrach ihn der Bruder in sehr ernstem Tone. »Sie erhöhen und vervielfältigen nur die bereits vorhandenen Schwierigkeiten. Wenn wir den Sendador nicht mehr als Gefangenen betrachten, so haben wir auch kein Recht, ihm sein Eigentum vorzuenthalten.«

»Ich betrachte ihn aber noch als gefangen und dulde nicht, daß ein anderer so eigenmächtig wie bisher handelt und etwas ohne meine Einwilligung thut!«

»Pena,« antwortete ich ihm, »meinen Sie mich?«

»Ja, Sie!«

»So sage ich Ihnen, daß ich den Teufel nach dem frage, was Sie dulden wollen oder nicht. Hier liegt das Gewehr, und ich – – –«

Die Flinte lag da, wo ich geschlafen hatte. Ich trat hin und bückte mich nieder, um sie aufzuheben, während ich sprach. Ich konnte aber meine Rede nicht vollenden, denn Gomarra schrie wütend auf:

»Das Gewehr soll er bekommen? Und bei den Indianern will er bleiben, die ihn beschützen werden? Soll er mir abermals entkommen? Nein! Hier, stirb, du Teufel, du!«

Ich fuhr aus meiner gebückten Haltung auf, die Flinte in der Hand, und drehte mich um. Gomarra drang auf Sabuco ein, und zwar so blitzesschnell, daß der Bedrohte nicht rasch genug ausweichen konnte. Das Messer des Wütenden fuhr ihm zwar nicht in die Brust, aber doch in den Arm. Gomarra holte von neuem aus, aber ich auch, der ich seitwärts von ihm stand. Noch ehe er zu stoßen vermochte, traf ich ihn mit dem Gewehrkolben auf den Kopf, daß er zusammenbrach.

»Steht es so?« donnerte der Sendador, indem er die rechte Hand auf die blutende Stelle des linken Oberarmes legte. »Da fällt es mir nicht ein, zu bleiben. Aber wir sehen uns wieder, und zwar bald, ihr Lügner und wortbrüchigen Halunken!«

Er wendete sich ab und sprang, um nicht festgehalten zu werden, in eiligem Laufe davon.

»Sennor Sabuco, bleiben Sie, bleiben Sie!« rief ich ihm nach, aber es fiel ihm nicht ein, dieser Aufforderung Folge zu leisten.

»Da rennt der Hund davon!« rief Pena wütend. »Aber ich hole ihn zurück, und folgt er mir nicht gutwillig, so schieße ich ihn über den Haufen!«

Er griff sein Gewehr vom Boden auf und rannte dem Sendador nach. Der Bruder wollte ihm folgen, um ihn zurückzuhalten; ich bat ihn aber:

»Bleiben Sie! Die beiden sind einmal toll, Gomarra und Pena, und so mögen sie die Folgen tragen. Leider müssen wir dieselben mit erleiden. Der Sendador hat es wirklich ehrlich gemeint, um so größer muß jetzt sein Aerger sein.«

»Hatten Sie sich von seiner Ehrlichkeit überzeugt?« fragte Monteso.

»Ja. Er gestand mir aufrichtig, daß Indianer in der Nähe seien und daß er das Messer von einem derselben erhalten habe. Das brauchte er nicht zu sagen. Er hätte uns in einen Hinterhalt locken können. Er ist ein Bösewicht, aber daß ihm heute seine ehrliche Stunde mit dem Messer belohnt worden ist, das thut mir leid, und das wird uns großen Schaden machen.«

Der Bruder kniete bei Gomarra nieder, um ihn zu untersuchen.

»*Dios!*« rief er erschrocken aus. »Sie haben ihn erschlagen!«

»Immerhin! Ich habe ihn gewarnt. Wir befinden uns im Gran Chaco, aber nicht in einem Damenboudoir. Uebrigens pflegt solches Ungeziefer zähes Leben zu besitzen. Ist die Hirnschale entzwei?«

»Nein.«

»Nun, so wird er wohl noch leben. Ich werde, um weitere Scenen zu vermeiden, seinem Erwachen aus dem Wege gehen und einmal rekognoszieren. Stellen Sie indessen wieder Posten aus und seien Sie vorsichtig! Ich glaube zwar nicht, daß der Sendador sogleich zur Rache schreitet, aber möglich ist es doch, daß ihn die Wut und der Anblick seines Blutes dazu hinreißen.«

Ich ging bis an den Busch, hinter dem ich vorher gelegen hatte, und dann weiter, immer der Fährte nach. Nichts war zu sehen und nichts zu hören. Ich bediente mich der größten Vorsicht, um nicht bemerkt zu werden, und hatte schließlich die zwischen unserm Feuer und dem Walde liegende Strecke über die Hälfte zurückgelegt. Weiter durfte ich mich dem letzteren nicht nähern. Ich kauerte mich nieder und strengte das Gehör an, um ein Geräusch zu vernehmen, doch vergeblich.

Schon hatte ich vielleicht zehn Minuten so gelauscht, da hörte ich etwas. Aber das war kein Geräusch, sondern ein Geheul, als ob tausend Teufel losgelassen worden wären. Das Lager wurde überfallen. Ich fuhr auf und rannte demselben zu, indem ich die Revolver aus dem Gürtel zog; ein Gewehr hatte ich nicht mitgenommen.

Als ich in die Nähe kam, erblickte ich eine unbeschreiblich wilde Scene. Eine Menge roter Kerls, die ich so schnell nicht einmal taxieren, noch viel weniger aber zählen konnte, lag mit meinen Gefährten im Kampfe. Es waren ihrer so viele, daß immer zehn oder fünfzehn Rote an einem Weißen hingen. Die ersteren waren so schnell über die letzteren gekommen, daß diese gar keine Zeit gefunden hatten, sich ihrer Schußwaffen zu bedienen. Die meisten waren schon niedergerissen. Ich sah nur noch den Bruder und den Steuermann stehen, jeder inmitten eines ganzen Haufens von Indianern, die an ihren Körpern hingen und sich Mühe gaben, sie niederzureißen.

Eine Waffe sah ich bei keinem der Roten. Rechts, außerhalb des Tumultes, stand ein Mann, welcher mit lauter, gebieterischer Stimme wiederholt einige Worte einer mir fremden, unverständlichen Sprache rief.

Ich weiß nicht, wie es kam, aber der Umstand, daß die Roten sich nur ihrer Hände bedienten, hatte zur Folge, daß ich unwillkürlich die Revolver wieder einsteckte und mich mit den Fäusten auf die Gruppe warf, in welcher der Bruder steckte. Ich schlug zu, riß die Kerle nach rechts und links auseinander, um bis zum Bruder durchzudringen. Das gelang mir auch, aber hinter mir schloß sich der Kreis sofort wieder. Andere Indianer, welche ihre Weißen schon überwältigt hatten, kamen hinzu. Ich wurde von hinten und vorn, von beiden Seiten gepackt. Man wollte mir die Arme halten; man wollte mich niederzerren. Ich spreizte die Beine aus, um fester zu stehen und wehrte mich nach Leibeskräften.

Jetzt lag der Bruder an der Erde. Vier, sechs, acht Indianer banden ihn und schleppten ihn fort. Ich sah den riesigen Steuermann noch fest stehen. Er arbeitete mit seinen Fäusten, daß es eine Lust war. Jetzt hatte er, was er sich so sehnlich gewünscht hatte; aber es waren zu viele über ihm; man sah, daß er unterliegen müsse.

Jetzt sah ich ein, daß ich eine Dummheit begangen hatte. Ich hätte, sobald ich die Uebermacht sah, welcher wir unbedingt nicht gewachsen waren, da die Ueberrumpelung so gut gelungen war, mich fernhalten sollen. War ich frei, so konnte ich für die Gefährten etwas besseres thun, als mich mit ihnen festnehmen lassen. Darum trachtete ich jetzt, mich durchzuschlagen.

Um dies zu erreichen, bedurfte es besserer Waffen als der bloßen Fäuste. Ich griff nach dem Gürtel. Das Messer und die Revolver waren fort. Während ich mit den Armen arbeitete, hatte man sie mir entrissen. Ganz dasselbe war jedenfalls auch bei den Kameraden geschehen, denn ich sah keinen verwundeten oder toten Indianer.

Nun war es gewiß, daß ich nicht fort konnte. Drüben sank jetzt der Steuermann nieder. Der Anführer, welcher die fremden Befehle gerufen hatte, kam näher. Es war der Sendador.

»Sennor, ergeben Sie sich!« rief er mir zu. »Ich verspreche Ihnen, daß Ihnen nichts geschehen wird. Ihr Widerstand ist doch vergeblich; das müssen Sie sehen!«

Er hatte recht. Ich ließ die Arme sinken und wurde zur Erde gerissen, wo mir die Kerls die Hände und die Füße banden. Die Roten erhoben ein unbeschreibliches Triumphgeheul. Man konnte es gewiß eine Stunde weit hören. Der Sendador kam zu mir. Er hatte den Arm verbunden. Es schien schon vorher verabredet worden zu sein, was alles gethan werden solle, denn auf einen Wink von ihm nahmen zwei Rote meinen Hut, welcher mir entfallen war, richteten mich zum Sitzen auf, stülpten mir den Hut über die Augen, so daß ich nichts sehen konnte, und banden ihn dort fest.

Das Geheul war verstummt. Ich wurde aufgehoben und fortgetragen. Um einen Maßstab zu haben, versuchte ich, die Schritte zu zählen, welche meine Träger machten, bevor sie mich niederlegten; es waren ihrer über zwölfhundert.

Dann verging eine lange, lange Zeit, gewiß mehrere Stunden, bis ich hörte, daß Männer kamen, welche Pferde brachten. Der Sendador war dabei, denn ich erkannte seine Stimme, als er sagte:

»Sennor, ich habe Ihnen versprochen, daß Ihnen nichts geschehen soll, und ich werde Wort halten, wenn Sie sich in Ihre Lage finden. Machen Sie aber den geringsten Fluchtversuch, so ersteche ich Sie!«

»Wo sind meine Freunde?« fragte ich ihn.

»Gut aufgehoben!«

»Also leben sie noch?«

»Gut aufgehoben ist nur der, welcher fertig mit dem Dasein ist; sie sind gerichtet, da sie mich richten wollten.«

»Scheusal!«

»Schimpfen Sie nicht! Sie befinden sich in meiner Gewalt.«

»Wenn Sie mich nicht auch ermorden, so werde ich sie rächen. Darauf verlassen Sie sich!«

»Pah!« lachte er. »Ich werde schon dafür sorgen, daß Sie das nicht können. Jetzt geht es fort von hier. Wir werden Sie auf ein Pferd binden. Fügen Sie sich ohne Widerstand, welcher Ihnen doch nichts nützen, sondern Ihre Lage nur verschlimmern würde.«

»Nehmen Sie mir den Hut aus dem Gesicht!«

»Daß ich ein Narr wäre! Sie dürfen nicht wissen, durch welche Gegend wir reiten.«

Man löste mir die Beinfesseln und half mir auf das Pferd, um dann meine Füße wieder durch einen Riemen zu verbinden. Dann begann der Ritt.

Ich merkte sehr bald, daß ich nicht auf meinem Braunen saß; den hatte der Sendador jedenfalls für sich genommen. Nach welcher Richtung es ging, das konnte ich nicht sehen, doch beobachtete ich alle, auch die kleinsten Anzeichen und schloß aus ihnen, daß wir erst durch einen Wald, dann über eine Ebene mit tiefem Sande ritten und nachher auf grasigen Boden kamen. Später begann die Sonne zu brennen; sie traf meine linke Seite mehr als die rechte; also ritten wir westwärts. Dann wurde in einem Walde gehalten. Man bot mir

Fleisch und Wasser an, und ich nahm beides, obgleich das letztere brackig schmeckte und ich es aus einem nach Schweiß stinkenden Hute trinken mußte. Nach kurzer Zeit ging es weiter.

Wir kamen wieder über freies Land; aber die Sonne war nicht mehr zu fühlen, obgleich es nicht viel über Mittag sein konnte. Es wurde empfindlich kalt, und die Luft traf schneidend meine Hände und den entblößten Teil meines Gesichtes.

Wie viele Männer bei mir waren, das wußte ich nicht. Aus dem Pferdegetrappel konnte ich auf so viele schließen, als wir Pferde bei uns gehabt hatten; aber ich bemerkte, daß auch Fußgänger bei uns waren. Wir kamen weiter und immer weiter, erreichten wieder Wald und hielten in demselben an. Die Füße wurden mir losgebunden; ich mußte absteigen und wurde durch ein Gebüsch geführt. Dort fesselte man mir die Füße wieder, setzte mich nieder, band mir die Hände auf, zog sie nach hinten um einen dünnen Baumstamm, an welchen man mich lehnte, und band sie mir dort wieder zusammen. Die Männer unterhielten sich miteinander in der fremden Sprache; ich hörte ein Feuer knistern; dann wurde mir der Hut losgebunden und aus den Augen gerückt; ich durfte wieder sehen.

Mitten zwischen den Bäumen und Büschen lag ein kleiner, freier Platz, welcher gerade Raum genug für das Feuer und die zwanzig Indianer bot, welche mit dem Sendador an demselben saßen. Sie hatten die bekannten nichtssagenden Gesichter der südlichen Indianer und waren kaum halb bekleidet. Ihre Waffen bestanden in Messern, Bogen, Blasrohren und Pfeilen.

Der Sendador hatte sich ganz in meine Nähe gesetzt. Neben ihm lagen meine beiden Gewehre, meine Revolver und auch mein Messer. Er sah, daß mein Blick darauf fiel, und sagte:

»Diese schönen Dinge gehören nun mir. Aergert Sie das nicht?«

»Sie werden Ihnen nicht viel nützen. Lernen Sie erst mit solchen Gewehren umzugehen!«

»Oho! Nur nicht grob werden, sonst spreche ich auch in

einem anderen Tone! Zur Strafe werden Sie heute abend kein Essen bekommen und während der Nacht nicht liegen dürfen. Sie bleiben gefesselt wie jetzt. Daß ich es gut gemeint habe, wird Ihnen dadurch bewiesen, daß Sie nicht vollständig ausgeraubt worden sind, wie die Roten es wollten. Ob ich ihnen nicht doch noch die Erlaubnis dazu gebe, das kommt darauf an, ob Sie höflich und gehorsam sind!«

»Rechnen Sie ja nicht darauf, daß ich es sein werde!«

»Schön! Sie sind natürlich bei schlechter Laune. Morgen mache ich Ihnen meine Vorschläge, und dann werden Sie wohl andere Ansichten bekommen.«

Er wendete sich ab und richtete das Wort nicht wieder an mich. Die Roten brieten Fleisch, und als sie es gegessen hatten, legten sie sich nieder, außer zweien, welche jedenfalls wachen sollten.

Der Sendador untersuchte meine Fesseln, und als er sie in Ordnung gefunden hatte, richtete er einige Worte an die Wächter, sie wohl zur Vorsicht mahnend, und streckte sich dann auch zum Schlafe aus. Die Waffen lagen noch zwischen mir und ihm. Hätte ich doch eine Hand frei gehabt!

Das Feuer wurde nun nicht mehr so fleißig genährt wie vorher; es sank nieder und bildete eine nur kleine Flamme, welche tausenderlei gespenstige Schatten warf.

Stunde um Stunde verging. Die Wächter hatten erst leise miteinander geplaudert; nun saßen sie still und mit gesenkten Augenlidern da; vielleicht schliefen sie. Da hörte ich ein leises, leises Rascheln hinter mir. Ich glaubte, es rühre von irgend einem kleinen Tierchen her; aber nach wenigen Augenblicken hörte ich die ganz leise in deutscher Sprache geflüsterte Frage:

»Schlafen Sie?«

Es durchzuckte mich ein Wonneschauer. Ich schüttelte den Kopf. Hinter mir flüsterte es weiter:

»Ich bin es – Pena. Ich zerschneide jetzt Ihre Handfessel. Dann nehmen Sie Ihr Messer und zerschneiden die Riemen, mit denen Ihre Füße gebunden sind. Nachher raffen Sie Ihre Gewehre auf, während ich die Revolver ergreife, und folgen mir.«

Ich drehte den Kopf möglichst weit zur Seite und fragte leise:

»Wohin?«

»Gerade nach der Richtung, wohin Sie jetzt den Rücken wenden.«

»Wo sind die Pferde?«

»Ich weiß es nicht.«

»Jammerschade! Es wird ein entsetzliches Hallo geben. Es ist finster, und wir rennen uns die Köpfe an den Bäumen wund. Ich will einmal sehen, ob die Wächter schlafen.«

Ich räusperte mich; ich hob die gefesselten Füße empor – keiner der beiden Indianer bewegte sich. Sie schliefen wirklich. Da fühlte ich die Bewegungen des Messers zwischen meinen Händen. So bald ich sie frei hatte, griff ich nach dem meinigen. Ich zerschnitt den Fußriemen, steckte das Messer und die Revolver in den Gürtel, hing die Gewehre langsam über, zog den Hut fest an, daß das Gesträuch ihn mir nicht nehmen konnte, und stand leise und langsam auf.

Nun war ich gerettet, außer es traf mich ein vergifteter Pfeil.

Zoll um Zoll verließ ich meinen Platz. Pena ergriff meine Hand und zog mich fort. Das that er so unvorsichtig, daß die Büsche raschelten. Davon erwachten die Wächter; aber wir befanden uns schon außerhalb ihres Gesichtskreises. Zwei Schreie erschallten.

»Kommen Sie! Schnell, schnell! Ich weiß den Weg. Halten Sie den Hut fest!«

Bei diesen Worten riß Pena mich mit sich fort. Ja, er wußte den Weg, denn wir rannten an keinen Baum. Der Weg war überhaupt kurz. Schon nach kaum mehr als zwanzig Schritten hatten wir die Bäume hinter uns und befanden uns auf der freien Pampa, während hinter uns im Walde die Indianer brüllten, daß mir die Ohren gellten.

»Nun fort! Immer geradeaus!« sagte Pena. »Sie sollen uns gewiß nicht ergreifen.«

»Aber die Pferde, die Pferde!«

»Lassen Sie die um Gottes willen, sonst werden Sie wieder

gefangen. Ich weiß nicht, wo sie sind, und zum Suchen ist keine Zeit.«

Er hatte recht. Wir rannten im völligen Galopp über die Pampa hin, wohl eine Viertelstunde lang; dann mäßigten wir unsere Eile zu einem Traben, bis wir so außer Atem waren, daß wir im Schritte gehen mußten.

»Vor allen Dingen, wohin führen Sie mich?« fragte ich Pena.

»Nach dem Unglücksplatze natürlich.«

»Kennen Sie den Weg?«

»Ja; ich bin ja gekommen, immer hinter Ihnen her. Alle Wetter, war das ein unglückseliger Abend!«

»Nur infolge Ihrer und Gomarras Dummheit. Doch das ist vorüber. Sie haben es wieder gut gemacht.«

»Ja, das habe ich! Ich lief dem Sendador nach, bekam ihn aber nicht zu sehen. Ich schlich mich tollkühn nach dem Walde, in welchem die Roten sich aber schon nicht mehr befanden. Da hörte ich den Lärm des Ueberfalles und eilte zurück. Ich kam gerade recht, um zu sehen, daß Sie niedergerissen wurden. Natürlich blieb ich da im Verborgenen. Sie wurden fortgetragen, bis in die Nähe des Waldes; ich suchte nach Ihnen, konnte Sie aber nicht finden. Darum kehrte ich heimlich bis hart an das Lager zurück. Dort wurde lange Zeit Beratung gehalten. Dann entfernte sich der Sendador mit zwanzig Männern und den Pferden, und ich folgte ihnen, denn ich dachte, daß es Ihnen gelte. Ich hatte mich nicht geirrt, denn ich lag ziemlich nahe auf der Erde und sah, daß man Sie aufs Pferd setzte und dann fortritt. Ich folgte. Die Indianer mußten langsam reiten, da die Hälfte von ihnen zum Gehen gezwungen war; so konnte ich ihnen gut folgen. Ich hielt mich so weit hinter ihnen, daß ich sie wohl als hohe Reiter, sie mich aber nicht als niedrigen Fußgänger sehen konnten. So ging es fort, bis sie in ihr Versteck einbogen und ich warten mußte, bis es ganz dunkel war und sie schliefen.«

»Und über das Schicksal unserer Gefährten wissen Sie nichts?«

»Kein Wort. Es wäre mir unmöglich gewesen, sie alle zu befreien, und keiner von ihnen hätte dann das Geschick gehabt, Sie mit zu befreien. Darum wollte ich erst Sie los haben und dann mit Ihnen versuchen, die andern zu finden.«

»Der Sendador sagte, sie seien getötet worden. Ich hoffe aber, daß das eine Unwahrheit ist. Verfolgen wird er uns beide nicht. Er hatte mir die Augen verbunden und glaubt also, daß ich nicht weiß, wo ich mich befinde. Darum wird er den Morgen abwarten, um meine Spur zu suchen. Bis dahin haben wir eine weite Strecke hinter uns. Eilen wir möglichst, wenn Sie nicht gar zu ermüdet sind!«

Das war alles, was wir sprachen. Wir schritten aus, als ob wir dem Tode entrinnen wollten; zuweilen wurde ein Trab oder sogar ein Galopp gemacht. Wir waren kaum zwei Stunden unterwegs, so begann es zu regnen, und zwar so, wie es in jenen Gegenden immer regnet, nämlich gießt. Wir wateten oft bis über die Knöchel im Schlamme und fast bis an die Knie im Wasser. Aber es ging trotzdem rüstig vorwärts. Es war fast ein Wunder, daß Pena sich nicht verirrte.

Gegen Morgen hörte der Regen auf, um nach einer Stunde wieder zu beginnen und gerade dann aufzuhören, als wir aus dem dichten Walde traten, in welchem die Indianer gelegen hatten, und nun die Unglücksstätte vor uns sahen. Aber hier fanden wir keine Spur. Wir schlugen mehrere Kreise, weiter und weiter um die Gegend, durch den Wald, über das Camp, den Sand und die Pampa – es war nicht ein einziger Fußeindruck zu sehen. Der Regen hatte die Fährten ausgefüllt und verwischt. Als wir uns am Abende so überangestrengt hatten, daß wir uns da niederlegten, wo wir uns gerade befanden, mußten wir alle Hoffnung aufgeben, die Gefährten zu entdekken.

»Giebt es denn gar keine Möglichkeit, sie zu finden, falls sie noch leben?« fragte Pena.

»Eine einzige. Wir müssen wieder dorthin, von wo wir dem Sendador entwichen sind. Da er mich nicht mehr hat, wird er nun die Gefährten aufsuchen – falls er sie eben nicht schon ermorden ließ.«

»So schlafen wir jetzt einige Stunden und machen uns dann auf die Wanderung!«

Das geschah. Der Körper verlangte Ruhe, aber die Sorge raubte sie ihm. Schon um Mitternacht brachen wir wieder auf. Als es helle geworden war, sahen wir, daß auch unsere gestrigen Spuren vollständig verwaschen waren.

»Das ist sehr gut,« sagte Pena, »denn da hat der Sendador nicht erfahren, wohin wir sind.«

»Nein, das ist nicht gut,« entgegnete ich, »denn da werden wir auch nicht sehen, wohin er sich gewendet hat. Seine Spuren sind ebenso verwischt wie die unsrigen.«

»Aber er ist doch später aufgebrochen. Ich holte Sie noch lange vor Mitternacht ein, während er erst am Morgen hat suchen können.«

»Es hat bis Mittag mit nur einer kurzen Unterbrechung geregnet. Da ist kein Fußeindruck mehr zu finden.«

Es zeigte sich, daß meine Vermutung die richtige war. Als wir uns der Gegend näherten, in welcher ich als Gefangener bei den Indianern gesessen hatte, mußten wir uns außerordentlich in acht nehmen, weil der Sendador sich ja hier befinden konnte. Wir drangen nur unter Anwendung aller Westmannsfinessen vor, was uns viel Zeit kostete, und als wir endlich an der Stelle anlangten, wo die Indianer gelagert hatten, fanden wir sogar das niedergedrückte Moos und Gras wieder aufgerichtet. Nach langem Suchen entdeckten wir den Ort, an welchem die Pferde angebunden gewesen waren. Wir erkannten das an den vielen abgefressenen Zweigen.

Wir begannen nun auch hier Kreise zu schlagen, fanden aber, um den Ausdruck zu gebrauchen, nicht die Spur von einer Spur. Als wir dann am Abende traurig und bis zum Tode ermüdet bei einander lagen, fragte Pena:

»Was nun? Ich bin am Rande meiner Klugheit angelangt.«

»Ich ebenso.«

»Aber wir können doch nicht bis an unser sanftseliges Ende hier sitzen bleiben!«

»Das beabsichtige ich keineswegs. Wir schlafen uns aus und suchen morgen früh noch einmal. Vielleicht entdecken wir doch einen kleinen, wenn auch noch so winzigen Anhalt.«

»Ich habe alle Hoffnung schon längst aufgegeben. Unsere

Gefährten sind tot. Denken Sie den Haß, den der Sendador auf Gomarra hatte!«

»Zeigen Sie mir ihre Leichname. So lange ich diese nicht sehe, bin ich von ihrem Tode noch nicht überzeugt. Der Sendador war ein Freund der Yerbateros. Warum soll er sie ermorden? Warum den Bruder, den Kapitän und den Steuermann? Vielleicht hat er Gomarra ausgelöscht. Hätte er aber den Befehl gegeben, auch den andern das Leben zu nehmen, so wäre er kein Bösewicht mehr, sondern geradezu ein Teufel.«

»Das ist er auch. Ich bin des Suchens müde und möchte am liebsten heim.«

»Ohne den Tod unserer Genossen gerächt zu haben?«

»Wir wissen doch nicht, wo der Sendador ist! Wir haben seine Spur verloren!«

»Das ist richtig; aber wir werden sie wiederfinden auf dem Wege nach der Pampa de Salinas.«

»Sie glauben, daß er dorthin geht?«

»Ganz gewiß thut er das.«

»Es hat doch keinen Zweck mehr, da Sie ihm entwischt sind, und er nun niemand hat, der ihm seine Geheimnisse entziffern kann.«

»Aber ich kenne den Ort, an welchem er die Flasche vergraben hat, ziemlich genau. Das weiß er, und so muß er annehmen, daß ich nun hingehen werde, um sie mir zu holen. Meinen Sie nicht, daß dies eine hinreichende Veranlassung für ihn ist, möglichst schnell nach der Pampa zu gehen, um mir vorzukommen?«

»Kann mir eigentlich gleich sein. Ich möchte heim, um meine Sachen zu ordnen und dann nach der Estanzia del Yerbatero zu gehen, wo ich meine Nichte finde.«

»Und vorher brannten Sie förmlich vor Haß und Rache gegen den Sendador! Wo bleibt da die Konsequenz! Nur fort von hier, bis dahin, wo wir Menschen finden. Vielleicht erfahren wir da etwas, was uns nützlich ist. Wir nehmen die Richtung nach den Anden und halten unterwegs die Augen offen. Ich zweifle nicht daran, daß uns der Himmel einen Fingerzeig giebt, der uns auf den richtigen Weg leitet!« – –

ZWEITES KAPITEL

Der alte Desierto

Zwei Tage waren seit unserem Aufbruche nach der unheilvollen Katastrophe vergangen; der dritte Tag hatte begonnen, und wir zwei einsamen Menschen marschierten wortlos in der Richtung, für welche wir uns entschlossen hatten, durch die Einsamkeit.

Noch nie im Leben war ich so mißmutig gewesen, wie jetzt, und das gewiß nicht ohne Grund. Bisher stets beritten gewesen, mußte ich mich nun auf meine steif gewordenen Beine verlassen. Die Kameraden waren verloren, und ich war so ziemlich von allem entblößt, was für einen Weg durch die Wildnis nötig ist. Zwar hatte ich meine Waffen gerettet; aber die Munition war mit dem Pferde und mit den Satteltaschen verloren gegangen. Ein Glück nur, daß sich noch eine Anzahl Patronen im Gürtel befanden! Die Mehrzahl derselben, etwa drei Dutzend, war für die Revolver, eine Waffe, welche ich zum Schießen von Wildpret, von dem wir leben mußten, nicht benützen konnte. Auch Pena hatte nur einige Kugeln in dem Beutel und wenig Pulver im Horne.

Wir wanderten durch eine der wildesten Partien des Gran Chaco. Der zur argentinischen Konföderation gehörige Teil desselben leidet allerdings unter dem Regenmangel der subtropischen Zone, doch überschwemmen während und nach der Regenzeit die Flüsse weite Strecken des Landes, und da entwickelt sich eine unvergleichliche Vegetationsfülle. Die Flüsse senden weite Buchten aus, welche den Bayous Nordamerikas oder den Maijehh des oberen Niles zu vergleichen sind. In ihrer Nähe und in derjenigen der Flüsse giebt es Waldungen, welche kaum zu durchdringen sind. Der spanisch sprechende Einwohner nennt sie Monte impenetrabile, undurchdringlichen Wald. Es giebt da nicht nur Bäume, sondern auch meilenweite Dickichte von stacheligen Mimosen und Leguminosen, die nur wenige natürliche Oeffnungen frei lassen, welche von den Indianern als Pfade und Wege zu ihren Raub- und Handelszügen benützt werden. Dann kommen dazwischen weite Grasfluren oder unbewässerte, öde Strecken, auf denen man nur selten einen Kaktus oder eine Salzpflanze zu sehen bekommt.

Es giebt ausgedehnte Flächen, welche man mit der arabischen Wüste vergleichen möchte. Man nennt sie Travesias. Der stetig wehende Südwind häuft den Sand zu Hügeln, Medanos genannt, auf; daher fallen sie an der Nordseite steil ab; ihre Umrisse verändern sich beständig, da der Sand an der südlichen Seite aufsteigt und auf der nördlichen herunterfällt. Sie wandern also von Süd nach Nord.

Auch giebt es Stellen, welche wegen ihres Triebsandes höchst gefährlich sind. Als Adolf von Wrede im Jahre 1843 sich auf seiner denkwürdigen Entdeckungsreise in Hadhramaut befand, kam er am Bahr es Ssafy in der Wüste el Ahgaf an eine Stelle, deren Sand er, als er ihn faßte, beinahe unfühlbar fand. Es war ein bis oben an den Rand damit gefüllter Felsenkessel, und dieser Sand war sehr fein, so leicht und widerstand so wenig, daß, als Wrede mit dem Stocke hineinstieß, es ihm vorkam, als ob er ins Wasser stoße. Er legte sich vorsichtig auf den Rand des Felsens und band ein Gewicht an eine lange Schnur. Als er dasselbe in den Sand warf, sank es unter und zog ihm die Schnur aus der Hand. Keiner seiner arabischen Begleiter hatte sich wie er bis an dieses alles verschlingende Grab gewagt. Humboldt zweifelte an der Wahrheit dieser Schilderung, und Leopold von Buch nannte Wrede geradezu einen Lügner, Karl Ritter aber und der berühmte Arabist Fresnel retteten seine Ehre.

Die Araber hatten dem Reisenden erzählt, daß diese Gegend Bahr es Ssafy genannt werde, weil einst ein König Namens Ssafy, welcher vom Beled es Ssaba Wadian mit einem großen Heere kam, um in Hadhramaut einzufallen, den größten Teil seiner Truppen an der erwähnten Stelle verloren habe. Wrede war und blieb lange Zeit ein Märtyrer des Zweifels großer Geographen, welche seine wahren Berichte vom Studiertische aus recensierten. Und doch wissen nicht nur die

Bewohner des Hadhramaut, sondern auch die Leute des südlichen Mendoza in Argentinien und die Indianer des Gran Chaco, daß es Gegenden giebt, welche mit tiefen, unergründlichen Triebsandmassen angefüllt sind, in denen Menschen und Tiere wie im Wasser versinken. Solche Stellen werden dort Quadales genannt.

Am Vormittage des dritten Tages kamen wir über eine grasreiche Pampa, welche sich endlos vor uns auszudehnen schien und ganz einer nördlichen Prairie glich, nur daß es eine andere Art des Grases und nicht das mir so bekannte Büffelgras war, durch welches wir bis an den Leib waten mußten. Seine langen Halme waren schmal und leicht; man fühlte sie kaum, und doch ermüdeten sie uns ganz ungewöhnlich. Man dachte dabei unwillkürlich an den Schnee, welcher, so leicht er ist, zu Wehen aufgehäuft, der Kraft einer Lokomotive zu widerstehen vermag.

Pena hatte sein Gewehr geschultert und schritt bahnbrechend voran. Aber als wir schon über eine Stunde lang durch dieses Grasmeer mehr geschwommen als gegangen waren, blieb er stehen, holte tief aufseufzend Atem und sagte:

»Jetzt steigen nun Sie einmal voran, Sennor! Noch eine einzige Stunde so, dann falle ich um. Da lobe ich mir doch die Prairien droben im Norden. Und ich möchte wetten, daß es, wenn wir diese Savanne hinter uns haben, noch viel schlimmer wird. Entweder läuft sie in eine Wüste aus oder in ein stacheliges Mimosenfeld.«

»Das glaube ich nicht,« antwortete ich, indem ich vorwärts deutete. »Sehen Sie den dunklen Strich ganz draußen am Horizonte? Das ist kein Mimosengebüsch, welches wir wegen seiner geringen Höhe auf eine so weite Entfernung gar nicht sehen könnten, sondern das ist Wald, hoher Wald.«

Er legte die Hand über die Augen, um von der Sonne nicht geblendet zu werden, blickte nach der angedeuteten Richtung und stimmte bei:

»Sie haben recht. Gott sei Dank; es ist Wald. Hoffentlich giebt es da ein Wildbret! Ich habe Hunger. Gestern gab es nur ein armseliges Meerschweinchen für den ganzen langen Tag.

Das ist für zwei so gesunde und kräftige Männer, wie wir sind, zu wenig. Haben Sie nicht auch das Gefühl eines gewissen Nichts in der Gegend Ihres Magens?«

»Und ob! Ich bin im stande und schieße mir einen Papagei, wenn ich nichts anderes finde.«

»Brrrr! Das lassen Sie! Ich weiß sehr genau, wie diese Art von Fleisch schmeckt.«

»Ich bitte um die Beschreibung!«

»Das weichste Stück, die Brust, gleicht dem Sohlenleder; die Schenkelstücke sind trocken und zähe wie ein alter, lederner Kofferüberzug, und an den Flügelblättern müssen Sie ganz genau so kauen, als wenn Sie ein Stück Rhinozeroshaut verspeisen.«

»Dann werde ich mir freilich etwas Besseres wünschen, und wenn es auch nur ein armer Pampashase wäre.«

»Den giebt es hier äußerst selten. Machen Sie vorwärts, daß wir den Wald erreichen!«

Wir stampften weiter, wohl drei Viertelstunden lang, dann zeigte es sich, daß der dunkle Strich, den wir am Horizonte gesehen hatten, wirklich Wald war. Nach kurzer Zeit konnten wir schon die einzelnen Baumarten, Ceibo, Channar, Algaroben und andere unterscheiden. Sonderbarerweise traten diese Bäume sofort als geschlossener Wald auf, ohne vorher durch Büsche eingeleitet zu werden. Als wir uns seinem Rande bis auf ungefähr hundert Schritte genähert hatten, blieb ich überrascht stehen, denn ich erblickte vor mir den Beweis, daß es hier Menschen, und zwar viele, gegeben hatte.

»Das giebt's?« fragte Pena. »Warum stutzen Sie so?«

»Sehen Sie nicht den Strich, der sich längs des Waldrandes quer über unsere Richtung durch das Gras zieht?«

Er hatte diese Fährte noch gar nicht bemerkt, richtete den Blick auf dieselbe und meinte dann:

»Schade, daß sie schon vorüber sind und nicht eben jetzt erst kommen!«

»Wer?«

»Nun, die Hirsche. Natürlich ist's ein Rudel Hirsche gewesen. Das hätte einen Braten gegeben!«

Er schnalzte mit der Zunge; ich aber antwortete ihm:

»Wenn das eine Rotwildspur ist, so mögen Sie mich, besonders da Sie so hungrig sind, sofort mit Haut und Haar verspeisen.«

»Wer soll es denn gewesen sein, wenn nicht Hirsche?«

»Menschen und zwar viele.«

»Schwerlich, denn in diesem Falle würde die Fährte breiter sein. Und Sie haben die Spur ja noch gar nicht in der Nähe beachtet!«

»Für eine so allgemeine Bestimmung, ob sie von Menschen oder Hirschen gemacht wurde, ist eine genaue Besichtigung gar nicht notwendig. Hirsche haben kleine Hufe, mit denen sie nur leicht auftreten; sie stampfen das Gras nicht nieder, so daß es am Boden liegen bleibt.«

»Meinen Sie, daß Menschen stampfen?«

»Nein. Aber wenn ihrer viele hintereinandergehen, so vollbringt der Hintermann, was der Vordermann unterlassen hat: Es wird eine fest ausgetretene Fährte fertig. Kommen Sie!«

Wir kamen an die Spur, und noch hatte ich mich nicht niedergebückt, um dieselbe zu betrachten, als Pena ausrief:

»Wahrhaftig, Sie haben recht; es waren Menschen. Das ist ein Glück für uns, denn – –«

»Schreien Sie nicht so!« unterbrach ich ihn. »Noch wissen wir nicht, ob wir uns dieser völlig unbekannten Leute freuen dürfen.«

»Meinen Sie?« fragte er, nun leiser sprechend. »Wollen doch sehen!«

Er prüfte die Fährte ebenso wie ich und sagte dann:

»Ja, es sind nicht nur zwei oder drei, es sind jedenfalls wenigstens zehn Personen gewesen.«

»Sagen Sie zwanzig, dreißig, vierzig. Ja, ich behaupte, daß hier wohl an die fünfzig Personen gegangen sind und daß sie vor ungefähr zwei Stunden da vorüberkamen.«

»Alle Wetter! Woher wollen Sie das wissen?«

»Warten Sie noch! Es fragt sich besonders, von welcher Farbe diese Leute waren. Warten Sie, ich kann es ganz genau bestimmen!«

»Unmöglich!«

»Es ist nicht unmöglich, sondern im Gegenteile sehr leicht.«

Ich ging eine kleine Strecke auf der Fährte fort, hob einige abgerissene Halme auf, welche festgetreten worden waren, kehrte zurück, um sie ihm zu zeigen und sagte:

»Da lagen auf einer Strecke von kaum dreißig Schritten diese Halme; sie sagen mir alles, was ich wissen muß. Wenn diese Spur jünger und nicht bereits zwei Stunden alt wäre, so würde ich Sie ersuchen, sich mit mir zu bücken, damit wir nicht gesehen werden könnten. Wir haben es nämlich mit Indianern zu thun.«

»Und das haben Ihnen diese Grashalme gesagt?«

»Ja. Sie wissen doch, welcher Unterschied hinsichtlich der Fußbekleidung zwischen Cascarilleros (Rindensuchern) und den Indianern des Gran Chaco stattfindet?«

»Natürlich! Die letzteren gehen barfuß, die ersteren aber nie.«

»Nun, die Leute, welche hier vorüberkamen, waren barfuß, denn den Voranschreitenden sind diese Halme zwischen die Zehen gekommen und abgerissen worden.«

»Ah! Das ist möglich. Aber können diese Halme nicht auch durch Stiefel oder Schuhe oder auf eine andere Weise abgerissen worden sein?«

»Diese hier nicht. Reißen Sie einen Halm ab, oder er mag an Ihrem Fuße, an Ihrem Beine hängen bleiben und ab- oder ausgerissen werden, so bleibt er gerade, glatt und unverletzt, so wie dieser hier.«

Ich riß einen langen Halm ab und zeigte ihm denselben.

»Hier ziehe ich nun den Halm, den ich Ihnen soeben zeigte, zwischen zwei Fingern hindurch, indem ich ihn mit denselben ziemlich fest drücke. Was ist die Folge? Sehen Sie ihn jetzt an!«

»Er bekommt Bruch an Bruch und wird rund; er bleibt nicht mehr gerade, sondern er biegt sich krumm.«

»Ganz richtig! Das ist die Folge davon, daß er sich zwischen meinen Fingern befunden hat. Ganz dasselbe wird stattfinden, wenn ein Halm zwischen zwei Zehen gerät. Indem der

Fuß sich vorwärts bewegt, wird der Halm durch die Zehen gezogen und abgerissen; er wird, wie der technische Ausdruck heißt, gerippelt und zieht sich krumm. Sämtliche Halme, welche ich aufgelesen habe, waren gerippelt; sie haben sich also zwischen den Zehen der Leute befunden, welche hier gegangen sind. Diese Leute waren also barfuß, folglich Indianer.«

»Hm!« meinte er. »Darauf wäre ich nicht gekommen. Sie haben aber jedenfalls recht.«

»Gewiß; wenigstens bin ich überzeugt davon.«

»Woraus schließen Sie aber, daß es so viele Personen gewesen sind?«

»Aus der Festigkeit, welche die Fährte noch jetzt besitzt. Zehn und auch zwanzig Personen, welche hintereinander gehen, treten das Gras nicht in der Weise nieder, daß es so lang liegen bleibend, förmlich in die Erde gedrückt wird, zumal wenn diese Leute barfuß sind.«

»Möglich! Aber wie kommen Sie auf die Zeit von zwei Stunden?«

»Das sagt mir der Grad, in welchem diese Halme welk geworden sind. Freilich, auf die Minuten läßt sich diese Zeit nicht bestimmen; aber ich bin überzeugt, daß meine Schätzung, überhaupt meine Ansicht die richtige ist.«

»Ich muß Ihnen beistimmen. Also Indianer waren es, und zwar fünfzig ungefähr! Nun fragt es sich, in welcher Absicht sie hierher kamen.«

»In kriegerischer. Händler waren es nicht, weil die Fährte beweist, daß die Indianer keine Waren bei sich gehabt haben, denn in diesem Falle wäre die Spur unregelmäßiger und auch breiter ausgetreten. Die Leute haben keine Lasten getragen, auch keine Tiere bei sich gehabt; sie sind frei und ledig gegangen, nur höchstens mit den Waffen in den Händen.«

»Und was thun wir jetzt? Haben wir diese Indianer zu beachten oder nicht?«

»Natürlich haben wir uns sehr um sie zu bekümmern. Es kann uns nicht gleichgültig sein, wenn sich ein Zug von räuberischen Wilden mit uns in derselben Gegend befindet. Wir müssen gewärtig sein, daß wir ganz unvermutet auf diese Leute treffen.«

»Das wohl nicht. Sie gehen gerade nach West, wir aber nordwestlich.«

»Ja, hier an dieser Stelle führt die Fährte nach West; aber Sie wissen ebenso gut wie ich, daß man, besonders hier im Chaco, nicht stets eine schnurgerade Linie einhalten kann. Die Roten kennen ihren Weg gewiß sehr genau; sie werden alle Hindernisse vermeiden und umgehen, müssen also oft von der ursprünglichen Richtung abweichen. Haben sie sich weiter von hier mehr rechts gewendet, und wir gehen geradeaus fort, so müssen wir mit ihnen zusammentreffen, was ich natürlich vermeiden möchte. Ich will lieber zwanzig mit Schießgewehren und Tomahawks bewaffneten Sioux begegnen als einem einzigen hiesigen feindlichen Roten, der mich mit einem vergifteten Pfeile leichter und schneller unschädlich macht, als diese zwanzig mit ihren ehrlichen Waffen. Uebrigens muß ich unbedingt wissen, was und wohin diese Leute wollen. Bevor ich das nicht erfahren habe, kann ich mich nicht sicher fühlen. Wir müssen ihnen nach.«

»Dann adieu Hirschbraten und Ausruhen! Nur der Hunger bleibt!«

»Es geht mir nicht besser als Ihnen. Bedenken Sie, daß wir einen ausgetretenen Pfad vor uns haben; das Gehen wird uns nicht so ermüden, wie bisher.«

»Das ist aber auch das einzige Gute von der ganzen Sache!« brummte er mißmutig.

»Seien Sie doch nicht so niedergeschlagen. Wenn wir gar den Mut und die Lebenslust verlieren, so ist's aus mit uns.«

»Sie haben schon recht, daß Sie mich schelten. Ich bin von dem, was geschehen ist, so deprimiert, wie noch nie im Leben. Es ist, als ob der Satan sein Spiel gehabt habe. Wer soll da noch das alte Vertrauen und die frühere Freudigkeit besitzen?«

»Wir beide natürlich! Denken Sie etwa, daß das Schicksal, dem unsere Freunde verfallen sind, mir gleichgültiger ist als Ihnen? Ich bin länger mit ihnen beisammen gewesen als Sie, und so versteht es sich wohl ganz von selbst, daß die Katastrophe mir ebenso zu Herzen geht, wie Ihnen. Aber das Herz ist etwas anderes als der Kopf. Mag mein Herz mit einem noch so großen Leide beschäftigt sein, sobald es notwendig ist, daß der Kopf in seine Rechte tritt, so muß das erstere einstweilen schweigen. Und unsere Köpfe brauchen wir hier, wenn es überhaupt unsere Absicht ist, sie zu behalten und die Gefährten zu retten, falls sie noch leben.«

Wir waren, während wir zusammen sprachen, der Fährte mit raschen Schritten gefolgt, ich voran und er hinterdrein. Jetzt faßte er mich hinten, hielt mich fest und sagte:

»Bleiben Sie doch einmal stehen und sagen Sie die letzten Worte noch einmal! Ich muß vollständig falsch gehört haben. Wie meinten Sie? Sie geben sie nicht verloren?«

»Ja, so sagte ich.«

Er blickte mich mit einem ganz unbeschreiblichen Erstaunen an, deutete nach der Stirn, und meinte dann:

»So ist es bei Ihnen hier in dieser Gegend nicht richtig! Ich habe Sie für einen geistig gesunden und zuverlässigen Mann gehalten. Aber Sennor, was denken Sie denn eigentlich?«

»Ich denke, daß man den Totenschein eines Menschen nicht eher unterzeichnen darf, als bis man seine Leiche gesehen hat, und selbst dann muß man sich genau überzeugen, ob es auch wirklich die seinige ist.«

»Aber, es versteht sich doch ganz von selbst, daß sie tot sind! Ich glaubte, Sie möchten am liebsten wieder umkehren, um noch länger und eifriger nachzuforschen, als es bisher schon geschehen ist.«

»Und wenn ich das nun wirklich beabsichtigte?«

»So gehen Sie zurück! Machen Sie, was Sie wollen! Ich halte Sie nicht. Ich aber begleite Sie auf keinen Fall; darauf können Sie sich verlassen!«

»Nun, einstweilen folgen wir dieser Fährte. Kommt Zeit, kommt Rat!«

»Aber in dieser Angelegenheit nicht! Die ist vollständig vorüber und abgeschlossen. Sprechen wir nicht mehr davon!«

Ich hütete mich, ein weiteres Wort zu sagen, und nahm den

unterbrochenen Weg wieder auf. Er führte uns eine Viertelstunde lang immer am Walde hin und bog dann scharf in denselben ein. Es gab da eine Lichtung, einen breiten Streifen, welcher frei von Bäumen den Wald durchschnitt.

»Sie haben vorhin recht gehabt,« sagte Pena. »Die Roten kennen ihren Weg sehr genau. Man sieht, daß ihnen diese Waldblöße nicht ganz unbekannt gewesen ist, da sie sich so direkt nach derselben gewendet haben.«

»Das ist nur das Eine; das Andere aber ist, daß sie sich nun auf derselben Richtung befinden, welche auch die unserige ist. Hätten wir diese vorhin verfolgt, ohne der Spur nachzugehen, so wäre es uns vielleicht schwer geworden, uns durch den dichten Wald zu arbeiten. Und höchst wahrscheinlich hätte es dann ein Zusammentreffen mit den Roten gegeben, welches für uns verhängnisvoll werden mußte, weil wir nicht auf dasselbe vorbereitet waren.«

Nach kurzer Zeit traten die Bäume näher zusammen, so daß die Blöße schmaler wurde. Die Fährte führte rechts, nahe an den Bäumen hin. Ein plötzliches ängstliches und feines Kreischen von links her ließ mich stehenbleiben. Ein Eichhörnchen kam in höchster Eile über die schmale Lichtung gesprungen, gejagt von zwei Tieren, welche im Eifer der Verfolgung ebensowenig wie der kleine Flüchtling auf uns achteten. Als das Eichhörnchen den diesseitigen Wald erreichte, lief es am Stamme des nächsten Baumes empor, und seine Feinde folgten ihm.

»Zwei Soncho Monas!« rief Pena. »Das giebt einen guten Braten!«

Er nahm sein Gewehr schußfertig in die Hand und ich that dasselbe. Soncho Mona nennt der Bewohner des Gran Chaco den Rüsselbären, auch Coati genannt. Das Tier liefert nicht nur einen sehr gesuchten Pelz, sondern auch ein außerordentlich zartes und wohlschmeckendes Fleisch.

Das Eichhörnchen hatte einen weit hinausragenden Ast erreicht, flüchtete nach der Spitze desselben und that von dort aus einen kühnen Sprung nach einem niedriger liegenden Aste des nächsten Baumes, indem es sich dabei des Schwanzes als

Steuer bediente. Die Coatis langten auf dem Aste an, auf welchem sich das Hörnchen einen Augenblick vorher befunden hatte, wagten aber nicht denselben Sprung zu thun, und blickten dem entkommenen Tierchen enttäuscht nach.

»Sie den hinteren und ich den vorderen!« sagte Pena.

Ich nickte. Die Schüsse krachten. Der eine Coati stürzte sofort herab; der andere suchte sich anzukrallen, konnte sich aber nicht halten, da er auch ins Leben getroffen war, und folgte dem ersteren nach. Als wir zur Stelle kamen, wo beide lagen, bewegten sie sich schon nicht mehr. Die Tiere haben ein fast so zähes Leben wie der Fuchs, dessen Größe sie auch besitzen; die Kugeln hatten also die richtigen Stellen getroffen.

»Na, da giebt's ja zu essen,« meinte Pena vergnügt. »Und was für ein Fleisch! Nun wollen wir freilich von dem Papagei nicht wieder sprechen! Nehmen Sie das Ihrige, und dann wieder weiter!«

Jeder nahm seine Beute auf, und dann wurde der Weg fortgesetzt. Nach einiger Zeit traten die Bäume weiter und weiter auseinander, und wir kamen wieder auf eine so hochgrasige Savanne, wie die vorige gewesen war. Der Wald hatte nur in einem langen, schmalen Streifen bestanden.

Die Fährte ging geradeaus, wie mit der Schnur gezogen. Das mußte uns jetzt sehr lieb sein, da dieser Umstand es uns ermöglichte, die Indianer schon aus bedeutender Entfernung zu erblicken. Ich wollte den hinter mir herschreitenden Pena auf diesen Vorteil aufmerksam machen, warf ihm daher einige Worte zu, ohne mich umzusehen, und erhielt eine Antwort, welche ich nicht verstehen konnte. Ich fragte, was er gesagt habe, und verstand auch die nachfolgenden Worte so wenig, daß ich mich nun nach ihm umblickte. Fast hätte ich laut aufgelacht. Der gute Mann hatte den Mund so voll stecken, daß er allerdings nicht deutlich zu sprechen vermochte. Er kaute, als ob es sich um Tod oder Leben handle.

»Machen Sie es wie ich!« sagte er. »Schneiden Sie Ihren Nasenbären auch an!«

»Danke! Habe keine Lust.«

Wir waren der Fährte, seit wir den Wald hinter uns hatten, vielleicht zwei Stunden lang gefolgt, als wir wieder einen dunklen Streifen vor uns sahen.

»Das ist wieder Wald. Nicht?« fragte Pena.

»Wald, ja. Vielleicht ruhen die Roten dort unter den Bäumen aus. Sie haben einen Vorsprung von zwei Stunden vor uns, und länger macht kein Indianer Rast, wenn er sich auf einem Raub- und Kriegszuge befindet.«

»Von zwei Stunden ist keine Rede mehr. Bedenken Sie, daß die Roten sich durch das hohe Gras Bahn brechen mußten und also nicht so schnell vorwärts kamen wie wir, die wir einen offenen Weg haben. Die zwei Stunden haben sich auf eine vermindert.«

»Meinen Sie?«

»Ja, man sieht es ja aus der Fährte.«

»Das ist gut! Wenn sie noch lagern, können wir sie beschleichen, um Gewißheit zu erhalten, woran wir mit ihnen sind. Also gehen wir weiter!«

Er wollte voranschreiten; ich faßte ihn am Arme und hielt ihn zurück.

»Halt, Sennor! Wollen Sie in einer halben Stunde tot sein? Sie laufen den Wilden gerade in die Hände!«

»Hm! Sie meinen, daß sie uns sehen?«

»Ja. Der Weg führt schnurgerade nach dem Walde. Wenn die Roten diesseits desselben sitzen, so müssen sie uns von weitem kommen sehen. Wenn wir nur noch dreihundert Schritte thun, sind wir von dort aus deutlich zu erkennen.«

»So wollen Sie wohl hier warten, bis wir annehmen können, daß sie fort sind?«

»Das fällt mir nicht ein. Wir müssen nach dem Walde, aber nicht auf die Fährte. Wir schlagen einen kurzen Bogen, um ihn an einer entfernten Stelle zu erreichen.«

»Da versäumen wir Zeit!«

»Lieber eine Viertelstunde verloren als das Leben!«

Ich wandte mich rechts, um einen Umweg zu machen, und er gab zu, daß ich recht hatte. Wir erreichten den Wald an einem Punkte, welcher nach meiner Schätzung vielleicht zehn Minuten von demjenigen entfernt lag, an welchem die Fährte auf die Bäume stieß.

Diese standen ziemlich weit auseinander, zwischen ihnen nur einige Büsche, so daß es gar keiner Anstrengung bedurfte, vorwärts zu kommen. Wir wendeten uns links, um die Fährte wieder zu erreichen, aber mit größter Vorsicht, da wir bei jedem Schritte vorwärts auf die Roten stoßen konnten. Jeden Baum als Deckung nehmend, kamen wir langsam weiter. Wir hatten schon über die Hälfte der Entfernung zurückgelegt, als wir Stimmen hörten.

»Sie sind noch da!« sagte Pena. »Jetzt heißt es, sich in acht nehmen! Wollen wir warten, bis sie fort sind, oder schleichen wir uns näher?«

»Das letztere. Ich muß wissen, wer sie sind! Legen Sie sich nieder, und kriechen Sie hinter mir her! Wir müssen es so einrichten, daß wir immer einen oder mehrere Stämme zwischen uns und ihnen haben. Da seitwärts rechts stehen einige Mimosenbüsche. Gelingt es uns, diese unbemerkt zu erreichen, so haben wir gewonnen.«

Wir schoben uns langsam dicht an der Erde hin und erreichten die Mimosen glücklich. Es galt, uns unter ihnen zu verbergen, was keine leichte Aufgabe war. Die Roten saßen nicht weiter als dreißig Schritte von diesem Gesträuch entfernt. Wenn wir die Zweige desselben bewegten, mußten sie es sehen. Dazu kam, daß die Mimosen außerordentlich stachelig waren. Aus diesen Gründen schoben wir uns nur Zoll um Zoll hinein, und es verging von dem Augenblicke, an welchem wir bei ihnen angelangt waren, gewiß fast eine halbe Stunde, bis wir unsern Zweck erreicht hatten. Wir staken so zwischen den engen, dichtbelaubten Büschen, daß wir keine Angst vor Entdeckung zu haben brauchten, falls die Roten nicht einen besonderen Grund fanden, ihre Aufmerksamkeit auf die Mimosen zu richten.

Auf dem Bauche liegend, schoben wir uns so weit vor, daß wir die Indianer sehen konnten. Es standen nur drei Bäume zwischen uns und ihnen, zwischen denen wir aber hindurchblicken konnten. Sie hatten ein Feuer brennen, und der Duft gebratenen Fleisches drang in unser Versteck.

»Ist das nicht ärgerlich?« flüsterte Pena mir zu. »Ich habe den Rüsselbären roh anbeißen müssen, und diese Wilden machen sich den saftigsten Braten!«

»Der Braten läßt mich sehr gleichgültig. Ich möchte wissen, zu welchem Stamme sie gehören.«

»Das ist schwer zu sagen.«

»Nun, Sie sind doch ein Kenner des Gran Chaco. Sie müssen also die einzelnen Völkerschaften desselben voneinander unterscheiden können.«

»Das kann niemand! Denken Sie etwa, es ist so wie bei den Indianern Nordamerikas? Bei diesen hat freilich jeder Stamm seine besonderen Merkmale, seine eigene Kriegsfarbe. Hier aber ist das anders. Sehen Sie sich diese Kerle an! Wie sind sie gekleidet? Eine weiße Leinwand- oder Kaliko-Hose und ein eben solches Hemd darüber, einen uralten Hut oder irgend einen ähnlichen Fetzen auf dem Kopfe. Sind das Unterscheidungsmerkmale?«

»Allerdings nicht. Wollen also wenigstens hören, was sie sprechen.«

»Ja, dann werde ich Ihnen freilich sagen können, zu welchem Stamme sie gehören. Horchen wir also!«

Die Roten schienen bei sehr guter Laune zu sein, denn sie sprachen sehr munter, aber nicht laut. Nur zuweilen ertönte ein Ruf der Freude oder der Verwunderung, und ein solcher war es gewesen, welchen wir gehört hatten und durch den wir auf sie aufmerksam geworden waren. Pena horchte lange. Interjektionen sind meist das Gemeingut sämtlicher Stämme; darum bilden sie kein Merkmal der Unterscheidung derselben. Dann aber schien einer etwas zu erzählen, was ihn in Eifer versetzte. Er sprach darum vernehmlicher, als bisher geredet worden war, und da flüsterte Pena mir zu:

»Jetzt habe ich es; jetzt weiß ich es. Es sind Mbocovis.«

»Kennen Sie diesen Stamm?«

»Stamm darf man nicht sagen; es ist ein Volk, welches wieder in mehrere Stämme zerfällt. Ich befand mich vor fünf oder sechs Jahren mehrere Monate lang bei einem derselben, in dessen Gebiete vortreffliche Chinchonas[1] standen. Der Wortschatz dieser Leute ist nicht bedeutend, und ich lernte in der Zeit, so kurz sie war, mich ganz gut ausdrücken; verstehen aber konnte ich sie noch viel besser.«

»Sie sollen das kriegerischeste Volk des Gran Chaco sein?«

»Das ist wahr. Glücklicherweise sind sie nicht zahlreich, und schwinden eben dieses streitlustigen Charakters wegen schnell und immer mehr zusammen.«

»Auch las und hörte ich, daß sie ganz besondere Feinde der Tobas-Indianer seien?«

»Auch das ist richtig. Diese letzteren sind friedfertiger Natur und den Weißen freundlich gesinnt; es giebt sogar welche unter ihnen, die sich seßhaft gemacht haben und einen kleinen Acker bauen, nämlich was man hier so nennt. Aber wenn sie angegriffen werden, so stellen sie ihren Mann. Sie sind der schönste Schlag der Indianer, während die Mbocovis, welche wir vor uns haben, mehr verkommen aussehen. Sie – alle Teufel, wer kommt denn da?«

Er hatte seine Rede unterbrochen und stieß diese letzteren Verwunderungsworte hervor, weil von der uns entgegengesetzten Seite zwei Männer kamen und sich zu den anderen setzten. Der eine war ein Indianer, auch nicht besser gekleidet als die übrigen; aber er trug eine Art Federkrone auf dem Kopfe und eine Flinte in der Hand, während die, welche wir bisher gesehen hatten, nur mit Messern, Lanzen und den gefürchteten Blasrohren bewaffnet waren.

Der andere war ein Weißer, kurz, breit und sehr kräftig gebaut. Ein dichter, schwarzer Vollbart rahmte sein Gesicht ein, welches ein alter, abgegriffener Sombrero beschattete. Auch er trug ein Schießgewehr in der Hand; die Griffe eines Messers und zweier Pistolen blickten aus der breiten, roten Schärpe, welche er als Gürtel um seine Hüften geschlungen hatte.

»Kennen Sie diesen Weißen?« fragte ich meinen Gefährten.

1 Fieberrindenbäume

»Nein, aber seinen Begleiter. Ich habe ihn einmal in Paso de los Torros und das anderemal in Cardovo gesehen. Es ist El Venenoso, der Häuptling der Mbocovis.«

»Diesen Namen habe ich noch nicht gehört.«

»Weil Sie noch nie hier gewesen sind. Hätten Sie sich nur eine Woche lang am Rio Salado befunden, so hätten Sie gewiß manches über diesen Mann erfahren.«

»El Venenoso; das heißt zu deutsch doch wohl der Giftige?«

»Ja.«

»Verdient er diesen Namen?«

»Vollständig. Er ist der unversöhnlichste Feind der Weißen, weshalb es mich jetzt wundert, einen solchen in seiner Gesellschaft zu erblicken, und zugleich der größte Spitzbube des Gran Chaco. Blutdürstig wie ein Panther, hält er niemals Ruhe. Man kennt alle seine Thaten; aber er ist so listig und verschlagen, so ungeheuer vorsichtig, daß ihm niemals etwas zu beweisen ist.«

»Besitzt er auch Tapferkeit?«

»Keine Spur. Legen Sie überhaupt den Maßstab eines Sioux oder Apachen nicht an die Indianer des Gran Chaco. Rauben und stehlen, auch morden können sie; aber der Gefahr weichen sie stets aus. Es ist ein verächtliches und verkommenes Geschlecht.«

Die Roten aßen jetzt. Wir sahen schweigend zu, bis sie fertig waren. Dann standen sie auf, griffen zu ihren Waffen, und marschierten fort, ohne sich die Mühe zu geben, das Feuer auszulöschen. Der Häuptling und der Weiße gingen an der Spitze.

»Sie brechen auf,« sagte Pena. »Gehen wir ihnen gleich nach?«

»Nein. Noch wissen wir nicht genau, ob sie wirklich fortgehen. Ich werde mich ihnen nachschleichen. Warten Sie hier, bis ich zurückkehre!«

Ich kroch unter dem Busche hervor und ging den Roten eine ganze Strecke nach, bis ich überzeugt war, daß sie wirklich den Weitermarsch angetreten hatten. Dann wendete ich mich um. Pena steckte nicht etwa noch unter der Mimose, sondern er saß am Feuer. Er hatte dem Coati das Fell abgezogen, die Keulen desselben an einen Ast gespießt und hielt sie über das Feuer, um sie zu braten.

»Die Roten sind doch brave Leute!« lachte er. »Sie haben das Feuer nur deshalb nicht ausgelöscht, daß wir uns gleich an dasselbe setzen können. Sind sie fort?«

»Ja. Es wäre für Sie auch gar nicht gut, wenn sie noch da wären. Röstet dieser Mann ganz gemütlich seinen Asado, ohne überzeugt zu sein, ob sie zurückkehren oder nicht!«

»Der Hunger war größer als die Angst. Machen Sie es ebenso wie ich! Einen halben Coati für jetzt und die andere Hälfte für heute abend.«

»Wer weiß, ob wir heute abend zum Essen kommen! Ich muß wissen, wohin diese Mbocovis wollen; darum werden wir ihre Nähe aufsuchen, um sie besser zu belauschen als jetzt. Am Abend können wir uns ihnen weit unbesorgter nähern als am Tage. Vielleicht hören Sie etwas über die Absichten, welche sie verfolgen.«

»Wahrscheinlich! Aber wenn wir heute abend kein Feuer machen dürfen, so werde ich jetzt dafür sorgen, daß ich nicht zu hungern brauche. Ich brate also den ganzen Rüsselbären.«

Ich folgte seinem Beispiele. Nach Verlauf einer Stunde hatten wir gegessen und besaßen mehr als hinreichenden Vorrat für den Abend. Dann brachen wir wieder auf, um den Indianern zu folgen. Eigentlich hätten wir das gar nicht nötig gehabt. Wir wußten nun, woran wir waren, und brauchten uns, streng genommen, nicht weiter um sie zu bekümmern; aber sie gingen den Weg, den auch wir einschlagen mußten, und so waren wir unter allen Umständen gezwungen, uns auch weiter mit ihnen zu beschäftigen.

Ihre Spur war im Walde natürlich nicht so deutlich zu sehen wie draußen in der grasigen Pampa; aber sie war dennoch so leicht sichtbar, daß selbst einer, der nie in seinem Leben eine Fährte gelesen hat, nicht hätte irre werden können.

Diesesmal besaß der Wald eine weit beträchtlichere Ausdehnung als vorher. Es ging fast drei Stunden lang in demselben fort, und er war leider nicht so licht und zugänglich wie zu Anfang. Es trat mehr und mehr Unterholz auf, welches dichter und immer dichter wurde. Uns freilich war es leicht geworden, hindurchzukommen, denn die Roten hatten uns vortrefflich Bahn gebrochen. Aber wir durften das nicht benutzen, sondern mußten unsere Schritte zügeln, um nicht gar auf sie zu stoßen. Wir waren ihnen einigemale so nahe, daß wir ihre Stimmen hörten und das Knacken der zerbrochenen Aeste und Zweige vernahmen.

Endlich aber hatte der Wald doch ein Ende. Wir kamen zwischen Büschen hindurch wieder auf Gras, mußten uns hier aber niedersetzen, da wir die Indianer vor uns sahen und, falls sie sich umblickten, auch von ihnen gesehen werden mußten. Erst als sie uns aus den Augen geschwunden waren, setzten wir den Weg fort. Das Gras hörte auf und dann kam eine breite Sandwüste. Der Sand war so kleinkörnig und tief, daß sich die Spuren der Roten auf das deutlichste abgedrückt hatten. Sie zu verlieren, brauchten wir nicht die mindeste Sorge tragen.

Unser Hunger war gestillt; desto mehr meldete sich der Durst. Wir hatten seit früh kein Wasser gefunden. Wo Bäume sind und Gras wächst, muß Wasser sein; das ist gewiß; aber wir waren eben nicht an eine Stelle gekommen, wo es zu haben war. Darum freuten wir uns herzlich, als wir in der Ferne eine Lagune erblickten. Auf reines Wasser war da zwar nicht zu hoffen, aber das giebt es in Gran Chaco außerhalb der Flüsse überhaupt nicht, und ich hatte schon mehr als einmal aus Pfützen getrunken. Aber als wir näher kamen, sahen wir uns enttäuscht. Die Salzpflanzen, welche am Ufer standen, belehrten uns, noch ehe wir das Wasser erreichten, daß es nicht trinkbar sei. Die Lagune war nicht groß. Man konnte das Ufer rundum überblicken. Pena suchte dasselbe mit den Augen ab, und zwar in so eigenartig forschender Weise, daß es mir auffiel und ich ihn fragte:

»Was suchen Sie? Fast möchte man meinen, daß Ihnen dieser Salzsee bekannt sei.«

Er schwieg, noch immer suchend, und antwortete dann:

»Ja, ich täusche mich nicht. Sie ist es!«

»Wer? Was?«

»Die Lagune, an welcher wir damals überfallen wurden. Das ist eine lange, lange Zeit her, als wir, eine ganze Gesellschaft von Rindensuchern, hier lagerten und von den Roten überfallen wurden. Wir schickten die Halunken blutig heim; aber mehrere von uns waren verwundet, und einen hatte ein Giftpfeil getroffen. Wir haben ihn am nördlichen Ufer begraben und, da es keine Steine gab, ihm einen hohen Hügel auf das Grab gebaut. Sehen Sie ihn da drüben liegen?«

Ich folgte mit dem Blicke der Richtung, welche seine ausgestreckte Hand andeutete.

»So kennen Sie also die Gegend?«

»Ja. Es sind zwar Jahre her, aber kein Mensch legt hier die Axt an die Wälder: sie bleiben wie sie waren. Da links geht es nach dem Flusse, wo die Isla de Taboada liegt, und weiter fort nach Santiago. Von rechts kamen wir damals vom Rio Vermejo herunter, und geradeaus geht es nach der Laguna de Carapa.«

»Bezieht sich dieser Name auf den Baum, welcher das Carapafett giebt?«

»Ja. Das ist ein sehr wichtiger Baum. Die Rinde und die Blätter desselben sind ein unschätzbares Mittel gegen das Wechselfieber, und aus den Früchten, welche die Größe eines Hühnereies haben, wird ein butterartiges Fett und das bekannte Tolicuna-Oel gekocht. An jener Lagune sollen große Massen, ganze Wälder dieses Baumes stehen.«

»Waren Sie einmal dort?«

»Nein. Man weiß, daß die Tobas-Indianer diese Wälder bewohnen und sie eifersüchtig bewachen, sie sind ihnen heilig und ihr größter Häuptling wohnt dort. Es gehen eigentümliche Gerüchte über ihn. Er soll ein Nachkomme der Inkaherrscher sein und eine weiße Farbe wie ein Europäer besitzen. Niemand außer seinem Volke hat ihn jemals gesehen. Ihm soll es zuzuschreiben sein, daß die Tobas-Indianer den Weißen und der Civilisation freundlich gesinnt sind. Ich habe Ihnen heute schon gesagt, daß die Mbocovis mit ihnen in ewiger

Feindschaft leben. Diese Kerls werden doch nicht etwa dort einfallen wollen!«

Ich hatte die Mbocovis gezählt; darum antwortete ich:

»Achtundfünfzig Mann gegen einen ganzen Stamm der Tobas? Das wären ihrer doch wohl viel zu wenig!«

»Es kommt darauf an, was sie beabsichtigen und vorhaben. Sie wollen vielleicht heimlich stehlen. Da zieht man nicht mit großer Macht aus.«

»Stehlen? Und ein Weißer befindet sich bei ihnen?«

»Pah! Es giebt mehr weiße Spitzbuben als rote! Es giebt Leute, welche behaupten, daß die Roten das Stehlen erst von den Weißen gelernt haben, und ich werde mich hüten, diesen Menschen ihre Ansicht zu rauben. Denken Sie doch an den Sendador! Der Mann hat mehr auf dem Gewissen als zehn Indianerhäuptlinge. Aber da stehen wir und versäumen die Zeit. Wir wollen machen, daß wir weiter kommen.«

Die Sonne hatte schon über zwei Dritteile ihres Laufes zurückgelegt, als die Wüste ein Ende nahm. Das Gras spitzte erst sehr spärlich, nur hier und da, aus dem dürren Sande hervor; dann bildete es einige Inseln, welche sich später vereinigten, und endlich gingen wir wieder über eine Prairie, die dritte des heutigen Tages. Die Sonne sank im Westen, als wir wieder Wald vor uns sahen. Pena fragte mich, ob wir auch jetzt wieder, wie schon einmal, den Wald auf einem Umwege erreichen wollten.

»Nein,« antwortete ich. »Wir bleiben hier, bis es vollständig dunkel geworden ist.«

»Ist es nicht besser, noch vor der Nacht in den Wald zu kommen?«

»Thäten wir das, so fänden wir die Roten nicht. Ich bin überzeugt, daß sie höchstens eine halbe Stunde vor uns sind. Sie haben also soeben erst den Wald erreicht und werden sich beeilen, ein Lager zu finden; das wird natürlich am Rande des Waldes oder doch in der Nähe desselben liegen, so daß es nicht schwer zu entdecken ist.«

»Ich bin mit dieser Berechnung einverstanden; sie ist besser als die meinige.«

Wir setzten uns also nieder, warteten, bis es dunkel geworden war, und brachen dann wieder auf. Schon nach kurzer Zeit zeigte es sich, daß meine Vermutung die richtige gewesen war. Es glänzte uns unter den ersten Bäumen hervor ein lebhaftes Feuer entgegen, und wir erblickten Gestalten, welche sich um dasselbe bewegten. Nun machten wir einen Umweg, indem wir einen Bogen schlugen, um den Roten in den Rükken zu kommen, was uns auch recht gut gelang. Dort lagen wir am Stamme eines Baumes und sahen, hinter demselben vorblickend, dem Lagertreiben zu.

Näher durften wir uns noch nicht wagen, denn es gab noch zu viel Bewegung unter den Roten. Da, wo sie lagerten, stand Wasser in einem ziemlich großen Tümpel, aus welchem es in einem bloß handbreiten Bächlein an mir und Pena vorüberfloß, jedenfalls um baldigst wieder zu versiechen. Wir tranken mit wahrer Wonne das köstliche Naß.

Die Indianer brachten aus ihren zusammengelegten Decken große Fleischstücke hervor, welche sie, wie am Mittag, am Feuer brieten. Während des Essens ging es heiter her, dann aber wickelten sich die Leute in die Decken und legten sich nieder, um zu schlafen.

Zwei thaten dies nicht, nämlich der Häuptling und der Weiße. Sie saßen ein Stück abseits der andern, mit dem Rükken gegen einen Baum, der so nahe hinter ihnen stand, daß sie ihn beinahe mit den Händen erreichen konnten, und unterhielten sich.

»Hinter diese beiden müssen wir kommen,« sagte ich.

Wir huschten also nach der andern Seite hinüber und schlichen uns dann hinzu. Da ich die Sprache der Mbocovis nicht verstand, so ließ ich Pena voran und hielt mich nur bereit, ihm sofort beizuspringen, falls man ihn sehen sollte.

Aber er machte seine Sache gar nicht übel. Als er den Baum erreicht hatte, legte er die Arme auf die Erde und seinen Kopf darauf, so daß das Gesicht nach unten lag und nicht gesehen werden konnte. Bei dem Scheine des flackernden Feuers, dessen Schatten gespenstisch hin und wieder huschten, hatte er das Aussehen einer Bodenerhöhung, und es gehörte mehr als ein gewöhnlich scharfer Blick dazu, in ihm einen Menschen zu erkennen. So blieb er lange Zeit liegen, während ich geduldig wartete. Ich hörte die Stimmen der beiden Sprechenden und konnte nur dem Tone derselben entnehmen, ob sie sich von etwas Angenehmem oder Unangenehmem unterhielten. Sie sprachen jetzt nicht mehr so angeregt wie vorher, sondern schläfriger; sie machten Pausen. Darum blieb Pena so lange liegen, denn er wollte natürlich nicht eher wieder gehen, als bis er wußte, woran er war, als bis er erfahren hatte, welchen Zweck der Zug hatte.

Endlich, nachdem er seine Stellung fast drei Viertelstunden eingenommen hatte, kam er zurückgekrochen und raunte mir zu:

»Kommen Sie! Ich weiß zwar nicht alles, aber doch genug!«

Wir schoben uns auf Händen und Füßen weit genug zurück, um nicht gesehen zu werden, und erhoben uns dann vom Boden, um nach der Stelle, an welcher wir uns vorher befunden hatten, zurückzukehren.

»Nun,« sagte ich dort, »ich bin sehr begierig, Ihren Bericht zu hören.«

»Jetzt noch nicht. Nehmen Sie Ihre Gewehre und Ihr Fleisch auf, und folgen Sie mir! Wir dürfen nicht ruhen, sondern müssen sofort aufbrechen, um einen Weißen, der vielleicht gar ein Europäer ist, zu retten!«

Das war genug für mich. Ich schritt hinter ihm drein, ohne ihn weiter zu fragen. Er ging in einem Bogen um das Lager herum bis an den Rand des Waldes und dann immer weiter, diesem letzteren entlang. Dabei hütete er sich, hinaus in die Grasprairie zu treten, wo wir eine sichtbare Spur zurückgelassen hätten, sondern er ging stets unter den ersten Bäumen hin, wo die Bodenvegetation niedriger war und die von unsern Füßen niedergetretenen Stellen sich bis morgen früh jedenfalls wieder aufgerichtet hatten. Freilich ging es in der Dunkelheit nicht so schnell, wie wir gewünscht hätten, aber in den anderthalb Stunden, die es in dieser Weise fortging, hatten wir doch gewiß eine gute Wegstunde zurückgelegt. Dann gelangten wir an eine Lücke, welche unsern Weg rechtwinkelig berührte, und wir lenkten in dieselbe ein, um ihr zu folgen.

»Jetzt dürfen wir sprechen,« sagte er. »Die Roten werden gleich von dort, wo sie liegen, durch den Wald gehen. Ich aber bin bis hierher gegangen, um ihn von hier aus zu passieren, damit sie nicht etwa morgen unsere Fährte sehen.«

»Wußten Sie denn, daß diese Lücke sich hier befindet?«

»Nein, ich erfuhr es von dem Weißen. Er stellte es dem ›Giftigen‹, dem Häuptlinge anheim, einen der beiden Wege, welche er beschrieb, zu wählen, und dieser entschied sich für den ihm nächstgelegenen. Darum nahm ich den andern, also diesen hier.«

»Haben Sie nicht vielleicht eine Bemerkung gehört, aus welcher sich erraten läßt, wer dieser Weiße ist?«

»Leider nicht.«

»Der Häuptling muß ihn aber doch wohl genannt haben!«

»Allerdings, aber er bediente sich eines so eigenartigen Wortes, daß ich gar nicht glauben kann, es sei der Name des Weißen. Wenigstens habe ich noch keinen Menschen gekannt, der so geheißen hat.«

»Wie denn?«

»El Yerno.«

»Das ist freilich ein sonderbarer Name, denn Yerno heißt doch Schwiegersohn.«

»Allerdings. Jedenfalls lautet der eigentliche Name dieses Mannes anders, und er wird nur von den Rothäuten so genannt. Diese pflegen die Menschen lieber nach einer ihnen in die Augen fallenden oder sonst wichtigen Eigenschaft, als beim richtigen Namen zu nennen.«

»Dann wäre er ihnen also als Schwiegersohn wichtig, und daraus ist zu schließen, daß sein Schwiegervater ein Mann ist, welcher bei den Mbocovis in großem Ansehen steht.«

»Oder ist er der Schwiegersohn eines ihrer Leute!«

»Schwerlich. Dann würden sie dieser Verwandtschaftsbezeichnung nicht eine so große Wichtigkeit beilegen.«

»Nun, dem mag einstweilen sein, wie ihm wolle. Die Hauptsache ist das, was sie vorhaben. Sie wollen nämlich, wie

Sie ganz richtig vermuteten, nach der Laguna de Carapa, um die Tobas zu überfallen.«

»Das sind doch Rote! Sie sprachen aber von einem Weißen, der vielleicht gar ein Europäer sei!«

»Allerdings, und damit war jener weiße Häuptling der Tobas gemeint, welcher ein Abkömmling der Inkaherrscher sein soll.«

»Was wollen sie mit ihm?«

»Der Weiße behauptet, daß dieser Häuptling große Schätze besitze. Er ist so kühn gewesen, bis an die Laguna de Carapa zu gehen und sich dort mehrere Tage lauschend umherzuschleichen. Da hat er gehört, daß die Tobas eben jetzt einen Kriegszug gegen die Chiriguanos, von denen sie beleidigt worden sind, unternehmen. Es bleiben nur wenige Krieger an der Laguna zurück, welche er mit den achtundfünfzig Mbocovis leicht überrumpeln zu können meint. Sie sollen aus dem Hinterhalte mit giftigen Pfeilen getötet werden, worauf die Frauen und Kinder leicht ermordet oder gefangen genommen werden können. Von diesen, den Frauen und Kindern, glaubt er durch Drohungen und Folterungen erfahren zu können, wo der weiße Häuptling wohnt, den auch er, wie alle andern Leute, el viejo Desierto, den alten Einsamen oder den alten Einsiedler nannte. Unter diesem Namen ist er nämlich überall bekannt.«

»Und dieser viejo Desierto ist es also, von dem Sie vermuten, daß er ein Europäer und nicht ein Sohn der Inkas sei?«

»Nicht ich, sondern dieser ›Schwiegersohn‹ sprach die Vermutung aus.«

»Gab er einen Grund dafür an?«

»Ja. Er sagte, daß der Desierto jährlich einmal nach Santiago komme, um dort gewisse Geschäfte abzumachen. Bei einer solchen Gelegenheit hat er ihn getroffen und mit ihm gesprochen. Aus gewissen Aeußerungen, welche dabei aus dem Munde des Alten gefallen sind, glaubt er vermuten zu dürfen, daß dieser von europäischer Abstammung sei.«

»So! Das wäre freilich nicht das erste Mal, daß ein Europäer Häuptling eines wilden Stammes wird. Solche Fälle sind schon wiederholt dagewesen. Doch selbst wenn ich nichts davon gehört hätte, daß eine solche Vermutung gehegt wird, wäre ich entschlossen, ihn zu warnen.«

»Ich natürlich auch.«

»Die Roten mögen ihre Duelle immerhin untereinander ausfechten; ich bekümmere mich nicht darum; aber wo es sich um einen Weißen handelt, so fühle ich mich verpflichtet, mich seiner anzunehmen, auch wenn er nicht ein Europäer, sondern ein hiesiger ist. Aber wie den Weg nach der Laguna de Carapa finden!«

»Ich kenne ihn. Der ›Schwiegersohn‹ hat ihn dem Häuptling so genau beschrieben, und ich habe mir jedes Wort so sorgfältig gemerkt, daß ich gar nicht irren kann.«

»Wie weit ist es bis dorthin?«

»Er gab die Entfernung auf acht Stunden an, von dem heutigen Lager aus.«

»So können wir, wenn der Weg keine allzugroßen Schwierigkeiten bietet, schon am Morgen dort sein. Wann soll der Ueberfall geschehen?«

»Morgen abend. Der ›Schwiegersohn‹ will die Mbocovis bis an eine versteckte Stelle führen, welche sie zu Mittag erreichen, und dann rekognoscieren gehen. Sie sollen seine Rückkehr erwarten und dann, wenn es dunkel geworden ist, mit ihm nach der Laguna aufbrechen.«

»Hat der ›Schwiegersohn‹ nichts gesagt, was auf seine eigentlichen Verhältnisse schließen läßt?«

»Kein Wort.«

»Auch nichts von dem, dessen Schwiegersohn er ist?«

»Nein – – und doch, jetzt besinne ich mich. Der ›Giftige‹ fragte ihn, wo sich jetzt sein Suegro[1] befinde, und er antwortete, er sei nach dem Osten gegangen, um ein gutes Geschäft zu machen.«

»Sprach er nicht von der Rückkehr dieses Suegro?«

»O doch. Er bemerkte, daß er wohl bald zu erwarten sei und daß es dann wieder gute Gelegenheit zum Verdienst ge-

1 Schwiegervater.

ben werde, da der Suegro sich am Parana doch jedenfalls nach fremden Reisenden erkundigt habe.«

Was mir gleich bei den ersten Aeußerungen Penas, wenn auch nur ziemlich dunkel vorgeschwebt hatte, das wurde jetzt licht.

»Aber, Freund, das sagen Sie erst jetzt?« rief ich aus. »Dieser Suegro ist am Parana gewesen und kommt jetzt zurück. Auf wen paßt das wohl? Wen meinen Sie?«

»Wen ich meine? Zum Henker, ich meine eben gar niemanden! Wen soll ich denn eigentlich meinen?«

»Dieser Suegro ist vielleicht noch weiter gewesen, aus dem Parana in ein kleines Nebenflüßchen gefahren und dann kurz vor uns wieder zurück!«

Er blieb stehen. Ich sah trotz der Dunkelheit, daß er mich groß anstarrte, und erst nach einer Weile stieß er hervor:

»Teufel! Zielen Sie etwa auf Geronimo Sabuco, den Sendador?«

»Natürlich!«

»Das wäre kühn! Sie denken jetzt, ebenso wie ich, natürlich stets an diesen Kerl, und folglich denken Sie auch in diesem Augenblicke an ihn und bringen ihn mit diesem Schwiegersohne, dessen Schwiegervater er gar nicht ist, in Verbindung!«

»Meine Vermutung ist nicht so grundlos, wie Sie meinen! Wissen wir nicht, daß der Sendador einen geheimen Aufenthalt hier im Chaco hat und daß er Indianer als Verbündete besitzt?«

»Allerdings.«

»Daß er, der berühmte Anden- und Pampasführer, Leute über das Gebirge gebracht hat, die niemals wieder gesehen worden sind?«

»Auch das ist richtig.«

»Daß wir ihn infolgedessen in Verdacht gehabt haben und noch haben, daß er diejenigen, die sich ihm anvertrauen, falls er dabei einen Gewinn ersieht, nicht durch die Pampa und über die Anden, sondern irre führt?«

»Wetter noch einmal! Sie steigen mir da ganz gehörig auf das Leder!«

»Ferner, hat nicht der Schwiegersohn gesagt, daß sein Schwiegervater sich am Parana wohl nach fremden Reisenden umgesehen haben werde?«

»Das waren allerdings seine Worte.«

»Und daß es dann wieder gute Geschäfte geben werde?«

»*Caracho!* Es wird hell in mir! Sennor, ich habe wirklich wunder gedacht, was für ein Kerl ich bin; aber mich dahinein zu denken, dazu habe ich mir die Zeit gar nicht genommen; das habe ich gar nicht für nötig gehalten!«

»Ja, so ist es. Ich frug Sie nach Nebensachen, und Sie besannen sich nicht einmal auf solche; jetzt aber stellt es sich heraus, daß dieses scheinbar Nebensächliche und Unwichtige gerade die Hauptsache ist!«

»So meinen Sie wirklich, daß der Sendador der Schwiegervater dieses Schwiegersohnes ist?«

»Ja. Es steht bei mir als Gewißheit da.«

»Man hat doch nie gehört, daß er eine Tochter hat!«

»Wer spricht von Töchtern und Mädchen! Und nun erklärt es sich sehr leicht, daß der Weiße, welcher sich heute bei den Mbocovis befindet, von diesen nur El Yerno genannt wird. Der Sendador ist für sie der wichtigste Mann, den sie kennen; darum bezeichnen sie andere nach dem Verhältnisse, in welchem sie zu diesem stehen. Er hat, wenn er von seinem Schwiegersohne mit ihnen sprach, diesen jedenfalls stets nur ›mein Yerno‹ genannt, und nun bezeichnen sie denselben eben ausschließlich nur mit diesem Worte.«

»Es leuchtet mir immer mehr ein, daß Sie recht haben!«

»Und mir leuchtet immer mehr ein, daß ich ganz richtig sprach, als ich sagte, daß noch nicht alles verloren sei. Die Mbocovis wollen die Tobas überfallen, um den alten Desierto zu bekommen; wir aber drehen den Spieß um, indem wir sie überrumpeln, um den Sendador zu fangen!«

»Und nun wollen wir laufen, daß wir vorwärts kommen!«

»Ja. Ich war teufelmäßig müde; jetzt aber spüre ich nichts mehr davon. Mit Anbruch des Tages müssen wir an der Laguna de Carapa sein.«

Wir schritten trotz der Dunkelheit aus, als ob wir wochenlang ausgeruht hätten. Es ist erstaunlich, welche Macht der Geist über den schwachen, müden, ja erfahrungsgemäß sogar über den wirklich kranken Körper hat! Meine vorher so steifen Beine waren plötzlich ganz gelenkig und die hohen Stiefel, welche mir zentnerschwer an den Füßen gehangen hatten, waren federleicht geworden.

So ging es durch die Lichtung, welche sich bald verengte und bald verbreiterte, durch den Wald, bis dieser von Baumeshöhe zu niederem Buschwerk niederstieg und sich dann in einzelne Sträucher auflöste, welche nach und nach verschwanden und einem sterilen Sande die Herrschaft überließen.

»Nun müßten wir uns eigentlich mehr rechts halten,« sagte Pena, »aber ich gehe nicht einmal geradeaus, sondern nach links hinüber, damit die Roten morgen früh ja nicht auf unsere Spur geraten, wenigstens so lange nicht, als sie aus derselben erraten können, daß wir aus demselben Wald gekommen sind, in welchem sie übernachtet haben.«

Der Sand war tief; wir versanken bis über die Knöchel in demselben. Aber obgleich wir über drei Stunden lang durch diese Wüste zu waten hatten, fiel es keinem von uns ein, an Müdigkeit zu denken. Dann kam wieder Gras, diesesmal kurzes, welches uns größere Schnelligkeit erlaubte. Pena bewies, daß er ein guter Cascarillero war, denn ich beobachtete die Sterne und fand, daß er bis jetzt nicht im geringsten von der geraden Linie abgewichen sei. Ich machte ihm eine lobende Bemerkung darüber, und er antwortete in selbstgefälligem Tone:

»Ja, ich muß Ihnen doch beweisen, daß ich wohl nicht ganz der Schulknabe bin, für den Sie mich ansehen werden. Jetzt aber halten wir uns wieder rechts, damit wir auf die richtige Linie kommen, was in anderthalb Stunden der Fall sein wird.«

Als diese Zeit vergangen war, blieb er stehen und sagte:

»Jetzt muß ich Ihnen etwas zumuten, was Sie mir nicht übelnehmen dürfen.«

»Was ist's?«

»Ziehen Sie Ihre Stiefel aus!«

»Ah, wir befinden uns auf der Marschlinie der Mbocovis?«

»Ja. Sie werden unsere Spur deutlich sehen, denn es kommt bald wieder Sand. Bemerken sie die Eindrücke unseres Schuhwerkes, so wissen sie, daß Weiße dagewesen sind. Ziehen wir es aber aus, so halten sie uns für Indianer.«

»Ein guter Fährtenleser läßt sich dadurch nicht irre machen. Er weiß selbst bei Barfußtapfen diejenigen eines Weißen von denen eines Roten auf den ersten Blick zu unterscheiden.«

»Das wäre viel! Fuß ist doch Fuß!«

»O nein! Erstens setzt der Weiße beim Gehen seinen Fuß aus-, der Rote aber einwärts; das ist die Folge einer Verschiedenheit des Körperbaues, besonders der Beckengegend. Und sodann ist der Rote, eben weil er, wie hier in Südamerika, barfuß geht, oder, wie in Nordamerika leichte, absatzlose Mokassins trägt, fast ausnahmslos mit Plattfuß gesegnet, während der Weiße eine hohe Fußbeuge besitzt. Die Folge davon ist, daß der Barfußtapfen des Roten glatt gedrückt ist, während derjenige des Weißen in der Mitte eine Erhabenheit zeigt. Bei dem ersteren sind die Zehen weniger, weil er mit dem ganzen Fuß auftritt, bei dem letzteren aber mehr eingedrückt, weil er mit Ferse, Zehen und nur dem auswärts liegenden Rande des Fußes schreitet.«

»Wenn Sie es in dieser Weise erklären, so leuchtet es mir freilich ein. Um die Roten irre zu machen, müssen wir also mit einwärts gerichteten Füßen laufen und die Füße platt aufsetzen.«

»Ich glaube nicht, daß die Mbocovis so scharfsinnig sind, auch hierauf zu achten. Sie werden unsere Spur nur daraufhin ansprechen, ob sie barfuß ist oder nicht, und damit basta.«

Wir hatten die Stiefel ausgezogen. Ich hing mir die meinigen auf den Rücken und dachte nun endlich auch an den Coatibraten, den wir ganz vergessen hatten. Wir speisten köstlich im Gehen und kümmerten uns nicht darum, daß wir wieder eine Sandöde zu durchqueren hatten. Diese war viel breiter als die vorige, und der Morgen begann zu dämmern, als wir sie hinter uns bekamen und eine Gegend erreichten, welche aus lehmigem Boden bestand, der allerlei Kräuter und kurzes Strauchwerk trug. In den Aesten dieser Büsche hingen dürre Halme,

Grasstengel und anderes Zeug, ein sicheres Zeichen, daß wir uns einem größeren Gewässer näherten, welches zur Regenzeit seine niedrigen Ufer überschwemmte und später beim Zurücktreten diese Hochwasserzeichen an den Sträuchern hängen ließ. Dann trafen wir bald auf Bäume, die ich nicht kannte, auch noch nicht gesehen hatte.

»Das sind die Carapas, von denen die Lagune ihren Namen hat,« erklärte Pena. »Ich denke, daß wir nun bald das Wasser erreichen werden.«

»Wir brauchen uns nur dahin zu wenden, wo wir den üppigsten Pflanzenwuchs bemerken, und das ist geradeaus.«

»Das denke ich auch. Aber nun wollen wir die Stiefel wieder anziehen; sie noch weiter zu tragen, hat keinen Zweck, und es ist auch nicht notwendig, daß die Roten hier uns mit nackten Füßen sehen.«

»Die Roten – – das bringt mich auf eine Frage, auf welche ich schon längst hätte kommen sollen. Können Sie sich mit den Tobas-Indianern verständigen?«

»Sie etwa?«

»Keine Spur! Ihre Sprache ist mir gerade so unbekannt wie das Innere des Mondes.«

»So bin ich Ihnen doch einmal überlegen. Ich spreche diese Mundart noch besser als diejenige der Mbocovis.«

»So bin ich beruhigt. Wir müssen jeden Augenblick erwarten, Tobas zu begegnen, und wenn wir ihnen nicht erklären könnten, daß wir als Freunde kommen, so wäre wohl gar zu gewärtigen, daß sie ihre Blasrohre auf uns richteten.«

»Vor denen Sie einen gewaltigen Respekt zu besitzen scheinen!«

»Das leugne ich nicht. So ein heimtückischer Pfeil oder Stachelbolzen ist ein Ding, mit welchem man nicht spaßen darf.«

Wir gingen nun langsamen Schrittes weiter, die Augen nach allen Richtungen offen, damit uns nicht etwa die Anwesenheit eines Menschen entgehen könne. Aber es war keiner zu sehen.

Schon befanden wir uns nicht mehr im Freien, sondern unter dem gefiederten Laubdache eines geschlossenen Waldes, welcher ausnahmslos nur aus Carapabäumen bestand. Der Boden desselben war weich, und es befanden sich viele alte und neue, große und kleine Fußspuren in demselben; aber von denen, welche diese Eindrücke hervorgebracht hatten, war kein einziger zu sehen oder zu hören.

Dann sahen wir Wasser schimmern. Wir erreichten das Ufer und sahen die Lagune vor uns liegen. Sie verdiente weit mehr den Namen eines Sees, denn die Wasserfläche dehnte sich weit hinaus nach rechts, links und vorn und ließ kein gegenüberliegendes Ufer erkennen.

»Sonderbar!« meinte Pena. »Die Zeit, in welcher man wach zu werden pflegt, ist längst vorüber und doch kein einziger Mensch zu sehen!«

»Das verursacht mir weniger Schmerzen als der Umstand, daß wir auch keine Wohnungen entdecken.«

»Wir müssen den Spuren nachgehen!«

»Versuchen Sie es doch einmal! Ihrer sind so viele, und sie laufen so in und nach allen Richtungen durcheinander, daß sie uns unmöglich als Wegweiser dienen können. Wir müssen eben weiter gehen, um zu suchen. Die Hütten liegen auf jeden Fall in der Nähe des Wassers; halten wir uns an dieses, so müssen wir sie finden.«

Aber wir suchten vergeblich. Endlich nach langer Zeit hörten wir ein lautes Zeichen menschlicher Nähe. Der heisere Schrei eines Raubvogels ertönte in der Luft, und gleich darauf krachte ein Schuß.

»Wo war das? Rechts oder links?« fragte Pena, indem er stehen blieb.

»Links,« antwortete ich. »Der Schall täuscht zwar im Walde leicht; aber ich glaube mich nicht zu irren.«

Wir wandten uns in die angedeutete Richtung und erreichten einen Gegenstand, welcher meine höchste Verwunderung erregte, da ich so etwas hier in dieser Gegend gar nicht hatte vermuten können. Das war nämlich ein Felsblock, dessen Seite lotrecht wohl an die vierzig Ellen emporstieg.

»Ein Stein!« sagte Pena. »Hier im Chaco ein Stein! Wie mag der hierher gekommen sein!«

»Sie haben vollständig recht, zu erstaunen. Auch ich hätte es nicht für möglich gehalten. Sollte es ein so riesiger erratischer Block sein? Aber welche ungeheuere Kraft wäre es, die ihn von den fernen Cordilleren bis hierher gewälzt hat?«

»Was ist's für Gestein?«

»Das kann man nicht sagen, weil der Fels mit einer dicken Schicht von Flechten vollständig überzogen ist. Man muß sie entfernen. Aber jetzt haben wir anderes zu thun. Gehen wir um den Block herum! Vielleicht finden wir jenseits, was wir suchen.«

»Ja, gehen wir! Merken Sie nicht, daß es hier keine Fußspuren giebt?«

»Ja. Das ist auffällig, da in so geringer Entfernung ihrer so zahlreiche zu finden sind. Wollen die Arbeit verkürzen. Gehen Sie rechts und ich links um den Fels. Drüben treffen wir uns.«

Er folgte dieser Aufforderung; auch ich schritt weiter, indem ich den Boden genau untersuchte. Es war wirklich auffällig, daß die Spuren in der Nähe dieses Felsens aufhörten. Ich mußte daran denken, daß der viejo Desierto von den Tobas-Indianern heilig gehalten werde. Ich bog um die erste Ecke – hier dieselbe Erscheinung wie jenseits derselben. Bis auf eine gewisse Entfernung Spuren in Menge, nach dem Felsen hin aber nicht!

Letzterer hatte die Form eines fast regelmäßig viereckigen riesigen Quaders. Seine Länge war gewiß sechzig Ellen, seine Breite annähernd auch so viel. Die Seiten fielen lotrecht ab, und es war ganz unmöglich, daß jemand da hinaufgelangen könne. Die Bäume des Waldes reichten so nahe zu ihm heran, daß sie ihn mit ihren Zweigen berührten. Als ich um die zweite Ecke bog, sah ich Pena um die dritte kommen. Noch waren wir nicht in der Mitte dieser Seite zusammengetroffen, so sagte er:

»Keine einzige Fußspur am Felsen und auch kein anderes Zeichen, daß es hier Leute giebt!«

Ich wollte antworten, nahm aber das Wort von der Zunge zurück; denn ich sah etwas, was mich fast bestürzt machte.

Von links her aus dem Walde kamen nämlich die sehr deutlichen Stapfen zweier Menschen; mir zur Rechten zeigte der Fels einen breiten aber nicht tiefen Spalt, so regelmäßig, wie durch Kunst hineingearbeitet. In diesem Spalte stand eine Algarobe, an deren Stamm diese Stapfen aufhörten, ohne zurückzukehren. Auch Pena sah diese Spuren. Er betrachtete sie, blickte an dem Baume empor, schüttelte den Kopf und sagte:

»Hier sind zwei Menschen gewesen!«

»Ganz gewiß! Und zwar Indianer.«

»Sie sind bis an den Baum gekommen und nicht wieder zurückgegangen; nicht wahr, Sennor?«

»So ist es! Wohin müssen sie also sein, menschlicher Logik nach?«

»Hinauf auf den Baum!«

»Auf dem Baume befinden sie sich nicht, denn seine Belaubung bildet zwar nach außen eine dichte, grüne Wand; im Innern dieses Wipfels, welcher einer Laube gleicht, sind aber alle Aeste und Zweige so deutlich zu sehen und zu überblikken, daß zwei menschliche Personen unsern Augen unmöglich entgehen könnten.«

»Vielleicht täuschen wir uns in diesen Spuren?«

»Nein. Die Männer sind barfuß gewesen. Der Boden ist feucht, und ihre Stapfen haben sich sehr deutlich abgezeichnet. Die Zehen sind nach dem Baume gerichtet. Hier sehen Sie ganz nahe am Stamme sogar Spuren, welche nur die Eindrücke der Zehen, nicht aber der Fersen zeigen. Das ist ein Zeichen, daß diese Leute hinaufgeklettert sind und, indem sie sich streckten, um mit den Händen den untersten Ast zu erreichen, die Fersen hoben und nur auf den Zehen standen. Hinauf sind sie also ganz gewiß. Und wenn nicht mehr auf dem Baume, so sind sie anderswo, jedenfalls im Felsen.«

»Man sieht doch kein Loch!«

»Das wird verschließbar sein. Betrachten wir uns den Stamm einmal genau! Der Baum ist alt und seine Rinde rauh und zerrissen; aber sehen Sie, daß sie an gewissen Stellen des Stammes und der Aeste ganz glatt ist?«

»Ja. An den Aesten da, wo sie aus dem Stamme kommen!«

»Das ist vom Klettern. Wenn diese Stellen so glatt poliert sind, so ist das ein Zeichen, daß der Baum sehr oft erklettert wird. Und nun betrachten Sie sich die Aeste! Auch ihre Rinde ist rauh, aber der starke Ast, der erst bis an die Felswand reicht und sich dann umbiegt, ist auch glatt. Folglich haben die Kletterer ihn benutzt, um den Felsen zu erreichen. Was sie gethan haben, können wir auch thun. Also hinauf jetzt!«

Ich überzeugte mich, daß meine Gewehre fest über den Rücken hingen, und langte nach dem untersten Aste empor.

»Gott stehe mir bei!« sagte Pena. »Sie wollen hinauf? Sie wissen ja gar nicht, wen und was es da oben giebt!«

»O, das weiß ich sehr genau. Da oben wohnt el viejo Desierto, den wir suchen. Die beiden Indianer, welche hinaufstiegen, sind wohl seine Diener und werden sich bei ihm befinden.«

»Wollen wir nicht lieber rufen?«

»Nein. Jedenfalls befindet sich das Indianerdorf in der Nähe. Machten wir Lärm, so kämen die Leute herbei und würden uns wohl einen feindseligen Empfang bereiten, da wir uns in die Nähe dieses Heiligtumes gewagt haben. Ich will mich direkt an den Desierto wenden.«

»Das ist noch gefährlicher als das erstere!«

»Nein. Wenn Sie sich fürchten, so bleiben Sie unten!«

»Fürchten? Fällt mir nicht ein! Ich wollte nur den ungewöhnlichen Umständen Rechnung tragen. Ich werde Sie natürlich nicht allein hinauf lassen und komme also mit!«

Die Algaroben sind sonst nicht allzu hoch; diese aber besaß eine bedeutende Höhe. Der erwähnte glatte Ast stieß ungefähr da an den Felsen, wo sich die Höhenmitte desselben befand, also zwanzig Ellen über dem Erdboden. Ich kletterte hinauf, und Pena folgte mir auf dem Fuße. Als wir den Ast erreicht hatten, erblickten wir, was uns von unten entgangen war, einen starken Strick, welcher gerade über und parallel mit ihm an den Stamm und drüben an den Felsen befestigt war, so daß man sich an ihm festhalten konnte, wenn man den kurzen Weg vom Baume nach dem Steine aufrecht gehend und nicht auf dem Aste reitend und rutschend zurücklegen wollte.

»Da sehen Sie,« sagte ich, »eine ganz praktikable und bequeme Einrichtung! Wer weiß, wie hübsch das Innere dieses äußerlich so verheißungslos aussehenden Felsens ausgestattet ist.«

»Aber wie kommen wir hinein? Es giebt ja keine Thüre!«

»Wir kommen genau so hinein wie die Bewohner. Eine Thüre muß es geben; vielleicht findet man sie, wenn man sie sucht.«

Ich schritt, mich mit der Hand an dem Seile festhaltend, über den Ast hinüber; dort mußte unbedingt der Eingang sein. Der Fels war auch hier mit grauen und grünen Flechten und Moosen überzogen, aus denen, wie es schien, eine dünne, verwitterte Wurzel herunterhing. Flechten haben keine solchen Wurzeln; ein andres Gewächs gab es nicht, zu dem sie hätte gehören können, folglich war mir ihr Zweck sofort klar. Ich ergriff sie und zog an ihr – – wahrhaftig, ich hörte den leisen, unterdrückten Klang einer Glocke!

Ich trat zwei Schritte zurück, um Platz für die Thüre zu lassen, welche jedenfalls nach außen zu öffnen war. Pena stand dicht hinter mir; der Ast war stark genug, mehr als uns beide zu tragen.

Da wurde die Felsenwand geöffnet. Ich sah eine Holzthüre, deren Außenseite künstlich mit den Flechten bekleidet worden war, so daß man sie von ihrer Umgebung nicht zu unterscheiden vermochte. Sie war so hoch und breit, daß zwei Männer neben einander hätten eintreten können.

Der sie öffnete, war ein Indianer. Er trug lange, sehr weite Leinenhosen und eine Aermelweste, weiter nichts. Waffen sah ich nicht an ihm. Er war überzeugt gewesen, daß ein Kamerad von ihm Einlaß begehre. Als sein Blick aber auf uns fiel, so fehlte nicht viel daran, daß er vor Schreck zusammengebrochen wäre. Er hätte alles andere eher für möglich gehalten, als das Erscheinen zweier fremder, weißer Männer da oben auf dem Baume und vor der Thüre des so sorgfältig und ängstlich gehüteten Geheimnisses. Er wollte sprechen oder gar schreien, brachte aber kein Wort, keinen Laut hervor. Sein Mund stand offen; seine Augen traten weit hervor, und er zitterte am ganzen Körper.

Pena sagte einige Worte, welche ich nicht verstand, zu ihm; er antwortete nicht und starrte uns noch immer an. Da that ich kurz entschlossen drei Schritte vorwärts, schob ihn zurück und trat ein. Pena folgte sofort.

Da endlich erhielt der Indianer die Sprache oder vielmehr seine Stimme zurück, denn was er that, das war kein Sprechen, auch kein Schreien und Rufen, o nein! Es gibt kein Wort, welches die Töne zu bezeichnen vermag, die dieser Mann ausstieß, indem er von uns fort und in das Innere des Felsens hineinrannte. Man denke sich sämtliche Instrumente einer Militärkapelle verstimmt und dann unisono angeblasen, so hat man, nicht etwa den Ton, o nein, aber doch eine kleine Ahnung des Tones, welchen der Entsetzte aus seinen Stimmwerkzeugen preßte. Und dieses Gebrüll bekam in dem engen, dunkeln Gange, in welchem wir uns befanden, eine so verstärkte Resonanz, daß man hätte meinen mögen, es schrien hundert Teufel, welche abgestochen werden sollten, um Hilfe.

»Kommen Sie rasch,« bat ich Pena. »Hier wollen wir uns nicht empfangen oder gar abfertigen lassen.«

Wir schritten, so schnell es die Finsternis gestattete, vorwärts und gelangten an eine Thüre, welche ich aufstieß. Was ich erblickte, fesselte mir den Fuß, so daß ich unter der Thüre stehen blieb. Vor mir lag ein kleines Stübchen, dessen Wände schwarz angestrichen und mit weißgemalten Totenköpfen ›verziert‹ waren. Von der ebenso schwarzen Decke hingen wohl zehn oder zwölf wirkliche Totenköpfe an Schnüren bis zu Manneshöhe hernieder. Linker Hand stand ein schwarz verhangenes Gebetspult mit einem Kruzifix, zwei Totenköpfen und einem brennenden Lämpchen. Rechter Hand sah ich ein wirklich elendes Lager, nur aus harter Streu und weiter nichts bestehend. Und mir gegenüber war eine Thüre gerade in demselben Augenblicke aufgegangen, in welchem ich hüben die meinige öffnete, und vor mir stand ein Mann, dessen Anblick ich nie vergessen werde.

Seine lange, skelettartige Gestalt war in einen schwarzen, talarartigen und bis auf die nackten Füße reichenden Rock gekleidet. Der glänzende Schädel war vollständig kahl, ohne jede Spur von Haar. Die Augen lagen so tief in den Höhlen, daß man denken konnte, man sehe sie gar nicht. Die Wangen waren so eingefallen, daß sie sich im Innern des Mundes fast berührten. Aber der starke, volle, glänzend silbergraue Bart, welcher bis auf den Gürtel niederreichte, war eine Greiseszier, die ihresgleichen suchte. Das Gesicht zeugte von unendlicher Entsagung. In den Zügen lag eine tiefe Traurigkeit, ein überwältigendes Herzeleid, für welches es keine Heilung giebt. Dies sah man, obgleich in diesem Augenblicke der Zorn und die Ueberraschung die Oberhand über das ausdrucksvolle Mienenspiel besaßen. Er stand wie der drohende Engel des Todes unter der geöffneten Thüre und rief in dumpfem Tone in spanischer Sprache:

»Ihr Verwegenen, ihr seid in diese Wohnung eingedrungen! Wisset, daß ihr verloren seid!«

»Nein,« antwortete ich in ruhigem Tone. »Wir wissen das weder, noch glauben wir es!«

Er musterte mich mit drohendem Blicke und fuhr dann fort:

»Wer hat euch nach der Laguna de Carapa gebracht?«

»Niemand. Wir haben sie selbst gefunden.«

»Und wer zeigte euch den Weg nach meiner Algaroba?«

»Kein Mensch.«

»Aber ihr seid herauf in diese Wohnung gekommen. Es muß euch doch jemand gesagt haben, daß sie hier liegt?«

»Sie irren. Es hat keiner uns gesagt, daß hier jemand wohnt. Wir haben keinen einzigen Menschen gesehen, also auch mit niemandem sprechen können.«

»Aber ihr habt doch den Baum erklettert! Folglich müßt ihr wissen, daß er die Treppe zum Felsen bildet!«

»Wir sahen Fußstapfen, welche bis an den Baum, aber nicht wieder zurückführten. Er war also erklettert worden. Und da sich niemand auf demselben befand, so mußte es hier oben eine Höhle oder überhaupt einen Ort geben, in welchem diese Leute verschwunden waren.«

»Ich höre, daß ihr sehr verwegene und gefährliche Menschen seid. Ihr kommt an diesen Ort, ergründet auf den ersten Blick dessen Geheimnisse und drängt euch in dieselben ein, ohne um die Erlaubnis zu fragen. Kein Fremder darf erfahren, daß ich hier im Felsen wohne. Wenn es einer weiß, so sagt er es weiter, und das darf nicht sein. Wer sich mit List oder Gewalt eindrängt, den muß ich unschädlich und stumm machen. Ihr werdet diesen Ort lebendig nicht wieder verlassen.«

Er sprach diese Worte, bei denen er drohend die Hand erhob, mit solcher Bestimmtheit aus, daß ich gar nicht daran zweifeln konnte, daß er gewillt sei, sie wahr zu machen. Dennoch antwortete ich in zuversichtlichem Tone:

»Ich denke nicht, daß Sie diesen Vorsatz ausführen werden! Der Ausgang steht uns offen. Wir brauchen nur zu gehen.«

»Ihr würdet nicht weit kommen, denn selbst wenn ihr das Freie erreichtet, so würden meine Krieger euch festnehmen. Ich brauche nur ein Zeichen zu geben, so eilen sie herbei.«

»Es wäre ihnen unmöglich, so schnell hier zu sein, weil sie bei den Chiriguanos sind.«

»Ah! Das weißt du?«

»Ja. Ich weiß, daß sie gegen diese Indianer gezogen sind.«

»So seid ihr Spione, welche sich um unsere Angelegenheiten bekümmern. Ich habe also doch richtig gedacht, als ich euch für gefährliche Menschen hielt. Verlaßt euch nicht auf eure Vermutungen! Ja, die meisten meiner Leute sind zwar fort, aber es sind ihrer mehr als genug zurückgeblieben, um euch zu überwältigen!«

»Wir werden uns wehren. Wir haben Waffen!«

»Dazu kommt ihr gar nicht, denn ihr werdet die Algaroba gar nicht erreichen.«

»Weißt du nicht, daß die Thüre noch offen steht?«

Ich zeigte hinter mich. Er lachte kurz auf und antwortete:

»Sie wird sich sofort schließen. Paßt auf!«

Er zog an einer Schnur, welche neben ihm an der Thüre niederhing, und ein Schlag, welcher hinter uns ertönte, gab mir den Beweis, daß die Thüre nun geschlossen worden sei. Wir kannten den Mechanismus nicht und konnten also nicht fliehen. Uebrigens lag das letztere gar nicht in unserer Absicht.

»So!« sagte er. »Ihr seid gefangen. Gebt eure Waffen an mich ab!«

»Meinen Sie? Das werden wir wohl bleiben lassen. Zwei so kräftige Männer, wie wir sind, haben es unter keinem Umstande nötig, sich einem Einzigen zu ergeben.«

»Ich bin nicht allein. Ueberzeugt euch!«

Er trat vollends herein und dann zur Seite, damit wir sehen konnten, wer oder was sich hinter ihm befunden hatte. Dort schien eine zweite Stube zu liegen; wenigstens war es kein schmaler Gang, in welchem zwei Indianer standen, in deren einem ich den erkannte, welcher uns geöffnet hatte. Sie hatten jeder ein Blasrohr in der einen und einen winzig kleinen, jedenfalls vergifteten Pfeil in der andern Hand. Das war gefährlich, zumal sie jetzt, da sie unsere Augen auf sich gerichtet sahen, die Pfeile in die Rohre steckten.

»Wenn das alle Ihre Hilfstruppen sind, so sieht es schlecht um Sie aus!« sagte ich. »Der eine dieser Männer ist vor uns ausgerissen, und der andere wird wohl auch nicht mehr Mut besitzen.«

»Er lief aus Schreck davon, weil es für ihn unmöglich war, sich zu denken, daß fremde Leute an der Thüre sein könnten. Ihr habt denselben Eindruck auf ihn gemacht, welchen eine Gespenstererscheinung selbst auf den mutigsten Mann hervorbringt. Nun diese beiden aber wissen, daß ihr Menschen seid, fürchten sie euch nicht. Also gehorcht, und gebt augenblicklich eure Waffen ab, sonst werdet ihr dazu gezwungen!«

»Hören Sie uns vorher an! Sie haben doch noch gar nicht gefragt, was wir hier wollen.«

»Das brauche ich nicht zu fragen. Ich behandle euch als Eindringlinge, welche ihr seid.«

»Aber wir kommen in ganz freundlicher Absicht!«

»Schweigen Sie! Ich kenne dieses Gelichter. Ein Roter wiegt bei mir mehr als zehn Weiße, die sich im Gran Chaco nur in der Absicht herumtreiben, die Indianer gegen einander aufzuhetzen und dabei ihren Vorteil zu finden. Ich leide und dulde keinen Weißen hier bei uns. Sie alle sind Spitzbuben und noch Schlimmeres. Und wer so verwegen ist wie ihr, der ist doppelt und zehnfach gefährlich!«

»Sie irren sich, in uns wenigstens. Wir kommen, um Ihnen einen dankenswerten Dienst zu erweisen.«

»Lügen Sie nicht!« fuhr er mich an, indem er sich infolge meiner Ausdrucksweise nun doch veranlaßt sah, mich auch Sie zu nennen. »Sie wollen mich dadurch einschläfern, was Ihnen aber nicht gelingen wird.«

»Ich spreche die Wahrheit. Wir wollen Sie warnen!«

»Warnen?« lachte er auf. »Das haben Sie ganz und gar nicht nötig. Ich brauche von Leuten Ihres Schlages nicht gewarnt zu werden, denn ich bin mir selbst genug.«

»Wenn dies der Fall ist, so müssen Sie freilich sehr sicher sein, daß Ihnen nicht einmal ein unerwartetes Unglück geschehen kann!«

»Das bin ich auch. Wenn Leute Ihres Schlages mit einer Warnung kommen, so weiß man, woran man ist! Warnen Sie mich vor Ihnen! Das wird das einzig Richtige sein.«

»Aber, Sennor, Sie befinden sich wirklich in Gefahr, von den Mbocovis überfallen zu werden.«

»Danke!« lachte er höhnisch auf. »Aber diese Lüge ist schlecht erfunden!«

»Es ist die Wahrheit!« versicherte ich ihn.

»Können Sie es beweisen?« fragte er.

»Ich gebe Ihnen mein Ehrenwort!«

»Lassen Sie das! Ein Mann wie Sie hat keine Ehre, und also kann von einem Ehrenworte keine Rede sein!«

»Herr, Sie beleidigen uns mehr und mehr! Daß Sie uns unfreundlich empfangen, mag durch die Art und Weise unseres Eindringens entschuldigt werden. Worte aber, wie Ihre letzten sind, müssen wir uns verbitten!«

Auch ich war zwei Schritte vorgetreten und befand mich nun so wie er in dem so sehr an den Tod erinnernden Raume. Pena folgte mir und stellte sich neben mich.

»Ereifern Sie sich nicht!« antwortete der Alte, indem er eine

Handbewegung machte, welche seinen Zweifel und auch seine Verachtung aufs deutlichste ausdrückte. »Es wird wohl bei dem bleiben, was ich gesagt habe. Woher wissen Sie denn, daß die Mbocovis mich überfallen wollen?«

»Wir haben sie belauscht.«

Er sah mich von der Seite her an und antwortete:

»Ich bin überzeugt, daß Sie nicht gelauscht haben.«

»Sennor, fast verstehe ich Sie nicht! Sie sind doch der Mann, welchen man el viejo Desierto nennt?«

»Der bin ich allerdings.«

»Nun, so befinden wir uns also am richtigen Orte, denn el viejo Desierto ist es, welcher überfallen werden soll, und zwar von den Mbocovis.«

»O, das glaube ich gern, daß diese Roten diese Absicht haben, denn sie sind unsere allerschlimmsten Feinde. Ich bin auch vollständig überzeugt, daß Sie uns warnen wollen!«

»Nun, dann sehe ich Ihrerseits keinen Grund, uns so zu behandeln, wie Sie es thun! Wenn wir Sie vor einem Ueberfalle warnen, so ist das doch wohl ein Dienst, für welchen Sie uns Dankbarkeit schulden!«

»Eigentlich, ja! Leider aber bin ich auch überzeugt, daß Sie diesen Dienst nicht mir, sondern sich selbst erweisen wollen. Der Fuchs warnt die Henne vor dem Marder, um sie selbst fressen zu können.«

»Sennor!« rief ich aus, denn ich wurde nun wirklich ärgerlich.

»Pah! Spielen Sie nicht den Zornigen! Ich weiß, woran ich bin! Ja, vielleicht würde ich in Ihre Falle gehen; aber unglücklicherweise für Sie wurde mir schon einmal eine ähnliche gestellt; ich ging hinein und hatte dann große Mühe, wieder herauszukommen. Das habe ich mir sehr gemerkt, und darum wird alle Ihre Anstrengung fruchtlos sein!«

»Aber haben Sie denn das Recht, einen Menschen für einen Schurken zu halten und ihm das sogar in das Gesicht zu sagen, weil ein anderer, den Sie unter ähnlichen Verhältnissen kennen lernten, einer war? Ich an Ihrer Stelle würde vorher prüfen.«

»Das ist nicht notwendig. Ich habe Sie gesehen und kenne Sie!«

»Donner und Wetter!« entfuhr es dem guten Pena. »Das ist stark!«

»Aber wahr!« antwortete der Alte. »Ich bin Menschenkenner und kann mich auf meine Augen verlassen. Also Sie sind gefangen und haben Ihre Waffen abzugeben. Wollen Sie augenblicklich gehorchen oder nicht?«

»Nein!« antwortete Pena in sehr bestimmtem Tone.

»Und Sie?«

Diese Frage war an mich gerichtet. Eigentlich hätte ich mich fügen können und auch fügen sollen, denn es mußte sich ja herausstellen, daß wir es ehrlich meinten; aber sein beleidigendes und auch vollständig unmotiviertes Auftreten hatte mich in Zorn versetzt. Und wer sagte mir denn, daß es dann, wenn er zur Einsicht seines Irrtums kam, noch Zeit sein werde, die Mbocovis zurückzuschlagen? Vielleicht sperrte er uns den ganzen Tag ein. Dann kam der ›Schwiegersohn‹, überfiel das Indianerdorf, erfuhr die Wohnung des Alten und ich geriet mit diesem in die Hände der Mbocovis. Das mußte vermieden werden, und so konnte es mir also nicht einfallen, mich diesem Manne, welcher in seinem blinden Mißtrauen gar nicht prüfte, freiwillig zu überliefern.

»Nein,« antwortete ich kurz.

»Sie wollen sich wehren?«

»Ja.«

»Dann sind Sie verloren! Tretet ein!«

Die beiden Indianer kamen herein und richteten ihre Blasrohre auf uns, der eine das seinige auf mich und der andere das seinige auf Pena.

»Nun, haben Sie auch jetzt noch Mut?« fragte der Alte höhnisch.

Die Situation war freilich gefährlich. Es bedurfte nur eines leisen Hauches in die Rohre, so bekamen wir die vergifteten Pfeile in den Leib; aber ich sah, daß die Roten die Rohre noch nicht an den Mund genommen hatten, und antwortete:

»Gewiß! Versuchen Sie es immerhin, wer die Oberhand behält, wir oder Sie!«

»Natürlich wir! Sehen Sie dieses Messer! Die Spitze desselben ist auch vergiftet. Nur einen kleinen Ritz in Ihre Haut, und Sie sind nicht zu retten!«

Er brachte unter seinem Talar ein Messer hervor, welches er mir entgegenhielt. Unsere Lage war eine ganz und gar eigenartige. Rundum und über uns Totenköpfe, vor uns dieser Mann mit seinem vergifteten Messer und dazu die beiden auf uns gerichteten und so gefährlichen Blasrohre! Aber mochte es Leichtsinn oder etwas anderes sein, es kam mir vor, als ob ich mich schämen müßte, diesem alten Manne und seinen beiden Rothäuten zu gehorchen. Nein, sie sollten sehen, daß wir selbst ihr Gift nicht fürchteten.

»Pah!« antwortete ich. »Wenn ich will, so wird dieses Ihr Messer Ihnen gefährlicher als mir!«

»Mann, Sie sind wahnsinnig!«

»Im Gegenteile! Ich bin sehr bei Sinnen und befinde mich gerade jetzt in derselben guten Laune wie vorhin Sie.«

»So will ich Sie von dieser Laune befreien. Passen Sie auf! Ich zähle bis zwei, und Sie haben Ihre Waffen hier vor mir auf den Boden zu legen. Thun Sie das nicht, so sage ich drei, und meine Leute blasen Ihnen den augenblicklichen Tod in den Leib!«

»Mögen sie blasen! Wollen sehen!«

Jetzt starrte er mich ganz betroffen an. Er hielt mich wirklich für nicht recht bei Sinnen. Dann aber drohte er:

»Ganz wie Sie wollen! Also ich beginne. Eins – – zwei – –«

Er kam nicht weiter. Ich hatte nur drei Schritte weit von ihm gestanden. Ich sah, daß die Indianer, welche neben einander standen, die Rohre an den Mund nahmen. Ich sprang blitzschnell zwischen die Rohre hinein, faßte eins mit der Rechten, das andere mit der Linken, riß sie den Indianern aus den Händen, ließ sie fallen, ergriff den einen bei der Brust, schleuderte ihn meinem Gefährten zu und rief:

»Pena, nieder mit diesem!«

Dann schlug ich dem andern Roten die Faust gegen die

Schläfe, daß er zusammenbrach, und wendete mich gegen den Alten. Dieser hatte mit Zählen innegehalten. Mein Angriff war ihm so überraschend gekommen, daß er den Mund noch offen hatte; doch erhob er die Hand, in welcher er das Messer hielt. Ich kam von der Seite an ihn, gab ihm einen Hieb auf den Arm, daß er das Messer fallen ließ, faßte ihn mit beiden Händen bei der Kehle, riß ihn nieder und gab ihm die Faust gegen den Kopf, so daß er die Augen schloß und, als ich die Hände wieder von ihm nahm, regungslos liegen blieb.

Jetzt sah ich mich nach Pena um. Er kniete auf dem Roten, den ich ihm zugeschleudert hatte, und hielt ihm die Kehle zu.

»Ist er besinnungslos?« fragte ich.

»Nein,« antwortete er. »Der Kerl macht nur aus Angst die Augen zu. Soll ich ihn erstechen?«

»Nein. Wir binden sie alle drei. Es wird hier wohl einige Schnüre geben.«

»Ich habe mehrere in der Tasche. Und wenn sie nicht reichen, so schneiden wir die Kleider der Rothäute in Fetzen.«

Er zog einige Schnüre aus der Tasche, und ich half ihm, seinen Indianer so zu binden, daß er sich nicht regen konnte. Dann schlang ich den Lasso los und umwickelte mit demselben den Alten, der nun gewiß kein Glied zu rühren vermochte. Dem zweiten Indianer zogen wir die Jacke aus, welche wir in Streifen schnitten, mit denen nun auch er gebunden wurde.

»So!« sagte ich, als wir damit fertig waren. »Jetzt sind wir die Herren der Situation.«

»Das hat er freilich nicht für möglich gehalten, und ich selbst auch nicht,« gestand Pena.

»Nicht? Sie sagten ja auch, daß Sie sich nicht ergeben wollten!«

»Ich dachte, ihn von seinem Verlangen abzubringen, war aber doch, falls er bei demselben blieb, entschlossen, ihm zu gehorchen. Gegen diese Giftpfeile kann man doch nicht aufkommen!«

»Das sagen Sie, während wir soeben das Gegenteil bewiesen haben?«

»Ja, wie das so schnell gekommen ist und wie es möglich wurde, darüber bin ich mir selbst nicht klar. Aber, was thun wir nun?«

»Wir betrachten uns die anderen Räume, welche es giebt. Wir müssen das schon aus Vorsicht thun, da es möglich ist, daß sich noch andere Leute hier befinden. Vor allen Dingen aber wollen wir nach dem Eingang zurück, um zu sehen, ob wir öffnen können. Nehmen Sie das Licht!«

Wir gingen durch den Gang nach der Thüre; sie war zu; es gab kein Schloß, keine Klinke, keinen sichtbaren Riegel.

»Jetzt sind wir eingeschlossen und können nicht hinaus!« sagte Pena. »Das kann gefährlich werden!«

»O nein! Selbst wenn wir den Mechanismus nicht entdekken, haben wir den Alten in der Hand, den wir zwingen können, ihn uns zu zeigen. Leuchten Sie einmal in die Höhe, gegen die Decke!«

Er that dies, blickte empor und sagte zugleich:

»Das ist's! Zwei Drähte, rechts und links einer!«

»Der eine wird zum Oeffnen und der andere zum Schließen sein. Der alte Desierto kann beides von seiner Stube aus thun. Versuchen wir es einmal. Die Thüre ging links auf; also muß man, um sie zu öffnen, am linken Drahte ziehen.«

Ich that dies, und die Thüre sprang auf. Wir blickten hinaus nach der Algaroba und hinunter nach dem Stamm derselben. Es war kein menschliches Wesen zu sehen. Dann zog ich an dem rechten Drahte, und die Thüre fiel mit starkem Geräusch zu; sie wurde von einer verborgenen Feder geschlossen. Dem Mechanismus weiter nachzuforschen, gab es keine Zeit. Wir kehrten zurück und sahen, daß es außer der Schnur, an welcher der Alte gezogen hatte, noch eine zweite gab, eine an der rechten Seite der Thüre zum Oeffnen und eine an der linken zum Schließen.

Der Indianer, welchen Pena niedergeworfen hatte, war bei Besinnung. Er hatte die Augen offen und folgte uns mit ängstlichem Blicke. Die andern beiden waren noch ohnmächtig. Pena legte dem ersteren einige Fragen vor, erhielt aber keine Antwort.

»Der Kerl schweigt,« sagte er. »Nun, es ist auch nicht nötig, daß er uns Auskunft giebt. Wir werden schon selbst finden, was wir suchen.«

Wir verließen die Totenkopfstube und gelangten in eine zweite, welche größer war. In derselben stand ein Tisch mit mehreren Stühlen. An den Wänden hingen Waffen der verschiedensten Art, Messer, Pistolen, Flinten, auch zwei Revolver, Pfeile, Köcher, Bogen und Schilde, Blasrohre.

Dann kam ein noch größerer Raum, in welchem eine lange Tafel stand, um die sich gegen zwanzig Stühle reihten. Das Ganze hatte das Aussehen eines Versammlungssaales. Die Tafel hatte natürlich nicht von draußen hereingeschafft werden können, sondern sie war hier oben gezimmert und zusammengesetzt worden.

An diesen Raum stieß ein kleinerer, in welchem ein roh gearbeiteter, verschlossener Schrank stand, daneben ein Tisch, auf welchem ich ein Schreibzeug erblickte. Weiter gehend, kamen wir in eine Küche. Da gab es allerlei Geschirr, nicht nur solches, welches man zum Kochen der Speisen braucht, sondern auch allerlei Geräte, Tiegel, Flaschen und anderes, was man bei Personen findet, die sich mit Chemie beschäftigen.

»Sollte der Alte ein Apotheker sein?« meinte Pena.

»Möglich! Wenigstens scheint er zu quacksalbern. Gehen wir weiter!«

»Finden Sie nicht auch sonderbarerweise, daß die Luft in diesen unterirdischen Räumen ausgezeichnet ist? Gar nicht dumpf und moderig, wie man erwarten sollte!«

»Der Alte hat für Ventilation gesorgt. Sehen Sie das runde Loch hier in der Decke? Diese Oeffnung geht nach oben.«

»Es muß eine ungeheure Arbeit erfordert haben, diese Gemächer aus dem Felsen zu meißeln!«

»Ja, wenn sie wirklich ausgemeißelt sind. Zu einer solchen Arbeit hätte es vieler Leute und einiger Jahre Zeit bedurft. Dieser Felsen ist – – –«

Ich klopfte an die mit Kalk getünchte Wand.

»Horch! Das ist nicht Felsen, sondern ganz weiches Mauerwerk. Es klingt wie Holz und Lehm. Doch das kann uns wenigstens für jetzt nicht interessieren. Wir müssen weiter gehen.«

Die Wohnung hatte wirkliche Thüren, aus gehobelten Brettern zusammengesetzt und mit Riegeln und Klinken versehen, ein wahres Wunder hier im Gran Chaco und dazu in diesem Felsen!

Im nächsten Raume stand ein hohes Regal mit allerlei Gefäßen, welche zugebunden waren. Auch Flaschen gab es, fest verstöpselt und mit Etiketten versehen. Während Pena leuchtete, nahm ich einige derselben in die Hand, um die Schrift zu lesen. Es waren lateinische Bezeichnungen von Arzneien. Dieser Raum schien die Apotheke des Alten zu sein. Vielleicht war er nicht nur der Anführer, sondern auch der Arzt seiner Indianer. Dem Regale gegenüber stand ein schmaler, sehr fest gearbeiteter Tisch und auf demselben ein Kasten aus starkem Eisenblech, welcher durch drei Hängeschlösser verschlossen war. Ich versuchte, ihn zu heben, doch gelang es mir durch das Aufbieten aller Kraft nicht, ihn auch nur um ein Haar breit fortzurücken. Bei näherer Besichtigung bemerkten wir, daß der Kasten angeschraubt war. Indem Pena seine Hand auf denselben legte, sagte er:

»Das ist's wohl, was der Schwiegersohn haben will. Ich glaube, daß wir da den Geldschrank des Alten haben.«

Er lachte dabei, denn er hatte im Scherz gesprochen. Ich aber antwortete ihm:

»Sie vermuten jedenfalls das Richtige.«

»Nicht möglich! Ein Geldschrank hier!!«

»Nun, wo ein so kunstvoll gearbeiteter Kasten gefertigt wird, da ist auch Geld zu haben, Papiergeld und silberne Pesos. Sie haben ja gehört, daß der viejo Desierto jährlich einmal nach Santiago geht. Der ›Schwiegersohn‹ hat es gesagt und ihn dort getroffen.«

»Wofür sollte der Alte das Geld bekommen?«

»Wer weiß es! Geht uns auch gar nichts an, wenigstens vorläufig nicht. Gehen wir jetzt weiter!«

Durch die nächste Thüre kamen wir in einen sehr großen, weiten Raum, welcher einem Vorratsgewölbe glich und dessen Decke von starken, hölzernen Pfeilern getragen wurde. Er hatte eine sehr bedeutende Länge und Breite, so daß der Schein unseres Lichtes nur einen kleinen Teil desselben zu erhellen vermochte.

Dieser Raum war rund an den Wänden mit in Basthüllen eingewickelten und sorgsam verschnürten Paketen bis an die Decke angefüllt. Auch in der Mitte waren lange Reihen dieser Pakete, so daß sie schmale Gänge zwischen sich bildeten, aufgestapelt. Es lagen mehrere einzelne Päcke am Boden. Ich hob einen derselben auf; er war leichter, als seine Größe hatte erraten lassen, und gab ein leises, knirschendes, prasselndes Geräusch.

»Rinden!« sagte ich. »Gewiß nichts anderes als Rinden.«

»Ah! Sollte der Alte ein Kollege von mir sein? Ein Cascarillero?«

»Warum nicht?«

»Das wäre ja höchst interessant! Aber welch eine ungeheure Menge da aufgestapelt liegt! Das muß doch Tausende von Pesos ergeben!«

»Nun, ihm kann es nicht schwer sein, solche Vorräte zu sammeln. Die Wälder hat er ja in der Nähe, und Arbeitskräfte stehen ihm genug zur Verfügung. Seine Indianer werden für ihn sammeln.«

»Ja. Er hat die Rinde dann nur nach dem Rio Salado zu schaffen und dort ein Floß zu bauen, um sie gut an den Mann zu bringen.«

»Dafür bekommt er Geld, und dieses Geld bringt er mit zurück und legt es in den Geldschrank. So ist das Vorhandensein desselben erklärt. Lassen Sie uns sehen, was es noch weiter giebt!«

»Sollte die Felsenwohnung noch größer sein? Wer hätte das vorhin vermuten können, als wir den kahlen, scheinbar unersteiglichen Stein vor uns liegen sahen! Jetzt soll mir jemand sagen, daß es keine Wunder mehr giebt!«

Ich war gerade so erstaunt wie er. Dieser viejo Desierto war jedenfalls ein ganz ungewöhnlicher, ja bedeutender Mensch, welcher an anderer Stelle wohl auch eine andere und bedeutendere Rolle gespielt hätte. Aber wer weiß, was für Schicksale ihn nach dem Gran Chaco getrieben hatten; denn daß er nicht in demselben geboren sei, das hielt ich für gewiß, obgleich er einen solchen Widerwillen gegen Fremde und Weiße gezeigt hatte.

Das nächste Gemach bildete wieder einen Vorratsraum. Die Vorräte bestanden aber nicht in Rindenpaketen, sondern in Sätteln, welche an den vier Wänden hingen. Es waren ihrer wohl über fünfzig vorhanden.

»Sollte dieser Mann Pferde haben?« fragte Pena.

»Wahrscheinlich! Seine Indianer wird er wohl nicht satteln, um spazieren zu reiten.«

»Aber Indianer des Gran Chaco, und Pferde, und gar solche Sättel!«

»Warum nicht? Jetzt traue ich dem Alten alles Ungewöhnliche zu. Man weiß ja, daß die Tobas-Indianer an Gesittung über den anderen roten Völkern stehen. Vielleicht haben sie das zu einem nicht geringen Teile diesem Einsiedler zu verdanken. Suchen wir jetzt weiter! Schau, dort hinten scheint es eine Treppe zu geben!«

Wir sahen keine weitere Thüre; aber in der hinteren Ecke führten Stufen empor, hölzerne Stufen, ganz regelrecht übereinander gefügt. Wir stiegen empor und kamen an eine Thür, welche nur angelehnt war; als wir sie aufstießen, befanden wir uns im Freien.

Die Thür war nicht etwa eine Fallthüre, sondern eine stehende. Ueber der Treppe war nämlich ein hölzerner Verschlag errichtet, ganz ähnlich den Treppenhäuschen der Schiffskajüten.

Also wir befanden uns im Freien, aber wir hatten nicht etwa einen Ausblick auf den Wald, auf die Umgebung des Felsens, sondern rundumher stieg eine Mauer auf, welche sicher eine Höhe von fünfzehn Ellen hatte. Das aber war es nicht, was unsere Verwunderung zuerst in Anspruch nahm, sondern unser Staunen wurde durch etwas ganz Anderes erregt. Wir befanden uns nämlich in einem – – Garten, ja in einem regelrecht angelegten und sorgfältig gepflegten Garten mit Gemüsebeeten, Beeten, auf denen Melonen gezogen wurden, Beeten mit allerlei Blumen und Blüten. An ihren Rändern standen blühende Rosenstöcke. Ganz im Hintergrunde lag ein hölzernes, schuppenartiges Gebäude, und an jeder Ecke gab es eine Laube.

Wir gingen zwischen den Beeten zunächst nach dem ersteren. Dort fanden wir Hacken, Spaten und Schaufeln, außerdem eine Menge anderer Werkzeuge, welche hier im Garten gar nicht gebraucht wurden. Pena kannte sie. Es waren Ausrüstungsstücke für Rindensucher. Dann gingen wir nach der nächsten Ecke, in die Laube.

In derselben stand eine Bank. Pena setzte sich nieder, legte die Hände zusammen, sah mich an und fragte:

»Hätten Sie das gedacht? Hätten Sie so etwas vermutet?«

»Nein, gewiß nicht.«

»Ich auch nicht. Hier, mitten im wilden Chaco einen Gemüse- und Blumengarten, wie man ihn in Buenos Ayres gar nicht hübscher sehen kann! Das ist wirklich erstaunlich! Das ist ein Wunder!«

»Das Vorhandensein dieser Wohnung ist nicht allzu erstaunlich. Der Alte hat den Felsen auf seinen Streifzügen entdeckt und ihn zu seinem Gebrauche ausgebaut. Aber, daß er einen solchen Garten angelegt hat, das begreife ich freilich nicht. Er ist jedenfalls ein Ascet, der das Leben von der strengsten Seite zu nehmen scheint. Und nun dieser Blumenflor, diese Lauben, und – sehen Sie, diese Aussicht!«

Innerhalb der Laube befanden sich rechts und links von der Mauerecke je eine viereckige, fensterähnliche Oeffnung, welche von einem Vorhange grüner Blätter bedeckt waren. Ich schob das Gewinde zur Seite, und wir konnten nun über die Bäume weg weit in die Ferne blicken.

»Auch diese Fenster beweisen, daß er ein Mann von Ueberlegung ist,« sagte Pena. »Da sie durch diese Blätter bedeckt werden, kann man sie von unten nicht sehen. Aber wie er rundum auf den Rändern des Felsens eine so hohe Mauer hat errichten können, das ist nicht zu begreifen. Im Gran Chaco giebt es keine Steine.«

»Aber doch Lehm, um Ziegel zu brennen! Wir haben

doch vorhin, als wir kamen, gefunden, daß der Boden lehmig ist.«

»Hm! So hat er seine Indianer als Ziegelstreicher und Maurer arbeiten lassen!«

»Höchst wahrscheinlich. Das ist aber vor nun schon langer Zeit gewesen, denn die Flechten und Moose haben auch die Mauer ganz bedeckt, so daß sie von dem eigentlichen Felsen, dem Fundamente, von außen gar nicht zu unterscheiden ist. Gehen wir einmal nach der nächsten Laube. Dort werden wir vielleicht das andere Ufer der Lagune sehen können.«

Wir schritten weiter durch die zwischen den Beeten hinführenden Gänge, welche anstatt des Sandes mit weicher Rindenlohe beschüttet waren, die das Geräusch unserer Schritte dämpfte. Die Laube, welcher wir uns näherten, war so dicht von großblätterigen Winden umrankt, daß wir von weitem nicht in das Innere sehen konnten. Darum erschrak ich fast, als uns aus derselben eine weibliche Stimme entgegentönte:

»Nun, Tio[1], hast du fortgeschickt? Ich möchte den Vogel doch haben, da ich ihn so gut getroffen habe.«

Diese Stimme klang mild und glockenrein; sie sprach spanisch. Wir beide blieben stehen und sahen einander an.

»Alle Wetter!« flüsterte Pena. »Eine Sennora!«

»Oder gar Sennorita!« lächelte ich ihm zu. »Nehmen Sie Ihr Herz in acht.«

»Pah! Mir wird keine gefährlich, weil keine mich mag. Aber eine Frau, ein Mädchen hier! Ich komme aus der Verwunderung gar nicht heraus!«

»Es ist freilich seltsam. Sie ist des Alten Nichte, das heißt ein Wesen, welches ich mir nicht so ganz und gar uralt vorstellen kann.«

»Himmel! Wollen wir vollends hin zu ihr?«

»Natürlich! Sie hat uns ja gehört.«

»Gehen wir lieber zurück! Wir haben nicht das Aussehen von Leuten, welche sich vor einer Dame verbeugen dürfen!«

Fast hätte ich laut gelacht. Dieser wackere Pena fürchtete

1 Oheim.

sich vor einem weiblichen Wesen. Er sah es mir an und fügte hinzu:

»Stellen Sie sich eine junge, saubere Sennorita vor! Was soll die von uns denken, wenn sie uns in diesem Aufzuge erblickt!«

»Nun, so überaus zart und so weiter ist die Dame jedenfalls nicht!«

»Meinen Sie? Warum?«

»Erstens befindet sie sich im Gran Chaco; zweitens lebt sie mitten unter Indianern, und drittens scheut sie den Pulverrauch nicht.«

»Woher wissen Sie das?«

»Sie haben doch auch den Schuß gehört? Sie hat nach dem Raubvogel geschossen und ihn auch getroffen, wie sie soeben sagte.«

»Ja, so ist es. Na, eine Sennora, welche schießt, die wird es uns wohl nicht übelnehmen, daß wir keinen Frack und weiße Handschuhe mit nach dem Chaco gebracht haben. Also, mutig vorwärts!«

»Tio!« erklang es jetzt wieder aus der Laube. »Warum antwortest du nicht?«

»Weil er es nicht ist, den Sie gehört haben,« sagte ich, indem ich fünf oder sechs Schritte that, welche mich dem Eingang der Laube nahe brachten. Pena folgte mir. Ich konnte in das kleine, allerliebste Rankenhäuschen blicken. Dort saß ein Mädchen, welches bei meinem Anblicke auf das höchste erschrocken von dem Sitze auffuhr und dabei einen lauten Schreckensruf ausstieß. Pena glaubte, nachdem ich gesprochen hatte, nun auch einige Worte sagen zu müssen, und fragte, indem er sich verneigte, in beruhigendem Tone:

»Sind Sie erschrocken, Sennorita? Fürchten Sie sich nicht! Wir thun Ihnen nichts.«

Die Halbindianerin – denn daß sie das war, sah ich ihr an – hatte die eine Hand an die Pfoste des Einganges gelegt; die andere hielt sie an das Herz. Ich sah sie zittern, so sehr war sie erschrocken.

Sie trug ein ganz einfaches, bis auf den Boden herabfallendes, aus weißem Kattun bestehendes Gewand, eigentlich ein Hemd mit langen Aermeln, welches über den Hüften von einem Gürtel aus rotem Zeuge zusammengehalten wurde. Das dichte, rabenschwarze Haar hing in zwei dicken Zöpfen weit über den Rücken herab. Ihr Gesicht war bräunlich gefärbt, schön gerundet und zeigte nicht die vorstehenden Backenknochen der indianischen Rasse. Sie hätte sich in Beziehung auf Schönheit mit jeder weißen Porteña messen können.

Daß sie leise zitterte, war wohl nicht eine Folge angeborener Aengstlichkeit. Sie lebte in tiefster Einsamkeit, unter Roten, bei denen sich selten ein Weißer sehen ließ. Sie hielt sich hier für allein, an einem Orte, den ein Fremder unmöglich aufzufinden vermochte. Und nun traten wir beide, die wir allerdings jetzt ein sehr wenig vertrauenerweckendes Aussehen haben mochten, vor sie hin; das mußte auch die Furchtloseste in tiefen Schreck versetzen.

Neben der Stelle, auf welcher sie gesessen hatte, lehnte das abgeschossene Gewehr an der Bank. Ihr kleines Händchen glitt langsam von der Pfoste nieder, griff dann mit einer schnellen Bewegung nach der Flinte, hielt uns dieselbe entgegen, und während die erbleichten Wangen wieder Farbe bekamen und die dunklen Augen zu leuchten begannen, fragte das schöne Mädchen in drohendem Tone:

»Wer sind Sie? Was wollen Sie hier?«

»Bitte, legen Sie das Gewehr immerhin beiseite!« antwortete ich. »Wir sind nicht als Feinde gekommen.«

»Haben Sie schon mit meinem Oheim gesprochen?« fragte sie.

»Natürlich!«

»Ja, es ist richtig,« sagte sie, indem sie das Gewehr weglegte. »Sie müssen ihn gesehen und mit ihm gesprochen haben, sonst könnten Sie nicht hier sein. Aber warum kommt er nicht mit?«

»Er hat infolge unserer Ankunft schnell einiges zu thun, wird aber bald nachfolgen.«

»Und warum haben Sie nicht unten Ihre Waffen abgelegt?«

»Weil wir beabsichtigen, nicht sofort wieder hinabzugehen,

sondern hier zu bleiben. Doch werden wir uns nun jetzt ihrer entledigen, da es scheint, daß der Anblick derselben Ihnen unangenehm ist.«

»Unangenehm?« fragte sie, indem ein stolzes Lächeln über ihr Gesicht glitt. »Ah, Sie beurteilen mich nach Ihren Frauen! Ich fürchte die Waffen nicht, sondern ich liebe sie und bin im Gebrauch derselben geübt. Sie sind es ja, ohne welche wir nicht leben könnten. Doch, setzen Sie sich!«

Wir lehnten unsere Gewehre an die Mauer, und traten in die Laube, welche Raum für vielleicht sechs Personen bot. Als wir uns ihr gegenüber gesetzt hatten, musterte sie uns mit einem langen, offenen Blicke und sagte dann:

»Mein Tio muß ein großes Vertrauen zu Ihnen hegen, da er Ihnen sein Geheimnis so ganz und gar offenbart. Diesen Garten hat bisher nur ein Einziger betreten dürfen.«

Bei diesen Worten wurde ihr Gesicht plötzlich starr und finster, so daß ich unwillkürlich fragte:

»Und dieser Eine war kein guter Mensch?«

»Woher wissen Sie das?« fuhr sie auf.

»Ich vermute es.«

»Nein, Sie wissen es!«

»Gewiß nicht!«

»Sie kennen ihn! Sie haben ihn gesehen! Wo befindet er sich?«

Ihre Augen funkelten wie diejenigen der Jaguarete, wenn sie sich auf ihre Beute stürzen will.

»Beruhigen Sie sich, Sennorita! Ich kenne ihn wirklich nicht.«

»Warum sprachen Sie von ihm?«

»Weil Sie selbst seiner erwähnten.«

»Aber Sie behaupteten, daß er kein guter Mensch sei!«

»Weil ich es Ihnen ansah, daß Sie ihn nicht für einen solchen halten.«

Sie warf mir einen erstaunten Blick zu und sagte:

»Haben Sie das in meinem Gesicht gelesen? Nun wohl, Sie haben sich nicht getäuscht. Er ist ein Meineidiger, und – – ich hasse ihn!«

Sie ballte die kleinen Hände und drückte die Lippen fest zusammen. Wir hatten noch nicht zwei Minuten lang miteinander gesprochen, und ich kannte schon das Leid, welches sie in ihrem jungen Herzen trug. Das konnte nur bei so einem Naturkinde möglich sein.

Auch in dieser Laube befanden sich zwei Maueröffnungen. Vor der einen war der Rankenvorhang zur Seite geschoben, so daß man hinaus auf den See blicken konnte; sie deutete hinaus und sprach:

»Aus dieser Gegend müßte er kommen, dort, dem östlichen Ufer der Lagune entlang. Ich habe täglich nach ihm geschaut, aber er ist nicht gekommen. Ich hasse ihn!«

Da täuschte sie sich. Sie liebte ihn noch. Und wenn sie ihn jetzt gesehen hätte, dort drüben an der Lagune, so wäre ihr Gesicht wohl nicht so zornig geblieben, wie es jetzt war.

Wir beide sagten nichts. In sogenannter feiner Gesellschaft hätten wir eine Generalpause vermeiden müssen; hier aber durften wir uns ganz nach unserer Stimmung verhalten. Das Mädchen machte einen ganz eigenen Eindruck auf mich; es war, als ob ihr Herz und ihr ganzes Wesen offen vor mir liege, und doch saß sie als ein Geheimnis vor mir, dessen Enthüllung man unterläßt, weil es einem heimlich graut. Nach einiger Zeit fuhr sie fort, wie nur zu sich selbst sprechend:

»Ja, ich hasse ihn, denn er war ein Weißer.«

»Sie hassen die Weißen, Sennorita?« fragte ich.

»Ja. Sie lügen alle; sie sind treulos!«

»Vielleicht haben Sie einen oder auch einige kennen gelernt, welche diesen Eindruck auf Sie gemacht haben. Aber es giebt Millionen von Weißen. Meinen Sie, daß sie alle so sind, wie dieser Eine oder diese Einige?«

»Ja, alle sind so! Ich habe sie kennen gelernt, in San Antonio, wohin der Tio mich that, damit ich eine Dame werden solle.«

»Sie sind es geworden, Sennorita!«

Ich glaubte, ihr damit ein Kompliment zu machen, hatte mich aber sehr getäuscht, denn sie blitzte mich an:

»Nein, ich bin keine; ich will keine sein und auch keine

werden! Ich wollte eine werden – – wegen ihm; aber er ist nicht gekommen.«

»Also hat es Ihnen in San Antonio nicht gefallen?«

»Nein. Und dennoch wäre ich geblieben, wenn die Menschen gut gewesen wären. Sie waren freundlich, und hinter dem Rücken sprachen sie Schlechtes von einander. Alle waren falsch, und alle waren schlecht. Ich bin entflohen.«

»Wie? Hoffentlich hat der Tio Sie zurückgeholt!«

»Nein; ich bin selbst gekommen.«

»Sie hätten diese weite Reise, welche durch die Wildnis führt, allein unternommen? – Eine Dame, welche – –«

»Ich bin keine Dame!« unterbrach sie mich zornig. »Nennen Sie mich nicht so! Ich wollte fort, zurück zu meinem Stamme. Man erlaubte es mir nicht. Da fiel es mir ein, daß ich die Herrscherin der Toba bin und daß kein Christ mir etwas zu befehlen hat. Als alle schliefen, nahm ich das Gewehr des Herrn, zu dem der Tio mich gebracht hatte, sein Messer und den Sattel; ich holte sein bestes Pferd und ritt davon. Nach fünf Tagen war ich bei den Meinen angekommen und gehe nicht wieder von ihnen fort!«

Der gute Pena machte ein höchst verblüfftes Gesicht; er war das leibhafte Erstaunen. Er konnte auch nicht damit zurückhalten, sondern fragte:

»Aber, Sennorita, haben Sie denn den Weg gewußt?«

»Ja, ich war ihn schon geritten, als der Tio mich hinbrachte.«

»Und da haben Sie es gewagt, sich zurechtzufinden? Fünf Tage lang!«

»Warum nicht?«

»Wovon haben Sie denn gelebt?«

»Von der Jagd.«

»So können Sie sich also auf Ihr Gewehr verlassen?«

»Ich habe vorhin einen Falken geschossen. Der Tio ging fort, um ihn mir holen zu lassen.«

Er hatte den Diener nicht fortschicken können, da mittlerweile wir gekommen waren. Ich war neugierig, in welchem Verhältnisse sie zu ihm stand, und fragte daher:

»Der Tio hat Sie wohl seit der frühesten Kindheit gepflegt?«

»Nein. Ich lernte ihn erst kennen, als er zu uns kam.«

»So ist er nicht Ihr wirklicher Verwandter?«

»Nein; aber er hört es gern, wenn ich ihn Tio nenne. Er liebt mich so, daß ich ihn Vater nennen möchte; aber das duldet er nicht.«

»Wie lange ist es her, seit er sich hier befindet?«

»Elf Jahre. Ich zählte damals sechs.«

»Wo kam er her?«

»Aus Europa.«

»Wissen Sie das Volk, welchem er angehört?«

»Ja.«

»Wie heißt es?«

»Das darf ich nicht sagen; er hat es mir verboten.«

»Wissen Sie, warum niemand wissen soll, woher er gekommen ist?«

»Nein. Er hat sein Land verlassen, weil diejenigen, welche dort wohnen, ihn töten wollten.«

»Sie nannten sich die Herrscherin der Tobas. Wer ist der Häuptling derselben?«

»Das Volk der Tobas zerfällt in mehrere Stämme, deren jeder einen Häuptling hat. Die Herrscherin über alle aber bin ich, und der Tio regiert sie an meiner Stelle.«

»Wie kommt es, daß kein männlicher Herrscher vorhanden ist?«

»Der vorherige Herrscher war mein Großvater, und dieser ist tot. Der letzte Herrscher aber ist fortgegangen und nicht wiedergekommen.«

»Warum nicht?«

»Ich will es Ihnen erklären. Die Familie der Könige, welche über die Tobas herrschen, ist so alt wie das Volk selbst. Mein Großvater war der letzte Sprosse derselben. Er hatte keinen Sohn, sondern eine Tochter. Nach den Gesetzen der Toba mußte diese die Königin werden, und derjenige, den sie liebte, wurde der Herrscher. Alle Jünglinge des Volkes, welche sich durch Kraft, Tapferkeit oder Klugheit ausgezeichnet hatten, bewarben sich um ihre Gunst, aber sie mochte keinen von ihnen, denn sie liebte einen Weißen, der zu uns gekommen war. Die Aeltesten traten zusammen, um zu beraten, und sie machten ihn zu ihrem Herrscher, denn er wurde der Mann meiner Mutter. Als ich geboren war, ging er auf die Jagd und kehrte nicht zurück. Mit ihm war auch das viele Gold verschwunden, welches die Toba aus den Bergen geholt hatten und das den Schatz des Volkes bildete.«

»So ist er vielleicht auf der Jagd verunglückt!«

»Nimmt man viele Pfunde Gold mit, wenn man zur Jagd geht?«

»Allerdings nicht. Aber hat man gesehen, daß er es nahm?«

»Nein.«

»So kann auch ein anderer der Dieb gewesen sein!«

»Nein. Wenn ein Toba das Geld gestohlen hätte, so hätte man später gesehen, daß er reicher geworden sei. Mein Vater war der Dieb, denn er war ein Weißer. Ich antwortete dir, daß niemand wieder von ihm gehört hat. Das ist auch wahr. Gehört hat keiner von ihm; aber gesehen hat ihn einer in einer großen Stadt, welche Montevideo heißt. Der Mann, einer unserer Krieger, war als Führer dorthin gekommen und sah meinen Vater, seinen entflohenen Herrscher, in einem prächtigen Wagen fahren.«

»Menschen sehen einander ähnlich!«

»Er war es, denn der Krieger ist dem Wagen nachgesprungen, der bald darauf vor einem schönen Hause gehalten hat. Als mein Vater ausstieg, trat der Krieger zu ihm und nannte ihn beim Namen. Mein Vater erkannte ihn und nahm ihn mit in das Haus. Er wollte ihm Geld geben, damit er schweige. Der Krieger nahm das Geld nicht; er erfuhr, daß mein Vater ein neues Weib habe, und als er ging, war sein Messer rot.«

»Ah! Was hat er gethan?«

»Was jeder Toba gethan hätte.«

»Herrgott! Deinen Vater hat er erstochen! Graut dir nicht dabei, wenn du daran denkst?«

»Nein. Er war ein Verräter; ihm ist sein Recht geschehen.«

Sie sagte das so kalt, als ob sie von dem fremdesten Menschen spreche. Dann fuhr sie fort:

»Meine Mutter hatte ihn sehr lieb gehabt; als er fort war, wurde sie krank und starb. Nun bin ich die Königin.«

»Und der, den du zum Manne nimmst, wird Herrscher deines Volkes?«

»Ja. Aber die Tobas werden keinen König wieder haben.«

»So willst du dich nicht verheiraten?«

»Nein. Auch er ist fort und kommt nicht wieder. Ich freue mich, daß ich sein Weib nicht geworden bin. Der Tio sagte, ich sei noch zu jung dazu. Er hätte mich auch verlassen, wenn er mein Mann geworden wäre.«

»Wer war er denn?«

»Ein Cascarillero.«

»Jung?«

»Jung und schön, stark und mutig. Alle Mädchen liebten ihn; aber er liebte nur mich, doch auch nur so lange, bis er ging.«

»Vielleicht kehrt er noch zurück?«

»Nein. Die Zeit, welche wir ihm stellten, ist doppelt verflossen.«

»Hat er euch auch bestohlen?«

»Ja.«

»Hm! Ich frage darnach, weil, wenn er in dieser Beziehung ehrlich gewesen wäre, Hoffnung vorhanden sein würde, daß er dennoch treu geblieben ist. Was hat er gestohlen?«

»Geld, viel Geld vom Tio und dem Stamme.«

»Dann wäre er ein ebenso gewissenloser Mensch, wie dein Vater war. Wie lange ist er hier gewesen?«

»Mehrere Jahre. Der Tio fand ihn verwundet in dem Walde und brachte ihn nach der Lagune, um ihn zu heilen. Er gewann ihn lieb und erlaubte ihm, bei uns zu bleiben. Er nahm ihn stets mit, wenn er ging, um Gold zu suchen oder Cascarilla zu sammeln. Dann liebten wir uns, und die Häuptlinge traten zur Beratung zusammen, wie damals bei meiner Mutter. Sie wollten Nein sagen und mich zwingen, einem aus meinem Volke meine Hand zu geben; aber der Tio hatte ihn auch lieb gewonnen und sprach für ihn und mich. Da gaben sie ihre Erlaubnis. Darauf kam die Zeit des Jahres, in welcher wir die Cascarilla nach dem Flusse schaffen. Der Transport erreichte denselben; unsere Leute bauten ein Floß und luden die Cascarilla darauf. Es wurde bemannt, und er machte den Anführer, denn er sollte die Cascarilla nach Santa Fé schaffen, sie dort verkaufen und dann mit dem Gelde zurückkommen. Unsere Ruderer kehrten zurück. Sie hatten ihn bis zum Schiffe begleitet, in welches die Cascarilla übergeladen worden war; er aber ist entflohen.«

»Wenn es so steht, so kannst du nicht behaupten, daß er ein Dieb sei. Er kann verhindert gewesen sein, sein Wort bis jetzt zu halten.«

»Das hoffte ich und glaubte es gern; nun aber ist meine Hoffnung vorüber. Der Tio hat einen Boten nach Santa Fé gesandt und erfahren, daß die Cascarilla verkauft und das Geld dafür ausgezahlt wurde. Ist das nicht der Beweis, daß der Verräter gestohlen hat?«

»Nein. Es ist Krieg in jenen Gegenden, und der Weg nach hier führt durch das Gebiet feindlicher Indianer. Wer weiß, wo er sich befindet, wo er steckt! Wer weiß, ob er noch lebt!«

Sie blickte durch das Fenster hinaus auf den See. Ihre harten, starren Züge, die das Gesicht in den letzten fünf Minuten angenommen hatte, wurden weicher und immer weicher, und in mildem Ton fragte sie:

»Sennor, meinen Sie, ich brauchte noch nicht zu zweifeln?«

»Das ist meine Ansicht. Selbst wenn er nie zurückkehren sollte, haben Sie kein Recht, ihn für einen Lügner, einen Meineidigen und Dieb zu halten. Dieses Recht haben Sie erst dann, wenn Sie beweisen können, daß er noch lebt und sich das fremde Geld unrechtmäßigerweise angeeignet hat.«

»Ich danke Ihnen, Sennor! Sie haben Recht. Mein Herz war hart geworden. Ich will ihn nicht hassen. Vielleicht kommt er noch zurück. Aber sagten Sie nicht, daß der Tio auch in den Garten kommen wolle? Was hat er zu thun? Sie sind seine Gäste, und ich muß Sie doch bewirten.«

Ich nahm, als ob ich es betrachten wolle, ihr Gewehr in die Hand. Es war noch nicht wieder geladen. Das beruhigte mich, denn diesem Mädchen war es zuzutrauen, wenigstens den Versuch zu machen, auf uns zu schießen.

»Er kann noch nicht kommen,« antwortete ich, indem ich das Gewehr an seinen Platz zurückstellte.

»Warum?«

»Er hat einen großen Fehler begangen, welcher ihn verhindert, so schnell bei Ihnen zu sein.«

»Welchen Fehler?«

»Das sollen Sie hören, und ich hoffe, daß Sie klüger sein werden, als er gewesen ist. Nicht wahr, Ihre Krieger sind auf einem Zuge gegen die Chiriguanos entfernt, und Ihr Dorf liegt unbeschützt gegen Feinde da?«

»Nein, es blieben einige Krieger zurück; die anderen sind alle fort.«

»Das ist sehr wenig. Wenn es nun einem Feinde einfallen sollte, Sie zu überfallen?«

»Den würden wir zurückjagen.«

»Mit nur einigen Männern?«

»Die brauchen wir gar nicht einmal dazu.«

»So! Wer soll denn kämpfen?«

»Wir Mädchen.«

»Ah! Sind die Mädchen Ihres Stammes so kriegerisch?«

»Sie waren es nie, und wir haben auch noch nicht ernstlich gekämpft. Aber seit ich weiß, daß mein Volk keinen König haben wird, sondern nur mich als Königin, habe ich die jungen Mädchen um mich versammelt und mir aus ihrem Kreise die stärksten, gewandtesten und mutigsten zur Leibgarde ausgewählt. Der Tio macht ihren Lehrer, und ich glaube, daß wir ebenso tapfer kämpfen würden wie die Männer.«

»Auch gegen die Mbocovis?«

»Gegen diese erst recht! Sie sollen nur kommen; sie waren es, welche den verwundet hatten, den ich liebe!«

»So sind Sie ihnen eigentlich nicht Rache, sondern Dank schuldig, denn dadurch haben Sie Ihren Geliebten kennen gelernt. Aber ich spreche nicht ohne Absicht von ihnen. Sie haben sich wirklich aufgemacht, um die Laguna de Carapa zu überfallen.«

»Was? Wirklich? Woher wissen Sie das?«

»Wir lagen in ihrer Nähe und hörten sie sprechen.«

Das Mädchen stand langsam und ruhig von ihrem Sitze auf, lehnte sich gegen die Mauer, kreuzte die Arme über die Brust und sagte:

»Das müssen Sie mir ganz genau erzählen, Wort für Wort! Ich muß alles, alles wissen, um dann bestimmen zu können, was geschehen soll!«

Eine andere wäre erschrocken oder sonst erregt von der Bank aufgesprungen und hätte vielleicht geklagt und gejammert. Ganz anders diese hier. Sobald sie erfuhr, daß dem Dorfe eine Gefahr drohe, war sie mit einemmale so kalt und besonnen, wie ein alter Krieger, welcher weiß, daß von seinen Dispositionen der Sieg abhängt.

Ich erzählte ihr den ganzen Hergang bis zu dem Augenblicke, an welchem ich draußen auf dem Baume die Schnur zur Klingel gezogen hatte. Bis hierher hatte sie mich mit keinem Worte unterbrochen, jetzt aber rief sie mir erschrocken zu:

»Das haben Sie gewagt, wirklich gewagt?«

»Ja.«

»Und Sie haben den Tio noch nie gesehen und noch nie mit ihm gesprochen?«

»Ich sah und sprach ihn heute, vorhin zum ersten Male.«

»Sennor, so wundert es mich, daß ich Sie beide vor mir sehe! Erzählten Sie es mir nicht selbst, so würde ich schwören, daß sie tot seien. Damit, daß Sie sich in sein Geheimnis einschlichen, haben Sie Ihr Leben verwirkt.«

»Handhabt er das wirklich gar so streng?«

»Ja. Ich wiederhole Ihnen, es ist ein großes Wunder, daß ich Sie lebend und unverletzt hier sehe.«

»Nun, wenn es nach ihm gegangen wäre, so wären wir allerdings nicht mehr am Leben.«

»Wer ließ Sie ein?«

Ich erzählte ihr den Hergang.

Sie stand mit über der Brust gekreuzten Armen da und hörte mir zu, ohne ein Wort zu sagen, ja ohne eine Miene zu verändern. Nur als ich ihr berichtete, daß wir die drei gefesselt hatten, unterbrach sie mich mit der Frage:

»Aber sie sind nicht tot?«

»Nein; sie leben noch.«

»So fahren Sie fort!«

Sie hörte mir bis zum Ende zu, ohne die geringste Erregung zu zeigen, nur in ihren Augen glänzte ein öfteres Leuchten, welches bewies, daß sie innerlich nicht so ruhig sei wie äußerlich. Als ich dann fertig war, ließ sie die Hände sinken, legte mir die Rechte auf die Achsel und sagte:

»Sennor, der Oheim hatte ganz recht, als er behauptete, daß Sie ein gefährlicher Mensch seien, gefährlich nämlich für Ihren Feind. Zu uns aber sind Sie als Freund gekommen und werden es uns wohl auch bleiben!«

»Ich beabsichtige es allerdings, setze dabei jedoch voraus, daß ich nicht noch fernerhin beleidigt werde.«

»Sie werden kein ähnliches Wort mehr hören.«

»Was aber dann, wenn der Tio sich doch zu neuen Feindseligkeiten entschließt?«

»Ich werde mit ihm sprechen, und er muß nicht nur auf meine Stimme, sondern auch auf diejenige der Vernunft hören.«

»So gehen wir mit.«

»Ja – – oder bleiben Sie hier! Ich will es allein sein, die ihn befreit. Er ist stolz und es ist besser, er sieht Sie nicht als seine Ueberwinder vor sich stehen.«

»Verlangen Sie da nicht zu viel, Sennora? Wir kennen die Geheimnisse dieses Schlupfwinkels noch nicht ganz. Wenn wir hier zurückbleiben, können sich allerlei Wolken, von denen wir keine Ahnung haben, über uns zusammenziehen!«

»Nein. Ich gebe Ihnen mein Wort, daß Sie hier ganz sicher sind, daß Ihnen nichts geschieht, und daß Sie unter meinem Schutze stehen. Ist das genug? Wollen Sie mir vertrauen?«

»Ja, gehen Sie!«

Sie ließ ihr Gewehr liegen und ging. Pena blickte ihr nach, bis sie im Treppenhäuschen verschwunden war, und sagte dann:

»Wettermädchen! So eine Indianerin ist mir freilich noch nicht vorgekommen. Was meinen Sie, daß nun geschehen wird?«

»Sie wird mit dem Alten zurückkehren, und ich glaube, daß er uns um Verzeihung bittet.«

»Hm! So hoch versteigen sich meine Hoffnungen noch nicht. Er wird ein böses Gesicht machen!«

»Nur ein verlegenes. Es ist nicht angenehm, überwunden worden zu sein, nachdem man sich vorher so herrisch benommen hat.«

»Das Mädchen ist weit verständiger als der Alte. Wie sie da stand, so ruhig und stolz. Da sah man es ihr an, daß sie die Königin der Tobas ist!« sagte Pena.

»Sie können die Erfahrung machen, daß Frauen, welche die Gewohnheit besitzen, die Arme über die Brust zu kreuzen, meist energischen Charakters und festen Willens sind.«

Es verging fast eine halbe Stunde, ehe die Indianerin zurückkehrte. Sie kam nicht allein; der alte Desierto folgte ihr. Der Ausdruck seines Gesichtes war ein eigentümlicher. Scham, Aerger und ein wenig Reue, das war's, was man in demselben lesen konnte.

»Da bringe ich ihn!« sagte das Mädchen. »Er hat mir gesagt, daß er Ihnen verzeihen werde.«

Es wollte mir ein Lächeln über die Lippen schlüpfen, aber ich drängte es zurück. Warum sollte ich dem armen Manne nicht wenigstens scheinbar zugeben, daß er es sei, dem zu viel geschehen war? Er machte eine leichte Verbeugung und sagte:

»Unica hat mir mitgeteilt, wie sich die Sache eigentlich verhält. Das konnte ich nicht wissen. Wären Sie ausführlicher gewesen, so hätte ich mich anders verhalten.«

Nun, wir hatten ihm genau dasselbe gesagt wie ihr; er hatte kein Wort weniger erfahren als sie; doch fand er außer dieser keine andere Entschuldigung, und ich erleichterte ihm die Sache dadurch, daß ich ihm antwortete:

»Wir waren ohne Ihre Erlaubnis bei Ihnen eingedrungen; das mußte Ihren Zorn erregen, und so bitten wir nachträglich um Ihre Verzeihung!«

»Die haben Sie, Sennores. Nun aber ist die Hauptsache der Beweis, daß alles, was Sie uns berichten, sich auch so verhält. Wie wollen Sie den liefern?«

»Ja, Sennor, was soll ich Ihnen auf diese Frage antworten? Wenn Sie nicht unsern Worten glauben wollen, so müssen sie eben auf die Thaten warten. Wir warnen Sie, und damit sind wir am Ende unserer Aufgaben angelangt. Glauben Sie uns, dann gut! Glauben Sie uns aber nicht, nun, so können Sie ja warten, bis die Mbocovis kommen und über Sie herfallen!«

»Das letztere werde ich wohl vermeiden!«

»Behalten Sie uns hier, und wenn es sich herausstellt, daß wir die Unwahrheit gesagt haben, so schießen Sie uns eine Kugel durch den Kopf!«

Da flog doch ein kleines, ganz leises Lächeln über sein Gesicht und er antwortete:

»Sie wären mir diejenigen, denen man eine Kugel geben könnte, ohne befürchten zu müssen, daß man vorher selbst erschossen wird! Sennor, so verwegene Männer, wie Sie beide sind, habe ich noch nicht getroffen! Niemals hätte ich es für möglich gehalten, daß mir so etwas geschehen könne! Und noch dazu in meiner eigenen Klause, in Gegenwart zweier Indianer, welche so stark wie die Bären sind! Und dabei bedurfte es nur eines Hauches in die Rohre, so war es aus mit Ihnen! Wehe dem, der Sie zum Feinde hat!«

»Also, wehe den Mbocovis!«

»Betrachten Sie diese wirklich als Ihre Gegner? Was haben sie Ihnen gethan?«

»Nichts.«

»Nun, dann können Sie doch nicht von Feindschaft sprechen!«

»Eigentlich nicht; aber ich habe mich nun einmal auf Ihre Seite geschlagen und werde Ihre Feinde infolgedessen als die meinigen behandeln.«

»So würden Sie unter Umständen noch über die Warnung hinausgehen?«

»Ja; wir sind beide bereit, noch mehr zu thun.«

»Aber Sie haben doch gar kein Interesse dabei?«

Er war noch immer mißtrauisch, wie seine Fragen zeigten. Ich antwortete:

»Das Interesse eines jeden pflichttreuen Menschen, dem es ein Bedürfnis ist, Böses zu verhüten und dem Bedrängten beizustehen.«

»Aber das Recht kann auch auf der Seite der Mbocovis sein! Sie kennen weder sie noch uns!«

»Wir haben erlauscht, daß es sich um einen Raubzug handelt. Sie sollen überfallen und ausgeraubt werden. Man vermutet Reichtümer bei Ihnen und will sie Ihnen abnehmen; da kann doch gar kein Zweifel darüber herrschen, auf welcher Seite sich das Recht befindet.«

»Hm! Wenn Sie wirklich aufrichtig sprechen, so will ich es gern gelten lassen! Sie werden es begreiflich finden, daß ich gern wissen möchte, wer die Männer sind, von deren Verschwiegenheit die Aufrechterhaltung meines Geheimnisses nunmehr abhängig ist.«

»Das sollen Sie erfahren,« antwortete mein Gefährte. »Ich heiße Pena, aus Porto Allegre, ich bin Cascarillero.«

Als der Alte den Namen des brasilianischen Hafens hörte, erheiterte sich sein Gesicht. Ein Mann, der so weit von hier zu Hause ist, konnte ihm weniger schaden, als ein in der Nähe wohnender. Als er aber den Stand Penas erfuhr, verdüsterten sich seine Züge wieder. Er hatte einen Konkurrenten vor sich, und Konkurrenten ist niemals recht zu trauen.

»Cascarillero!« sagte er. »In welcher Gegend liegt Ihr Arbeitsfeld?« fragte er.

»Ueberall!«

»Halten Sie den Gran Chaco für reich an Rinden?«

»Natürlich!« antwortete Pena, dem es geheimen Spaß zu machen schien, den Alten zu beängstigen.

»So wollen Sie hier bleiben?«

»Möglich ist es. Es kommt darauf an, ob ich gute Kameraden finde.«

»Da warne ich Sie! Die Indianer des Gran Chaco dulden keine Weißen in ihrer Nähe.«

»Pah! Indianer giebt es überall. Ich habe sie stets da gefunden, wohin ich gekommen bin, ohne sie zu fragen, ob ich bleiben darf oder nicht. Ich mache mein Geschäft nicht von dem Willen der Roten abhängig. Wenn ich in ihrer Nähe einige Bäume abschäle, so können sie es sich ruhig gefallen lassen, denn das macht ihnen keinen Schaden.«

»Und wenn sie es aber doch nicht dulden wollen?«

»Dann habe ich hier eine gute Büchse und ein scharfes Messer, mit denen ich bisher stets zurecht gekommen bin. Und ich glaube nicht, daß man die Roten des Gran Chaco mehr zu fürchten hat als die, welche andere Gegenden bewohnen.«

»Irren Sie sich ja nicht! Hier ist die Heimat der vergifteten Pfeile, gegen welche Ihnen Ihr Gewehr und Ihr Messer gar nichts helfen können!«

»In Brasilien giebt's diese Pfeile auch, und es hat mich bisher noch keiner getroffen. Wie wir übrigens diese Dinger fürchten, das glauben wir ihnen gezeigt und bewiesen zu haben!«

Der Alte sah, daß seine Worte und indirekten Einwendungen keinen Erfolg hatten, und wandte sich nun zu mir, indem er sich erkundigte:

»Und Sie sind auch Cascarillero?«

»Nein. Wenn es Ihnen recht ist, so können Sie mich einen Viajador[1] nennen.« Dann gab ich ihm auch meinen Namen an.

»Was, Sie sind ein Deutscher? Dann bin ich ruhig. Ein Landsmann wird doch unmöglich den andern ins Verderben stürzen.«

»Landsmann?« fragte ich überrascht.

»Jawohl! Ich bin auch ein Deutscher!«

»Was?« fragte Pena. »El viejo Desierto ein Landsmann von uns! Wer hätte sich das einbilden können!«

Der Alte sah ihn erstaunt an und fragte:

»Auch Sie ein Landsmann? Das ist doch wohl nicht der Fall! Sie heißen doch Pena!«

»Uebersetzen Sie doch einmal das Wort Pena ins Deutsche!«

1 Tourist.

Bis jetzt hatten wir uns der spanischen Sprache bedient; nun aber antwortete der Alte deutsch:

»Pena kann man übersetzen mit Schmerz, Qual, Sorge, Kummer – –«

»Halt!« fiel Pena ein. »Das ist's; so heiße ich. Kummer ist mein Name.«

»Also Sie wohnen in Porto Allegre, sind aber von drüben herüber?«

»Ja, aus Breslau.«

»Und Sie?« fragte er mich.

»Ich bin Sachse.«

»Gott sei Dank, denn da können Sie nicht – –«

Er hielt erschrocken inne. Er war in den letzten zwei Minuten ein ganz anderer geworden. Seine Stimme klang heller; seine Bewegungen waren lebhafter, jugendlicher, und sein Gesicht hatte einen beinahe glücklichen Ausdruck angenommen. Es war freilich auch eigentümlich, daß drei Deutsche sich im Gran Chaco und zwar an dieser geheimnisvollen Stelle trafen. Die Freude darüber hatte ihn zu einer Aeußerung fortgerissen, die er nicht ungeschehen machen konnte. Er hatte zwar genug Besinnung gehabt, die zweite, deutlichere Hälfte zurückzuhalten, aber die ausgesprochenen Worte und die Art und Weise, in welcher er sie hören ließ, konnten uns leicht auf Vermutungen bringen, welche ihm unangenehm sein mußten.

Und, offen gestanden, kaum hatte ich sie gehört, so kam mir der Gedanke, daß er froh sei, zu erfahren, daß unsere Heimatsorte nicht in der Nähe des seinigen lagen. Ich brachte damit die Ausschmückung der Totenkopfstube in Verbindung und konnte mich des Gedankens nicht erwehren, daß es einen sehr, sehr dunklen Punkt in seiner Vergangenheit gebe, der es ihm wünschen lasse, uns in Beziehung auf sein Vorleben ein Unbekannter zu sein. Aber diese Gedanken und Schlüsse kamen nicht etwa langsam, sondern so blitzesschnell, daß ich, als er seine Worte kaum über die Lippen hatte, ihm schon antworten konnte:

»Ja, Gott sei Dank, daß wir Landsleute sind! Denn nun

kann kein Mißtrauen mehr herrschen, und wir werden einander nach besten Kräften beistehen!«

Ich sagte das und brachte es so schnell nach seinen unterbrochenen Worten, daß er meinen sollte, wir hätten gar nicht auf dieselben geachtet. Aber Pena war weniger aufmerksam und zartfühlend. Er fragte:

»Dürfen nun auch wir erfahren, woher Sie sind?«

»Na–tür–lich!« antwortete der Alte in sichtlicher Verlegenheit.»Ich bin, ich – ich bin aus – –«

Er stockte. Dann raffte er sich wie unter einem Entschlusse auf, sah uns einen Augenblick prüfend an und fuhr dann fort:

»Nein, ich will Sie nicht belügen. Ich bin ein Deutscher; ich war ein Deutscher mit Leib und Seele, und das ist mein Unglück gewesen. Damals war ich Däne. Heute gehört meine Heimat zum deutschen Reiche. Heute könnte das nicht geschehen, was – – doch davon wohl später. Kennen Sie die Geschichte Schleswig-Holsteins?«

Wir bejahten.

»Ist Ihnen, als Sie davon lasen oder sprachen, vielleicht auch der Name Winter, Alfred Winter, vorgekommen?«

Ich sann nach, mußte aber verneinen; Pena auch.

»Dieser Winter bin ich. Vielleicht hören Sie meine Geschichte. Jetzt ist dazu nicht Zeit, und wir müssen uns erst kennen lernen. Die Hauptsache ist, daß wir über die Mbocovis sprechen. Vorher aber, Unica, du hast gehört, wer und was diese Herren sind – willst du sie nicht begrüßen?«

Er sagte das in deutscher Sprache zu ihr, und zu meiner lebhaften Verwunderung reichte sie uns die Hand und sagte in derselben Sprache, und zwar ziemlich fließend:

»Sie machen uns eine große Freude und sind uns nun doppelt willkommen!«

»Potztausend!« rief Pena. »Auch Sie sprechen deutsch, Fräulein Unica? Am Ende erfahren wir, daß Sie keine Indianerin sind, sondern aus München oder Wiesbaden stammen!«

»Das nicht,« sagte der Alte. »Wie ich mein Deutschland und seine Sprache liebe, so konnte ich nicht eine so lange Reihe von Jahren in dieser Einsamkeit leben, ohne die Laute derselben zu hören. Darum hat Unica mir den Gefallen thun müssen, meine Schülerin zu werden, und sie ist schnell so weit gekommen, daß sie sich auszudrücken vermochte. Später bekam sie noch einen anderen Lehrer, welcher – –«

Er hielt inne.

»Sprich weiter, Oheim!« forderte Unica ihn auf.

»Es thut dir wehe!«

»Nein. Und diese Herren wissen schon einiges davon.«

»So hast du es doch nicht hüten können!«

»Ich sagte ihnen, daß ich die Weißen hasse.«

»Ja, hättest du sie nur alle gehaßt und nicht diese Ausnahme gemacht! Sie, meine Herren, sind nämlich nicht die ersten Deutschen, die sich bei mir befinden. Ich traf auf einem Streifzuge einen Verwundeten im Walde und nahm ihn mit zu mir. Er blieb bei mir, und es gelang ihm, sich unser ganzes Vertrauen zu erwerben und uns um vieles, vieles zu betrügen. Daß er ein Deutscher war, hat mir am wehesten gethan.«

»Wie hieß dieser junge Mann?« fragte ich.

»Wir haben uns das Versprechen gegeben, seinen Namen nicht mehr zu nennen.«

»Aber seinen Heimatsort dürfen Sie aussprechen?«

»Ja. Er war aus Graz.«

»Also ein Deutschösterreicher! Ich möchte Sie bitten, diesen jungen Mann nicht ungehört zu verdammen. Wie lange ist es her, daß der Termin seiner Rückkehr fällig war?«

»Volle sechs Monate.«

»Das ist für die hiesigen Verhältnisse noch lange keine Ewigkeit. Wenn es Jahre wären, wollte ich mir Ihre Erbitterung oder, wenn ich besser so sage, Ihre Enttäuschung oder Hoffnungslosigkeit gefallen lassen. Aber sechs Monate! Von Buenos Ayres bis hierher ist es weit, und der Weg führt durch Gegenden, deren Bevölkerung jetzt aufgeregt ist. Jeder ist gegen jeden. Dabei rechne ich die Indianer gar nicht, durch deren Gebiet dieser junge Grazer zu reisen hat. Was für Begleiter sind denn bei ihm gewesen?«

»Auf der Rückreise? Gar keine, wenn er nicht zufälligerweise welche gefunden hat.«

»Er war also allein? Und da verdammen Sie ihn? Ich habe während meines nur kurzen Rittes quer durch das Land so viel erlebt und erfahren, daß ein anderer, der nicht so viel Glück wie ich besessen hätte, entweder zehnmal zu Grunde gegangen oder zwanzigmal zwischen den Rädern Ihres politischen und sozialen Getriebes mit schweren Verletzungen für lange Zeit verschwunden wäre. Und diesen jungen Mann geben Sie auf, ohne die Beweise seiner Untreue und Unehrlichkeit in den Händen zu haben?«

Unica warf mir einen dankbaren Blick zu; der Alte war verlegen geworden, doch sagte er, indem er den Versuch machte, sich zu entschuldigen:

»Ich habe auf meine Erkundigung erfahren, daß er in Buenos Ayres das Geld erhoben hat.«

»Das glaube ich gern; aber wissen Sie denn, daß er es nicht hat bringen wollen, sondern mit demselben durchgegangen ist?«

»Nein, das weiß ich nicht; aber ich denke es mir, oder vielmehr ich – – dachte es mir.«

»So lassen Sie diesen Gedanken einstweilen fallen, und warten Sie mit seiner Verurteilung, bis Sie sichere Beweise haben. Ich habe schon manchen Menschen kennen gelernt, dessen Mitmenschen ihn moralisch steinigten, und dann stellte es sich heraus, daß er rein war – reiner vielleicht als sie. Ich betrachte selbst den Gestrauchelten, den Gefallenen als einen Mann, der sich wieder erheben kann, der sich früher oder später erheben wird, und halte es für meine Pflicht, ihm die Hand zu reichen, indem ich der Worte des Heilandes gedenke, daß nur derjenige, welcher ohne Fehler ist, den ersten Stein auf den Sünder werfen möge.«

Unica reichte mir die Hand und sagte:

»Herr, ich danke Ihnen! Sie befreien mich von einer großen Qual.«

Der viejo Desierto blickte eine Zeitlang vor sich nieder und sagte dann, indem er meine Worte wiederholte:

»Und dann stellte es sich heraus, daß er rein war – reiner vielleicht als sie! Sie haben recht. Ich will noch nicht urteilen, da ich selbst ein noch schwereres Gericht zu fürchten habe. Ich will von neuem hoffen, daß er doch noch zurückkehrt. Und nun wollen wir diesen Gegenstand fallen lassen und uns mit der Angelegenheit beschäftigen, welche heute für uns die Hauptsache ist, mit dem Ueberfalle der Mbocovis. Damit das flott von statten gehe, will ich Ihnen eine kleine Anregung bringen, welche Sie hier im Gran Chaco wohl nicht gesucht haben werden. Aber setzen Sie sich nun endlich einmal!«

Er hatte mit dieser letzteren Aufforderung recht, denn seit er erschienen war, hatten wir im Stehen gesprochen. Unica schien zu wissen, was er holen wolle, denn als er sich entfernt hatte, ging sie nach einer anderen Laube und brachte aus derselben ein kleines Tischchen herbei, welches sie in die unserige stellte. Dann kehrte der Alte zurück und brachte – mehrere Weinflaschen und eine volle Cigarrenkiste.

»Ja, da wundern Sie sich wohl!« sagte er, als er unsere Augen sah. »Wein und Cigarren im Gran Chaco! Der erstere ist natürlich gekauft und per Maultier hierher gebracht worden. Die Cigarren aber sind eigenes Gewächs und auch eigenes Fabrikat.«

»Sie bauen Tabak?« fragte Pena.

»Ja, und zwar ganz vortrefflichen! Wenn Sie einige Zeit hier bleiben, was ich natürlich sehr hoffe und wünsche, werden Sie sehen, was ich meine Indianer gelehrt habe. Der Rote ist bei weitem nicht der lernfaule Mann, für den er gehalten wird. Stellen Sie ihn nur unter die richtige Leitung, und zeigen Sie ihm, daß Sie seine Menschenrechte achten; dann werden Sie bald sehen, daß er bildungsfähig ist. Wenn Sie ihm allerdings das sogenannte Glück mit Messern und Flinten aufzwingen wollen, so wird er starrköpfig, und das kann ich ihm nicht übelnehmen. Meine Tobas rauchen ihre Cigarren wie die feinsten Gentlemen, und zwar eine Sorte, um welche sie mancher Kenner beneiden würde. Und was die Hauptsache ist, sie bauen den Tabak selbst und machen sich auch die Cigarren selbst. Langen Sie zu, und stecken Sie sich eine an!«

Er hatte vier Gläser gefüllt und hielt uns die Cigarrenkiste hin.

»Ich habe freilich gehört, daß die Tobas sich vor den andern indianischen Stämmen vorteilhaft auszeichnen,« sagte ich.

»Was heißt auszeichnen! Sie haben eben einen Lehrer gehabt, wie ihn der Rote braucht. Geben Sie den andern Stämmen einen eben solchen, so werden sie bald ebenso vorwärts schreiten. Wir haben jetzt sogar angefangen, Wein zu bauen, und auf einigen Inseln der Lagune, die Sie von hier aus allerdings nicht sehen können und die wir dazu bestimmt haben, weil sie durch ihre Lage gegen Ueberfälle und Verwüstungen gesichert sind, ziehen wir Kartoffeln und eine Menge Gemüse und Küchengewächse. Sandigen Boden, welcher bekanntlich den besten Cigarrentabak erzeugt, haben wir genug. Das Fertigen der Wickel und das Rollen des Deckblattes habe ich meinen Roten leicht beigebracht, und so brauchen Sie sich nicht zu wundern, daß ich Ihnen eine Cigarre bieten kann, deren ich mich selbst vor Kennern nicht zu schämen brauche. Nun aber erzählen Sie mir einmal ganz ausführlich Ihre Begegnung mit den Mbocovis!«

Pena erzählte Wort für Wort, was er erlauscht hatte. Der Desierto hörte zu, ohne ihn zu unterbrechen, und sagte dann:

»Also dieser sogenannte Schwiegersohn ist hier gewesen, um zu rekognoscieren! Das muß er sehr klug angefangen haben, denn wir sind wachsam. Der Mann beweist, daß er ein sehr gefährlicher Mensch ist, und so werde ich ihn unschädlich machen.«

»Haben Sie eine Ahnung, wer er ist?« fragte ich.

»Nein. Sie vielleicht?«

»Ja. Sie kennen wahrscheinlich einen berühmten Andensteiger, welchen man nur El Sendador zu nennen pflegt?«

»Von dem hat jedermann gehört; gesehen habe ich ihn nicht. Er ist ein Schuft, dem ich mich nicht anvertrauen möchte.«

»Haben Sie Gründe und Veranlassung, dieses Urteil über ihn zu fällen?«

»Mehr als einen Grund! Der Hauptgrund aber ist der, daß er der Teufel der Indianer ist. Er hetzt sie gegen einander auf, um dabei im Trüben zu fischen. Er hetzt sie auch gegen die

Weißen. Ganz besonders sind die Mbocovis seine Verbündeten, und ich vermute, daß er bei ihnen seinen eigentlichen Fuchsbau hat, von welchem aus die Ausfallsgänge nach verschiedenen Richtungen gehen. Viele Zeichen, welche mir erst nach und nach aufgefallen sind, lassen mich das vermuten. Er hat auch unter anderen Stämmen Anhänger, mit denen er allerlei schlechte Streiche ausführt, aber die Mbocovis bilden seine Leibbrigade. Warum fragen Sie mich nach ihm? Kennen Sie ihn?«

»Leider! Das ist eine ganze Schreckensgeschichte.« Und ich erzählte einiges. »Später sollen Sie alles hören. Jetzt müssen wir vor allen Dingen über die Mbocovis schlüssig werden. Nur so viel will ich Ihnen sagen, daß ich diesen ›Yerno‹ für den Schwiegersohn des Sendador halte.«

»Alle Teufel! Ich wollte, Sie hätten recht!«

»Warum?«

»Weil wir in diesem Falle einen ausgezeichneten Fang machen würden. Gerät der Schwiegersohn des Sendador in meine Hand, so zwinge ich ihn, mir den jetzigen Aufenthalt seines Schwiegervaters zu verraten.«

»Er wird sich hüten!«

»Oho! Ich zwinge ihn! Und sollte ich ihn alle möglichen Qualen erdulden lassen! Dann kann ich den Sendador unschädlich machen. Ich hole ihn mitten unter den Mbocovis heraus!«

»Das wäre ein Unternehmen, dem ich mich sofort anschließen würde. Ich vermute, daß es eine Schar dieser Mbocovis war, denen wir unsere jetzige Lage zu verdanken haben.«

»Welche Lage?«

»Davon später, wie bereits gesagt. Der ›Schwiegersohn‹ muß unbedingt in unsere Hände geraten. Was Pena und ich dabei thun können, das soll sicher geschehen.«

»Das ist mir lieb, denn ich habe nur dreißig Männer, die, sozusagen, meine Leibgarde bilden und niemals mitgehen, wenn ein Kriegszug unternommen wird. Ich habe sie mit guten Gewehren versehen, und sie haben die alleinige Aufgabe, das Dorf und hier meine Wohnung zu beschützen. Sie sind die kräftigsten und zuverlässigsten Leute des Stammes.«

»Dreißig! Hm! Das könnte gehen, denn die Mbocovis zählen nur achtundfünfzig außer dem Schwiegersohne.«

»Sie meinen, das könnte gehen? Es kommen zwei Feinde auf einen Mann.«

»Und doch möchte ich bei meiner Ansicht bleiben, daß wir uns nicht zu fürchten brauchen,« entgegnete ich. »Der Angreifende befindet sich stets im Vorteile, weil er die Zeit, den Ort, die Art und Weise wählen kann und es also vermag, sich die vorhandenen Chancen möglichst dienstbar zu machen.«

»So geben Sie mir also recht! Die Mbocovis sind ja die Angreifenden; folglich befinden sie sich Ihren eigenen Worten nach im Vorteile gegen uns.«

»Sie wollen, verstehen Sie wohl, die Angreifer sein. Wir aber drehen den Spieß um und greifen sie an.«

»Ah, so meinen Sie?«

»Natürlich! Oder wollen Sie warten, bis Sie überfallen werden?«

»Warum nicht? Ich weiß ja nun, woran ich bin, und kann sie gebührendermaßen empfangen.«

»Wenn Sie sich den dazu passenden Ort wählen können, so will ich es gelten lassen. Ich kenne Ihre Niederlassung nicht, werde sie mir aber wohl ansehen dürfen. Ist sie groß?«

»Ja, groß und weitläufig.«

»Nun, wie wollen Sie ein solches Terrain vollständig besetzen? Mit dreißig Mann! Wie wollen Sie wissen, an welchem Punkte der Feind erscheinen wird?«

»Diesen Punkt kenne ich sehr genau. Ich kann jeden Feind zwingen, den Angriff gerade dort und nirgends anderswo vorzunehmen.«

»Wieso?«

»Ich habe natürlich für die Sicherheit der Meinen nach Kräften gesorgt, und das Terrain ist ein dazu sehr günstiges gewesen. Es zieht sich nämlich um zwei Seiten des Dorfes eine Bodensenkung, welche ich durch einen Kanal, den ich beliebig öffnen und verschließen kann, mit der Lagune in Verbindung gebracht habe. Die andern Seiten habe ich durch einen breiten, künstlichen Graben geschützt. Oeffne ich den Kanal, so ist binnen einigen Stunden das Dorf von einem breiten Wassergürtel umgeben.«

»So! Und der Punkt, von welchem Sie sprachen?«

»Der besteht in einem schmalen Damm, welcher vom Wasser frei bleibt. Ueber ihn müssen also die Feinde kommen.«

»Haben Sie dabei daran gedacht, daß dieselben sehr wahrscheinlich schwimmen können?«

»Ja.«

»Nun, dann steht es ihnen trotz des Wassers und trotz Ihres Dammes frei, ihren Angriff dorthin zu richten, wohin es ihnen beliebt.«

»Das denken Sie. Aber Sie vergessen die Krokodile.«

»Werden sich welche in dem Graben befinden?«

»Die Mbocovis müssen das wenigstens annehmen. Die Lagune ist reich an diesen Tieren, die ich eben aus diesem Grunde nicht vernichtet habe. Es steht zu erwarten, daß welche in den Graben kommen, und, darauf können Sie sich verlassen, kein Indianer schwimmt durch ein Wasser, von welchem er nicht überzeugt ist, daß es frei von Krokodilen ist.«

»Können die Mbocovis sich nicht eines Ihrer Boote bemächtigen?«

»Nein. Wir werden natürlich dafür sorgen, daß dies nicht geschehen kann.«

»Oder können sie sich nicht schnell ein Floß anfertigen? Der Wald bietet ihnen Material genug dazu.«

»Hm! Daran habe ich freilich nicht gedacht!«

»Nicht? So ist das der schwache Punkt in Ihrer Befestigung. Aber auch angenommen, daß alles nach Ihrem Wunsche gehe, daß der Feind über den Damm komme und Sie ihn mit Ihren Kugeln niederschmettern, so bin ich erstens ganz und gar gegen solch ein Massacre von Leuten, welche doch nur verführt worden sind, und zweitens denke ich, daß es unsere Absicht ist, diesen ›Schwiegersohn‹ zu fangen. Erschießen Sie ihn, so bringen Sie sich um die Vorteile, welche Sie von seiner Gefangennahme erwarten.«

»Das ist freilich wahr! Sie haben recht.«

»Und noch ein Bedenken, welches sehr wohl zu berücksichtigen ist! Der Yerno war hier, um zu rekognoscieren. Er hat alles nach Wunsch gefunden. Er ist gegangen, um seine Leute zu holen, kommt heute nacht mit ihnen an und findet – das Dorf von einem breiten Wassergraben umgeben. Was wird er denken?«

Der Alte antwortete nicht; er fuhr sich mit der Hand hinter die Ohren.

»Er wird,« sprach ich weiter, »sofort überzeugt sein, daß man seine Absicht auf irgend eine Weise erfahren habe. Natürlich verzichtet er, da er nicht Hunderte von Leuten bei sich hat, auf die Ausführung derselben, zieht sich zurück, und Sie haben das Nachsehen.«

»Das ist freilich wahr!« wiederholte der Desierto. »Ich muß es also anders anfangen, wenn ich diesen Schwiegersohn haben will. Aber wie?«

»So wie ich es denke. Wir gehen ihm entgegen und überrumpeln ihn an der Stelle, wo er die Dunkelheit erwartet.«

»Wo ist das?«

Pena beschrieb den Ort, dessen Beschreibung er aus dem Munde des Yerno erlauscht hatte.

»Ich weiß, ich weiß,« sagte der Alte. »Es ist dort eine tiefe Senkung des Bodens, welche so viel Feuchtigkeit enthält, daß mehrere hohe Bäume und ein ziemlich dichtes Gebüsch dort Nahrung finden. Also da wollen sie sich lagern! Ja, dann werden wir sie dort überfallen!«

»Das muß aber höchst vorsichtig geschehen, damit sie uns nicht kommen sehen oder hören. Und da sie doppelt stark sind, so müssen wir gleich im Augenblicke des Ueberfalles die Hälfte niederschlagen und dann Mann gegen Mann kämpfen.«

»Lieber Freund, das ist fatal! Hier komme ich auf meine Behauptung zurück, daß sie uns überlegen sind. Wenn es Mann gegen Mann geht, so treten die Giftpfeile und vergifteten Messer in ihr Recht, und dann wird, selbst wenn wir siegen, unser Verlust ein bedeutender sein. Wir umzingeln besser das Gebüsch und schießen die Männer nach und nach nieder.«

»Dreißig Mann sollen achtundfünfzig umzingeln?«

»Wir nehmen die Mädchen mit, welche auch ganz vortrefflich mit Pfeil und Bogen umzugehen verstehen.«

»Ein Kampf mit Mädchen gegen Männer! Das klingt fast lustig! Und wie soll das werden? Wir schießen aufs Geratewohl in die Büsche? So verputzen wir einen Zentner Blei und haben keinen Erfolg!«

»Gut! So halten wir sie umschlossen, bis es Tag wird. Dann können wir zielen.«

»Sie aber auch! Sie stecken hinter den Büschen und sind uns also verborgen; wir aber stehen im Freien und werden mit aller Gemächlichkeit über den Haufen geschossen!«

Der Alte stand auf, trat aus der Laube, schritt draußen einigemale auf und ab und rief dann in beinahe komischem Zorne aus:

»Zum Kuckuck mit Ihren Einwänden, Herr! Sie werfen mir ja meine ganze Kriegskunst, auf welche ich mir so viel eingebildet habe, in das Wasser!«

»Sie mag immerhin hineinfallen und drin liegen bleiben! Ihre Verteidigungspläne gehen von einer Ansicht aus, welche sich nicht für alle Fälle oder wenigstens nicht für diesen Fall als richtig erweist. Wenn Sie glauben, ein Kriegskünstler zu sein, so müssen Sie vor allen Dingen den gegebenen Verhältnissen Rechnung tragen.«

»Ich habe geglaubt, dies zu thun.«

»Sie ließen das Eine unberücksichtigt, daß wir den Schwiegersohn unbedingt haben wollen, und zwar lebendig. Auf einen Fernkampf dürfen wir uns also schon aus diesem einen Grunde nicht einlassen, ganz abgesehen von seiner Gefährlichkeit für uns.«

»Also Sie stimmen für den Nahekampf?«

»Ja, weil man sich da der Person dieses Mannes versichern kann. Ich erbiete mich, ihn auf mich zu nehmen, und Sie dürfen überzeugt sein, daß ich ihn bekommen werde. Ich schlage ihn gleich im ersten Augenblicke so nieder, wie ich Sie getroffen habe.«

»Das war ein Hieb, Herr! Ich habe über eine halbe Stunde lang bewußtlos gelegen! Aber wenn ich auch überzeugt bin, daß Sie ihn gleich mit diesem Schlage unschädlich machen und in unsere Gewalt bringen, so sind seine Mbocovis da, welche sich wehren werden. Zwei von ihnen gegen einen von uns! Das ist bedenklich. Ihr Nahekampf gefällt mir ebensowenig wie Ihnen mein Ferngefecht.«

»Es kommt ganz darauf an, wie wir uns arrangieren. Es ist ja gar nicht nötig, daß wir uns in Gefahr begeben. Ich setze den Fall, der Kampf bestände bloß darin, daß wir die Leute einzeln in Empfang nehmen und unschädlich machen.«

»Dieser Fall ist unmöglich.«

»Aber wir können ihn möglich machen. Auf welche Weise, das kann ich nicht sagen. Ich kenne das Terrain ja nicht. Wenn Sie mir das Dorf und die Umgebung desselben zeigen, so kommt mir vielleicht ein Gedanke.«

»Das will ich wohl gern thun, zweifle aber sehr daran, daß sich ein so prachtvoller Gedanke einstellen werde. Daß die Feinde uns einzeln in die Hände laufen, so daß wir sie nur willkommen zu heißen brauchen, das wäre mir freilich das allerliebste!«

»Vielleicht ist's möglich zu machen.«

»Nie! Sie mögen ja manches erlebt haben, aber dieses Land und diese Verhältnisse kennen Sie nicht!«

»Das ist sehr richtig. Aber wenn Sie mich jetzt umherführen wollen, so lerne ich sie kennen.«

»Wir können sofort aufbrechen, wenn Sie das wünschen. Während wir unsere Wanderung vornehmen, kann Unica den Tisch für Sie bereiten, an den wir bis jetzt noch nicht denken konnten. Sie werden nicht nur ermüdet, sondern hungrig sein. Bitte, kommen Sie!«

Wir leerten unsere Gläser, und mußten uns Cigarren einstecken. Dann verließen wir die Laube, um uns aus dem Garten in die Wohnung zu begeben. Wir gingen denselben Weg, den wir gekommen waren, Unica voran und der Alte hinterher. Er war in der Totenkopfstube für einen Augenblick zurückgeblieben. Als wir an den Eingang kamen und Unica die Thüre geöffnet hatte, sah ich, daß er einen dunkeln, breitrandigen Sombrero auf hatte. Dieser Hut war vorher nicht im Zimmer gewesen; daraus schloß ich, daß sich neben demselben noch ein anderes befinde, dessen Thüre uns nicht sichtbar gewesen war.

Unica schritt mit der Sicherheit der Gewohnheit über den Ast hinüber, faltete drüben den Saum ihres Gewandes fest zusammen und turnte sich mit großer Gewandtheit von Ast zu Ast bis zum Erdboden hinab, wo sie sich sofort entfernte, ohne auf uns zu warten. Als auch wir unten angekommen waren, sagte der Alte:

»Das Dorf besichtigen wir zuletzt. Jetzt will ich Sie zunächst nach dem See führen.«

Wir kamen an die Stelle, wo ich vorher mit Pena am Wasser gestanden hatte, um die Lagune zu überblicken. Von da aus gingen wir nach links weiter, immer am Ufer hin. Der Wald reichte überall bis an das Wasser, so daß wir uns unausgesetzt unter seinem Laubdache befanden. Nach einiger Zeit lag das Ufer plötzlich in einem fast rechten Winkel links ab und kehrte in einem weiten Bogen nach seiner vorherigen Richtung zurück. Dadurch bildete die Lagune einen Busen, in welchem eine ziemlich große Insel lag, die wir, als wir nach unserer Ankunft das Wasser erreichten, für Uferland gehalten hatten. Auch sie war mit Bäumen bestanden. Hinter ihr folgten noch mehrere, aber kleinere Inseln, welche näher am Ufer lagen als die erstere.

Unser Weg wurde jetzt schmal und bildete einen kurzen, brückenartigen Bogen, bei welchem linker Hand der Boden plötzlich abwärts stieg und eine Senkung bildete, die sich fernhin zwischen den Bäumen hindurch weiterzog.

»Das ist der Graben,« erklärte der Alte, »und wir stehen auf dem verdeckten Kanale, durch den er aus der Lagune gespeist wird. Später werden Sie das besser sehen.«

Wir waren noch nicht viel weiter gekommen, als die Bäume auseinander traten, und wir nun einen weiten Platz vor uns liegen sahen, auf welchem zahlreiche, verschiedengestaltete Hütten standen, zwischen denen sich regsame Menschen bewegten. Eben jetzt war von dorther der Klang einer Trommel zu hören.

»Das ist das Dorf,« erklärte der Alte.

»Und warum trommelt man?« fragte ich.

»Der Befehl dazu wurde jedenfalls von Unica gegeben. Sie versammelt die Leute, um ihnen mitzuteilen, daß sie überfallen werden sollen. Bei dieser Gelegenheit wird sie auch Ihre Anwesenheit erwähnen, und Sie werden sich eines höchst feierlichen Empfanges zu erfreuen haben.«

Bei diesen Worten ging ein leichtes, halb spöttisches und halb zufriedenes Lächeln über sein Gesicht. Dann fuhr er fort:

»Jetzt fahren wir nach der Insel. Die müssen Sie sehen.«

Es lagen mehrere größere und kleinere Boote am Ufer. Wir sprangen in eines der letzteren. Pena und ich griffen zu den Rudern und hielten auf die Insel zu, welche vielleicht fünf Minuten lang und halb so breit war. Wir sahen weder Menschen noch Tiere auf derselben. Am Ostrande standen schattige Bäume. Wo dieselben aufhörten, begannen Felder, welche von den Erfolgen des viejo Desierto zeugten. Dieser führte uns nach den Bäumen. Dort erblickten wir, unter den hohen Wipfeln derselben liegend, ein Gebäude, welches aus Ziegeln errichtet und mit Schilf gedeckt war. Aus seinem Firste stieg ein Kreuz empor, und über der Thüre waren in dunklen Buchstaben auf Kalkgrund die Worte *Soli Deo Gloria* zu lesen.

»Die Kirche,« erklärte der Alte.

»Wer ist der Priester?« fragte ich.

»Wir haben natürlich keinen,« antwortete er. »Die Gemeinde versammelt sich hier, und ich übersetze ein Evangelium oder eine Epistel und lese aus der Postille eine Erklärung. Der gute Wille ist für die That zu nehmen.«

Er zeigte uns die kleinen Felder, welche besser Gärten zu nennen waren; dann fuhren wir nach der nächsten Insel. Dort und auf den anderen weideten Pferde und Rinder.

»Pferde im Chaco sind selten,« sagte er. »Sie gehen auch leicht an der Moskitoplage zu Grunde. Wir wohnen aber in einer Gegend, wo es viel offenes Land, Sand- oder Grasflächen giebt, und da sind Pferde von großem Nutzen. Die Tiere geben meinen Leuten eine bedeutende Ueberlegenheit gegen die andern roten Stämme.«

Nun kehrten wir an das Ufer zurück und schritten dem Dorfe zu. Als wir aus dem Boote stiegen, hatte ich einen kleinen, rotbraunen Buben gar nicht beachtet, welcher dort gestanden hatte. Jetzt rannte er, was die Beine nur hergaben, dem Dorfe zu und schrie dabei auf eine so entsetzliche Weise, daß es mir bange um das Kerlchen wurde.

»Was hat der Kleine?« fragte ich. »Hat er solche Angst vor uns?«

»O nein,« antwortete der Desierto. »Er ist der Posten, welcher ausgesandt wurde, Ihre Ankunft der Festungskommandantin Unica zu melden. Sie werden eine großartige Parade sehen.«

Er sagte das mit einem Behagen, welches seinem sonst so finsteren Gesichte einen wirklich rührenden Ausdruck gab.

Die ersten Häuser des Dorfes bildeten eine breite Straße. Die Gebäude waren aus Holz, Lehm und Ziegeln errichtet und meist mit Schilf gedeckt. Sie hatten ein sauberes Aussehen. Es gab kein einziges, neben, vor oder hinter welchem nicht ein Gärtchen gelegen hätte. Menschen waren nicht zu sehen. Dieser Umstand erklärte sich sehr bald, als die Häuser weiter auseinander traten und eine Art Ring oder Marktplatz bildeten. Dort war nämlich alles versammelt, was in dem Dorfe lebte und webte. Es waren lauter Frauen, Mädchen und Kinder. Die Männer waren auf dem Kriegszuge abwesend. Einige Greise erblickte ich, welche zu alt und schwach waren, um an demselben teilnehmen zu können.

Alle Personen, welche da standen, wo wir vorüber kamen, verbeugten sich und sagten einen Gruß, den ich nicht verstand. Auf der Mitte des Platzes standen – – zwei Bataillone Militär, Fußtruppen! Das erste Bataillon, welches auch das erste Treffen bildete, bestand aus dreißig kräftigen Indianern, welche in zwei Gliedern standen und ihre Gewehre am Fuße hatten. Der Flügelmann aber trug das seinige umgehängt, weil er die Hände zur Bedienung der Trommel brauchte, welche an seinem Gürtel befestigt war. Sie bestand aus einem Kessel, welcher mit Fell überzogen war.

Das zweite Bataillon war Dameninfanterie und viel stärker als das erstere. Auch diese Amazonen standen in zwei Gliedern, die Köcher hinten, die Blasrohre in der rechten und die Bogen in der linken niedergesunkenen Hand.

Vor diesen beiden taktischen Körpern stand Unica mit umgehängtem Gewehre und einem Blasrohre in der Rechten. Als sie glaubte, daß wir nahe genug seien, schwang sie das Rohr, und der Trommler begann zu wirbeln, was er nur wirbeln konnte. Dann rief die Kommandantin ein lautes Kommandowort, auf welches die Gewehre, Blasrohre und Bogen präsentiert wurden. Dabei schrieen die Truppen ein Wort oder zwei, deren Bedeutung mir höchst unklar war. Der Alte sah es mir an und fragte mich:

»Verstehen Sie, was sie schreien?«

»Nein.«

»Ich kenne die Sprachwerkzeuge meiner Roten und verstehe also die Worte. Unica hat sie ihnen einigemale vorgesagt, wie ich vermute, und zwar Ihnen zu Ehren, und nun schreit sie jeder und jede, wie es eben gelingen will. Es soll heißen: ›Deutschland hoch!‹ Hören Sie es nun heraus?«

Die Rotte Korah brüllte noch immer ohne Aufhören. Eine der Silben klang beinahe wie ›hoch‹; aber wehe dem armen ›Deutschland‹; was war aus ihm geworden! Kein einziger dieser Soldaten, und keine einzige der Amazonen konnte das Wort richtig aussprechen, und je länger sie es schrieen, desto mehr veränderten sie es. Der Doppellaut eu und die Vokale a und o blieben, aber die Konsonanten wurden in die so schwer auszusprechenden indianischen Gaumenlaute verwandelt. Die Zuschauer hielten es für ihre Pflicht, in die Ovation einzustimmen, und endlich heulte die ganze Menge, wobei die Schreier während der Pausen, in denen sie Atem holen mußten, so selbstgefällig fragende Blicke auf uns warfen, als ob sie sagen wollten: »Hört ihr es, wie vortrefflich wir mit eurer Sprache umzugehen verstehen!«

Wir traten zu Unica, um ihr zu danken, und sie gab ein Zeichen, worauf das Gebrüll augenblicklich verstummte.

»Soll ich exerzieren lassen?« fragte sie.

»Ja, bitte!« antwortete ich, um sie nicht zu betrüben, denn sie freute sich gewiß darauf, uns zu zeigen, was ihre Truppen leisten konnten.

Sie ließ rechts, links und auch ganz kehrt machen und dann marschieren. Die Truppen befleißigten sich des Gleichschrittes, aber wenn der Erfinder desselben, der ›alte Dessauer‹ jetzt neben uns gestanden hätte, so wäre er ob dieses so verschiedenen Trampelns ein wenig oder auch ganz aus der Haut gefahren. Endlich standen die Bataillone wieder in der alten Ordnung und ich lobte die prächtigen Evolutionen.

Nun wollte uns der Alte den Graben zeigen, und wir stiegen in denselben hinab. Der natürliche Teil desselben war mit Bäumen bestanden; am künstlich ausgeworfenen standen sie bis an das Ufer heran. Wir schritten da unten weiter, wohl drei Viertelstunden lang, rund um das Dorf; bis wir an die Schleuse kamen und in das Dorf zurückkehrten.

An dem großen Platze desselben, worauf vorhin exerziert worden war, stand ein nach den hiesigen Verhältnissen allerliebstes Häuschen, welches für Unica nach der Anweisung des Alten gebaut worden war. Darin residierte sie mit ihrem Hofstaate, und vor der Thüre desselben war für uns gedeckt.

Das heißt nämlich auf einem langen, roh gezimmerten Tische standen große, thönerne Schalen mit riesigen, dampfenden Fleischmassen, und auf kleineren Schalen gab es Früchte und allerlei Gemüse, welches gar nicht übel zubereitet war. Gabeln und Löffel waren nicht vorhanden; ein Messer hatte jeder mit. Die Stühle bestanden aus Holzteilen, welche durch Lederriemen fest verbunden waren.

Wir nahmen Platz und ließen es uns schmecken, während die sehr loyale Bevölkerung uns zusah. Dabei patrouillierte die Leibgarde gravitätisch auf und ab. Der Tambour ließ seine Künste hören, und bald gesellten sich noch andere Jünger der edlen Musika zu ihm, welche ein Konzert aufführten, bei welchem mir gewiß die Zähne locker geworden wären, wenn ich ihnen Zeit dazu gelassen hätte.

Das Publikum wollte sehen, wie wir aßen. Es drängte sich herbei, bis nahe zum Tisch heran. Zuweilen rief die Königin irgend einen kleinen Liebling zu sich, um ihm einen Bissen in den Mund zu schieben. Ich folgte diesem Beispiele und hatte sehr bald auf jedem Knie ein rotes Knirpslein hocken, welche beiden hoffnungsvollen Zappelmänner sich solche Fleischstücke in den Mund steckten, daß zwar nicht ihnen, destomehr aber mir vor Angst der Atem verging.

Die Leute hatten gehört, daß ihnen ein feindlicher Ueberfall drohe. Europäer wären da viel zu ängstlich und voller Sorge gewesen, als daß sie es über sich gebracht hätten, hier so ruhig zuzuschauen. Die Tobas aber verhielten sich so unbefangen, als ob sie von dem gegen sie geplanten Angriffe gar nichts wüßten. So können nur Indianer sein.

Der viejo Desierto hatte lange Jahre bei ihnen gewohnt, vermochte es aber doch nicht, seine Abstammung zu verleugnen. Er war voller Unruhe und konnte es kaum erwarten, bis das Essen zu Ende ging. Dann aber ließ er den Leuten wissen, daß jetzt Beratung gehalten werden solle. Die Zuschauer zogen sich sofort zurück; die Musikinstrumente schwiegen, und es trat eine Ruhe ein, als ob das ganze Dorf ausgestorben sei.

Eine Beratung in deutscher Sprache hatte es hier jedenfalls noch nie gegeben. Es war mir trotz der fremdartigen Umgebung so zu Mute, als ob ich mich daheim befände.

»Sie haben nun die Inseln und das Dorf gesehen,« sagte der Alte. »Sie hofften, daß Ihnen dann ein Gedanke kommen werde. Ist er da?«

»Ja,« nickte ich. »Es bleibt, wie ich sagte, daß die Feinde uns einzeln in die Hände laufen.«

»Herr, Ihr Wort in allen Ehren, aber das ist unmöglich!«

»Es ist sogar ziemlich leicht. Wenn Pena meiner Meinung ist, hoffe ich zuversichtlich, daß es gelingen wird.«

»Ich?« fragte der Genannte. »Natürlich bin ich Ihrer Meinung!«

»Langsam! Sie sollen eine gefährliche Rolle dabei spielen!«

»Das wird man gewohnt. Hier zu Lande ist eben alles gefährlich. Machen denn Sie selbst mit?«

»Ja.«

»Nun, da dürfen Sie ja nicht denken, daß ich zurückbleibe. Dabei hoffe ich aber, daß die Rolle, welche Sie mir zugedacht haben, mich nicht von Ihnen trennt.«

»Sie bleiben an meiner Seite und teilen mein Los, mag geschehen, was da wolle.«

»So bin ich befriedigt. Sagen Sie nur, was geschehen soll!«

»Ja, sagen Sie es uns,« forderte mich auch der Desierto auf. »Ich bin sehr begierig, es zu hören.«

»Nun, die Sache ist eigentlich einfach,« erklärte ich. »Sie gehen hinüber nach der großen Insel und legen sich mit Ihren dreißig Männern unter die Bäume, nahe an das Ufer; ich aber bringe Ihnen die Mbocovis hinüber, immer fünf oder sechs auf einmal, und Pena hilft mir dabei. Sie haben nichts zu thun, als sie zu empfangen und festzunehmen.«

Der Alte starrte mich an, ob ich das im Ernste sage. Er schien gar nicht zu wissen, wie er meine Worte aufnehmen solle. Endlich rief er aus:

»Die Mbocovis werden sich hüten, sich so auf die Insel liefern zu lassen!«

»Warum nicht!« sagte Pena. »Sie wissen ja noch gar nicht, wie er es anfangen will!«

»Mag er es immer wie anfangen; sie machen nicht mit. Und warum gerade nach der Insel? Warum nicht hierher?«

»Weil ich einen Grund haben muß, sie zu teilen,« antwortete ich. »Hierher können sie zugleich kommen, alle miteinander. Wenn sie aber nach der Insel müssen und es ist nur ein einziges, kleines Boot dazu da, so müssen sie sich teilen und werden infolgedessen leichter überwältigt.«

»Aber wie wollen Sie sie denn auf den Gedanken bringen, gerade nach der Insel zu fahren?«

»Ich sage ihnen, daß Sie sich drüben befinden. Sie haben doch gehört, daß es zumeist auf Ihre Person und Ihren Besitz abgesehen ist.«

»So! Daß ich drüben bin? Und das wollen Sie ihnen sagen? Sie haben also die Absicht, mit ihnen zu sprechen?«

»Wie Sie hören! Wir haben doch eingesehen, daß es keinen Kampf geben kann, der nicht uns selbst auch Opfer bringt. Um diese zu vermeiden und um den ›Schwiegersohn‹ in unsere Hände zu bekommen, müssen wir zur List greifen, die einzig und allein darin besteht, daß wir die Feinde zu trennen suchen, um sie einzeln festnehmen zu können, und daß wir jeden Kampf mit ihnen vermeiden. Ueberfallen sie das Dorf, so können sie beisammen bleiben, und es wird unbedingt zum Kampfe kommen. Müssen sie aber auf die Insel, so können sie nur einzeln oder vielmehr in kleinen Gruppen hinüber. Begreifen Sie mich?«

»Ja doch! Aber wie wollen Sie ihnen das mit der Insel plausibel machen?«

»Ich sage ihnen, daß Sie alle sich auf diese Eilande begeben haben.«

»Was könnten wir für einen Grund dazu haben?«

»Sie sollen überfallen werden und zwar von den Chiriguanos.«

»Ah, gegen welche meine Leute jetzt gezogen sind! Aber ich kann Ihren Plan doch nicht durchschauen.«

»Er ist sehr durchsichtig, weil einfach. Hören Sie! Pena und ich sind Cascarilleros. Wir sind zu Ihnen gekommen und haben uns mit Ihnen verfeindet. Sie haben uns festgenommen, um uns zu züchtigen. Dabei sind wir von Ihren Tobas vollständig ausgeraubt worden.«

»Warum denn das?«

»Weil wir, um Glauben und Vertrauen zu finden, so thun müssen, als ob wir Ihre Feinde seien und einen großen Haß auf Sie geworfen hätten.«

»Ah so! Weiter.«

»Sie haben uns hier eingesperrt und außerordentlich schlecht behandelt. Inzwischen sind Ihre Leute gegen die Chiriguanos gezogen, von diesen aber geschlagen worden. Ein Bote ist heute gekommen und hat Ihnen das gesagt. Er hat Ihnen auch gemeldet, daß die Chiriguanos nun ihrerseits kommen, um Sie zu überfallen und sich zu rächen. Um sich zu retten, haben Sie mit sämtlichen Bewohnern das Dorf verlassen und sich auf die Insel geflüchtet. Verstehen Sie nun bald?«

»Jawohl! Sie wollen die Mbocovis nach der Insel locken und müssen ihnen also diese Geschichte erzählen.«

»Das wird nicht nur erzählt, sondern auch gethan!«

»Warum?«

»Erstens können die Männer auf den Gedanken kommen, sich zu überzeugen, ob die Geschichte wahr ist, und zweitens wird der ›Schwiegersohn‹ sich gewiß herbeischleichen, um zu rekognoscieren. Er muß sehen, daß Sie nach den Inseln hinüberziehen!«

»Hm! Viel Arbeit!«

»Das müssen Sie mit in den Kauf nehmen. Bei diesem Umzuge und da Sie nicht wissen, wie die Sache ablaufen kann, sind wir beide, Ihre Gefangenen, Ihnen im Wege. Darum geben Sie uns die Freiheit, behalten aber alles, was Sie uns abgenommen haben. Sie lassen uns sogar durch einige Ihrer Leute aus dem Dorfe und eine Strecke fortbringen. Es schadet gar nichts, wenn uns einer dabei einen Hieb versetzt. Wir armen, ausgeraubten Teufels wandern nun mißmutig und voller Wut auf Sie fort und treffen dabei auf die Mbocovis.«

»Alle Wetter! Jetzt begreife ich Sie!« rief der Alte. »Der Plan ist kostbar. Sie wollen sich den Leuten anschließen und ihnen helfen, sich an mir zu rächen?«

»So ist es. Der kleine Kahn, welcher uns vorhin getragen hat, muß hier am Ufer liegen. Er faßt im höchsten Falle sechs Personen. Die Mbocovis müssen also zehn- bis zwölfmal hinüber und herüber. So oft ein Trupp kommt, nehmen Sie ihn in Empfang.«

»Aber wenn sie schreien, so ist die Sache verraten!«

»Wenn sie schreien, so sind Sie schuld daran. Sie müssen sie eben gleich so fassen, daß keiner schreien kann.«

»So wie Sie mich bei der Gurgel nahmen, nicht wahr! Das kann zehnmal gelingen und beim elftenmale doch nicht. Oder es kommen sechs; fünf von ihnen fassen wir richtig; der Sechste aber bekommt Luft und ruft um Hilfe.«

»Hm! Wenn ich dabei sein könnte! Das geht aber nicht. Wie wäre es denn – hm, ja, wenn Sie sich dazu hergeben könnten!«

»Wozu?«

»Die Kirche ist das einzige Gebäude auf der Insel; sie ist nicht verschlossen. Wenn wir die Mbocovis da hinein lockten!«

»In das Gotteshaus!«

»Warum nicht? Ich halte das für keine Sünde. Denken Sie, wozu im Kriege die Kirchen benutzt werden, und das sind wirkliche, geweihte Gotteshäuser, was aber hier wohl nicht der Fall ist.«

»Sie haben recht! Ich stimme bei.«

»Schön! Die Einzelheiten besprechen wir noch. Ich sagte vorhin, daß die Mbocovis auf den Gedanken kommen könnten, nachzusehen, ob das Dorf wirklich verlassen ist. Es muß also auch verlassen sein. Die Bewohner alle müssen am Abende hinüber auf die kleinen Inseln; Sie aber mit Ihren dreißig Kriegern besetzen die große. Geben Sie bereits jetzt die nötigen Befehle, und dann wollen wir noch einmal hinüberfahren. Ich muß mir einen passenden Landeplatz auswählen.«

»Das wollen wir. Aber Sie betrachten dabei etwas als ganz selbstverständlich, wogegen ich protestieren muß.«

»Was?«

»Daß Sie die Rolle übernehmen, welche die gefährlichste ist.«

»Haben Sie einen andern dazu?«

»Nein.«

»So muß es wohl dabei bleiben. Es fragt sich nur, ob Pena mitgeht.«

»Natürlich gehe ich mit!« antwortete dieser.

»Ich könnte diese Rolle auch allein spielen, aber ich möchte auf alle Fälle Sie bei mir haben, falls ich Rat und Hilfe brauche.«

»Was den Rat betrifft, so haben Sie mich wohl nicht nötig. Aber in Beziehung auf die Hilfe können Sie sich auf mich verlassen.«

»Ich habe auch noch einen andern Grund. Sie verstehen die Sprache dieser Mbocovis, ich aber nicht. Nur durch Sie kann ich also erfahren, was sie sprechen.«

»Daran soll es nicht fehlen.«

»Aber Sie sind bei den Mbocovis gewesen, als Sie deren Sprache lernten. Es kann sehr leicht einer da sein, der Sie kennt. Darum müssen wir vorsichtig sein. Sie dürfen vorerst gar nicht auf die Mbocovis horchen, sondern müssen sich mit mir zu dem ›Schwiegersohn‹ halten, mit welchem wir spanisch sprechen. Währenddem wird es sich wohl zeigen, ob jemand Sie kennt. Ist dies nicht der Fall, so verraten Sie mit keinem Worte und keiner Miene, daß Sie die Roten verstehen.«

»Ja, seien Sie ja so vorsichtig wie möglich,« bat der Alte. »Wenn Sie Ihren Zweck nicht erreichen oder Ihnen gar ein Unglück geschieht, so sind auch wir schlimm daran. Ich wünschte, wir könnten diese Kerle fangen, ohne daß Sie sich in solche Gefahr zu begeben brauchen. Ich werde meine Leute nicht nur gut instruieren, sondern sogar einüben; sie sollen einander bei den Hälsen nehmen, bis sie die Besinnung verlieren, damit sie dann heute abend wissen, wie man zuzugreifen hat. Jetzt wollen wir nach der Insel.«

Der viejo Desierto rief seine Männer herbei und erteilte ihnen die betreffenden Befehle. Diese verbreiteten sie weiter, und so sahen wir die Leute in die Häuser eilen, um ihre Habseligkeiten, deren ein Indianer nur wenige besitzt, nach den Eilanden zu schaffen. Wir aber begaben uns nach dem Ufer und von da nach der großen Insel.

Die sogenannte Kirche bestand nur aus den vier Wänden und dem Dache. Von einer Seite nach der andern zogen sich die Reihen der Bänke, eingerammte Pfähle mit darauf festgebundenen Langhölzern, wie sie der Wald bietet. Vor denselben stand ein aus demselben Materiale gefertigter Tisch, welcher die Kanzel bildete, und hinter ihm ein Stuhl. Das war die ganze Einrichtung. Die Thüre hatte kein Schloß, sondern nur eine ganz gewöhnliche Holzklinke. Die Mauern waren ziemlich stark. Jede Seite besaß eine Fensteröffnung, welche mit einem Laden verschlossen war. Die Einrichtung war meinem

Zwecke ganz entsprechend. Sie befriedigte mich so, daß der Alte mir dies ansah, was er durch die Frage bewies:

»Sie sind zufrieden? Denken Sie, daß wir diesen Raum benutzen können?«

»Ja; er ist sehr passend. Ich werde dafür sorgen, daß die Mbocovis hier hereingehen.«

»Wie wollen Sie das anfangen?«

»Da sie einzeln oder nur in kleinen Trupps herüberkommen, müssen sie auf einander warten. Dabei laufen sie, wenn sie sich im Freien aufstellen, Gefahr, von Ihnen gesehen zu werden. Aus diesem Grunde wird es ihnen einleuchten, wenn ich ihnen den Rat gebe, sich hier zusammenzufinden.«

»Was haben wir zu thun?«

»Zehn Mann von Ihnen stecken sich unter die Bänke und schleichen sich dann hinter die Mbocovis, um sie bei der Kehle zu nehmen. Es werden ihrer immer nur fünf sein; sechs faßt der Kahn, und einer muß ja wieder hinüber ans Ufer. Fünf von Ihren Kriegern greifen also von hinten zu, und die andern fünf haben das nötige Material bei der Hand, um sie zu knebeln und zu binden. Uebrigens bedarf es nur bei den ersten Ankömmlingen ganz besonderer Vorsicht. Später können Ihre Leute sich vorn an der Thüre aufhalten und jeden Transport in Empfang nehmen. Man wird sie für die schon hier befindlichen Kameraden halten. Ein Hilferuf, wenn er nicht gar zu laut erschallt, kann schwerlich hier hinaus und bis an das Ufer dringen, und die Hauptsache ist, daß Ihre Leute stets nicht eher zugreifen, als bis die Thüre wieder zugemacht worden ist. Auch müssen die Gebundenen so bedroht werden, daß sie es nicht wagen, einen warnenden Laut hören zu lassen, wenn ein neuer Transport hereintritt. Uebrigens werde ich es, wenn es immer möglich zu machen ist, so einrichten, daß ich mich mit Pena gleich bei den ersten Fünf befinde. Gelingt mir das, so brauchen Ihre Leute nur auf das zu hören, was ich sage. Es ist scheinbar an die Mbocovis, eigentlich aber an sie gerichtet. Suchen Sie Leute aus, die vielleicht ein wenig Spanisch verstehen!«

»Da habe ich zwei, die Sie leidlich verstehen werden, wenn

Sie langsam und deutlich sprechen. Aber warum sollen sich nur zehn Mann hier verstecken? Ich habe ja dreißig!«

»Aus sehr guten Gründen. Erstens genügen zehn Mann vollständig, fünf Feinde zu überwältigen, und zweitens würden dreißig Menschen sich hier nicht so gut verstecken können, wie zehn. Sodann steht auch zu erwarten, daß der ›Schwiegersohn‹ sich erst nach der Insel begeben wird, um sich zu überzeugen, daß meine Angaben auf Wahrheit beruhen und daß er seine Leute ohne Gefahr hier auf einander warten lassen kann. Er wird sehen wollen, ob es wirklich an dem ist, daß er sich Ihrer zu bemächtigen vermag. Darum muß er Sie und Ihre übrigen zwanzig Krieger sehen.«

»Bei der Dunkelheit wird er mich nicht erkennen!«

»Sie mit Ihrem Barte und langem, schwarzem Talare sind selbst im Dunkeln zu unterscheiden. Um ihm aber die Sache so leicht wie möglich zu machen, brennen Sie ein Feuer an, um welches Sie sich lagern. Die Stelle dazu müssen Sie so wählen, daß er sich ohne Mühe anschleichen kann und daß er auch zu der Einsicht gelangt, daß Sie sich um die Gegend, in welcher die Kirche steht, gar nicht bekümmern.«

»Sagen Sie mir den passendsten Ort!«

»So kommen Sie heraus!«

Wir verließen die Kirche und ich fand eine Stelle, wo das Feuer, genügend von der Kirche entfernt, angebrannt werden konnte. Der geheimnisvolle Mann blickte nachdenklich vor sich nieder. Pena mochte denken, daß er mit meinen Ratschlägen nicht einverstanden sei, denn er fragte:

»Was machen Sie für ein Gesicht? Können Sie vielleicht bessere und sachgemäßere Anordnungen treffen?«

»Nein, gewiß nicht,« lautete die Antwort. »Gut ist der Plan, ja, aber auch sehr kompliziert und nicht leicht auszuführen. Den zehn Personen, welche ich in die Kirche postiere, fällt eine schwere Aufgabe zu.«

»Suchen Sie nur Leute aus, welche derselben gewachsen sind! Der Angriff gilt Ihnen und nicht uns. Darum liegt es nur in Ihrem Interesse, sich Mühe zu geben. Uns beide geht die Sache eigentlich nichts an. Wir haben unsern Zweck erreicht und Sie gewarnt und könnten nun unsere Wege gehen. Anstatt dessen aber bleiben wir und nehmen sogar den schwersten und gefährlichsten Teil der Aufgabe auf uns. Es ist kein Spaß, sich unter die Mbocovis zu wagen; das werden Sie zugeben!«

»Freilich! Wenn ich daran denke, so möchte mir himmelangst um Sie werden!«

»Denken Sie nicht an uns, sondern an sich!« sagte ich ihm. »Und sorgen Sie dafür, daß meine Ratschläge befolgt werden. Ich bin, wie bereits erwähnt, überzeugt, daß der Schwiegersohn, der jetzt mit seiner Schar das Versteck vielleicht erreicht hat, sich nach der Lagune schleicht, um sich umzusehen. Lassen Sie den Umzug nach den Inseln recht auffällig vor sich gehen, so daß er es bemerken muß! Und ferner, da Sie uns ausgeraubt haben, so müssen wir auch äußerlich als Leute erscheinen, die sich als Gefangene in brutalen Händen befunden haben. Wir werden also unsere Anzüge zurücklassen, und Sie müssen für Kleidungsstücke sorgen, mit denen wir uns leidlich bedecken können.«

»Was?« fragte Pena. »Soll ich mich etwa nur in ein altes indianisches Hemde einwickeln?«

»Ja. Je ärmlicher wir aussehen, desto leichter finden wir Glauben und Vertrauen.«

»Mir auch recht! Soll es Fasching sein, dann bin ich mit der tollsten Verkleidung einverstanden. Ich werde auch meinen Haaren eine Frisur geben, welche Vertrauen erweckt.«

»Keine Ueberschwänglichkeiten! Es muß alles wahr und nicht gemacht erscheinen.«

»Aber unsere Waffen nehmen wir mit!«

»Nein. Wir haben unsere Fäuste, und gilt es, so genügt ein Griff, um uns in den Besitz von Messern und anderen Waffen zu bringen. Droht uns Gefahr, so ist es natürlich das erste, dem nächststehenden Roten seinen Kneif, seine Pfeile oder was er sonst hat, zu entreißen.«

»Ist diese Maßregel partout notwendig?«

»Ja. Wenn die Tobas uns feindlich behandeln und uns alles nehmen, so werden sie uns doch nicht gerade im Besitze dessen lassen, was für sie den größten Wert besitzt und, wenn sie es uns lassen, ihnen gefährlich werden könnte, nämlich unsere Waffen.«

»Sie haben recht. Wir wagen viel; aber ich denke, daß es gelingen wird.«

Jetzt sahen wir Leute am Ufer erscheinen, welche die Boote losmachten, um ihre Habseligkeiten nach den Inseln zu schaffen. Weiter oben lag ein Floß, welches als Fähre für die Tiere diente. Auch dieses wurde in Gebrauch genommen. Es entwickelte sich zwischen dem Ufer und den Eilanden ein sehr reges und bewegtes Leben, welches selbst in größerer Ferne zu sehen war und auffallen mußte. Wir verließen die Insel. Als wir landeten und aus dem Boote stiegen, sagte ich zu dem Alten:

»Nun öffnen Sie die Schleuße!«

»Wie? Ich soll das Wasser in den Graben laufen lassen? Sie sagten doch, daß dies Verdacht erregen würde!«

»Den erregt es nur in dem Falle, daß die Mbocovis diese Maßregel auf sich beziehen. Haben sie aber erfahren, daß Sie von den Chiriguanos überfallen werden sollen und vor diesen auf die Inseln geflüchtet sind, so werden sie es als ganz selbstverständlich nehmen, daß Sie Ihre verlassenen Wohnungen durch einen Wasserring vor der Zerstörung schützen wollen.«

Die Schleuße wurde aufgezogen, und das Wasser ergoß sich in einem breiten, starken Strahle in den Graben, so daß ich annahm, daß der Ringgraben sich zwar nicht binnen einigen Stunden, aber doch bis zum Abende gefüllt haben werde.

Nun galt es, den Umzug zu beaufsichtigen, und noch manches andere Nötige zu thun. Unser Plan wurde noch viel ausführlicher durchsprochen, als es bisher möglich gewesen war, wo es sich bloß um die Hauptzüge desselben gehandelt hatte. Alle möglichen Bedenken und Störungen wurden erwogen, um Beschluß zu fassen, was in den einzelnen, unvorhergesehenen Fällen gethan werden sollte. Und dann erhielten die mithandelnden Indianer ihre genauen Instruktionen.

Darüber war die Zeit des Mittages und auch ein ziemlicher Teil des Nachmittages vergangen, und wir, Pena und ich, mußten nun an den Aufbruch denken.

Der Alte besaß einen Vorrat von Stoff zu Anzügen für seine Leute, auch fertig gemachte Stücke, und bot uns diese zur Auswahl an. Ich durfte aber nicht darauf eingehen, da es unserm Zwecke nicht entsprochen hätte, neue Sachen zu tragen. Darum wurden zwei alte Hosen und indianische Hemden herbeigeschafft, und wir begaben uns nach dem Felsen, um uns in der Wohnung des Desierto umzuziehen und dort unsere Waffen aufzubewahren, da sie dort jedenfalls am sichersten lagen.

Als wir dann noch einmal in den Garten gingen, sahen wir wirklich aus wie zwei Menschen, welche der Gefangenschaft entronnen sind. Ich blickte durch eine Maueröffnung hinab zum See und rechts hinüber nach der Uferseite der Richtung, aus welcher wir nach der Lagune gekommen waren. Der Alte stand bei uns und erklärte uns den Weg, welchen wir einschlagen mußten, um nach dem Verstecke der Mbocovis zu gelangen.

»Jammerschade, daß ich um mein Fernrohr gekommen bin!« sagte ich. »Es würde mir jetzt gute Dienste leisten. Vielleicht könnte ich durch das Rohr den Schwiegersohn entdecken.«

»So kann Ihnen geholfen werden, denn ich habe ein Perspektiv.«

»Wirklich? Das ist vortrefflich! Holen Sie es!«

Er holte mir das Rohr, welches größer und besser als das meinige war, und ich richtete es nach dem Ufer der Lagune. Ich suchte dasselbe einigemale sehr sorgfältig ab, ohne etwas anderes als einige Vögel zu sehen.

»Sie irren,« meinte der Alte. »Der Yerno ist nicht da. Er wird sich hüten, am Tage nach der Lagune zu kommen, wo er so leicht entdeckt werden kann.«

»Und doch möchte ich darauf wetten, daß er da ist oder daß er dagewesen ist oder auch noch kommt!«

»Geben Sie sich weiter keine Mühe! Es ist vergeblich!«

Ich war auch davon überzeugt und setzte das Rohr ab. Pena nahm es mir aus der Hand und meinte:

»Lassen Sie sehen, ob ich ihn vielleicht erwische! Ich habe zwar kein Geschick dazu, aber ich weiß, daß –«

Er hielt inne, und sein Gesicht nahm einen gespannten Ausdruck an. Man erfährt sehr oft, daß, was dem einen trotz aller Mühe nicht gelingt, dem andern gleich beim ersten Versuche in die Hände läuft. So auch hier. Pena nahm das Rohr vom Auge und sagte in befriedigtem Tone:

»Ich habe ihn! Ich halte das Ding ans Auge, blicke hinein und sehe einen Kerl, welcher im Schilfe am Ufer liegt, gerade vor meinem Glase. Es war, als habe mir ein Unsichtbarer das Rohr gerade auf diese Stelle gerichtet.«

»Wo liegt er?«

Er beschrieb mir die Stelle, und ich fand den Mann. Die Entfernung war zu groß, als daß ich seine Züge hätte erkennen können; aber ein Weißer war es, und auch genau so gekleidet wie der Yerno.

»Er ist's!« rief ich erfreut aus. »Ich habe also ganz richtig vermutet. Daß er da ist und sich gerade dort befindet, das erleichtert uns unser Vorhaben außerordentlich. Kommen Sie schnell hinunter! Wir müssen hinüber zu ihm. El Desierto geht auch mit.«

»Ich?« fragte der Alte erstaunt. »Sind Sie des Teufels?«

»Nein. Ich erkläre Ihnen die Sache unterwegs! Nehmen Sie zwei Stricke oder Riemen mit, um uns zu binden! Auch das Fernrohr wird mitgenommen.«

Ich ging rasch fort und sie mußten mir folgen. Als wir an der Algarobe hinuntergeklettert waren, konnte ich ihnen sagen, was ich vorhatte. Beide stimmten mir bei. Wir gingen zum Ufer und riefen dort zwei Indianer zu uns. Pena wurde an Händen und Füßen, ich nur an den letzteren gebunden; dann legte man uns beide in das Boot. Der Alte setzte sich zu uns, und die Indianer ergriffen die Ruder. Das Boot verließ den Anlegeplatz, um nach dem Punkte gerichtet zu werden, an welchem der Schwiegersohn lag.

Dieser hatte uns bisher nicht sehen können, da die Insel dazwischen lag; aber als wir um die Spitze derselben kamen, mußte er uns bemerken. Ich lag auf dem Bauche und legte das Fernrohr auf den Rand des Bootes, um zu beobachten, was er thun werde.

Er sah, daß der Lauf des Fahrzeuges gerade nach der Stelle gerichtet war, an welcher er sich befand, und kroch durch das Schilf zurück. Für einige Augenblicke wurde er durch dasselbe verdeckt, und ich verlor ihn aus den Augen. Dann aber sah ich ihn wieder erscheinen. Er richtete sich am Stamme einer Carapa auf und blickte nach uns. Dann legte er die Hände um den Stamm und kletterte an demselben empor. Ich hatte genug gesehen und schob das Fernrohr zusammen, gab es dem Alten und forderte ihn auf:

»Binden Sie mir nun auch die Hände! Der Coup wird gelingen. Er sitzt auf einem Baume.«

»Das ist ja tollkühn von ihm! Wenn wir ihn nun sehen!«

»Der Wipfel des Baumes ist dicht genug, ihn zu verbergen. Er wird hören wollen, was gesprochen wird.«

»Aber er könnte sich doch auch sagen, daß wir ihn gesehen haben und ihn nun fangen wollen!«

»Das ist seiner Ansicht nach unmöglich. Mit dem bloßen Auge konnte man ihn nicht sehen, und daß Sie ein Fernrohr haben, weiß er nicht. Daß er nicht flieht, sondern sich auf dem Baum verbirgt, ist ein Beweis, daß er sich sicher fühlt. Das Boot kommt ihm wichtig genug vor, um es ihn wagen zu lassen, zu bleiben, um erfahren zu können, was es will. Bis jetzt hat er uns zwei nicht sehen können. Nun aber wird er uns bald bemerken.«

Wir näherten uns schnell dem Ufer und stießen an einer Stelle an, welche von seinem Verstecke etwa zwanzig Schritte entfernt war. Er mußte also hören, was gesprochen wurde. Wir hatten es vermieden, dort anzulegen, wo er gelagert hatte. Seine Spur hätte uns auffallen müssen – was er freilich auch nicht berechnet hatte, der Unvorsichtige! – und dadurch wäre unsere unbefangene Handlung gestört worden.

Einer der Roten sprang an das Ufer und band den Kahn am Schilfe fest. Dann wurden wir beide einer nach dem andern ziemlich unsanft herausgewälzt. Der Alte knotete mir die Handfessel auf und sagte laut:

»So, jetzt könnt ihr euch selbst vollends losbinden. Macht euch dann aber schnell von dannen, und wagt es niemals wieder, euch auf dem Gebiete der Tobas sehen zu lassen! Erwischen wir euch wieder, so kommt ihr nicht mit dem Leben davon, wie jetzt. Fort mit euch, ihr Halunken!«

Er gab mir mit dem Ruder einen tüchtigen Hieb; der Rote band das Boot wieder los, sprang hinein, und dann ruderten sie zurück. Ich ballte beide Fäuste und drohte ihnen nach. Dann band ich mir den Riemen von den Füßen und löste auch die Fesseln meines Kameraden. Wir standen auf, reckten die Arme und Beine, befühlten die Stellen, an denen wir gebunden gewesen waren, und thaten überhaupt so, als ob wir lange Zeit gefesselt gewesen wären. Dabei machte ich Pena in leisen Worten auf den Baum aufmerksam, auf welchem der Mann saß. Wir näherten uns demselben, ohne bemerken zu lassen, daß seine zurückgelassene Spur, auf welcher wir jetzt standen, auffallen mußte, und blieben dann stehen, indem wir dem eben hinter der Insel verschwindenden Boote nachblickten.

»Endlich, endlich!« rief ich aus, indem ich tief Atem holte. Natürlich sprach ich so laut, daß es der auf dem Baume sitzende Yerno hören mußte. »Schon dachte ich, daß es unser Letztes sei! Ich glaubte, daß wir in das Wasser geworfen und ersäuft werden sollten.«

»Ich auch,« stimmte Pena bei.

»Daß dieser alte Halunke es nicht gethan hat, ist sehr dumm von ihm! Meinst du nicht auch?«

»So wäre es also gescheiter gewesen, wenn uns jetzt die Krokodile hätten, von denen diese verteufelte Lagune wimmelt?«

»Ja, nämlich von seinem Standpunkte aus. Er wäre uns dann für immer los gewesen.«

»Ah, so meinst du es! Ja, er wird uns wohl bald wieder zu sehen bekommen!«

»Trotz seiner Drohung, die ich verlache! Hätte ich nur schnell wieder ein Messer und ein Gewehr; die erste Kugel wäre für ihn bestimmt!«

»Und ich ruhe nicht eher, als bis wir ihn samt all seinen roten Dieben weggeputzt haben! Uns auszurauben bis auf den nackten Leib und dann in diese Lumpen zu stecken! Was nun thun und anfangen? Wir können nichts schießen und nichts jagen. Wie wollen wir leben und uns bis zur nächsten Ansiedelung durchfristen? Von Wurzeln leben etwa, wie das liebe Vieh?«

»Was bleibt uns anderes übrig?«

»Der Henker hole den Kerl; wenn nicht, so holen wir ihn selbst! Aber wir müssen fort, sonst bereut er es, uns freigegeben zu haben, und kommt zurück.«

»Aber wohin?«

»Nun, irgend wohin, wo es Menschen giebt, die uns helfen können. Nach dem Rio Salado. Dort giebt es Orte genug.«

Ich blickte nachdenklich vor mir nieder und brummte in den Bart.

»Was sinnst du?« fragte Pena. »Bist du etwa anderer Meinung?«

»Ja,« antwortete ich, wie unter einem Entschlusse auffahrend. »Nach dem Salado ist's zu weit. Wir können unterwegs zehnmal verhungern und verkommen. Was denkst du? Wie wäre es mit den Chiriguanos?«

»Das ist ein guter Gedanke!« rief Pena erfreut. »Daran hätte ich kaum gedacht! Das ist vortrefflich! Das ist das beste, was wir thun können!«

»Nicht wahr! Wir suchen die Chiriguanos auf und fallen mit ihnen über die Schurken her. Wir holen uns alles wieder, was sie uns genommen haben, und noch mehr, viel mehr dazu!«

»Ja, viel mehr!« rief Pena triumphierend. »Wenn dieser alte Desierto wüßte, daß wir sein Gespräch mit der Königin belauscht haben! Nun wissen wir, wo er das viele Geld versteckt hat. Das wird natürlich unser. Alles übrige lassen wir den Chiriguanos. Dieser Hund soll dabeistehen, wenn wir seinen Kasten herausholen und aufmachen, gebunden und gefesselt wie wir während dieser Tage! Die Wut soll ihn halb umbringen und das übrige werden unsere Messer besorgen!«

»Nur erst welche haben!«

»O, die bekommen wir! Die Chiriguanos werden uns gerne als Verbündete empfangen und mit Waffen versorgen. Wollen keine Zeit verlieren. Machen wir also, daß wir hier fortkommen.«

»Ja, gehen wir! Wir werden diese Lagune sehr bald wiedersehen, und zwar unter ganz anderen Verhältnissen, als wir sie jetzt verlassen. Der Alte hat uns zwar streng befohlen, uns nur in östlicher Richtung zu halten, und gesagt, daß er uns beobachten lassen werde, aber wir gehen dennoch erst um den See. Es fällt ihm gar nicht ein, uns Aufpasser nachzuschicken; er hat keinen einzigen Mann dazu übrig, wegen des Ueberfalles, der ihm droht. Freilich weiß er nicht, daß wir alles erfahren haben. Komm fort!«

Wir gingen, indem wir langsamen Schrittes und uns unter den Bäumen haltend, dem Ufer folgten. – –

DRITTES KAPITEL

An der Laguna de Carapa

Während wir beide so an der Laguna hingingen, war ich überzeugt, daß der ›Schwiegersohn‹ in die ihm gestellte Schlinge laufen werde. Pena schien weniger zuversichtlich zu sein, denn er fragte mit leiser Stimme:

»Meinen Sie, daß er uns wirklich nachkommen wird?«

»Ja.«

»Ich traue doch nicht ganz.«

»Und ich zweifle nicht im mindesten daran.«

»Aber, wenn er kommt, wie heißen wir? Oder wollen wir unsere wirklichen Namen sagen?«

»Nein. Zunächst sagen wir ihm gar keinen Namen. Nach dem, was er von uns gehört hat, wird er es ganz erklärlich finden, wenn wir vorsichtig sind. Ob Sie dann den Ihrigen sagen, kommt darauf an, ob sich unter den Mbocovis einer befindet, der Sie und also auch ihn von früher kennt. Horchen Sie! Er kommt hinter uns her! Sehen Sie sich ja nicht um!«

»Ich höre nichts.«

»Aber ich höre ihn. Gehen wir etwas rascher. Das wird seinen Eifer erhöhen.«

Wir schritten schneller aus, und der Erfolg zeigte sich sogleich, denn hinter uns ertönte eine Stimme:

»*Alto ahi* – halt!«

Der Ruf war mit unterdrückter Stimme ausgesprochen worden. Wir thaten, als ob wir ihn nicht vernommen hätten, und gingen weiter. Da rief der Mann nun in lauterem Tone:

»*Parar, Sennores* – halten Sie doch an! Ich habe mit Ihnen zu sprechen, und Sie laufen, daß ich Ihnen kaum folgen kann!«

Wir fuhren schnell nach ihm herum und machten möglichst erschrockene Gesichter. Ja, der sogenannte Schwiegersohn, der Yerno, war es wirklich. Natürlich zeigten wir ihm Gesichter, denen es nicht anzusehen war, daß wir ihn kannten.

»Wer sind Sie? Was wollen Sie von uns?« fragte ich in einem Tone, aus welchem er entnehmen mußte, daß ich nicht erwartet hatte, hier jemandem zu begegnen und gar angesprochen zu werden.

»Das werden Sie gleich erfahren,« antwortete er. »Sagen Sie mir zunächst, wer und was Sie sind!«

»Welches Recht besitzen Sie, uns danach zu fragen?«

»Ein Recht nicht, sondern nur eine Veranlassung.«

»Welche denn?«

Er betrachtete uns mit forschendem Blicke, und wir machten ihm Augen, welche möglichst mißtrauisch waren.

»Sehen Sie mich nicht so argwöhnisch an! Ich meine es gut mit Ihnen,« beteuerte er.

»Das kann jeder sagen; wir aber haben keine Lust, Bekanntschaften zu schließen. Sie gehören doch zu den Schuften, denen wir soeben erst entronnen sind!«

»O nein! Meinen Sie etwa, ich sei ein Freund des alten Desierto? Gerade das Gegenteil ist der Fall: Ich bin hier, weil ich nicht zu seinen Freunden zähle.«

»Pah! Das machen Sie uns nicht weis. Bleiben Sie uns vom Leibe! Komm', Kamerad! Ich habe keine Lust, wieder in eine Falle zu laufen!«

Bei diesen Worten nahm ich Pena beim Arme und zog ihn mit mir fort. Der Yerno folgte uns, hielt mich zurück und sagte:

»Aber, Mann, so hören Sie doch! Ich befinde mich ganz allein hier. Welche Falle könnte ich Ihnen stellen? Ich versichere Ihnen, daß ich es sehr gut mit Ihnen meine!«

»So! Das ist schön von Ihnen; aber wir wollen von Ihrer Güte leider nichts wissen.«

»Warum? Sehe ich denn wie ein Mensch aus, vor dem man sich zu fürchten hat?«

»Das nicht. Und selbst wenn es der Fall wäre, so sind wir nicht die Leute, welche sich fürchten, sobald es zwei gegen nur einen geht. Aber Sie fragen uns nach unsern Namen und sagen doch nicht, wer Sie sind.«

»Nun, das können Sie sogleich erfahren. Ich heiße – – heiße Diego Arbolo.«

Er hatte gezögert, diesen Namen auszusprechen, und sich dabei suchend umgesehen. Dabei war sein Blick auf einen Baum gefallen, in dessen Nähe wir standen, und erst dann hatte er den Namen Arbolo genannt, welches Wort auf deutsch Baum bedeutet. Es war also klar, daß ihm nicht gleich ein Name eingefallen war, und daß derjenige, welchen er nannte, nicht der seinige war. Er wollte uns aus naheliegenden Gründen nicht wissen lassen, wie er eigentlich heiße.

»Arbolo, so!« antwortete ich. »Und was sind Sie?«

»Cascarillero.«

»Ah, dachte es mir! Also doch ein Kollege des alten Einsiedlers!«

»Aber kein Freund, sondern ein Konkurrent von ihm! Es wird ihm wohl keiner so viel Böses wünschen wie ich!«

»Was das betrifft, so möchte ich es sehr bestreiten. Wenigstens haben wir beide sehr genügende Veranlassung, ihm alles, aber nur nichts Gutes zu gönnen.«

»So sind wir also Gesinnungsgenossen!«

»Möglich, daß wir gleiche Gesinnung haben, aber Genossen sind wir nicht. Wir beabsichtigen nicht, hier an diesem Orte Bekanntschaften zu machen. Wir haben das einmal im Gran Chaco gethan, aber nicht wieder. Ein solches Lehrgeld zahlen wir nicht zum zweitenmal. Gehen Sie also, wohin Sie wollen, und lassen Sie auch uns thun, was uns beliebt!«

Ich that wieder, als ob ich fort wollte; er aber hielt mich energisch fest und sagte in ungeduldigem Tone:

»So nehmen Sie doch Verstand an, Sennor! Ich gebe Ihnen mein heiliges Wort, daß ich ein Feind des Desierto und seiner Indianer bin. Ich bin Ihnen nachgegangen, weil ich Ihnen helfen will. Ohne mich können Sie Ihren Vorsatz wohl schwerlich ausführen.«

»Was wissen Sie von unseren Vorsätzen?«

»Sehr viel. Ich kenne sie genau.«

»Oho! Wollen Sie da wohl die Güte haben, uns mitzuteilen, was wir uns vorgenommen haben?«

»Ich habe Sie belauscht. Ich sah den Desierto kommen, der Sie an das Ufer brachte und dann zurückfuhr. Sie befreiten sich mühsam von ihren Banden und sprachen dann miteinander, gerade unter dem Baume, auf welchem ich mich befand.«

»Auf einem Baume haben Sie gesessen? Weshalb, wenn ich fragen darf?«

»Weil ich die Laguna de Carapa beobachten wollte. Ich will das Dorf überfallen.«

»Ueberfallen?« fragte ich, indem ich ein möglichst erstauntes Gesicht machte. »Wie kann ein einzelner Mann ein Indianerdorf überfallen!«

»Wenn ich das dächte, so wäre ich freilich verrückt. Aber ich bin nicht allein hier.«

»Nicht? Wer ist noch da?« fragte ich, indem ich mich ängstlich umblickte.

»Haben Sie keine Sorge!« lächelte er fast mitleidig. »Diejenigen, von denen ich spreche, sind nicht so nahe, wie Sie zu denken scheinen. Und selbst wenn sie da wären, brauchten Sie keine Angst vor ihnen zu haben; Sie würden vielmehr mit offenen Armen von ihnen aufgenommen werden.«

»Wer ist es?«

»Ich würde diese Frage jedenfalls nicht so schnell und offen beantworten, wenn ich nicht gehört hätte, was Sie miteinander sprachen. Auch habe ich mich mit meinen Augen überzeugt, daß Sie allen Grund besitzen, sich an dem Desierto zu rächen. Darum sage ich Ihnen aufrichtig, daß ich gegenwärtig der Anführer einer Schar von Mbocovis bin, welche sich nicht weit von hier befindet.«

»Mbocovis? Das sind ja wohl Feinde der Tobas?«

»Todfeinde sogar! Sie brauchen also gar nicht zu den Chiriguanos zu gehen, um Unterstützung zu finden, falls Sie sich an dem Desierto rächen wollen.«

»Meinen Sie damit, daß uns die Mbocovis beistehen würden?«

»Es ist wahr. Gehen Sie nur getrost mit mir, um sich zu überzeugen!«

»Wie viele Indianer sind es?«

»Achtundfünfzig.«

»Und weshalb sind Sie mit ihnen nach dieser Laguna gekommen?»

»Um die Tobas zu überfallen.«

»Achtundfünfzig Mbocovis wollen diese Ansiedelung überfallen? Meinen Sie denn, daß wir das für möglich halten?«

»Nun, eigentlich haben Sie ein Recht, meine Angabe zu bezweifeln, denn achtundfünfzig Mann reichen unter gewöhnlichen Verhältnissen freilich nicht aus, ein solches Unternehmen zu Ende zu führen. Aber wir wissen, daß die Krieger der Tobas gegen die Chiriguanos fortgezogen sind.«

»Das stimmt. Aber Sie mußten sich doch sagen, daß die Tobas wieder hier sein könnten, wenn Sie eintreffen.«

»In diesem Falle hätten wir gewartet, bis die andern nachkommen.«

»So sind noch andere im Anzuge?«

»Ja, eine große Schar, welche in höchstens drei Tagen eintreffen wird. Wie ich von Ihnen gehört habe, sind die Tobas von den Chiriguanos zurückgeschlagen worden?«

»So ist es.«

»Und die letzteren kommen nun nach der Laguna, um Rache zu nehmen?«

»Ja. Wir haben es gehört. Die Feinde können sehr bald, vielleicht schon morgen da sein.«

»Ah, dann darf ich nicht säumen, sonst kommen sie mir zuvor und nehmen weg, was wir uns holen wollen. Also, wollen Sie mir nun glauben?«

Ich antwortete nicht, sondern sah Pena fragend an. Dieser antwortete an meiner Stelle:

»Man hört es Ihnen an, daß Sie uns nicht belügen. Wir wollten zu den Chiriguanos, um mit diesen nach der Laguna zurückzukehren; da wir aber Ihre Mbocovis viel näher haben, so wäre ich nicht abgeneigt, Ihnen zu folgen, wenn Sie sich nicht weigern, uns über einen mir unklaren Punkt aufzuhellen.«

»Welchen Punkt meinen Sie?«

»Wie kommen Sie als Weißer zu den Mbocovis? Wie können Sie sogar der Anführer derselben sein?«

»Weil ich jahrelang in ihrem Gebiete als Cascarillero gearbeitet habe. Ich bin also nicht nur mit ihnen bekannt, sondern der besondere Freund ihres Häuptlings Venenoso. Welchen Grund ich habe, dem alten Desierto feindlich gesinnt zu sein, das gehört jetzt nicht zur Sache; aber ich will ihm verschiedenes heimzahlen, und die Mbocovis sind gern einverstanden gewesen, meine Pläne auszuführen. Mißtrauen Sie mir nun noch immer?«

»Nein; jetzt bin ich befriedigt. Und du?«

Diese letztere Frage war an mich gerichtet; darum antwortete ich:

»Da es der Zufall in dieser Weise fügt, so denke ich, daß wir es versuchen dürfen.«

»Sie dürfen es getrost!« versicherte der Yerno. »Ich wiederhole Ihnen, daß Sie meinen Roten willkommen sein werden. Kommen Sie! Wir haben hier genug Zeit versäumt und können das, was wir noch zu sprechen haben, auch unterwegs bereden.«

»Hm!« brummte Pena vergnügt. »Wer hätte das gedacht! Wir sahen einen langen und beschwerlichen Marsch vor uns und wußten auch nicht, wie die Chiriguanos uns aufnehmen würden. Nun sind wir diese Sorgen los.«

»Freilich sind Sie nun davon befreit. Sie sehen, daß Sie mich zu Ihrem Glücke getroffen haben, und darum denke ich, daß Sie mir dankbar sein werden.«

»Das versteht sich, ja das versteht sich ganz von selbst! Sie können sich auf uns verlassen.«

»Das thue ich allerdings, und ich werde sehr bald sehen, ob ich in der Weise, wie ich es wünsche, auf Ihre Erkenntlichkeit rechnen kann. Jetzt ist das Terrain zu schwierig zur Unterhaltung. Folgen Sie mir erst hinaus ins Freie!«

Er führte uns durch den Wald und kam dabei auf die Fährte, welche er bei seiner Herkunft zurückgelassen hatte. Als wir dann den baumlosen Camp erreichten und nebeneinander hergehen konnten, begann er von neuem:

»Nun kennen Sie meinen Namen und auch meine Absichten; jetzt sagen Sie mir, wie Sie heißen.«

»Ich heiße Escoba,« antwortete Pena.

»Und ich Tocaro,« sagte ich. »Wir sind Yerbateros.«

»Wie kommen Sie denn in die Gefangenschaft dieses viejo Desierto? Kannten Sie ihn?«

»Nein,« antwortete Pena. »Wir kamen von den Bergen, wo wir einen außerordentlich glücklichen Fund gemacht hatten, und – –«

»Fund?« unterbrach ihn der Yerno schnell. »So spricht man doch nicht von der Yerba. Sie haben etwas anderes gefunden?«

»Etwas viel besseres! Gold, eine ganze, starke Ader.«

»Alle Wetter! Was Sie sagen!«

»Ja, eine ganze Ader! Wir schlugen uns einen Vorrat heraus und machten das Loch wieder zu, um es später auszubeuten. Unterwegs trafen wir auf eine Schar von Tobas, denen wir uns anschlossen – –«

»Das war dumm! Das war sehr unvorsichtig!«

»Freilich wohl! Wir haben es auch zu bereuen gehabt. Aber wir waren nun einmal froh, Reisegefährten zu bekommen, und da dieselben zum Desierto gehörten, so glaubten wir, nichts befürchten zu dürfen. Wir hatten ihn zwar noch nie gesehen, aber doch so viel von ihm gehört, daß wir annehmen konnten, bei seinen Roten sicher zu sein.«

»Welch ein Thor sind Sie!« lachte der Yerno. »Sie meinen, weil er als fromm bekannt ist?«

»Ja.«

»Das sind die Schlimmsten! Doch erzählen Sie weiter!«

»Meine Erzählung wird nicht lang sein. Die Tobas nahmen uns mit nach hier. Der Alte empfing uns sehr freundlich; als er aber hörte, daß wir Gold gefunden hatten, ließ er uns überfallen und einsperren. Er hat uns alles abgenommen, sogar unsere Anzüge.«

»Das ist schändlich! Auch das Gold?«

»Natürlich. Er wollte uns zwingen, ihm zu sagen, wo wir die Ader entdeckt haben.«

»Das thaten Sie doch nicht etwa?«

»Ist uns nicht eingefallen! Wie lange wir eingesperrt waren, wissen wir nicht, denn da es stets dunkel in dem Loche war, konnten wir den Tag nicht von der Nacht unterscheiden. Ein altes Weib war zuweilen bei uns. Von dieser erfuhren wir, was geschah. So wissen wir, daß die Tobas gegen die Chiriguanos gezogen, aber von diesen besiegt und beinahe aufgerieben worden sind. Heute kam ein Bote, dem es gelungen ist, zu entfliehen. Er meldete, daß die Chiriguanos nach der Laguna unterwegs seien, und der Alte ließ sofort das Dorf räumen und alles auf die Inseln schaffen.«

»Das stimmt; ich habe es gesehen. Wie aber kommt es, daß er Sie freigelassen hat?«

»Das fragen wir uns auch. Für ihn war es doch sicherer, uns umzubringen! Vielleicht ist es gerade eine sehr feine List von ihm.«

»Inwiefern?«

»Wir haben ihm die Goldader nicht verraten. Um den Ort zu erfahren, kann er uns freigelassen haben und einen Mann nachschicken, der uns folgen und heimlich beobachten muß.«

Der Yerno sah sich unwillkürlich um, um nachzuschauen, ob jemand hinter uns herkomme. Dann meinte er:

»Das wird er wohl bleiben lassen, denn er kann keinen Menschen entbehren, da er seine wenigen Leute zur Verteidigung der Insel braucht. Haben Sie ihm gesagt, woher Sie sind und wohin Sie wollten?«

»Ja.«

»So ist es eher möglich, daß er sich vorgenommen hat, einen Mann später dorthin zu senden. Aber dazu soll er nicht kommen, da es heute mit ihm zu Ende geht.«

»Hören Sie, das werden wir uns verbitten, Sennor Arbolo!«

»Warum? Was fällt Ihnen ein? Sie haben doch nicht etwa Ursache, ihn gegen mich in Schutz zu nehmen!«

»Das thue ich auch gar nicht.«

»Aber Sie verbitten sich seinen Tod!«

»Nein, den verbitte ich mir nicht. Ich verlange nur, daß nicht Sie ihn töten. Wir beide sind es, denen er verfallen ist. Wir haben ihm Rache geschworen, und wenn wir uns wirklich mit Ihnen verbinden sollen, so müssen Sie uns versprechen, daß der Alte nur allein uns gehören darf.«

»Das will ich Ihnen gerne zusagen, doch nur unter dem Vorbehalte, daß Sie weiter nichts verlangen, als nur den Alten.«

Jetzt kam der Punkt, den ich längst erwartet hatte. Pena blinzelte mir heimlich zu und antwortete:

»Warum nur ihn allein?«

»Weil das für Ihre Rache genügt.«

»Das andere alles soll Ihnen zufallen?«

»Ja, mir und meinen Roten.«

»Hm! Sie sind sehr anspruchsvoll!«

»O nein. Bedenken Sie, daß ich, auch wenn ich Sie nicht getroffen hätte, heute nacht das Dorf überfallen hätte und daß mir dann alles in die Hände gefallen wäre. Und bedenken Sie ferner, daß Sie ohne mich und die Mbocovis Ihre Rache gar nicht ausführen könnten, wenigstens nicht so bald!«

»Mag sein! Aber wenn Sie meinen, daß Ihnen heute nacht alles zugefallen wäre, so befinden Sie sich sehr im Irrtume. Gerade die Hauptsache hätten Sie nicht gefunden, das viele Geld des Alten.«

»Ah! er hat also wirklich so viel?« fragte der Yerno, indem seine Augen gierig zu glänzen begannen.

»Sehr viel. Sie würden es aber doch nicht finden.«

»Wo liegt es denn?«

»Hm! Müssen Sie das wissen?«

»Ja. Das ist die Bedingung, unter welcher Sie den Alten bekommen sollen. Da Sie die Goldader entdeckt haben, brauchen Sie doch wohl kein Geld.«

»Hm!« brummte Pena; dann fragte er mich: »Was sagst du dazu? Ohne dich kann ich natürlich kein Abkommen treffen.«

»Mach', was du willst,« antwortete ich. »Mir ist alles recht, was du thust.«

»Auch daß ich sage, wo das Geld liegt?«

»Ja. Sennor Arbolo hat ganz recht. Wir brauchen das Geld nicht. Wir beuten später die Ader aus. Die Hauptsache ist, daß wir den Alten bekommen, um uns an ihm rächen zu können.«

»Nun, dieser Meinung bin ich auch. Aber ich denke, daß wir wenigstens das, was er uns abgenommen hat, zurückverlangen müssen.«

»Das sollen Sie gern bekommen!« fiel der Yerno schnell ein. Während er das versicherte, glitt ein ganz versteckt höhnischer Zug über sein Gesicht. Er war natürlich der Ansicht, daß er diese Goldbrocken einstweilen abtreten könne, weil er später doch wohl die ganze Ader erhalten werde.

»So sind wir einverstanden!« erklärte Pena.

»Gut! Also sagen Sie mir nun auch, wo sich das Geld befindet.«

»Auf der einen Insel. Wenn Sie nämlich vom Ufer des Sees aus – –«

»Halt!« unterbrach ich ihn, da er im Begriff stand, eine unverzeihliche Unvorsichtigkeit zu begehen. »Du beschreibst den Ort noch nicht. Sennor Arbolo soll ihn erfahren, sobald der alte Desierto sich in unsern Händen befindet.«

Der Yerno warf mir einen wütenden Blick zu, den ich nicht sehen sollte, aber doch bemerkte. Er beherrschte sich aber und sagte in ziemlich ruhigem Tone:

»Sennor Tocaro, Sie scheinen Mißtrauen gegen mich zu hegen. Warum soll denn Ihr Freund schweigen?«

»Weil es nicht meine Angewohnheit ist, den Preis auf den Tisch zu legen, bevor ich die Ware wenigstens sehe.«

»Sie sind sehr vorsichtig!«

»Das muß man sein. Sie kennen uns nicht und wir Sie auch nicht. Wir glauben Ihnen alles, was Sie sagen, aber wir sind noch nicht überzeugt, ob Ihre Mbocovis uns wirklich als Freunde behandeln werden. Darum werden wir mit unseren Geheimnissen so lange zurückhalten, bis uns dieser Beweis geliefert worden ist.«

»Habe nichts dagegen! Sagen Sie mir nur das Eine: Wissen Sie wirklich, wo sich das Geld des Alten befindet?«

»So gewiß, daß wir jeden Schwur darüber ablegen könnten.«

»So bin ich befriedigt, denn ich weiß, daß ich es in der kommenden Nacht erhalten werde.«

»Sie sind also fest entschlossen, den Angriff schon heute zu unternehmen?«

»Ohne allen Zweifel! Ich muß doch sonst gewärtig sein, daß die Chiriguanos mir zuvorkommen.«

»Und wie soll der Angriff geschehen?«

»Das werden wir dann beraten, wenn ich mit meinen Mbocovis gesprochen habe. Jedenfalls werde ich mich dabei auf Ihre Ratschläge verlassen können?«

»Ja.«

»Sie kennen das Dorf?«

»Sehr genau.«

»So bin ich gewiß, daß unser Vorhaben gelingen wird.«

»Wenn die Chiriguanos uns nicht dann die Beute wieder abnehmen.«

»Wir wehren uns!«

»Sie werden Ihren achtundfünfzig Mbocovis überlegen sein!«

»Diesen, ja, aber nicht den Gefährten, welche uns nachfolgen. Wir ziehen uns mit unserer Beute auf diese zurück, und dann mögen die Chiriguanos kommen und versuchen, sie uns abzujagen.«

»Wie stark ist die Schar, welche Sie erwarten?«

»Einige hundert Mann.«

»Unter ihren Häuptlingen?«

»Von ihren Kaziken angeführt, und zwar unter dem Oberbefehle eines Mannes, bei dessen Namen Ihnen sofort jeder Zweifel an dem guten Gelingen schwinden wird.«

Ich erriet sofort, wen er meinte, nämlich den Sendador, und mein Herz klopfte mir vor Freude; dennoch fragte ich:

»Wer ist dieser Mann?«

»Geronimo Sabuco.«

Er blickte mich triumphierend an, da er wohl überzeugt sein mochte, daß ich höchst erstaunt oder wohl gar entzückt sein werde. Statt dessen aber fragte ich in sehr gleichgültigem Tone:

»Sabuco? Wer ist das? Sabuco heißen viele Leute.«

»Aber es giebt nur einen einzigen berühmten unter denen, die diesen Namen führen! Haben Sie denn noch nie von dem Sendador gehört?«

»Von dem? Sogar sehr oft.«

»Das ist ja Sabuco!«

»Ah, der Sendador heißt Sabuco? Ja, das muß man doch erst erfahren, bevor man es wissen kann! Also der Sendador bringt die Leute geführt. Warum ist er nicht gleich mit Ihnen gekommen?«

»Weil er nicht da, sondern verreist war. Er hatte ein kleines Geschäft vor, dort in der Nähe von *Nuestro Sennor Jesu-Cristo de la floresta virgen*. Kennen Sie den Ort?«

»Einmal bin ich dort gewesen.«

»Dorthin sind die Mbocovis ihm entgegen gezogen, und sobald sie ihre Aufgabe dort erfüllt haben, kommen sie hierher. Ist es schneller gegangen, als wir dachten, so sind sie desto eher hier.«

»Was haben sie dort zu thun?«

»Etwas, was Sie nicht sehr interessieren kann. Vielleicht erfahren Sie es später. Ich sprach nur deshalb von dem Sendador, um Ihnen die Ueberzeugung zu geben, daß unser Plan unmöglich mißlingen kann, denn wo dieser Mann die Hand im Spiele hat, da kann es nicht fehlschlagen. Nun haben wir das Nötige gesprochen. Wollen schnell gehen, denn es wird Nacht.«

Die Sonne war gesunken, und es begann stark zu dunkeln. Der ›Schwiegersohn‹ verdoppelte seine Schritte, und wir folgten natürlich sehr gern mit derselben Schnelligkeit. Es war schon vollständig Nacht, als er stehen blieb und, mit der Hand vorwärts deutend, sagte:

»Sehen Sie die Stelle vor uns, wo die Finsternis dicker ist als rechts und links davon? Das sind die Büsche, in denen meine Roten versteckt liegen.«

»Warum brennen sie kein Feuer?« fragte ich.

»Aus Vorsicht natürlich. So lange sie nicht wissen, wie es da hinten am See steht, dürfen sie es nicht wagen, da ein Toba zufällig in die Nähe kommen und das Licht sehen könnte. Nun ich ihnen aber die Nachricht bringe, daß so etwas nicht zu befürchten ist, werden sie sich ein Feuer machen. Warten Sie hier!«

»Sie wollen uns allein lassen?«

»Ja, ich muß. Die Leute werden scharf auslugen. Ihre Augen sind an die Finsternis gewöhnt. Sie erwarten nur mich zurück. Wenn sie drei Personen sähen, würden sie uns für Feinde halten und uns mit vergifteten Pfeilen begrüßen. Ich muß Sie also anmelden und werde bald zurückkommen, um Sie zu holen.«

Er ging.

»Schade, daß wir nicht bei ihm sein können!« flüsterte Pena. »Wir könnten da hören, was sie sprechen und beschließen. So aber können sie das Schlimmste über uns bestimmen, ohne daß wir eine Ahnung davon haben.«

»Schlimmes werden sie allerdings verhandeln; an den Kragen soll es uns sicher gehen; aber sie können es nicht ausführen.«

»Wissen Sie das so gewiß?«

»Ja. Allerdings wenn ich Sie vorhin hätte ausreden lassen, so wären wir verloren gewesen.«

»Ausreden! Wann?«

»Als er nach dem Orte fragte, an welchem der Desierto sein Geld versteckt hat.«

»Da habe ich keinen Fehler gemacht. Ich habe doch nicht von der Felsenwohnung gesprochen?«

»Allerdings nicht. Aber sie wollten ihm einen Ort auf der Insel beschreiben, an welchem das Gesuchte angeblich zu finden sei.«

»Das wäre doch kein Fehler gewesen, denn sie hätten nichts gefunden; sie hätten nicht einmal die Zeit gehabt, nachzusuchen.«

»Aber es wäre um uns geschehen gewesen.«

»Wieso?«

»Das fragen Sie noch? Sehen Sie denn nicht ein, daß dieser sogenannte Sennor Arbolo uns nur deshalb nachgelaufen ist und uns nur deshalb mitgenommen hat, weil wir unter seinem Baume davon sprachen, daß wir wissen, wo die Reichtümer des Alten liegen?«

»Natürlich sehe ich das ein. Er will von uns den Ort erfahren und sie sich dann holen.«

»Nun, und wenn Sie ihm irgend einen Ort sagen und beschreiben, so sind wir dann überflüssig und werden aus dem Leben befördert!«

»Ah! daran dachte ich freilich nicht.«

»So seien Sie von jetzt an vorsichtiger!«

»Keine Sorge! Ich werde nicht ein Wort zu viel sagen. Am besten ist's, ich lasse Sie reden.«

»Thun Sie das. Und wenn wir beide miteinander sprechen, so nennen Sie mich ja du; wir haben das einmal so angefangen, damit er ja nicht daran zweifeln soll, daß wir so eng verbundene Leidensgefährten sind.«

»Ich werde keinen Fehler machen. Der geringste Verstoß könnte uns verderblich sein. Glauben Sie denn wirklich, daß der Sendador kommt?«

»Ja.«

»Ich nicht. Es erscheint mir unmöglich, daß er eine solche Reise nach Palmar gemacht und zugleich den Zug gegen die Tobas verabredet hat.«

»Warum nicht? Wir können nicht wissen, welche Dispositionen er in seinem Kopfe mit sich herumgetragen hat.«

»Aber was hatte er denn mit den Ariponern zu schaffen, wenn er seine Mbocovis nach dem Kreuze bestellt hatte?«

»Er traf zufällig auf sie, und da er mit ihnen auch befreundet ist, bediente er sich ihrer zur Erreichung seiner Zwecke. Daß sie nicht seine eigentlichen Verbündeten sind, ist dadurch erwiesen, daß sie nachher doch noch mit den Karawanenleuten Freundschaft schlossen, als er von ihnen fort war.«

»So meinen Sie, daß er den Indianer, von welchem er das Messer bekam, nicht zufällig getroffen hat?«

»Ja, das ist meine Ansicht. Die Mbocovis sandten diesen Mann voraus, um am Kreuz zu rekognoscieren, ob der Sendador schon da sei. Beide trafen auf einander. Der Bote kehrte zurück, um die Seinen nach dem Walde zu führen, an welchem wir überfallen werden sollten, und der Sendador heftete seinen Zettel an und machte dann so sichtbare Spuren, um uns sich nachzulocken. Ein eigentlicher Ueberfall war aber wohl nicht geplant. Nur dem feindseligen Verhalten dieses Gomarra haben wir das Folgende zu verdanken.«

Wir sprachen noch längere Zeit miteinander, bis der Schwiegersohn sich nahte. Wir hatten bemerkt, daß ein Feuer in den Büschen aufleuchtete. Beim Scheine desselben sahen wir die Gestalt des Yerno auf uns zukommen.

»Pst!« machte er schon von weitem. »Sind Sie noch da? Kommen Sie mit mir!«

Ich war noch selten so gespannt gewesen, wie in diesem Augenblick. Hatte sich der Sendador inzwischen eingefunden, so war ich fest entschlossen, ein Wagnis zu unternehmen, daß er uns in die Hände fiel. Dann war mit ihm für uns alles gewonnen. Glücklicher- oder auch unglücklicherweise fand ich keine Veranlassung, diesen Vorsatz auszuführen, denn der Sendador war nicht zu sehen.

In der Bodensenkung, welche von Sträuchern umgeben war, saßen und lagen die Mbocovis, welche wir bereits gesehen hatten. Keiner rührte sich vom Platze, als wir zu ihnen traten; sie starrten uns an, nicht feindselig und auch nicht freundlich. Diese zur Schau getragene Gleichgültigkeit war kein gutes Zeichen für uns; man ersah aus derselben, daß sie uns Freundlichkeit nicht erzeigen wollten und Feindseligkeit nicht zeigen durften und sollten. Penas Blick flog schnell forschend im Kreise umher; ich wußte, weshalb. Er suchte, ob vielleicht ein ihm bekanntes Gesicht zu sehen sei. Welches Resultat er erreichte, zeigte seine befriedigte Miene und die Ruhe, mit welcher die Roten seinem Blicke begegneten. Hätte einer ihn erkannt, so wäre das sicher durch einen Aufblick oder eine Bewegung der Ueberraschung kundgegeben worden. Daß er klug daran gethan hatte, sich so schnell über diesen Punkt zu unterrichten, zeigte sich sofort, denn der Yerno sagte:

»Das sind also meine Mbocovis. Vielleicht können Sie mit denselben sprechen. Versteht einer der Herren ihre Sprache?«

»Nein,« log Pena beherzt.

»Leider kein Wort,« antwortete ich der Wahrheit gemäß. »Wenn wir uns mit ihnen unterhalten sollen, so werden wir Sie also ersuchen müssen, den Dolmetscher zu machen.«

»Das soll geschehen. Setzen Sie sich hier nieder, und sagen Sie, ob Sie Hunger haben!«

»Wir danken. Wir wurden von dem schon erwähnten alten Weibe gespeist, ehe man uns in das Boot brachte. Aber um eine andere Gabe müssen wir Sie bitten. Sie sehen, daß wir vollständig ohne Waffen sind.«

»Sie brauchen keine, denn Sie befinden sich unter unserem Schutze und Schirme.«

»Aber wir werden doch wohl mitkämpfen sollen?«

»Nein. Wir sind genug Leute und werden so schnell über den Feind kommen, daß er gar keine Zeit zur Gegenwehr findet.«

»Geben Sie Pardon, wenn die Tobas darum bitten?«

»Sie müssen alle sterben. Dann werden sich genug Waffen für Sie finden. Es sind doch jedenfalls auch diejenigen noch da, welche man Ihnen abgenommen hat.«

Auch diese Weigerung war ein Beweis, daß dieser Mann nichts Gutes mit uns plante. Doch fühlte ich mich nicht davon beunruhigt, denn er konnte uns erst dann nach dem Leben trachten, wenn er von uns die Stelle erfahren hatte, an welcher sich das Geld des alten Desierto befand. Und das -- sollte er ja nie erfahren.

Wir ließen uns an der Stelle nieder, welche er uns angedeutet hatte, nämlich mitten im Kreise und ganz nahe am Feuer, so daß wir ringsum von den Roten umgeben waren. Der Yerno wollte uns so sicher wie möglich haben. Als wir nun saßen, sagte er:

»Eine eigentliche Beratung, an welcher alle teilnehmen, kann es nicht geben, da Sie die Sprache meiner Leute nicht verstehen. Sie werden mir also Ihre Ansichten mitteilen, welche ich dann ihnen bekannt gebe. Sind Sie vielleicht über die Lage, in welcher wir die Tobas finden werden, unterrichtet?«

»Sehr genau sogar. Wir horchten die alte Frau aus, welche sehr redselig war, und als man uns aus dem Loche geholt hatte, dauerte es eine Weile, ehe wir in das Boot gelegt wurden. Inzwischen erteilte der Desierto verschiedene Befehle, welche wir mit angehört haben.«

»Das wäre eine große Unvorsichtigkeit gewesen, wenn ich nicht wüßte, daß er ein sehr kluger und vorsichtiger Mann ist. Daß er die Befehle vor Ihren Ohren gegeben hat, beweist also, daß er Sie für sehr ungefährliche Leute hält. Sie scheinen von nicht sehr kriegerischer Gesinnung zu sein! Jetzt weiß ich, warum Sie sich alles so ruhig abnehmen ließen. Warum haben Sie sich denn nicht gewehrt?«

»Wir wollten wohl,« antwortete ich in selbstbewußtem Tone, »aber als wir schießen wollten, gingen unsere Gewehre nicht los. Mein Freund hier hatte das Zündhütchen vergessen, und bei meiner Flinte war der Hahn eingerostet. Ich gab mir alle Mühe, ihn aufzuziehen, doch wurde ich inzwischen zur Erde gerissen!«

»So, solche Leute sind Sie!« lachte er laut auf. »Nun, dann brauchen Sie überhaupt keine Waffen. Ich weiß nun sehr genau, woran ich mit Ihnen bin, und Sie mögen mir sagen, wie es im Dorfe an der Lagune steht!«

Er sprach diese Worte geradezu befehlend aus. Es war klar, daß wir uns seiner Achtung gar nicht zu erfreuen hatten. Ich antwortete:

»Das kann ich ganz genau sagen. Das Dorf ist ausgeräumt worden und ganz verlassen.«

»So ist nichts mehr dort zu holen?«

»Gar nichts mehr. Seit der Unglücksbote kam, haben die Tobas aus allen Kräften gearbeitet, um ihr ganzes Eigentum nach den Inseln zu schaffen.«

»Auch die Tiere?«

»Auch diese.«

»Das ist höchst fatal! Wie kommen wir hinüber?«

»Nichts ist leichter als das, denn es hängt ein Boot am Ufer.«

»Das ist unmöglich! Diese Kerle werden doch kein Fahrzeug zurücklassen, damit der Feind sich desselben bedienen kann, um sie zu überfallen?«

»Aus diesem Grunde freilich nicht,« antwortete ich halbklug. »Der Desierto hat einige Späher fortgeschickt, welche das Nahen des Feindes erkunden und dann melden sollen. Für diese hängt das Boot am Ufer, sonst könnten sie ja nicht nach der Insel.«

»Ah, so ist es! Das leuchtet mir ein. Wie aber sind denn die Leute auf den Inseln verteilt?«

»Auf der großen, von welcher aus wir an das Ufer, wo Sie auf dem Baume gesessen haben, gerudert wurden, befinden sich die Männer, auf den andern Inseln die Weiber und Kinder mit den Herden und andern Habseligkeiten.«

»Das ist ja ganz vortrefflich, denn da können wir die Männer mit einem einzigen Schlage unschädlich machen! Leider aber laufen wir Gefahr, bemerkt zu werden, und das ist sehr schlimm, da wir nicht alle zugleich hinüber können.«

»Es hat keine Gefahr, Sennor, wenn Sie es klug anfangen. Die Chiriguanos wohnen doch im Westen von hier, folglich kommen sie aus dem Westen. Darum wollen die Tobas auf dem westlichen Teile der Insel lagern, um den Feind möglichst bald zu hören.«

»So! Also auf der andern Seite, wo die Bäume sind, ist niemand?«

»Kein Mensch.«

»So können wir dort landen und uns unter den Bäumen verbergen, bis wir alle beisammen sind.«

»Das ist sehr klug. Daran habe ich gar nicht gedacht. Ja, das ist das Beste, denn unter den Bäumen befinden Sie sich im Freien, wo Sie alles sehen können. Das ist also viel besser, als sich im Bethause versammeln, wie ich dachte.«

»Im Bethause? Die Idee ist nicht übel. Kann man denn in das Haus?«

»Ja, denn es ist kein Schloß, sondern nur ein Riegel oder eine Klinke an der Thüre.«

»Vortrefflich. Unter den Bäumen könnten wir gesehen werden, ehe wir stark genug beisammen sind. In dem Hause aber sieht uns kein Mensch. Ich glaube nun zu wissen, was ich brauche, und werde mit meinen Leuten reden.«

Er wendete sich zu den Roten, denen er eine zusammenhängende Rede hielt. Sie hörten ihm aufmerksam zu und warfen zuweilen verächtliche Blicke auf uns. Er sagte ihnen wohl, daß wir nicht nur Dummköpfe, sondern auch Hasenfüße seien. Dann unterhielt er sich einige Zeit mit dem Häuptling allein. Ich verstand natürlich nichts. Aber am Schlusse der Unterredung wurde ein Wort wiederholt, welches mir auffiel; es klang wie Horno. Dieses Wort hatte ich in der spanischen Sprache nicht gefunden. Sollte das deutsche ›Horn‹ gemeint sein, welches im Spanischen *cuerno* heißt?

Eine auch für mich wichtige Bedeutung hatte das Wort jedenfalls, denn Pena sah mich, als es ausgesprochen wurde, mit einem zwar heimlichen aber bedeutungsvollen Blicke an. Sonst aber saß er mit der gleichgültigsten Miene da, und wer ihn auch noch so scharf beobachtete, konnte doch nicht vermuten, daß er jedes Wort verstand.

Endlich war das Zwiegespräch zu Ende, und der Yerno wendete sich wieder an uns beide:

»Da man in jedem Augenblicke das Eintreffen der Chiriguanos erwarten muß, so ist die Eile nötig. Wir sind also entschlossen, schon jetzt aufzubrechen. Sie gehen in unserer Mitte!«

Die Bande erhob sich. Das Feuer wurde ausgelöscht, und dann traten wir die zweite Hälfte unserer Aufgabe an; die erste war gut gelungen. Daß wir während des Marsches in die Mitte genommen wurden, sah ich nicht als ein Zeichen von Mißtrauen an. Man hielt uns jetzt nicht mehr für Menschen, welche geistig genug begabt sind, um in diesem Falle Argwohn zu erwecken. Da ich Arm in Arm mit Pena ging, so befanden wir uns einander so nahe, daß wir uns zuweilen einige leise, ungehörte Worte zuflüstern konnten.

»Wir sollen ermordet werden!« raunte er mir in deutscher Sprache zu.

»Wann?«

»Wenn das Geld gefunden worden ist.«

»Und was geschieht mit der Goldmine, die wir entdeckt haben wollen?«

»Das Geheimnis soll uns durch Qualen entlockt werden.«

»Was war es mit dem Horno?«

»Ein Mann, welcher bei den Mbocovis gefangen ist. Man hat von dem Desierto Lösegeld für ihn erpressen wollen, was aber nun natürlich nicht als nötig erscheint.«

»Was sprechen Sie?« fragte der Yerno. »Haben Sie etwa Heimlichkeiten?«

»Wir sollen doch nicht laut reden!« antwortete ich.

»Sprechen Sie gar nicht!«

Um nicht etwa erst jetzt noch Argwohn zu erwecken, trennten wir uns und hielten uns so weit voneinander, daß wir gehört worden wären, wenn wir gesprochen hätten. Von Minute zu Minute trat die Gefährlichkeit unserer Lage deutlicher hervor. Es bedurfte nur einer kleinen Berührung mit einer vergifteten Pfeilspitze, so war es um uns geschehen.

Endlich erreichten wir den Carapawald und das Ufer der Lagune. Es ging jetzt nur sehr langsam vorwärts, da der Yerno so vorsichtig war, sich nicht allein auf meine Aussage zu verlassen, sondern mehrere Späher voranschleichen ließ. Die Leute fanden nichts Verdächtiges und machten erst an dem das Dorf jetzt umgebenden tiefen Wassergraben Halt. Der Yerno fand nichts Verdächtiges darin, daß die Tobas ihr Dorf in dieser Weise vor dem ersten Anprall der Feinde geschützt hatten, sandte aber mehrere Leute über den Damm in das Dorf, um nachzusehen, ob dasselbe wirklich verlassen sei. Als sie zurückkehrten, verstand ich ihre Meldung nicht, erfuhr aber später von Pena, daß sie in mehreren Häusern gewesen waren und dieselben vollständig leer gefunden hatten. Nun schlichen wir nach der Stelle, an welcher das Boot am Ufer lag. Der ›Schwiegersohn‹ untersuchte dasselbe und meinte dann enttäuscht:

»So klein! Es faßt höchstens sechs Mann. Da müssen wir ja zwölfmal fahren! Sucht nach, ob vielleicht noch ein zweites da ist!«

Auch ich und Pena suchten, natürlich vergeblich. Daß man uns diese Freiheit der Bewegung ließ, war ein Zeichen, daß man uns traute. Inzwischen hatte der Yerno sich mit dem Häuptling beraten. Das Resultat dieser Unterredung erfuhren wir, indem der erstere uns fragte:

»Können Sie rudern?«

»Ja,« antwortete ich, erfreut darüber, daß wir wahrscheinlich gleich mit hinüber sollten.

»Auch gut und gewandt?«

»Ganz unhörbar, wenn es sein muß.«

»So werden wir erst einmal rekognoscieren, ob der Weg, welchen wir einschlagen wollen, auch sicher ist. Aber, was ist denn das? Es ist ja hell da drüben!«

»Der Desierto wird ein Feuer brennen. Man sieht es von hier aus nicht deutlich, da sich Büsche dazwischen befinden.«

»So ist er mehr als dumm. Er verrät ja den Ort, an welchem er sich befindet. Also wir fahren jetzt hinüber. Sie rudern. Ich und der Häuptling begleiten Sie. Geben Sie sich Mühe, kein Geräusch zu verursachen!«

Ich stieg mit Pena ein und löste das Boot. Dann kamen die beiden nach. Sie setzten sich nicht, sondern sie legten sich ausgestreckt in den Kahn. Also das hatten sie sich ausgedacht! Wenn man das Boot drüben ja bemerkte, so sollten Pena und ich es sein, welche die vergifteten Pfeile in den Leib bekamen!

Natürlich waren wir dieser Gefahr ganz und gar nicht ausgesetzt. Wir langten auf der dunkeln Seite der Insel an, stiegen aus, banden das Boot an und schlichen uns nach dem Bethause. Die Thüre war leicht zu öffnen, und wir traten ein. Die Tobas hatten sich natürlich unter die Bänke versteckt, so daß der Yerno, als er rund um dieselben längs der Mauern herumschritt, nichts fand. Als er wieder zu uns an die Thüre kam, sagte er leise:

»Es ist kein Mensch da. Sie beide bleiben hier, und zwar mit mir. Ich als Anführer muß mich hier befinden. Der Häuptling fährt allein zurück und kommt, nachdem er seine Leute herübergeschickt hat, erst mit dem letzten Trupp.«

Er gab diese Instruktion dem Indianer, welcher sich dann entfernte. Er selbst trat vor die Thüre und blickte nach dem Feuer.

»Es scheinen auch Frauen dabei zu sein,« sagte er. »Ich möchte einmal zählen, wie viele Personen es sind.«

»Wollen Sie hin?« fragte ich.

»Ja. Ich schleiche mich so weit hinan, wie es möglich ist.«

»Das können Sie bequemer haben. Lassen Sie sich tragen!«

»Tragen? Sind Sie des Teufels? Von wem denn?«

»Von mir.«

»Mensch, Sie sind wirklich vollständig verrückt! Mich tragen zu lassen! Ich möchte wissen – –«

»Weshalb ich Ihnen das rate?« unterbrach ich ihn. »Ich will es Ihnen lieber zeigen als sagen; nämlich so, in dieser Weise – –«

Ich legte ihm die beiden Hände um den Hals und zog ihn in das Gebäude. Er strampelte ein wenig und lag dann still auf dem Boden.

»Sind Leute da?« fragte Pena jetzt halblaut. »Wir sind es, die beiden Freunde.«

»Ja, wir sind da,« antwortete es in gebrochenem Spanisch. »Sollen wir kommen?«

»Ja. Bindet und knebelt den Kerl.«

Die Tobas waren im Nu bei uns. Als der Yerno die Riemen und auch den Knebel hatte, hob ich ihn auf und trug ihn nach dem Feuer. Als man dort meine Schritte hörte, wendeten sich mir alle Gesichter zu.

»Hier ist der Yerno,« sagte ich, indem ich den Körper zu Boden warf. »Nehmen Sie ihn in Ihre Mitte. Ich mochte ihn nicht allein im Hause lassen, weil er der Unternehmendste von allen ist und auf den Gedanken kommen könnte, uns durch lautes Schnaufen zu verraten.«

»Aber man sieht Sie doch!« warnte der Desierto.

»Nein; die Büsche decken mich.«

»Wir sind in großer Sorge. Wie geht es?«

»Ausgezeichnet; viel besser, als ich vermuten konnte.

Postieren Sie nun mehrere Leute in das Dunkel. Wir bringen Ihnen die jedesmal Ueberwältigten, da ich es doch für geraten halte, sie nicht im Bethause liegen zu lassen.«

Jetzt kehrte ich schleunigst nach dem letzteren zurück, denn es war die Zeit, in welcher die ersten Fünf kommen mußten. Ein Sechster hatte den Kahn zu rudern und fuhr leer zurück.

Wir standen innerhalb des Hauses im Volldunkel. Die fünf kamen. Der Vorderste von ihnen that eine Frage in seiner Sprache; Pena antwortete und wurde also für den Yerno gehalten. Die Kerle traten ein und fühlten im nächsten Augenblicke unsere Hände um ihre Kehlen. Als sie unschädlich gemacht worden waren, wurden sie hinausgetragen zu den Leuten, welchen der Desierto inzwischen befohlen hatte, die Gefangenen zu bewachen. So erging es jedem einzelnen Trupp, und es kam nicht ein einziges Mal vor, daß einer der Mbocovis Mißtrauen gefaßt hätte. Sogar der zu allerletzt ankommende Häuptling kam so getrost zur Thüre herein, als ob er da zu Hause sei.

Die ganze Prozedur hatte ein wenig über eine Stunde gedauert. Als ich dem Desierto meldete, daß das schwierige Werk gelungen sei, wollte er es kaum glauben. Nur als er die Männer mit seinen eigenen Augen liegen sah, kam ihm die Ueberzeugung, daß wir fertig seien.

»Gott sei Dank!« seufzte er erleichtert auf. »Ich habe große Angst ausgestanden, weniger um uns als vielmehr um Sie beide. Wie aber haben Sie das fertig gebracht?«

Pena erzählte es ihm einstweilen in großen Zügen, und ich fügte hinzu:

»Nun meinen Sie aber nicht, daß die Gefahr vorüber sei! Die eigentliche und größere kommt erst noch. Der Sendador ist selbst im Anzuge mit einer noch viel zahlreicheren Schar. Der Yerno sagte es.«

»Dem Himmel sei Dank!«

»Wie! Sie erschrecken nicht?«

»Nein, sondern ich freue mich. Wir werden diesem Menschen das Handwerk legen.«

»Wir sind vielleicht zu schwach dazu.«

»O nein. Nachdem ich gesehen habe, was Sie wagen und fertig bringen, fühle ich mich stark genug. Sennor, ich habe Sie sehr um Verzeihung zu bitten. Ich traute Ihnen beiden nichts Gutes zu; ich beleidigte Sie; ich – –«

»Pah! Sprechen Sie nicht davon!« unterbrach ich ihn. »Wir haben zunächst Anderes und Nötigeres zu thun. Senden Sie einige Kundschafter aus, welche die Annäherung des Sendadors erlauschen mögen. Damit aber ist's noch bis gegen morgen Zeit. Jetzt müssen wir vor allen Dingen die Gefangenen in Sicherheit bringen. Giebt es keinen Ort, von welchem sie nicht befreit werden können?«

»Halten Sie sie hier nicht für sicher? Wir haben ja rundum Wasser.«

»Aber nicht genug Leute zur Bewachung, wenn wir gegen den Sendador kämpfen müssen. Auch wissen wir nicht, wie dieser Kampf endet. Bleibt er Sieger, wenn auch nur für kurze Zeit, so befreit er diese Leute.«

»So müssen wir sie auf meinen Felsen schaffen. Es giebt dort Räume, die ich Ihnen noch gar nicht zeigen konnte.«

»Aber wie bringen wir sie hinauf? Sie einzeln am Baume empor tragen, das ist doch unmöglich!«

»Auch gar nicht nötig. Ich bin auch darauf vorbereitet, größere Lasten emporzuschaffen. Zu diesem Zwecke giebt es eine Art Grua[1] oben, der mehrere Mann trägt. Aber ich habe mir diese Menschen nur angesehen, und noch mit keinem gesprochen. Wollen wir nicht ein Verhör mit ihnen anstellen?«

»Jetzt nicht. Vor allen Dingen hinauf auf den Felsen mit ihnen! Und damit sie dann nicht wissen, wo sie sich befinden, lassen Sie ihnen die Augen verbinden. Die Knebel wollen wir ihnen jetzt nehmen, denn nun können sie schreien und lärmen wie es ihnen beliebt, ohne daß wir einen Schaden davon haben.«

Der Desierto erteilte die nötigen Befehle. Auf einige laute

1 Krahn.

Rufe kamen die Boote von den anderen Inseln herbei; auch die Fähre wurde geholt, mit deren Hilfe die Mbocovis bequemer hinüber nach dem Ufer geschafft werden konnten.

Es herrschte ein unbeschreiblicher Jubel unter den Tobas. Die Gefangenen hatten Schimpfreden anzuhören, wie sie nur ein südlicher Indianer sich auszusinnen vermag. Ich stand von ferne mit Pena, welcher mich fragte:

»Wollen wir nicht auch mal hin zu den Gefangenen?«

»Ich nicht, wenigstens jetzt nicht. Warten wir, bis sie sich oben auf dem Felsen befinden. Ich habe mit dem Yerno ein ernstes Wort zu reden.«

»Worüber?«

»Ueber jenen Horno, von welchem die Rede gewesen ist. Wie lange befindet sich dieser Mann bei den Mbocovis?«

»Davon wurde nicht gesprochen. Es war eben eine flüchtige Erwähnung. Der Häuptling meinte, wenn man den Desierto ausraube, brauche man von ihm kein Lösegeld für Horno zu verlangen und könne diesen nun töten.«

»Mir fällt auf, daß der Desierto das Geld hat zahlen sollen.«

»Vielleicht ist Horno ein Verwandter von ihm.«

»Ich habe eine andere Vermutung. Horno ist ein Deutscher, Namens Horn, und zwar ist er derjenige junge Mann, welcher im Verdachte steht, mit dem Gelde des Desierto davongegangen zu sein.«

»Wetter! Wie kommen Sie auf diese Idee?«

»Auf die leichteste Weise der Welt: ein deutscher Name, der Desierto als Zahler des Lösegeldes; das genügt mir einstweilen. Der junge Mann hat durch den Gran Chaco gemußt, ist überfallen, ausgeplündert und gefangen genommen worden. Die Roten dieser Gegend unternehmen doch, wie man allgemein weiß, große und weite Züge, um Menschen zu rauben und dann Lösegelder zu erpressen. Horn hat gesagt, daß der Desierto ihn loskaufen werde; er hat vielleicht gar von dem großen Reichtume des Alten gesprochen, und da haben die Mbocovis, von dem Sendador und dem Yerno veranlaßt, es vorgezogen, sich das ganze Vermögen anstatt nur ein Lösegeld zu holen.«

»Hm! Das klingt ganz einleuchtend. Wir müssen es natürlich sofort dem Desierto mitteilen!«

»Nein! Wir dürfen nicht eine Hoffnung in ihm erwecken, welche vielleicht nicht in Erfüllung geht. Ich frage zunächst den Yerno.«

»Er wird nicht antworten.«

»So löse ich ihm die Zunge mit der Peitsche.«

»Ah, Sie sind doch stets und streng gegen solche Gewaltthätigkeiten gewesen!«

»Mit vollem Rechte. Hier aber ist eine Ausnahme vorhanden. Hat dieser Yerno nicht uns beide morden wollen? Beabsichtigte er nicht, den Tobas den Pardon zu versagen? Und sollen wir einen solchen Halunken schonen, nur damit ein braver Mann länger bei den Mbocovis schmachtet und endlich, wie wir vernommen haben, gar ermordet wird? Nein, der Mann bekommt Prügel nach Zweiunddreißigstel-Noten, wenn er nichts gesteht. Wir nehmen ihn sofort vor, sobald er sich auf dem Felsen befindet.«

»Wir beide allein?«

»Wir beide und zwei Indianer, welche die Peitsche führen.«

»So kommen Sie! Wir sind ja fast die letzten hier auf der Insel.«

Er hatte recht. Wir kamen gerade noch zur rechten Zeit, um in dem einzigen noch vorhandenen Kahn, welcher sich zur Abfahrt anschickte, notdürftig Platz zu finden. Man hatte uns ganz vergessen, uns, die wir nach Penas Ansicht die Hauptpersonen des heutigen Abends waren.

Das Ufer bot jetzt einen fast feenhaften Anblick. Es waren Fackeln herbeigeschafft worden. Alle Welt war von den Inseln gekommen, um die Gefangenen zu sehen, und alle Welt, weiblich und männlich, trug eine brennende Fackel in der Hand. Man hatte den Mbocovis die Füße freigegeben, daß sie laufen konnten, aber ihre Gesichter oder vielmehr die ganzen Köpfe waren mit Bastmatten umwickelt worden. Sie wurden von den Kriegern geführt. Voran und hinterher schritten die Amazonen mit ihren Waffen, an der Spitze Unica, welche ich für heute abend zum erstenmale sah, da sie auf der Hauptinsel nicht gewesen war. Hinter ihr stieg der Tambour einher, welcher den größtmöglichen Lärm machte. Dann folgten die Dorfbewohner bunt durcheinander, lachend, schreiend, jubelnd. Es war ein wahrer Hexensabbath, bei welchem ich nicht die Gedanken und Gefühle der Gefangenen hätte haben mögen, welche nach dem Brauche des Gran Chaco unbedingt ihr Leben verwirkt hatten.

An der einen Seite des Felsens wurde Halt gemacht. Rufe erschollen von oben, und ein starkes Tau wurde herabgelassen. Man befestigte einen Gefangenen nach dem andern daran, um sie einzeln emporzuwinden. Wohin sie verschwanden, konnte ich nicht sehen, da das Licht der Fackeln nicht so hoch reichte.

Wir beide hielten uns auch jetzt fern und sahen von weitem zu. Dann gingen wir zur Algarobe, um hinaufzuklettern und zu versuchen, ob wir Eingang finden würden. Die Thüre stand offen und wir traten ein.

Im Vordergrunde brannte ein Talglicht; ebenso fanden wir in jedem Raume, durch welchen wir kamen, eins. Es galt zunächst, uns umzukleiden, was in zwei Minuten geschehen war. Dann gingen wir weiter bis in die große Rinden-Niederlage, wo wir wohl ein Dutzend Indianer und auch den Desierto fanden, welche mit den Gefangenen beschäftigt waren.

Man hatte im hinteren Teile dieses Raumes die Wand von den aufgestapelten Rinden frei gemacht, und da sah ich einen vorher verborgenen Eingang zu einem langen, niedrigen Gewölbe, in welchem ganz regelrecht geböttcherte Fässer lagen. Zwischen diese legte man die Gefangenen nieder, denen man die Füße wieder gebunden hatte.

»Denken Sie, daß sie sicher hier sind?« fragte mich der Desierto mit einer Miene, welche sehr deutlich die Erwartung ausdrückte, daß ich über diese neue Räumlichkeit erstaunen werde.

»Vollständig!« antwortete ich. »Hier holt sie selbst der Sendador nicht heraus.«

»Nein, sondern wir holen ihn herein! Nachdem ich mit dem

Boote von dem Ufer, an welches ich Sie beide gebracht hatte, zurückgekehrt war, habe ich sofort zwei Eilboten abgesandt, welche meine von ihrem Zuge zurückkehrenden Krieger zur größten Schnelligkeit ermahnen sollen. Ich hoffe, daß sie eher da sein werden als der Sendador. Dann aber wehe ihm!«

»Und wenn er eher kommt?«

»So greifen wir abermals zur List.«

»Zu welcher?«

»Hm!«

Er blickte sinnend nieder, und sein bisher so zuversichtliches Gesicht nahm einen recht bedenklichen Ausdruck an.

»Das Brummen bringt uns nicht weiter,« sagte ich. »Mit Hm und wieder Hm fangen wir keinen Sendador.«

»Das weiß ich, Herr, und darum werde ich es Ihnen überlassen, sich einen Plan auszudenken.«

»Jetzt schwerlich. Ich bin im höchsten Grade abgestumpft und ermüdet, wie Sie sich wohl denken können. Ich und Senor Pena müssen unbedingt schlafen.«

»Ich denke, Sie sollen mir Ihr heutiges Abenteuer noch erzählen, ausführlicher, als es vorhin geschehen konnte!«

»Heben wir das für morgen auf! Wer weiß, was der morgende Tag für Ansprüche an uns macht, und da müssen wir ausgeruht haben.«

»So schlafen Sie! Aber wie nun, wenn der Sendador während der Nacht kommt?«

»Das ist unmöglich. Senden Sie ihm beim Grauen des Tages Kundschafter entgegen!«

»Weiß ich denn die Richtung, aus welcher er kommen wird!«

»Wenn Sie nicht, so weiß ich sie. Er wird sicherlich genau auf der Fährte kommen, welche die Mbocovis gemacht haben; sie mag also Ihren Kundschaftern als Wegweiser dienen. Doch müssen diese Leute barfuß gehen und, sobald sie den Feind erblicken, genau auf ihren eigenen Stapfen umkehren. Dann wird man ihre neue Spur von der alten der Mbocovis nicht unterscheiden können.«

»Wollen wir denn nicht wenigstens die Gefangenen verhören?«

»Sie erfahren nichts von ihnen. Warten wir bis morgen. Wenn Sie ernstlich wünschen, daß wir Ihnen dienlich sein sollen, so gönnen Sie uns die Ruhe!«

»Nun wohl, ich will nicht weiter in Sie dringen und werde Ihnen eine Stube anweisen.«

»Danke! Wir schlafen im Grase Ihres Gartens, welches für uns das beste und bequemste Lager ist.«

»Aber, Herr, was denken Sie! Zwei Deutsche, welche meine Retter sind, soll ich unter dem freien Himmel im Grase schlafen lassen? Dazu haben Sie bei all den Anstrengungen noch nicht gegessen!«

»Ist nicht notwendig. Wir wollen nur Ruhe, weiter nichts. Für alles übrige ist nach dem Schlafe auch noch Zeit. Vergessen Sie die Kundschafter nicht! Das ist das Einzige, was ich Ihnen einzuschärfen habe, und nun gute Nacht!«

Ich nahm Pena beim Arme und zog ihn mit mir fort. Der Desierto wollte uns folgen, jedenfalls um uns noch weitere freundschaftliche Vorstellungen und Anerbietungen zu machen; ich schob ihn aber zurück. Er war jetzt ein ganz anderer als vorher. Das Starre, Todesähnliche war verschwunden; er hatte Geist, Farbe und Leben bekommen.

Draußen im Garten streckten wir uns im Gras nieder. Unten am Felsen erscholl noch die Trommel; schrille Pfeifen und harte Klappern fielen ein; hundert Stimmen sangen, jede derselben klang anders. Man hätte glauben sollen, daß es ganz unmöglich sei, bei einen solchen Lärme einzuschlafen; aber ich lag kaum auf dem Rasen, so fielen mir die Augen zu, und nur wie im Traume hörte ich eine weibliche Stimme rufen:

»Sennores, wo sind Sie?«

Pena brummte, auch er war bereits im Entschlummern gewesen.

»Sennores, Sennores!« rief es wieder.

»Ah! da sind wohl wir gemeint?« fragte der Gefährte.

»Vermutlich. Es ist Unicas Stimme.«

Das Mädchen kam näher. Wir wollten uns nicht als Grashüpfer erwischen lassen und antworteten also nicht; aber sie entdeckte uns doch. Pena blieb liegen, als ob er fest schlafe; ich aber setzte mich auf, reichte ihr die Hand entgegen und fragte:

»Sie wollen uns gute Nacht sagen, Sennora?«

»Ja, gute Nacht und Dank.«

»Das erste nehme ich an; das zweite aber nicht.«

»Sie müssen! Sie haben uns gerettet, und doch achtet niemand auf Sie. Der Oheim hat mir gesagt, daß Sie nirgend anderswo schlafen wollen als hier, und ich kann Sie zu keiner Aenderung dieses Entschlusses bringen; aber meinen Dank muß ich Ihnen mit in den Schlummer geben.«

»Wieder Dank! Nun, ich will Ihnen sagen, wie Sie uns noch heute recht herzlich danken können. Nennen Sie uns den Namen, welchen der Oheim verschwiegen wissen wollte.«

»Herr, warum gerade das?«

»Den Grund sage ich Ihnen am Tage. Also bitte, wie hieß jener untreue, undankbare Deutsche?«

Sie zögerte eine Weile, dann erklang es leise:

»Adolf Horn. Aber jetzt Sennor, muß ich fort. Gute Nacht.«

Sie eilte der Thüre zu.

»Halt, Sennora, noch eins!« rief ich ihr nach.

»Ich darf nicht mehr sagen!« antwortete sie zurück. »Gute Nacht!«

»Sie sollen auch nichts sagen, sondern ich will Ihnen was mitteilen.«

Sie blieb stehen.

»Was denn, Sennor?«

»Sennor Adolfo Horno ist vollständig unschuldig.«

»Adolfo Horno! Sie wissen, wie sein Name hier ausgesprochen wurde! Sie sagen, er sei unschuldig! Himmel! Woher wissen Sie es? Sagen Sie es – schnell, schnell!«

Sie stand schon wieder bei mir.

»Jetzt nicht, Sennora,« antwortete ich. »Ich habe heute gehört, daß dieser brave junge Mann sich unterwegs nach hier befindet, und hoffe, daß Sie ihn recht bald sehen werden.«

»Das sagen Sie in diesem kalten Tone! Sennor, von wem haben Sie es erfahren?«

»Von – von – – aber bitte nun endlich, Sennora, ich muß schlafen!«

»Sie, ja! Aber ich werde nun nicht schlafen können!«

»Das schadet Ihnen nichts, denn Ihr Geist wird sich auch im Wachen mit etwas sehr Angenehmem beschäftigen.«

»Sennor, ich muß gehorchen. Aber wissen Sie vielleicht – –«

»Nun, was?«

»Daß Sie es gar nicht verstehen, mit einer jungen Sennorita umzugehen?«

»Das weiß ich leider schon längst. Und nun bitte, gehen Sie zum Oheim, und sagen Sie ihm, daß er Herrn Horn aus Graz sehr unrecht gethan hätte. Er soll aber ja nicht auch noch kommen, um mich zu fragen. Gute Nacht!«

»Ja, ja, Sie haben recht. Der Onkel muß es sofort erfahren. Gute Nacht!«

Jetzt ging sie in Wahrheit fort.

»Hm!« brummte Pena. »Er ist es also doch!«

»Natürlich! Ich hatte das sichere Gefühl, daß ich mich da nicht irren könne.«

»Dann Prosit die Mahlzeit, Sennor Yerno! Morgen bricht jedenfalls nicht der schönste Tag deines Lebens an!«

Das dachte ich auch; eine halbe Minute später aber dachte ich überhaupt nichts mehr, denn ich war eingeschlafen. Der reiche Sauerstoff macht, wenn man im Freien schläft, daß man viel eher erwacht und sich mehr gestärkt und erquickt fühlt, als wenn man im Zimmer geschlafen hat. Die Sonne war noch nicht aufgegangen, als ich mir den Tau von der Jacke schüttelte und aufstand. Pena erwachte von dem Geräusch dieser Bewegung und sprang auch auf.

»Guten Morgen! Wieder munter?« grüßte er.

»Gruß zurück! Wie eine Forelle.«

»So kann es also mit dem Yerno losgehen?«

»Ja. Aber vorher wollen wir ein Bad nehmen. Kommen Sie!«

»Dann wecken wir den Desierto auf!«

»Nein. Wir laufen gleich am Krahn hinunter.«

»Wenn Sie das laufen nennen, so möchte ich Sie dann auch einmal klettern sehen!«

Der Krahn stand von gestern abend noch aufgerichtet. Er bildete ein Balkendreieck, von dessen nach außen über die Mauer hinaus gerichteter Spitze das Tau noch hinunter hing. Durch einen ebenso einfachen wie sinnreichen Mechanismus war er sowohl zu bewegen als auch auseinanderzunehmen und wieder zusammenzufügen. Der alte Desierto hatte wirklich hier in dieser Wildnis außerordentlich viel zustande gebracht. Ich kletterte an dem schrägen Balken hinaus bis zum Seile und ließ mich an demselben hinab. Pena folgte mir. Als wir unten angelangt waren, kam ihm ein Bedenken.

»Baden?« sagte er. »Es giebt ja Krokodile massenweise in der Lagune!«

»Ich sah eine Stelle, wo es gewiß keine giebt. Kommen Sie nur!«

Etwas aufwärts vom Landeplatze war ein Viereck abgedämmt, welches den Indianern jedenfalls als Badebassin diente. Dort erquickten wir uns in dem frischen Wasser und gingen dann ins Dorf, wo alles bis auf einen einzigen Menschen noch zu schlafen schien. Dieser Einzige stand an der Thüre und sah nach dem Wetter aus, gerade wie ein deutscher, civilisierter Spießbürger des Morgens seinen Kopf aus der Thüre steckt, um zu erfahren, ob es Sonnenschein oder Graupelwetter geben werde. Er hatte zu den Männern gehört, welche gestern in dem Bethause postiert waren, und konnte ein wenig spanisch radebrechen. Das war mir lieb. Ich sagte ihm, er solle noch einen kräftigen Kameraden holen und dann mit uns kommen. Er ging, um diesen Befehl auszuführen, und kam bald mit noch einem Indianer. Sie folgten uns, nachdem wir ihnen gesagt hatten, daß wir hinauf auf den Felsen wollten. Da, wo das Seil des Krahnes die Erde berührte, blieb ich stehen und warf Pena einen fragenden Blick zu. Er nickte lächelnd, und so ergriff ich das Tau und turnte mich empor. Pena that dasselbe. Wir riefen den beiden Roten zu, uns zu folgen, und sie gehorchten. Oben angekommen, schwang ich mich auf den schrägen Balken, um nach dem Garten hinüberzurutschen. Pena war hart hinter mir. Da bot sich uns, indem wir abwärts blickten, ein höchst interessantes Bild.

Der erste Rote hatte ziemlich die Hälfte des Seiles, der zweite aber den vierten Teil desselben zurückgelegt. Beide konnten nicht weiter, schämten sich aber, dies einzugestehen. Sie blickten bald zu uns herauf und bald zur Erde nieder, bis den ersten die Kraft verließ. Er sauste am Seile nieder und dem zweiten mit solcher Gewalt auf den Kopf, daß dieser sich nun auch nicht zu halten vermochte und beide mit einem höchst erklecklichen Plumps die liebe Mutter Erde begrüßten und noch eine Anzahl Purzelbäume schlugen. Der Indianer ist durchschnittlich ein schlechter Kletterer.

Wir befanden uns schon eine ganze Weile im Garten, als sie dort eintrafen. Sie hatten den gewöhnlichen Weg über die Algarobe eingeschlagen und den einen Diener des Alten wach gefunden. Nun kamen sie mit ihm herangehinkt, daß es eine Lust und Freude war.

Auf meine Frage erfuhr ich, daß der Desierto erst mit Tagesanbruch zur Ruhe gegangen sei, nachdem er die Kundschafter instruiert und fortgesandt habe. Dann verlangte ich, man solle uns den Yerno heraus in den Garten holen.

Die drei brachten ihn geführt, nachdem sie ihm die Beinriemen gelöst hatten. Er sah ganz übernächtig aus, was kein Wunder war, da er jedenfalls nicht eine Minute geschlafen hatte, und machte ein ganz unbeschreibliches Gesicht, als er uns erkannte. Welches Spiel wir mit ihm getrieben hatten, darüber war er sich nun wohl klar, aber daß wir heute andere und weit bessere Anzüge trugen als gestern, das schien er nicht begreifen und erklären zu können.

»*Buenos dias*, Sennor!« grüßte ich ihn. »Wie haben Sie geschlafen?«

Sein dunkles, unstätes Auge warf mir einen Blick unsagbaren Grimmes zu; dann antwortete er mit fast knirschender Stimme:

»Schuft! Sogar der Teufel wird dich einst verschmähen!«

»Was mir sehr lieb sein kann! Doch bevor Sie den Mund

noch einmal öffnen, will ich Sie darauf aufmerksam machen, daß ich gern höflich bin und mich ebenso gern höflich behandeln lasse. Um Ihretwillen hoffe ich, Sie haben eingesehen, daß Sie es weder mit Hasenfüßen noch mit Dummköpfen zu thun haben. Ihre Klugheit und Logik ist gräßlich an unserm schlichten Verstande zu Grunde gegangen, und so ist es Ihnen wohl anzuraten, sich eines besseren Tones zu bedienen. Jetzt werden Sie mir sagen, wie Sie heißen!«

»Ich habe es Ihnen gestern gesagt.«

»Sie heißen nicht Arbolo.«

»Ich habe es gesagt und folglich heiße ich so. Ich bin kein Lügner, wie ihr beide.«

Wenn er der Ansicht gewesen war, daß wir uns auch diese dritte Grobheit gefallen lassen würden, so hatte er sich sehr geirrt. Wir beide waren zwar um unsere Pferde, nicht aber um die Peitschen gekommen, die an unsern Gürteln hingen. Ich griff nach der meinigen, um den Buben zu züchtigen, da aber flog ihm schon diejenige Penas über das Gesicht, daß der Getroffene fast hintenüber gestürzt wäre.

»Da hast du die Antwort, Schurke!« sagte Pena in aller Ruhe. »Ein Raubmörder, wie du bist, bekommt für jede freche Antwort einen solchen Hieb. Das merke dir. Ich bin Pena, der deutsche Cascarillero. Vielleicht kennst du meinen Namen.«

»Pena!« entfuhr es dem Yerno. Er war erschrocken, faßte sich aber schnell und fuhr fort: »Ich kenne weder Sie, noch Ihren Namen. Wer Sie sind, ist mir sehr gleichgültig!«

»Sie werden nicht ewig gleichgültig bleiben,« antwortete ich ihm. »Sie wollten die Tobas überfallen und ohne Gnade niedermetzeln. Sie wollten mich und Pena töten und – –«

»Wer hat das gesagt?« unterbrach er mich.

»Sie selbst. Sie sind nicht der einzige Weiße, welcher die Sprache der Mbocovis versteht! Wir kennen jedes Wort, welches gestern gesprochen wurde. Wir haben Sie auch nicht etwa gestern zum erstenmale gesehen, sondern wir beide belauschten Sie und sind Ihnen vorausgeeilt, um dem viejo Desierto Ihre Ankunft zu melden.«

Er stieß einen zischenden Pfiff aus, sagte aber nichts.

»Und ebenso haben wir ihn von der zu erwartenden Ankunft Ihres Schwiegervaters benachrichtigt,« fuhr ich fort.

»Schwiegervater?« fragte er. »Soll ich etwa einen haben?«

»Natürlich, den Sendador.«

»Ich bin ja unverheiratet!«

»Und werden von den Mbocovis doch nur Yerno genannt? Machen Sie sich nicht lächerlich. Doch, das sind Nebensachen. Ich habe Sie aus einem andern Grunde zu mir kommen lassen. Sie kennen einen jungen Mann, welcher Adolfo Horno heißt?«

Er zuckte zusammen, antwortete aber doch:

»Nein.«

»Sie haben doch gestern zum Häuptlinge der Mbocovis von ihm gesprochen?«

»Das ist eine Lüge!«

»Mann, wahren Sie Ihre Zunge! Wir dulden kein solches Wort mehr! Wir haben gehört, was Sie sprachen. Sie haben für diesen Sennor Horno von dem Desierto ein Lösegeld erpressen wollen. Nach dem Siege über die Tobas sollte er ermordet werden.«

»Das ist nicht wahr.«

»Sie wissen nicht, wo dieser Mann ist, kennen ihn wohl gar nicht?«

»Nein.«

»Das thut mir leid um Ihretwillen. Ich will erfahren, wo er sich befindet, und also werde ich es erfahren; ist's nicht auf die eine, sodann auf die andere Weise. Wollen Sie es mir freiwillig sagen?«

»Ich weiß es nicht.«

»Ganz wie Sie wollen! Ich werde Sie so lange peitschen lassen, bis Sie mir den Ort nennen.«

»Das wagen Sie ja nicht!« fuhr er auf. »Sie haben kein Recht dazu!«

»Wir sind im Chaco, folglich habe ich das Recht. Also, wollen Sie gestehen?«

»Ich weiß nichts. Hauen Sie zu! Ich lache Sie doch aus!«

Der Mensch wurde an den Baum gebunden mit dem Rükken nach auswärts. Die beiden Indianer bekamen unsere Peitschen und schlugen aus Leibeskräften zu, abwechselnd, jeder einen Hieb. Ich wendete mich ab und zählte. Nach dem vierzigsten Hiebe drehte ich mich wieder um. Er wandte uns das Gesicht zu, hatte die Zähne zusammengebissen und sah uns hohnlachend an. Nach dem sechzigsten Hiebe bestand sein Rücken aus blutigen Fleisch- und Kleiderfetzen, dennoch grinste er uns noch höhnisch an und sagte kein Wort.

»Immer weiter!« rief Pena. »Schlagt nur zu, bis er gesteht, und wenn ihr den Hund totprügelt!«

»Nein,« sagte ich. »Haltet ein! Wer soll das ansehen!«

Da stieß der Exekutierte ein heiseres Gelächter aus und brüllte:

»Hört das Weib! Er kann das Blut nicht ansehen! Schlagt nur immer zu! Haut mir die Knochen entzwei! Reißt mir die Eingeweide heraus! Aber erfahren sollt ihr doch nicht, wo sich dieser Horno befindet!«

»Doch Sie wissen es?« fragte ich.

»Ja, ich weiß es,« antwortete er. »Gerade um euch zu zeigen, wie ich euch nur auslache, will ich es sagen, daß ich selbst es bin, der ihn gefangen hat. Weiter aber erfahrt ihr kein Wort, und wenn ihr mir die Glieder mit glühenden Zangen auseinander reißt!«

»Solcher Anstrengungen bedarf es nicht. Sie werden uns flehentlich bitten, es uns sagen zu dürfen, und wir werden es nicht hören wollen!«

»Bitten? Flehen? Niemals, nie!«

»Noch heute, noch an diesem Vormittage werden Sie mich um Gotteswillen bitten, das Wort anzuhören, welches Sie mir jetzt verweigern.«

»Das thue ich nicht, und wenn ich alle Qualen der Hölle erdulden sollte!«

»Pah! Sie werden das Wort laut herausbrüllen, herausschreien, damit wir es hören sollen. Bindet ihn anders, so daß er auf dem Rasen sitzt und mit dem Rücken an dem Stamme lehnt. Bindet ihm auch den Kopf fest, so daß er ihn nicht um ein Haar breit bewegen kann!«

Während die beiden Indianer dieser Weisung gehorchten, holte ich den hohlen Teil eines Tagoarabambus herbei, welcher in der Nähe lag und wohl als kleines Wassergefäß benutzt worden war. Dieser hohle Cylinder war vielleicht zehn Centimeter im Durchmesser. Ich arbeitete mit der Messerspitze ein kleines Löchelchen durch den Boden und verschloß dasselbe dann mit einem Holzpflöckchen in der Weise, daß das Wasser nur in einzelnen, langsamen Tropfen hindurchquellen konnte. Der Diener mußte das Gefäß mit Wasser füllen, und dann wurde es hoch über dem Kopfe des Yerno an den Stamm gehängt. Ich hatte es so getroffen, daß vielleicht alle vier Sekunden ein kleiner Tropfen drei Ellen hoch auf die Mitte des Schädels des Yerno fiel. Dann rasierte ich mit der Schärfe meines Bowiemessers das Haar von dieser Stelle.

Der ›Schwiegersohn‹ hatte das alles wortlos geschehen lassen und mit angesehen. Jetzt lachte er trotz der Schmerzen, welche sein zerpeitschter Rücken ihm verursachen mußte, geradezu brüllend auf und geiferte dabei hervor:

»Jetzt werde ich rasiert und frisiert! Und das soll mich zum Geständnisse bringen? Ihr seid alle reif für das Narrenhaus!«

Ich winkte den drei Indianern, sich zu enfernen und nahm Pena am Arme, um ihn in die nächste Laube zu führen.

»Aber, lieber Freund,« fragte er dabei, »was ist das denn eigentlich für ein Kunststück, welches Sie da produzieren wollen? Ich verstehe es nicht und begreife es nicht.«

»Ein Kunststück ist es nicht, sondern eine ganz kunstlose, natürliche Prozedur, welche den Menschen zwingen wird, mir die verlangte Antwort zu geben.«

»Diese Wassertropfen sollen das erwirken, was die Prügel nicht zustande gebracht haben?«

»Ja, das werden sie!«

»Unbegreiflich! Sie haben doch den Rücken dieses Menschen gesehen. Der Anblick war geradezu schrecklich! Und welche Folgen hatte es? Er lachte uns aus und verhöhnte uns. Ein Geständnis aber gab er nicht. Und was dieser zerfleischte Rücken, was diese Wunden nicht vermocht haben, das erhoffen Sie von dem armseligen Wassertropfen, welcher ihm auf den Kopf fällt? Das wäre das größte Wunder, welches ich gesehen habe!«

»Wollen Sie einen ganz natürlichen Vorgang ein Wunder nennen, so habe ich nichts dagegen. Aber sagen Sie, haben Sie vielleicht schon einmal das deutsche Wort ›prügelfaul‹ gehört?«

»Ja. Das ist die Unempfindlichkeit gegen Schläge.«

»Ja. Fragen Sie Eltern und Lehrer; fragen Sie Stockmeister und Korporale, nämlich wenn die letzteren aus der militärischen Prügelzeit noch lebten! Sie würden erfahren, daß es Personen oder Subjekte giebt, welche die Schläge gar nicht zu fühlen scheinen, welche desto mehr lachen, je stärker und dicker die Prügel fallen. Vielleicht gehört der Yerno zu diesen Leuten, welche Nerven von der Stärke und Unempfindlichkeit der Schiffstaue zu besitzen scheinen. Nun, wenn die Nervenverzweigungen so widerstandsfähig sind, so muß man sich an die Nervenquelle, an das Gehirn wenden. Vielleicht ist dieses empfänglicher gegen schmerzhafte Einwirkungen.«

»Nennen Sie das Gefühl, welches der Wassertropfen hervorbringt, einen Schmerz?«

»Nein; aber eine unausgesetzte Folge von Tropfen, welche nacheinander auf eine und dieselbe Stelle fallen, bringt eine Wirkung hervor, mit welcher sich kein anderes Schmerzgefühl vergleichen läßt. Die Wirkung muß, wenn sie nicht rechtzeitig unterbrochen wird, unbedingt zum Wahnsinn führen. Haben Sie noch nicht gehört, daß die amerikanischen Sklavenbesitzer diese schreckliche Strafe gegen ungehorsame Schwarze oft und viel in Anwendung brachten?«

»Nein.«

»Nun, ich bin Zeuge solcher Vorgänge gewesen. Ich habe einen Neger und eine Negerin, seine Frau, in der sogenannten Tropfhütte sitzen sehen; beide waren so gefesselt, daß sie weder ein Glied, noch den Kopf bewegen konnten, und die Tropfen fielen ihnen in regelmäßigen Intervallen auf die Köpfe. Sie brüllten wie wilde Tiere, und der Schaum triefte ihnen über die Lippen. Diese Strafe mußten sie erleiden, weil sie ihre Kinder nicht hatten hergeben wollen, welche früh an einen Händler verkauft worden waren. Ich machte dem Pflanzer, dessen Gast ich war und dem ich einen großen Dienst geleistet hatte, so daß er mir eine nicht gewöhnliche Dankbarkeit schuldete, freundliche Vorstellungen, und er ließ mich dafür durch seine zwei Sklavenaufseher aus der Pflanzung weisen oder vielmehr werfen.«

»Dieser Schuft! Dem hätte ich – – –« Er machte zwei Fäuste und fragte dann: »Und Sie sind ruhig gegangen? Das stimmt keineswegs mit Ihren sonstigen Eigenheiten!«

»Ja, es würde nicht stimmen, wurde aber stimmend gemacht, denn des Nachts war ich heimlich wieder auf der Plantage und holte das schwarze Ehepaar heraus. Gesehen habe ich da, welche entsetzliche Wirkung die Tropfhütte oder der Tropfstuhl hat. Es wird keine Stunde vergehen, so können Sie diese Wirkung an dem Yerno beobachten.«

Unser Gespräch wurde unterbrochen, denn Unica kam, um uns den Mate zu bringen. Sie wollte die gestern abgebrochenen Fragen wieder beginnen, wurde aber durch den alten Desierto gestört, welcher nicht hatte schlafen können und zu uns heraus kam.

Er wunderte sich darüber, daß wir den Yerno schon im Garten hatten, und konnte die Situation nicht begreifen, in welcher dieser sich befand.

»Das geschieht unsers Landsmannes wegen, den Sie für einen Wortbrüchigen und Betrüger gehalten haben,« erklärte ich ihm.

»Meinen Sie etwa Horn?« fragte er.

»Ja. Sehen Sie, wie Sie nun auf einmal den Namen aussprechen können!«

»Weil Unica mir gestern abend noch erzählt hat, daß Sie ihn für unschuldig halten und daß er unterwegs nach hier ist. Ich habe deshalb nicht schlafen können und komme also so früh zu Ihnen, um Sie um Aufklärung zu ersuchen. Sie können denken, was Ihre Worte für einen Eindruck auf mich und Unica gemacht haben. Sagen Sie, wissen Sie wirklich etwas über ihn, oder haben Sie uns nur trösten oder beruhigen wollen?«

Seine Augen waren mit großer Spannung auf uns gerichtet, und auch die schöne Indianerin sah mich an, als ob sie mir die Worte von den Lippen lesen wolle.

»Wenn ich Sie hätte beruhigen wollen, so müßte ich diesen Zweck einen vollständig verfehlten nennen,« antwortete ich. »Sie sagen mir ja, daß Sie deshalb nicht haben schlafen können. Nein, wir haben wirklich bei den Mbocovis eine Spur von ihm entdeckt.«

»Herrgott! Sollte er sich etwa bei diesen befinden?«

»Ich vermute es. Hören Sie!«

Ich erzählte ihm, was wir erst vermutet hatten und uns vorhin von dem Yerno eingestanden worden war. Ich erklärte ihm auch, daß ich diesen letzteren nur deshalb unter das Wassergefäß gefesselt hatte, um zu erfahren, wo Horn zu suchen sei. Kaum war ich damit fertig, so zog Unica mir das Messer aus dem Gürtel und rief aus:

»Er weiß es und will es nicht sagen? Ich werde ihn zwingen! Wenn er es nicht sofort gesteht, stoße ich ihm das Messer in das Herz!«

Sie wollte fort. Ich hielt sie zurück, wand ihr das Messer aus der Hand und sagte:

»Bleiben Sie! Sie würden nichts oder nur Unvollständiges erreichen. Er gesteht jetzt noch nichts, und wenn Sie ihn dann im Zorne erstechen, sind wir noch schlimmer daran als vorher. Wir wissen ja noch nicht genau, ob der Horn, welchen er meint, auch wirklich derjenige ist, von welchem wir sprechen.«

»Welcher andere sollte es sein!« antwortete der Desierto. »Ich befinde mich so lange Jahre hier im Lande und habe den Namen Horn, diesen einen Fall ausgenommen, noch nie gehört. Unser junger Freund ist auf seinem Wege nach hier überfallen und zu den Mbocovis geschafft worden. Ich will ihn retten; sie müssen ihn herausgeben, und wenn ich alles, alles in Bewegung setzen soll. Ich werde den Yerno einmal selbst ins Verhör nehmen.«

Er eilte von uns fort und zu dem Gefesselten hin. Unica folgte ihm schnell, und so gingen wir beide ihnen nach. Der Gefangene hatte ein leichenblasses Gesicht; seine Augen waren hervorgetreten, und seine Unterlippe steckte zwischen den zusammengepreßten Zähnen.

»Hund!« schrie ihn der Alte an. »Du hast Sennor Horno gefangen genommen. Sag', wo er steckt, sonst ergeht es dir schlecht!«

Der Yerno sah ihn mit einem stieren Blicke an und sagte nichts.

»Willst du reden, oder soll ich dich abermals peitschen lassen?«

Ueber die Züge des Gefangenen ging ein höhnisches Zukken, als ob er sagen wolle, daß das Peitschen ja schon einmal nichts gefruchtet habe, und daß er sich auch jetzt aus den Prügeln nichts machen werde. Aber der Hohn verschwand ebenso schnell, wie er gekommen war. Der Yerno kämpfte bereits mit aller Kraft gegen die sichere, unausbleibliche Wirkung der Wassertropfen. Der Desierto beachtete das nicht und fuhr fort:

»Du schweigst? Ich werde dich wohl zum Sprechen bringen. Geben Sie mir die Peitsche, Sennor!«

Er wollte Pena die Peitsche aus dem Gürtel ziehen. Ich hielt ihn davon ab und sagte:

»Lassen Sie! Mit Schlägen erreichen Sie nichts. Der Mann wird in kurzer Zeit ein volles Geständnis ablegen. Sehen Sie nicht, wie er gegen die Schmerzen kämpft?«

»Ja, es ist wahr,« antwortete Pena in deutscher Sprache, deren auch ich mich bedient hatte, um von dem ›Schwiegersohne‹ nicht verstanden zu werden. »Oder sollten diese stieren Augen nur eine Folge der Prügel sein, welche er bekommen hat?«

»Nein. Sehen Sie die Tropfen auf seiner Stirne? Die kommen nicht von da oben aus dem Gefäße. Das sind Tropfen, welche die Angst, der Schmerz austreibt. Ich habe ihm gesagt, daß er uns um Gottes willen bitten werde, sein Geständnis anzuhören, und ich werde recht behalten.«

»Wie lange werden wir noch warten müssen?«

»Wie es den Anschein hat, hält er es höchstens noch eine Viertelstunde aus. Dann wird er uns rufen; wir aber werden nicht auf ihn hören. Er soll einsehen, daß wir nicht die Leute sind, welche sich von einem solchen Menschen verhöhnen lassen. Kommen Sie also wieder zur Laube.«

Sie folgten mir. Wir setzten uns nieder, und der Desierto erzählte, daß er die Späher ausgesandt und mit den besten Instruktionen versehen habe. Aber er war nicht bei der Sache. Sein Blick flog wieder und immer wieder hinüber zum Yerno. Er mußte den jungen Deutschen wirklich tief in sein Herz geschlossen haben. Unica war ebenso aufgeregt; sie besaß nicht die Fähigkeit, an einem ruhigen Gespräche teilzunehmen, und entfernte sich.

Wir sprachen nun von den gestrigen Vorkommnissen und von den noch zu erwartenden Ereignissen. Darüber verging die Viertelstunde und noch mehr. Ich hatte nicht allzusehr auf den Yerno geachtet, da ich der Wirkung meines Mittels sicher war; jetzt wurde ich auf ihn aufmerksam gemacht, denn der Desierto unterbrach mich mitten in einem Satze, den ich angefangen hatte:

»Horcht! Was war das?«

Ich hatte nichts gehört und horchte auf.

»Hören Sie es?« fragte der Alte nach einer kurzen Pause. »Das klang, als ob ein Jaguar in der Ferne gebrüllt hätte. Das kann aber nicht der Fall sein, denn es ist jetzt nicht die Tageszeit dazu.«

»Ein Brüllen war es,« antwortete ich, »aber nicht aus der Ferne. Es klang so unterdrückt, weil es mit dem letzten Rest der Kraft in die Lunge zurückgedrängt wurde – –«

Ich sprach nicht weiter, denn derselbe Laut erklang abermals. Es war wie das Gähnen eines Tigers oder Löwen. Pena und der Alte waren aufgesprungen. Der erstere trat an das Mauerloch, blickte hinaus und sagte:

»Der Desierto hat ganz recht. Es ist wirklich ein Puma oder Jaguar. Jetzt, am frühen Morgen! Und so nahe am Dorfe!«

»Täuschen Sie sich nicht!« entgegnete ich. »Sie werden keinen Jaguar sehen, und wenn Sie jahrelang da hinausblicken. Es ist kein Tier, sondern der Yerno. Hören Sie!«

Das Brüllen ließ sich wieder hören. Es erklang röchelnd, wie durch die Nase oder zwischen den zusammengepreßten Zähnen hervor.

»Der Yerno!« rief Pena. »Wahrhaftig, er ist's! Da, da, horchen Sie! Ich habe es ganz deutlich gesehen. Er hat die Lippen bewegt. Welch ein Laut, welch ein Ton!«

»O, das ist noch nichts! Sie werden noch ganz andere Töne hören.«

»Vielleicht gesteht er jetzt!«

»Er muß sein Geständnis in allerhöchster Angst machen; eher ist seinen Worten nicht zu glauben. Ich bin überzeugt, daß er uns jetzt belügen würde. Jetzt ist seine Verstocktheit noch größer als die Wirkung meines Mittels. Jetzt kann er noch logisch denken; er ist also noch im stande, uns zu belügen, zu betrügen und irre zu leiten. Wir müssen warten, bis die Schmerzen so übermächtig werden, daß er gar nicht mehr denken kann oder vielmehr bis er nur den einen Gedanken noch hegt, von seinen Qualen befreit zu werden. Verhalten wir uns ruhig, dann werden wir seiner Stimme anhören, daß dieselbe ein genauer Gradmesser der steigenden Wirkung meines Mittels ist.«

Das mochte unmenschlich klingen; aber Mitleid war hier ganz und gar am unrechten Platze. Es giebt Rücksichten, denen sich selbst der gefühlvollste Mensch zu unterwerfen hat, wenn er nicht sich selbst oder andere schädigen will. Ich war überzeugt, daß nur die größte Todesangst, nur eine sogenannte Höllenqual dem Gefolterten ein Geständnis, welchem wir Glauben schenken konnten, auspressen werde. Ein unzeitiges Mitgefühl wäre hier nicht nur Schwäche, sondern sogar schädlich und für Horn verderblich gewesen.

Wir sprachen nicht weiter, sondern horchten auf den Yerno. Die Töne, welche er ausstieß, waren nicht zu beschreiben.

»Gräßlich!« sagte Pena, indem er sich schüttelte. »Wer hätte das den kleinen Wassertropfen zutrauen mögen!«

»Wir sind erst am Anfange,« antwortete ich. »Noch hat er nicht nach uns gerufen. Hören Sie, jetzt!«

Diesesmal war es kein unnatürlicher Laut, den er hören ließ. Wir hatten das Wort ›Sennores‹ verstanden.

»Jetzt ruft er!« sagte der Alte. »Die volle Wirkung ist da. Wollen wir hin?«

»Nein.«

»Sennor, Sennor!« ertönte es nach einer kleinen Weile. »Kommen Sie!«

Und als wir nicht darauf achteten, sondern sitzen blieben, rief er:

»Sennor Pena, Sennor Pena! Hören Sie mich denn nicht?«

»Er ruft mich,« meinte der Genannte. »Warum gerade mich und nicht Sie?«

»Weil er wohl Ihren Namen, nicht aber den meinigen weiß,« antwortete ich.

»Sennor Pena, Pena, Pena!« schrie er jetzt überlaut. »So kommen Sie doch! Ich halte es nicht aus. Ich will alles sagen, alles!«

Bei dem Klange dieser Worte überlief es mich eiskalt. Der Alte eilte hin, und wir beide folgten ihm.

»Gott sei Dank!« schrie der Gefolterte. »Sie kommen! Nehmen Sie das verdammte Wasser weg!«

Das war nicht die Art und Weise, welche mich hätte bewegen können, ihm den Willen zu thun. Aber der Desierto schob das Gefäß zur Seite.

»Geben Sie mir die Hände frei!« fuhr der Yerno fort. »Ich muß an meinen Kopf greifen, ich muß!«

»Soll ich?« fragte der Alte, indem er sich bereits bückte, um das an ihn gerichtete Verlangen zu erfüllen.

»Nein,« antwortete ich, indem ich ihn auf die Seite schob. »Er mag erst gestehen.«

Das Gesicht des Yerno hatte jetzt ein erdfahles Aussehen; seine Lippen waren blutig gebissen, und vom Blute strotzten die Adern seiner Augen.

»Sie also sind der Teufel!« knirschte er mir zu. »Die andern wollen nicht, aber Sie zwingen sie, mich zu martern!«

»Pah! Meinen Sie, daß dies die richtige Art ist, mich zur Milde zu bewegen? Ich sehe, Sie sind noch nicht so weich geworden, wie ich Sie haben will. Ich muß Ihnen mehr Wasser geben.«

Bei diesen Worten schob ich das Gefäß wieder an die vorige Stelle, so daß die Tropfen ihn wieder auf den Kopf trafen.

»Nur das nicht,« schrie er auf. »Nur das nicht wieder! Nehmen Sie das Wasser weg! Ich will ja gestehen. Aber das Wasser weg!«

Der Desierto schob das Gefäß wieder fort und sagte:

»Ich will Ihnen den Willen thun. Nun sagen Sie aber auch, wo sich Sennor Horno befindet!«

»Bei den Mbocovis am Rio dorado.«

»Beschreiben Sie uns die Stelle!«

»Das ist unmöglich. Ich könnte den Weg und die Stelle noch so gut beschreiben, so würden Sie sie doch nicht finden.«

»So! Wie befindet er sich?«

»Ganz wohl. Es ist ihm nichts geschehen.«

»Warum haben Sie ihn überfallen?«

»Um ein Lösegeld zu bekommen.«

»Und ihm das Geld, welches er bei sich hatte, abzunehmen?«

»Nein. Er hatte kein Geld.«

»Hm! Hat er von mir gesprochen?«

»Alle Tage.«

»Und Sie haben ihn wirklich nicht gequält?«

»Nein. Er hat es wirklich gut gehabt.«

»So will ich Sie von Ihren Leiden erlösen und Sie wieder hinein zu den Mbocovis schaffen lassen.«

Er machte abermals Miene, den Yerno loszubinden; ich hinderte ihn daran und sprach:

»Begehen Sie keine Thorheit! Der Mann hat Sie belogen.«

»Ich habe die Wahrheit gesagt!« schrie der Yerno, indem er seine blutunterlaufenen Augen auf mich richtete.

»Nein. Sie logen!« behaupte ich.

»Jedes einzelne Wort ist wahr!«

»So! Also wir würden den Weg und die Stelle nicht finden und bedürfen also eines Führers?«

»Ja. Ich werde Sie hinführen.«

»Und der Ort liegt – – an welchem Flusse, sagten Sie?«

»Am Rio dorado del Valle.«

»Nun, so ist es erwiesen, daß Sie gelogen haben. An diesem Flusse hausen Indianer, welche Ihren Mbocovis feindlich gesinnt sind; also werden diese letzteren ihre Gefangenen nicht gerade in dieser so unsicheren Gegend verstecken. Sie lügen. Sie wollen uns veranlassen, mit Ihnen viele Tage lang durch den wildesten Chaco zu ziehen, und denken, daß Sie dabei gewiß Gelegenheit zum Entkommen finden werden. Wir lassen uns nicht betrügen. Da haben Sie das Wasser wieder!«

Ich brachte das Gefäß wieder in die richtige Lage. Er brüllte wütend auf und warf mir mehrere Flüche zu, welche nicht wiederzugeben sind. Ich aber nahm Pena und den Desierto am Arme und zog sie mit mir fort.

»Kommen Sie, da Sie das Geschrei nicht anhören können! Wir wollen zu den Mbocovis gehen, um ihnen zu essen und zu trinken zu geben.«

Noch als wir die Treppe hinunterstiegen, hörten wir die Stimme des nun doppelt wütenden Menschen hinter uns erschallen. Wir fanden Unica bei den gefangenen Indianern. Sie that das, was wir jetzt hatten thun wollen. Sie war von einem zum andern gegangen, um sie, ohne ihre Banden zu lösen, zu speisen und zu tränken.

»Schade, daß ich die Sprache der Mbocovis nicht verstehe,« sagte ich. »Ich würde jetzt den Häuptling nach Horn ausforschen.«

»Das kann ja ich thun!« meinte Pena.

»Versuchen Sie es! Aber machen Sie dabei keine Fehler!«

»Haben Sie keine Sorge; ich werde schon zu sprechen wissen.«

Er begann nun ein längeres Gespräch mit dem Roten. Erst wollte dieser nicht antworten, und dann schien er doch auf den Gedanken zu kommen, daß es besser sei, uns nicht in

Zorn zu bringen. Er schien sogar gesprächig zu werden. Als beide endlich fertig waren, wendete sich Pena zu uns und sagte im frohen und selbstbewußten Tone:

»Nun brauchen wir den Yerno nicht! Ich bin klug gewesen und habe alles heraus. Sennor Horn steckt im Keller von *Nuestro Sennor Jesu-Cristo de la floresta virgen*.«

»Unsinn!«

»Meinen Sie, daß ich so wenig scharfsinnig bin, mich von diesem Roten betrügen zu lassen?«

»Pah! Zanken wir uns nicht! Sie kennen doch diesen Keller, in welchem wir die Aripones stecken hatten.«

»Freilich!«

»Kann da ein Gefangener der Mbocovis sich dort befinden?«

»Hm!«

»Sehen Sie denn nicht ein, warum der Häuptling Ihnen gerade diesen Bären aufgebunden hat? Er weiß, daß der Sendador mit den zahlreichen Mbocovis jetzt von dorther kommt. Diesen Leuten will er uns in die Hände treiben.«

»Alle Wetter!«

»Nun sagen Sie Ihrem lieben Häuptlinge, daß er sich verrechnet hat!«

»Das werde ich ihm freilich sagen, und zwar nicht in der höflichsten Weise.«

Er wandte sich wieder zu dem Roten, sprach in zornigem Tone zu ihm und versetzte ihm sogar einen derben Fußtritt.

Von da begaben wir uns in eins der vorderen Zimmer, in welchem Unica für uns das Frühstück serviert hatte. Es bestand aus gebratenem Fleische und neubackenem Maisfladen. Der Desierto setzte sich zu uns, aß aber nicht mit. Als ich ihn nach der Ursache fragte, antwortete er:

»Ich esse täglich höchstens einmal, hungere aber oft mehrere Tage lang. Ja, es giebt jährlich eine Zeit, in welcher ich zwei Wochen lang keinen Bissen zu mir nehme und mich nur vom Wasser erhalte.«

»Warum aber das?«

»Zur Strafe.«

Ich hatte diese oder doch eine ähnliche Antwort erwartet und entgegnete:

»Haben Sie denn das Recht, sich eine solche Strafe aufzuerlegen?«

»Nicht nur das Recht, sondern sogar die Pflicht. Es kann keine Strafe streng genug für mich sein! Sie wissen eben nicht, welch ein schweres Verbrechen auf meinem Gewissen lastet. Sie werden von der Ausstattung des vordersten Zimmers sehr überrascht gewesen sein. Das ist meine Buß- und Strafstube. Da hungere und durste ich, da friere ich und geißele mich. Meine That ist eine schwere; Sie können sie nicht erraten.«

»Nicht? Ich glaube, daß Sie ein Mörder sind.«

»Gott!« rief er aus. »Wer hat Ihnen das gesagt?«

»Mein Auge, mein Verstand. Aber sprechen wir nicht über diese Angelegenheit!«

»O doch! Sprechen wir von ihr! Wir sind Deutsche. Sie haben mir von sich erzählt, und so müssen Sie auch wissen, wer und was ich bin.«

»Das weiß ich bereits. Sie sind Pharmazeut.«

»Was? Apotheker? Herr, vor Ihnen ist doch wahrlich niemand sicher!«

»Pah! Wer nur fünf Minuten lang mit offenen Augen hier umherblickt, muß überzeugt sein, daß ich das Richtige geraten habe.«

»Ein Apotheker! Es ist wahr. Und ein Mörder! Das ist auch wahr, Herr! Fürchten Sie sich nicht vor mir? Verabscheuen Sie mich nicht?«

»Das fällt mir nicht ein! Gott hat mich nicht zum Richter über irgend einen meiner Nebenmenschen gesetzt. Ich bin wohl ein noch größerer Sünder als Sie und kann mich an Stärke der Reue nicht mit Ihnen vergleichen.«

»Sie haben keine Ahnung von der Größe meines Verbrechens! Ich habe mit voller Absicht einen Menschen ermordet.«

»Aber in der Notwehr?«

»Vielleicht wäre das die einzige Entschuldigung, deren ich mich bedienen könnte. Und doch kann ich es weder mir noch einem andern beweisen, daß es Notwehr gewesen ist. Erlauben Sie mir, Ihnen den Vorgang zu erzählen.«

»Lassen Sie es lieber sein! Sie regen sich auf; Sie wühlen in alten Wunden.«

»Mag es schmerzen; ich habe es verdient. Ist Ihnen die Geschichte Schleswig-Holsteins bekannt?«

»Ja.«

»Haben Sie auch gehört, wie es den deutsch gesinnten Bewohnern der Herzogtümer von seiten der Dänen ergangen ist?«

»In hundert und wieder hundert Geschichten.«

»So hören Sie! Ich war Apotheker in einer kleinen Stadt, der einzige gut deutsch Gesinnte der ganzen stockdänischen Bevölkerung. Damit ist vieles, wenn auch nicht alles gesagt. Ich will nicht von den Bedrückungen, von den kleinen und großen Leiden sprechen, welche ich erdulden mußte, ohne nur ein Wort sagen zu dürfen. Aber ich wurde so verbittert, daß es war, als ob mein ganzer Körper nur aus Galle bestehe. Je länger, desto deutlicher fühlte ich, daß dies nicht mehr so fortgehen könne, ohne daß es ein Unglück gab. Da kam der erwähnte Krieg und mit ihm die dänische Einquartierung. Ich war natürlich als feindlich gesinnt bezeichnet worden, und so warf man doppelte und dreifache Lasten auf mich. Mein Haus wimmelte von unten bis oben von dänischen Soldaten, welche da schalteten und walteten, als ob ich ein Kannibale sei. Es hatte geradezu Kämpfe gekostet, ein einziges kleines Stübchen zu behalten, und dieses konnte ich nicht hergeben, denn da lag mein geliebtes, todkrankes Weib, die einzige Seele, welche mich verstand und mit mir litt. Sie war infolge der fortgesetzten Leiden und Aufregungen in ein schweres Nervenfieber gefallen, und ich hatte alles, alles von ihrem Krankenlager fern zu halten, wenn ich die Hoffnung hegen wollte, ihr das Leben retten zu können. Da kam noch ein dänischer Militärarzt nebst Diener, welcher bei mir Quartier verlangte. Ich bewies ihm, daß kein Platz mehr sei; ich bat und flehte, umsonst! Er untersuchte meine Frau und erklärte, daß sie die Krankheit nur simuliere. Ich schickte nach dem Stabsarzte, um dessen

Entscheidung zu erbitten, und wurde dann in die Apotheke gerufen, wo ich längere Zeit unausgesetzt beschäftigt war, daß ich unmöglich nach meiner Frau sehen konnte. Endlich war ich fertig und durfte Atem holen. Als ich in den Flur kam, hörte ich vom Hofe her ein leises Wimmern, und ich trat hinaus in den Hof. Dort lag der Schnee fußhoch, und eine grimmige Kälte ließ den Atem fast zu Eis gefrieren. Da draußen fand ich meine Frau. Sie lag auf der alten Decke, auf welcher der Kettenhund zu sitzen pflegte. In ihre Betten hatten sich die Soldaten geteilt. Ich zog meinen Rock aus, warf ihn über sie und wollte fort, hinauf, um zu sehen, wer Besitz von ihrer Stube genommen habe. Sie konnte nicht sprechen, meine Fragen nicht beantworten; aber als sie sah, daß ich mich entfernen wollte, legte sie die Arme um mich. So blieb ich noch einige Minuten bei ihr, bis ich fühlte, daß ich eine Leiche an meiner Brust hatte.«

Der Alte schwieg. Er stand auf und schritt eine Weile hin und her, um Herr seiner Bewegung zu werden. Dann fuhr er fort:

»Es wäre unnütz, Ihnen zu sagen, was ich fühlte. Ich befand mich in einem Zustande, welcher eine Mischung von kochendem Grimme und Verzweiflung war. Ich sprang die Treppe hinauf, riß die Thüre auf und sah den Arzt auf dem Sofa liegen, die schmutzigen Stiefeln an den Beinen und meinen vollen Cigarrenkasten auf dem Tische. Was ich gesagt habe, weiß ich nicht; viel wird es nicht gewesen sein, denn die Wut machte mir das Sprechen schwer. Er sprang auf, versetzte mir einen Faustschlag in das Gesicht, daß es mir dunkel vor den Augen wurde, schob die Thüre auf und gab mir einen Stoß, daß ich die Treppe hinabstürzte. Oben blieb er stehen und lachte mich aus. Da verlor ich den letzten Rest von Besinnung. Ich schoß förmlich die Stufen wieder hinauf. Was ich wollte, das wußte ich nicht; aber ich sah, daß er den Degen zog. Ich griff schnell zu, entriß ihm die Waffe und rannte sie ihm durch den Leib. Als er lautlos niederstürzte, wollte mir das Blut stillstehen. Ein Glück, die Soldaten waren jetzt nicht da. Ich raffte einiges Geld zusammen, stürzte in den Hof, nahm die

Tote in die Arme und trug sie zu der Scheuerfrau, welche zuweilen von uns beschäftigt wurde, gab ihr Geld und bat sie, für das Begräbnis zu sorgen. Dann entfloh ich.«

Die Art, wie er erzählte, machte einen tiefen Eindruck auf mich. Die Worte flossen ihm schnell, aber abgerissen über die Lippen. Er starrte in die Ecke, als ob er das, was er erzählte, noch einmal erlebe, als ob er sein eigener Zeuge und Zuschauer sei. Wir unterbrachen ihn nicht. Er fuhr fort:

»Im Walde habe ich gesteckt, drei Tage lang. Von Vorübergehenden hörte ich die That erzählen. Das Militär war aufgeboten, mich zu suchen und zu ergreifen. Am dritten Tage, des Nachts, wagte ich mich nach dem Kirchhofe. Ich fand das Grab. Es war seicht und kaum zugeworfen. Man hatte mein Weib eingescharrt wie eine Verbrecherin, eine Selbstmörderin. Ich betete, kam aber mit dem Gebete nicht zu Ende. Man hatte vermutet, daß ich kommen werde, um das Grab zu sehen, und einen Posten an den Kirchhof gestellt. Dieser sah und schoß auf mich, traf mich aber nicht. Ich floh, und es glückte mir, zu entkommen. In meiner Heimat suchte ich einen Freund auf, von dem ich wußte, daß er mich nicht verraten werde. Er gab mir die Mittel, nach Amerika zu gehen.«

Er machte jetzt wieder eine Pause, und so fragte ich:

»Hatten Sie keine Verwandten oder Kinder?«

»Nein, und das war ein großes Glück. Aber der von mir ermordete Militärarzt war Vater von vier Kindern und hatte außerdem seinen Vater und eine Schwiegermutter zu ernähren.«

»Das wußten Sie?«

»Nein. Ich erfuhr es während meiner Flucht. Ich las es in der Zeitung, in welcher auch mein Steckbrief stand.«

»Das also ist die That, die Sie so sehr bereuen?«

»Ja, das ist sie!«

»Haben Sie sich denn nicht gesagt, daß es mehrere Gründe zur Entschuldigung giebt?«

»Ich habe es gedacht. Aber diese Gründe sind nicht stichhaltig.«

»Er hatte den Degen gezogen; er bedrohte Sie. Sie hatten sich doch gar nicht vorgenommen, ihn zu töten.«

»Ich habe ihn aber doch getötet. Das schreckliche Bild, als er vor mir lag, den Degen in dem Leibe, ist mit mir gegangen, hat mich durch das ganze Leben begleitet und mich keinen einzigen Augenblick verlassen. Es schwebt mir vor bei Tag und Nacht, und tausend, tausend Stimmen höre ich rufen: ›Mörder, Mörder, Mörder!‹ Wer Menschenblut vergießt, des Blut soll wieder vergossen werden. Dem bin ich entgangen, aber ich habe einen mehr als tausendfachen Tod erlitten, denn ich sterbe täglich. Nach Jahren kam ich hierher und vergrub mich in die Einsamkeit, um meiner Reue und Buße zu leben. Ich wurde der Lehrer und Vater der Toba-Indianer. Ich that Gutes, damit Gott ein Kleines von meiner großen Schuld abschreibe. Ich habe auch mein möglichstes gethan, um drüben im Vaterlande meine Schuld zu verringern. Ich hatte mir den Namen und Wohnort des Ermordeten gemerkt und sandte seinen Anverwandten, die durch mich ihren Ernährer verloren hatten, so viel ich ersparen konnte.«

Pena hatte der Erzählung mit fast noch größerem Interesse zugehört als ich. Seine Mienen waren ungewöhnlich bewegt. Er griff sich in die Haare, rieb sich die Nase, kratzte sich an dieser oder jener Körperstelle. Kurz und gut, er verriet eine ganz ungewöhnliche Teilnahme. Jetzt, bei den letzten Worten des Alten, horchte er auf und fragte:

»Was? Geld haben Sie geschickt?«

»Ja.«

»Das thun Sie wohl auch noch jetzt?«

»Ja. Ich muß mich als den Versorger der Familie betrachten.«

»Und auf welchem Wege kommt das Geld hinüber?«

»Von Buenos Ayres aus. Jährlich, wenn ich nach Santiago komme, schicke ich die Anweisung dorthin.«

Da sprang Pena auf und rief:

»Bei allen Heiligen, ich hab' mir's gedacht! Herr – – Herr – – Winter – nicht wahr, so ist Ihr Name?«

»Ja, Alfred Winter.«

»Nun also, Herr Winter, sparen Sie Ihr Geld! Sie haben nichts zu bezahlen.«

»Ich verstehe Sie nicht.«

»Ich sage es ja deutlich genug! Sie haben nichts zu bezahlen. Sie sind kein Mörder!«

Er schrie den Alten an, als ob er ihn verschlingen wolle. Dieser hingegen starrte ihn an und brachte kein Wort hervor; er schüttelte nur den Kopf.

»Schütteln Sie nur!« fuhr Pena fort. »Es ist doch so, und es wird nicht anders. Sie haben ihn nicht getötet.«

»Ich habe ihn doch erstochen!«

»Auch möglich! Aber tot war er nicht!«

»Es stand doch in der Zeitung!«

»Papperlapapp, Zeitung! Die Druckerschwärze nimmt alles an. Es ist schon manches gedruckt worden, worüber man das Maul aufgesperrt und die Hände über den Kopf zusammengeschlagen hat!«

Er stieß das alles wie ein echter Poltron hervor, der er doch aber gar nicht war. Es leuchtete ihm eine versteckte Freude aus den Augen, und er war nur grob, um nicht sofort mit der ganzen Wahrheit herausplatzen zu müssen. Als der Alte ihn jetzt abermals wortlos anblickte, fuhr er fort:

»Sind Sie denn seit jener Zeit einmal in Schleswig-Holstein gewesen?«

»Nein.«

»Oder haben Sie sich nach den Verhältnissen jener Familie erkundigt?«

»Auch nicht.«

»Da brate mir einer einen Storch! Aber Mann, was sind Sie denn eigentlich für ein Mensch? Schicken da jährlich eine solche Masse Geld an Leute, die Sie gar nicht kennen und von denen Sie nicht einmal wissen, ob sie noch leben oder ob sie gestorben sind?«

»Nachkommen leben jedenfalls noch, und ich habe mich als deren Versorger zu betrachten.«

»Versorgen Sie, wen Sie wollen, aber diese Leute nicht!«

»Es stand in dem Steckbriefe und auch in den Zeitungen!«

»Anfänglich! Weil man es nicht anders wußte. Und da Sie so schnell ausgerissen sind, haben Sie nur diesen ersten Bericht gelesen. Hätten Sie nur später einmal in die Zeitungen geguckt! Genug, ich kenne den Mann, er heißt Delmenborg.«

»Mein Gott!« schrie der Alte auf, indem er zurückfuhr.

»Ja, ja!« fuhr der Cascarillero fort, indem er triumphierend mit dem Kopfe nickte. »Harald Delmenborg! Stimmt dieser Name?«

»Ja – ja – er – er – stimmt!«

»Aus Handsted an der Westküste von Jütland. Stimmt auch das?«

»Auch – – auch – – das!« antwortete der Alte wie geistesabwesend.

»Schön! So sind wir also über die Person einig. Ich denke, daß wir uns über die Sache auch noch verständigen werden. Ist Ihnen vielleicht die dänische Insel Sankt Thomas bekannt, da oben um die Antillen herum?«

»Ja.«

»Sehr schön! Als ich mich von meinem Freunde, diesem Sennor hier, den ich in Mexiko traf, verabschiedet hatte, ging ich nach Sankt Thomas, aus welchen Gründen, das ist hier Nebensache. Dort traf ich einen jungen Menschen, einen halben Lüdrian, der sich Arzt nannte, aber keine Patienten hatte und doch herrlich und in Freuden lebte. Er hieß Knut Delmenborg und machte sich an mich, weil er gehört hatte, daß ich Goldsucher sei und eine tüchtige Bonanza gefunden hätte. Wir waren einigemale beisammen, tranken eins und noch eins, bis der liebe Knut einen tüchtigen Affen hatte und mir seine Erlebnisse erzählte.«

»Weiter, weiter!« rief der Desierto fast atemlos, als Pena jetzt eine kleine Pause machte.

»Was weiter! Es ist nicht viel mehr zu berichten. Sie kennen ja die Geschichte auch. Sein Vater war von einem Apotheker gestochen worden und drei oder vier Tage als tot liegen geblieben. Dann aber war der Starrkrampf gewichen, welcher zur Untersuchung der Wunde und dem Verbande sehr glücklich beigetragen hatte; edle Teile waren nicht oder nur ganz leicht verletzt, und so spazierte der Erstochene nach kurzer Zeit gesund in seine Heimat, also nach Handsted zurück. Nach dem Mörder wurde nicht mehr gesucht. Die Justiz begnügte sich damit, sein Hab und Gut eingezogen zu haben.«

Da fuhr der Alte auf Pena zu, ergriff seine beiden Hände und fragte, ich konnte nicht unterscheiden, ob mit fliegendem oder stockendem Atem:

»Herr Pena, erzählen Sie die Wahrheit?«

»Wenn nicht jedes Wort wahr ist, so mögen Sie mir auch etwas durch den Leib rennen, es mag sein, was Ihnen beliebt, ein Säbel, ein Konzertflügel oder gar ein Kanapee!«

»Sie täuschen sich nicht? Sie meinen wirklich jenen Harald Delmenborg aus Handsted?«

»Nur diesen! Denken Sie sich nun sein Erstaunen, als nach Verlauf von zwei Jahren tausend Dollars an seine Frau kommen, und dazu die Bemerkung, daß dieses Geld von dem Mörder komme, welcher bis an seinen Tod jährlich eine möglichst hohe Summe senden werde! Der Sohn hatte mit Hilfe auch dieses Geldes studiert, aber nichts gelernt. Er that wahrscheinlich nicht gut und wurde von seinem Vater in die Kolonie geschickt, um sich die Hörner abzustoßen. Dort traf er mich.«

»Sie schwören mir zu, daß Sie mir die Wahrheit sagen, daß Sie sich diese Geschichte nicht ausgesonnen haben, um mich glücklich zu machen?«

»Eigentlich sollte ich Ihnen wegen dieser Frage zürnen; aber ich habe jetzt zufällig eine gute Stunde und werde Sie also nicht zur Strafe für diese Beleidigung erstechen.«

Der Alte rannte thränenden Auges zur Thüre hinaus. Nun veränderte sich das Gesicht Penas schnell. Es zeigte eine tiefe, tiefe Rührung, und mit leise zitternder Stimme sagte er:

»Was sagen Sie dazu?«

»Gottes Wege sind wunderbar! Sehen Sie das ein?«

»Ich müßte blind und taub und noch viel mehr sein, wenn ich das nicht einsähe! Hätte ich das ahnen können, als ich jene Woche in Sankt Thomas war! Wissen Sie, wo der Alte jetzt ist?«

»Sicher in seiner Betstube.«

»Ja, er hat nun mit einem ganz andern als mit mir zu sprechen. Der Abend seines Lebens wird nun leicht und hell werden. Und ich weiß, warum ich von einer starken Hand hierher nach der Laguna de Carapa gezogen wurde. Wollen wir nicht nun wieder nach dem Yerno sehen?«

»Ja, kommen Sie!«

Wir hatten die Stube noch nicht verlassen, da kam Unica und sagte:

»Sennores, kommen Sie um des Himmels willen in den Garten! Der Yerno ist verrückt geworden. Ich war soeben fertig mit den Gefangenen und ging hinaus, aber es war mir unmöglich zu bleiben. Und unten am Felsen stehen alle Bewohner des Dorfes, um seine Stimme zu hören. Niemand weiß sich dieses Gebrüll zu deuten.«

Wir eilten nach dem Garten; wir waren länger fortgeblieben, als ich mir vorgenommen hatte. Noch schritten wir durch den Lagersaal, da hörte ich die Stimme. Es klang, als ob ein Stier erdrosselt werde. Als wir aus dem Treppenhäuschen traten, sah er uns und schrie uns mit einer wahrhaft unmenschlichen Stimme entgegen:

»Sennores, kommen Sie, kommen Sie!«

Ich hielt Pena am Arme zurück. Der Yerno sah das und brüllte.

»Zögern Sie nicht! Ich weiß, warum Sie stehen bleiben. Ich soll Sie um Gottes willen bitten. Ich thue es, ich thue es! Ich bitte Sie um Gottes, um des Himmels und um aller Heiligen willen, erlösen Sie mich von diesem Leiden, von dieser Qual!«

»Jetzt wollen wir hin,« sagte ich. »Er befindet sich in dem von mir erwarteten Zustande.«

Wie sah der Mann aus! Sein Gesicht hatte die Farbe des Löschpapieres. Seine Augen waren weit aus ihren Höhlen getreten, erbsengroße Schweißtropfen rannen ihm von der Stirne und den Wangen, und aus dem Munde geiferte dicker, blutiger Schaum.

»Schnell, schnell!« bat er. »Ich sehe Sie nicht deutlich. Sie sind rot, ganz rot, denn meine Augen sind voll Blut. Aber ich sehe doch, daß Sie der Sennor sind, welcher mich erhören wird, wenn ich ihn um Gottes willen bitte, mein Geständnis anzuhören.«

Es schauderte mich. Ich hätte ihn herzlich gern sofort befreit, aber ich beherrschte mich und antwortete in ruhig strengem Tone:

»Das werde ich; aber erst dann, wenn ich überzeugt bin, daß Sie die Wahrheit sagen.«

»Ich sage sie; ich sage sie! Schnell, schnell, nehmen Sie das Wasser weg!«

»Sagen Sie vorher, wo Sennor Horno sich befindet!«

»An der Laguna de Bambu auf der Isleta del Circulo.«

»Allein?«

»Ein Kaufmann Parduna mit seinem Sohne aus Goya ist bei ihm.«

»Auch wegen Lösegeld?«

»Ja.«

»Liegt ein Dorf der Mbocovis dort?«

»Zwei.«

»Wie viele Krieger befinden sich an dieser Laguna?«

»Nur vierzig.«

»Wie weit ist es von hier bis hin?«

Da legte Pena mir die Hand auf die Achsel und sagte in deutscher Sprache:

»Quälen Sie ihn nicht. Ich war an der Laguna de Bambu bei den Mbocovis, kenne die Isleta del Circulo und werde auch den Weg von hier leicht finden. Dieses Mal sagt er die Wahrheit.«

»Ich denke es auch, werde es aber doch streng prüfen.«

Ich schob das Gefäß, welches fast kein Wasser mehr enthielt, zur Seite und zog Pena mit mir fort. Das Brüllen des Yerno hatte sich in ein herzzerbrechendes Seufzen und Wimmern verwandelt.

»Wohin führen Sie mich?« fragte Pena.

»Zum Häuptling.«

»Soll ich wieder mit ihm sprechen?«

»Nein; Sie würden sich vielleicht abermals eine Nase drehen lassen. Sie sollen den Dolmetscher machen. Sie verändern aber nicht ein einziges Wort, lassen keins weg und fügen auch keins hinzu.«

»Kommt es darauf gar so sehr an?«

»Ja. Zwar auf die Worte nicht allein. Die Hauptsache ist, daß ich seine Gesichtszüge beobachte. Ich muß wissen, bei welchem Worte sie sich verändert haben.«

Unica stand im Lagerraume. Sie hatte es nicht über sich gewinnen können, mit in den Garten zu gehen; für das Geheul des Yerno waren ihre sonst so starken Nerven doch nicht kräftig genug.

»Hat er es endlich gesagt?« fragte sie hastig.

»Ja; aber ich will mich nun überzeugen, ob er mich nicht vielleicht doch noch belogen hat. Diesem Menschen ist selbst jetzt nicht zu trauen. Bringen Sie ein Licht, und führen Sie uns zum Häuptlinge.«

»Den wollen Sie auch fragen?«

»Fragen und beobachten. Das letztere ist die Hauptsache.«

Sie nahm das Licht in die Hand, um uns zu leuchten, und öffnete die Thüre. Wir traten in den Raum, in welchem die Fässer und zwischen ihnen die Gefangenen lagen. Dort suchten wir den Häuptling El Venenoso auf. Er war ebenso an den Händen und Füßen gefesselt wie die andern. Ich band ihm die Riemen los, so daß er sich im vollständigen Gebrauche seiner Glieder befand, und sagte zu Pena:

»Jetzt sagen Sie ihm alles, was ich Ihnen vorspreche, aber möglichst wörtlich, wie ich Ihnen bereits bemerkte. Und die Uebersetzung jeden Wortes, welches ich betone, betonen Sie ebenso. Also zunächst: Der Häuptling der Mbocovis, welcher sich Venenoso nennt, ist als ein sehr tapferer Mann bekannt.«

Venenoso war, obgleich ich ihn von den Fesseln befreit hatte, in derselben Stellung liegen geblieben, die er vorher eingenommen hatte. Er schien den Stummen spielen zu wollen. Als Pena ihm die wenigen Worte in langsamer Weise sagte, mochte er doch über diese Art der Einleitung erfreut sein, denn er wendete uns das Gesicht zu, antwortete aber kein Wort. Ich diktierte weiter:

»Und der Häuptling der Mbocovis ist auch ein reicher Mann.«

Das dünkte ihm für seine gegenwärtige Lage so fremdartig, daß er sich aufsetzte, ohne aber ein Wort hören zu lassen. Weiter:

»Da es ein so tapferer und reicher Krieger ist, mit dem ich sprechen will, so habe ich ihm dadurch meine Achtung zeigen wollen, daß ich ihn losgebunden habe. Nun schickt es sich für ihn, daß er sich erhebt und sich in seiner ganzen Gestalt sehen läßt.«

Sofort sprang er auf. Ich nahm Unica bei der Hand und stellte sie so, daß der Schein ihres Lichtes voll auf sein Gesicht fiel.

»Der Häuptling ist ein reicher Mann, weil er Weiße raubt und sich Lösegeld für sie bezahlen läßt,« mußte Pena sagen. »Die Geldgier aber ist ein Feind der Tapferkeit. Sie verdunkelt die Augen, schwächt das Gehör und trübt den Verstand. Darum hat der Tapfere sich von uns überlisten lassen.«

Er kreuzte die Arme über die Brust, blitzte mich mit einem zornigen Blicke an und schwieg noch immer.

»Die Geldgier scheint den Häuptling auch stumm gemacht zu haben. Oder wagt er nicht zu sprechen, weil er Angst vor uns hat?«

»Ich fürchte mich nicht,« antwortete er nun.

»Auch den Tod nicht?«

»Nein. Alle Menschen müssen sterben!«

»Aber man stirbt nicht gern eines grausamen Todes.«

»Wollt ihr uns martern?«

»Ja.«

Die Indianer Südamerikas sind bei weitem nicht so unempfindlich gegen Schmerzen, wie diejenigen der Vereinigten Staaten. Das zeigte sich hier, denn Venenoso antwortete schnell:

»Thut es nicht!«

»Ihr hattet uns aber Schlimmes zugedacht.«

»Nein!«

»Lüge nicht! Ihr wolltet uns alle töten! Der Yerno hat es uns ja gesagt, als er uns für Verbündete hielt.«

»So hat er gelogen!«

»Ich habe mich geirrt. Ich hielt den Häuptling für einen tapfern Mann. Jetzt aber höre ich, daß er aus Angst lügt und die Unwahrheit einem andern aufbürdet. Ich werde ihn also verachten müssen. Auch habe ich gehört, daß er nicht selbst gegen die Weißen kämpft, sondern sie durch andere überfallen und zu sich bringen läßt. Das ist feig. Ueberdies ist er auch ein Lügner!«

»Ich lüge nicht!«

»O doch!«

»Beweise es mir!«

»Du hast gesagt, daß Sennor Horno im Keller von *Nuestro Sennor Jesu-Cristo de la floresta virgen* stecke.«

»Das ist auch wahr!«

»Nein; es ist Lüge. Wir wissen, wo er sich befindet. Ihr habt von dem alten Desierto ein Lösegeld für ihn fordern wollen; falls aber der geplante Ueberfall gelungen wäre, hättet ihr das ganze Eigentum des Alten in eure Hände bekommen und Sennor Horno dann getötet. Kannst du das leugnen?«

Er senkte den Blick und antwortete nicht.

»Wie viel Lösegeld willst du für ihn haben?«

Er sah sofort wieder zu mir auf. Sein Blick war ein hoffnungsvoll forschender. Wenn ich ein Lösegeld anbot, so konnte seine Lage doch wohl kaum eine lebensgefährliche sein.

»So biete!« sagte er.

»Ich biete nicht. Du hast zu verlangen.«

»Der Desierto ist reich und hat Sennor Horno lieb; er kann viel geben!«

»Du giebst also zu, daß der Sennor sich bei euch befindet. Also, sage, was forderst du?«

Er verlangte eine Summe, welche nach unserm Gelde vielleicht zwanzigtausend Mark betrug. Ich zeigte ihm ein frohes Lächeln und sagte:

»Ich glaubte, du würdest mehr verlangen.«

»So bist du zufrieden mit dem Preise?«

»Sehr gern, wenn wir einig werden.«

»Wir sind ja einig. Ich habe ihn verlangt, und dir ist er nicht zu hoch.«

»Allerdings. Aber du vergissest, daß auch du gefangen bist mit deinen Leuten. Wir wollen euch nicht töten, sondern werden euch gestatten, euch loszukaufen.«

Er erschrak abermals und rief schnell aus:

»Loskaufen? Das ist doch noch nie dagewesen, daß ein Indianer gefangen wurde, um sich loskaufen zu müssen!«

»Das gebe ich zu. Auch ich habe euch nicht ergriffen, um Geld zu verdienen; aber da du für deinen Gefangenen Bezahlung verlangst, so thun wir ganz dasselbe.«

»Wie viel wollt ihr haben?«

»Ungefähr so viel wie du.«

»Wie meinst du das?«

»Sennor Horno ist kein Häuptling, sondern ein ganz gewöhnlicher Mann. Darum bin ich überzeugt, daß jeder deiner Krieger ebensoviel wert ist wie er.«

Venenoso stieß einen unartikulierten Ruf aus. Ich fuhr fort:

»Du wirst also für jeden Roten so viel bezahlen, wie wir für den Sennor bezahlen sollen. Du als Häuptling bist wenigstens zehnmal mehr wert als ein gewöhnlicher Mann und wirst also den zehnfachen Preis zahlen müssen.«

»Das ist zu viel!«

»Nein, denn du selbst hast diesen Preis bestimmt.«

»Aber wir haben nicht so viel Geld!«

»So habt ihr Tiere und Waren.«

»Aber nicht so viel!«

»O doch! Ich habe dir gesagt, daß du ein reicher Mann bist, und du hast kein Wort dagegen gesagt. Nun ich meine Forderung nach diesem Maßstabe stelle, kommt deine Entgegnung zu spät.«

»Wenn du wirklich so viel forderst, können wir uns nicht loskaufen. Was werdet ihr da mit uns machen?«

»Ihr müßt sterben.«

»Dann wird Sennor Horno auch ermordet.«

»Das wird nicht gelingen, denn wir holen ihn uns. Wir wissen, wo er sich befindet. An der Laguna de Bambu.«

Ich hielt ihn scharf im Auge und sah deutlich, daß er zusammenzuckte. Da er nichts sagte, so fragte ich:

»Nicht wahr, ich habe es getroffen?«

»Nein.«

»Es bewachen ihn nur vierzig Männer, mit denen wir schnell fertig werden!«

»Und wenn ihr sie tötet,« entfuhr es ihm im Zorne, »so würdet – –«

Er hielt inne, denn er sah ein, daß er zuviel gesagt hatte, daß seine Worte ein Eingeständnis gewesen waren.

»Warum redest du nicht weiter?«

»Weil du nicht zu wissen brauchst, was ich sagen wollte.«

»Ich weiß es bereits. Du meintest, selbst wenn wir diese vierzig besiegten, würden wir den Sennor nicht finden. Ist es so?«

»Ja,« gab er zu.

»Aber du irrst. Wir finden ihn sicher. Er ist bei dem Kaufmann Parduna und dessen Sohne aus Goya!«

Er stieß einige Worte aus, von denen Pena mir sagte, daß es kräftige Flüche seien, und fragte dann:

»Was weißt du von diesem Vater und seinem Sohne?«

»Daß sie sich mit Sennor Horno auf der Isleta del Circulo befinden.«

»Herr, du bist allwissend!« schrie er auf, da er sein ganzes Geheimnis verraten sah.

»Der Yerno hat mir alles gesagt,« antwortete ich, da es uns nur lieb sein konnte, wenn zwischen diesen beiden Zwist und Feindseligkeiten entstanden.

»Der? Das kann nicht möglich sein!«

»Ich ließ ihn zu mir kommen, um ihn auszufragen, und er hat alles eingestanden.«

»So ist er ein Dummkopf und ein Schurke zu gleicher Zeit!« rief der Rote wütend, indem er die Fäuste ballte. »Hätte ich ihn da, so erwürgte ich ihn.«

»Er hat vorher große Qualen erleiden müssen, was er dir ja

erzählen kann, wenn er jetzt wieder hereingebracht worden ist. Ganz dieselben Schmerzen erwarten euch alle, falls ihr euch nicht so verhaltet, daß wir mit euch zufrieden sind. Nun wissen wir, woran wir sind! Pena, binden Sie ihn wieder.«

Als Pena ihm auch diese letzten Worte übersetzte, rief er aus:

»Ich lasse mich nicht wieder binden!«

Und während er sprach, that er einen Sprung, um an mir vorüber zu kommen und die Thüre zu erreichen. Eine Flucht war bei der vorhandenen Oertlichkeit vollständig unmöglich; dennoch hatte ich ihn seit dem Augenblicke, an welchem er fessellos geworden war, auch in dieser Beziehung scharf im Auge behalten. Ich streckte schnell das Bein vor; er stolperte über dasselbe und fiel nieder. Zwar raffte er sich augenblicklich wieder auf, aber ich faßte ihn mit der Linken im Nacken, drückte ihn wieder nieder und kniete ihm auf dem Rücken, so daß Pena ihn leicht fesseln konnte.

»Das war recht!« rief jemand hinter uns an der Thüre.« Lassen Sie den Kerl nicht aus diesem Gewölbe! Er darf keine Ahnung haben, wo er sich befindet.«

Der Mann sprach deutsch. Es war die Stimme des viejo Desierto, und doch schien er es nicht zu sein. Aber als wir mit dem Lichte zu ihm kamen und sein Gesicht erkennen konnten, sahen wir, daß es doch der Alte sei.

Er hatte seinen Talar abgelegt und einen Anzug dafür um seine lange, hagere Gestalt gehängt, welcher dem eines Cascarillero glich. Sogar der breitrandige Hut fehlte nicht. Im Gürtel steckten Pistolen und ein Messer.

»Sie erkannten mich wohl nicht gleich?« lachte er. »Ja, ich bin plötzlich ein ganz anderer Mensch geworden, innerlich sowohl wie auch äußerlich. Doch kommen Sie in den Garten, wo es heller ist!«

Er verriegelte die Thüre, und wir folgten ihm hinaus ins Freie. Dort blieb er stehen und sagte:

»Sennor Pena, soll ich Ihnen eine lange Rede halten? Ich denke, das ist nicht nötig, obgleich mein Herz vor Wonne überquillt. Meine Dankbarkeit werde ich Ihnen aber sicher zeigen. Zunächst nur dieses.«

Er zog Pena an sein Herz und küßte ihn auf die Wange. Mir drückte er herzlich beide Hände, und dann sagte er zu Unica, welche sich dieses heitere Wesen des Alten nicht erklären konnte:

»Freue dich mit mir, denn all mein Leid ist dahin. Ich darf wieder ohne Sorge und Qual atmen und glücklich sein, und das habe ich diesen beiden Männern zu verdanken. Ich werde es dir später erzählen; jetzt haben wir keine Zeit dazu. Ich bin unendlich glücklich, und so sollen auch andere erlöst sein. Binden wir den Yerno los! Er soll wieder in das Gewölbe geschafft werden, wo ich ihm den Rücken verbinden will.«

»Was werden Sie über die Mbocovis beschließen?«

»Sie haben nach dem hiesigen Brauche ihr Leben verwirkt. Aber da ich heute so beseligt worden bin, will ich Milde walten lassen. Wollen erst sehen, was wir gegen den Sendador und seine Schar für einen Erfolg haben. Jetzt aber zu dem Yerno!«

»Nicht so schnell! Es soll ihm nichts geschehen, aber ich habe noch mit ihm zu sprechen.«

»Worüber?«

»Das werden Sie gleich hören. Kommen Sie!«

Der Schwiegersohn des Sendador saß natürlich noch immer gefesselt an dem Baume. Sein Aussehen hatte sich gebessert. Die Farbe war ihm in das Gesicht zurückgekehrt, und seine Augen lagen, anstatt wie vorher weit vorgequollen zu sein, tief in ihren Höhlen. Er bot nicht mehr das Bild eines vor Schmerz Wütenden, sondern eines von der Qual vollständig Abgematteten. Als wir zu ihm traten, richtete sein Auge sich mit dem Ausdrucke der Angst auf mich. Ich sah es wohl, und es that mir trotz seiner Schlechtigkeit wehe. Dennoch zog ich das Gefäß wieder in die richtige Lage, so daß das wenige Wasser, welches sich noch in demselben befand, wieder auf seinen Kopf zu tropfen begann. Er fuhr trotz der Fesseln zusammen, als ob er einen Keulenschlag auf den Schädel erhalten habe, und brüllte erschrocken auf:

»Heiliger Himmel! Schon wieder! Was habe ich denn gethan? Gnade, Gnade!«

»Wir sind noch nicht fertig,« antwortete ich.

»Was wollen Sie denn noch! Nehmen Sie dieses höllische Wasser weg! Sie brauchen mich nicht zu zwingen. Ich werde Ihnen freiwillig alles sagen. Schlagen Sie mich tot oder martern Sie mich zu Tode, wenn ich ein unwahres Wort spreche! Aber nehmen Sie das Wasser weg, weit, weit weg!«

Ich schob das Gefäß zur Seite und forderte ihn auf:

»So sagen Sie mir zunächst, ob Sie noch immer leugnen wollen, daß Sie der Schwiegersohn des Sendadors sind!«

Man sah es ihm leicht an, daß seine Widerstandskraft vollständig gebrochen war. Seine Angst vor dem tropfenden Wassergefäß war eine ganz unbeschreibliche.

»Nein, ich leugne nicht mehr; ich bin es,« antwortete er.

»Wo hat Ihr Schwiegervater seinen eigentlichen Schlupfwinkel?«

»Eben an der Laguna de Bambu.«

»Sind Sie einmal mit ihm droben auf der Pampa de Salinas gewesen?«

»Nie.«

»Aber Sie wissen, daß er zuweilen dorthin geht?«

»Ja.«

»Sie wußten genau, daß er jetzt nach dem Kreuze *de la floresta virgen* kommen werde, und es wurde als fest und bestimmt ausgemacht, daß er Ihnen nach hier folgt?«

»Er kommt gewiß. Der Tag ist allerdings nicht genau zu bestimmen. Er kann schon heute anlangen.«

»Aber die Stunde ist bestimmt?«

»Ja. Er kennt den Weg und die Gegend sehr genau und wird des Abends eintreffen.«

»Auf welche Weise wollten Sie dann die Vereinigung mit ihm bewerkstelligen?«

Er zögerte mit der Antwort. Ich hatte während meiner Fragen die Hand am Wassergefäß gehabt; jetzt schob ich dasselbe wieder über seinen Kopf.

»Fort, fort damit!« heulte er auf. »Ich sage alles, sogleich alles!«

»Nun, dann schnell!« riet ich ihm, indem ich das Wasser wieder entfernte.

»Wenn er uns bis an den Platz, wo Sie uns gestern lagern sahen, nicht auf dem Rückzuge getroffen hat, so nimmt er an, daß wir Sieger sind, und wird dort einen Boten von uns erwarten, den wir ihm aus dem Dorfe senden.«

»Um vollends herbeizukommen?«

»Ja. Was wollen Sie noch wissen?«

»Nichts.«

»Und Sie glauben mir?«

»Ja. Jetzt haben Sie erfahren, wie schnell der Mensch sich verändern kann. Ihr Hohn ist verschwunden. Ein kleiner Wassertropfen war stärker als alle Ihre Kraft. Solche Tropfen wird es einst auch in Ihr Gewissen geben; verlassen Sie sich darauf! Wohl Ihnen, wenn es dann auch einen giebt, welcher das Wasser der Rache von Ihrem Haupte nimmt!«

Er seufzte tief auf. Wie groß mußten die Schmerzen gewesen sein, daß die Angst vor ihnen ihn jetzt veranlaßt hatte, seinen Schwiegervater zu verraten. Ich brauchte nicht mehr zu wissen, als was ich erfahren hatte. Hätte ich aber die Absicht gehegt, noch weitere Forschungen anzustellen, so konnte ich überzeugt sein, das er mir alles entdecken werde.

Wir banden ihn los. Der Alte und Pena führten ihn fort. Er wankte wie ein Betrunkener und mußte an beiden Armen gehalten werden. Ich ging mit Unica langsam der Laube zu, von welcher aus wir den See erblicken konnten. Wir hatten sie noch nicht erreicht, so ertönte von fern her ein langgezogener, durchdringender Pfiff, fast so scharf wie derjenige einer Lokomotive.

»Himmel!« rief Unica aus. »Unsere Krieger kommen!«

»War das ihr Zeichen?«

»Ja. So klingt die große Signalpfeife, welche der Onkel gebaut hat, damit wir uns in größerer Ferne verständlich machen können. Hören Sie!«

Das Signal ertönte noch einmal, und dann erhob sich unten

im Dorfe ein hundertstimmiger Jubel, welcher sich von uns fortzog.

»Sie eilen den Heimkehrenden entgegen,« erklärte Unica.

»Müssen Sie nicht dabei sein?«

»Eigentlich ja. Aber da Sie – –«

»Bitte,« unterbrach ich sie. »Die Königin muß bei den Ihrigen sein. Gehen Sie schnell!«

»Nur wenn Sie mich begleiten!«

»Gut. Nehmen Sie Ihren gewohnten Weg. Ich schwinge mich da am Seile des Krahnes hinab.«

»Herr, das ist zu waghalsig!« warnte sie besorgt.

»O nein. Ich habe es heute bereits zweimal versucht. Haben Sie keine Angst um mich!«

Sie ging, und ich turnte mich in der bereits beschriebenen Weise hinab, wo ich sie erwartete. Dann gingen wir eiligen Schrittes nach dem Wasser, wo wir sahen, daß alles, alles auf den Beinen war. Sogar kleine Kinder wackelten und watschelten so schnell, wie die Beinchen es vermochten, am Ufer hin und schrieen und quiekten einander jubelnd zu. Es ging weiter und weiter am Wasser entlang, aber einen Erwachsenen zu überholen vermochten wir nicht. Unica als ›Dame‹ und Königin konnte natürlich nicht so rennen wie die andern. Nach ungefähr zehn Minuten hörten wir einen unbeschreiblichen Lärm, welcher uns entgegen kam, und dann erblickten wir die zurückkehrenden siegreichen Krieger, welche zu meiner großen Freude alle beritten waren. Nun gab es für mich die Hoffnung, endlich wieder zu einem Pferde zu gelangen.

Kaum wurden wir gesehen, so verdoppelte sich der Jubel, und der Zug hielt an, die Königin zu erwarten. Ich blieb an ihrer Seite, und so wurden mir alle Ehren, die man ihr entgegenbrachte, auch mit zu teil.

Ein alter Krieger, der Häuptling des Dorfes, wie Unica mir erklärte, stieg vom Pferde, und die andern folgten seinem Beispiele. Er trat auf die Königin zu und hielt ihr eine längere Rede, von welcher ich freilich kein Wort verstand. Dann hielt auch sie eine Rede mit laut erhobener Stimme, so daß alle sie verstehen konnten.

Jedenfalls hatte er ihr Bericht erstattet, und nun erzählte sie, was während der Abwesenheit der Männer geschehen war. Dabei schien sie auch mich zu erwähnen, denn die Augen der Krieger richteten sich mehrere Male auf mich. Nach Schluß ihrer Rede wurde der Königin und mir je ein Pferd gebracht; wir stiegen auf, und der Zug setzte sich wieder in Bewegung. Voran schritt ein baumlanger Kerl, welcher ein noch längeres Bambusrohr in beiden Armen trug. Das war das Signalhorn. Neben ihm stand der unvermeidliche Trommler. Hinter diesen beiden kam die weitere philharmonisch angelegte Menschheit mit verschiedenen Instrumenten. Dieser Truppe folgte ich mit der Königin, und hinter uns zogen die Reiter einher, zu beiden Seiten begleitet von dem Ameisengewirr der Civilunterthanen ihrer Majestät.

Da spitzte der Signalist den Mund, formierte mit demselben eine runde Oeffnung, durch welche man beinahe einen Kinderkopf schieben konnte, legte diesen Lippenkreis an das ebenso große Loch seiner Bambusröhre und pustete aus Leibeskräften hinein. Es kam ein Ton heraus, der eine Elefantenherde zur schleunigsten Flucht bewegt hätte, und den man allerdings auf eine Entfernung von drei Viertelstunden hören konnte. Die sonstige Kapelle fiel sofort ein, daß mir angst und bange um das bißchen Generalbaß wurde, welches ich von früher her noch inne hatte. Der Signalist aber setzte ab, holte tief Atem, drehte sich um und blickte mich an, um zu sehen, welchen Eindruck seine bambusrohrige Leistung auf mein empfängliches Gemüt hervorgebracht habe. Ich nickte ihm lächelnd zu, worüber er so in Entzücken geriet, daß er sofort mit dem Munde den erwähnten dunklen Krater abermals bildete und nun zu tuten begann, daß man hätte meinen mögen, die drei Elemente wälzten sich kunterbunt durcheinander in dem vierten, nämlich in der Luft herum. Vier oder fünf solche Signalisten hätten wohl eine Mauer umblasen können. Dazu heulten, brüllten und schrieen die andern aus allen Leibeskräften. Wir gelangten mit unerhörtem Sang und Klang in das Dorf und hielten auf dem ›Marktplatze‹ an, wo der alte Desierto mit Pena uns erwartete.

Alle Reiter stiegen ab und stellten sich vor die Köpfe ihrer Pferde in Reih und Glied. Es trat Stille ein, und der Häuptling nahm diese Gunst des Schicksales wahr, dem Alten militärischen Bericht zu erstatten. Als dieser zu Ende war, rief der letztere mir zu:

»Herr, ein großer und erfolgreicher Sieg! Die Chiriguanos sind so auf das Haupt geschlagen, daß wir gewiß länger als zehn Jahre Ruhe von ihnen haben. Die Krieger, welche Sie hier erblicken, bilden noch nicht die Hälfte der ausgezogenen Schar. Die Fehlenden sind noch weit zurück mit den Herden und sonstigen Dingen, welche wir erbeutet haben. Ich werde verkündigen, daß heute ein großer Siegesschmaus gegeben wird.«

Er that das, und die Folge war ein wahrer Orkan oder vielmehr eine sich immer um sich selbst drehende Windhose von Jubelstimmen. Ueber alle aber tönte das Signalhorn, was ich am besten beurteilen konnte, da der freundliche Musikus sich gerade neben mich gestellt hatte, um mir die zauberhafte Süßigkeit seiner Musenklänge aus erster Hand zukommen zu lassen. Er pustete und blies, daß ihm die Backen platzen wollten, und hielt dabei sein Auge auf mein Gesicht geheftet. Ich nickte ihm unausgesetzt meine Bewunderung zu. Er erkannte, daß er in mir eine quarten- und quintenverwandte Seele gefunden hatte und geriet vor Freude darüber so in Ekstase, daß ich mich schließlich abwenden mußte, aus purer Angst, daß er sich die Haut vom Körper losblasen und dann mit samt der Pfeife als Luftballon in die Wolken gehen werde. Glücklicherweise wurde ich bald von anderer Seite in Anspruch genommen. Mehrere Männer drängten sich durch die Menge bis zu dem Desierto, dem sie dann eine Meldung zu machen schienen. Er kam auf mich zu und benachrichtigte mich:

»Herr, soeben kommen die Kundschafter zurück; ihr Gang ist nicht vergeblich gewesen. Sie haben die Mbocovis gesehen.«

»Wo?«

»Als sie sechs Stunden lang gelaufen waren, haben sie die heranziehenden Feinde bemerkt. Sie versteckten sich hinter einige Büsche, um sie zu beobachten. Sie waren zu Fuß, hatten aber einige Reiter bei sich.«

»Das sind die Pferde, die sie von uns erbeutet haben. Hoffentlich bekommen wir sie wieder. Leider werden Ihre Kundschafter sich nicht so weit hinangewagt haben, um das zu sehen, was zu erfahren mir wünschenswert ist.«

»Was wollen Sie wissen?«

»Ob Weiße dabei sind.«

»Einer ist gesehen worden.«

»Wie war seine Gestalt?«

»Lang und hager.«

»So ist's der Sendador, und ich bin befriedigt. Diesesmal soll er mir wohl nicht wieder entkommen!«

»Was werden wir thun?«

»Ich sehe, daß wir den Mbocovis an Zahl nicht ganz gleich stehen, an Waffen ihnen aber überlegen sind.«

»Das sind wir gewiß. Es ist meine größte Sorge gewesen, meine Roten mit Feuergewehren zu versehen; die tragen vier- und fünfmal weiter als der beste Bogen. Meinen Sie wirklich, daß die Mbocovis sich an der Stelle lagern werden, nach welcher Sie gestern der Yerno brachte?«

»Ich glaube es.«

»Und wollen wir sie dort überfallen?«

»Ja, bei Tagesanbruch, damit wir sehen können; in der Dunkelheit könnten viele, vielleicht gar der Sendador selbst, entkommen.«

»So haben wir noch viel Zeit und brauchen unsere Siegesfreude nicht zu beeinträchtigen.«

»O bitte! Mit dem Jubel muß es unbedingt ein Ende haben. Ich halte es für möglich, daß die Mbocovis, sobald sie am Rendez-vous angekommen sind, einen oder mehrere Kundschafter aussenden, welche das Dorf umschleichen sollen. Vielleicht unternimmt gar der Sendador es selbst, dies zu thun. Da muß vollständige Stille herrschen, damit der Feind nicht weiß, woran er ist. Ferner dürfen nur die Krieger in Thätigkeit treten; sie allein bleiben hier im Dorfe. Die andern alle müssen schon jetzt am Tage hinüber auf die Inseln und sich dort so ruhig und versteckt halten, daß niemand sie beobachten kann. Auch sämtliche Pferde werden hinübergeschafft.«

»Die Pferde? Ich denke, daß wir sie zur Verfolgung sehr nötig haben werden.«

»Eine Verfolgung wird es gar nicht geben; wenn wir es richtig machen, kann kein einziger entkommen.«

»Was verstehen Sie unter diesem richtig?«

»Sobald es dunkel geworden ist, gehe ich rekognoscieren, um zu sehen, ob die Mbocovis schon da sind. Ist dies der Fall, so marschieren wir später hinaus und umzingeln das Lager. Dann warten wir, bis der Tag anbricht. Wir nehmen solche Distanz, daß uns kein vergifteter Pfeil erreichen kann, während unsere Kugeln an ihr Ziel gelangen. Dann will ich sehen, wie der Sendador es anfangen will, zu entkommen.«

»Er wird einen Massenausfall gegen einen bestimmten Punkt unternehmen. Wir stehen zu ausgebreitet und vereinzelt, und so muß es ihm gelingen, sich durchzuschlagen.«

»Pah! Das Terrain, über welches wir uns auszubreiten haben, ist nicht groß. Wir haben einen Ring zu schließen, dessen Durchmesser kaum tausend Schritte beträgt. Uebrigens stellen wir uns auch nicht etwa einzeln, sondern in Trupps auf. Die Zwischenräume zwischen diesen Trupps können von beiden Seiten mit Kugeln bestrichen werden. Und sollte ja ein Durchbruch versucht und irgend ein bestimmter Punkt unseres Kreises bedroht werden, so sind in Zeit von einer Minute die Kameraden von den andern Punkten so nahe herbeigeeilt, daß ihre Kugeln in den Feind schlagen. Zu einem Durchbruche kann es gar nicht kommen, wenn wir jeden einzelnen Feind, der sich auch nur eine Sekunde lang außerhalb des Gebüsches sehen läßt, sofort niederschießen. Was sind Ihre Roten für Schützen?«

»Ich bin sehr zufrieden. Jeder kennt sein Gewehr genau.«

»Dann habe ich keine Sorge, falls Sie Munition genug besitzen.«

»Die ist da. Ich bin für Monate mit allem Nötigen versehen.«

»So muß es gelingen. Die Hauptsache ist, daß wir das Lager der Mbocovis umschließen, ohne daß sie es bemerken. Das übrige ist dann Leichtigkeit. Entkommen soll mir keiner!«

»Aber die Mbocovis haben auch Gewehre, nämlich die, welche Ihren Gefährten abgenommen worden sind!«

»Das sind nur wenige, und es fragt sich sehr, ob diese Roten mit einer Flinte umzugehen verstehen. Also führen Sie meine Vorschläge aus, und zwar so schnell wie möglich! Ich werde mit Pena hinaus in die Pampa gehen, um zu versuchen, ob wir das Nahen der Feinde bemerken können.«

Ich rief Pena zu mir. Wir stiegen auf den Felsen, um unsere Waffen zu holen, und schritten dann dem vermutlichen Lagerplatze der Mbocovis zu, ohne uns um das im Dorfe herrschende lebhafte Treiben weiter zu bekümmern. Die Stiefel freilich zogen wir aus, damit etwaige Kundschafter nicht etwa aus unsern Spuren erraten sollten, daß Weiße anwesend seien. Als wir die Büsche zu Gesicht bekamen, näherten wir uns denselben mit der größten Vorsicht. Doch war sie in diesem Falle überflüssig, denn es befand sich kein Mensch an diesem Orte. Wir beschlossen also, weiter zu gehen.

Die Spuren, welche die Mbocovis gestern gemacht hatten, waren noch so deutlich, daß nur ein nordischer Prairiejäger unsere heutigen von denselben hätte unterscheiden können. Darum brauchten wir uns keine große Mühe zu geben, keine Fährte zurückzulassen. Uebrigens sorgte der erwartete Feind dafür, daß er die letztere, selbst wenn sie von ihm bemerkt worden wäre, nicht bis zu ihrem Ausgangspunkte hätte verfolgen können, denn er hatte seine Annäherung so eingerichtet, daß er den Lagerplatz gerade mit der hereinbrechenden Dunkelheit erreichen mußte.

Als wir nämlich die Mbocovis erblickten, war es ungefähr drei Stunden vor Sonnenuntergang, gerade so viel Zeit, wie sie brauchten, um an den angegebenen Ort zu gelangen. Wie viele ihrer waren, konnten wir nicht zählen, da sie im Gänsemarsche hintereinander marschierten, voran die Reiter und hinter ihnen die Fußgänger, so daß einer den andern deckte.

Ich sah durch das Fernrohr des alten Desierto, welches ich

mitgenommen hatte. Es war also anzunehmen, daß der Feind uns nicht gesehen habe. Wir kehrten schleunigst um, gingen bis an den Lagerplatz zurück und noch so weit über denselben hinaus, als das Fernrohr den Blick zu tragen vermochte. Dort legten wir uns nieder, um die Ankunft der Mbocovis zu erwarten. Nachdem eine halbe Stunde vergangen war, kamen sie. Es dunkelte schon stark; aber wir sahen doch, daß sie nach dem Gebüsche lenkten und in und hinter demselben verschwanden.

»Es ist richtig,« meinte Pena. »Sie verbergen sich dort, ganz so, wie wir gedacht haben. Was thun wir nun? Kehren wir nach dem Dorfe zurück?«

»Nur einer von uns. Der andere muß hier bleiben, um zu beobachten, ob der Sendador vielleicht sofort Kundschafter nach der Lagune sendet. Der Dunkelheit wegen wird die Beobachtung leichter sein. Wäre es hell, so würden etwaige Späher einen Umweg machen, um nicht gesehen zu werden. Nun aber können sie die gerade und kürzeste Richtung einhalten, also die Linie, welche hier an uns vorüberführt. Wenn man still liegt und das Gehör anstrengt, so muß man unbedingt die Schritte eines Menschen hören, selbst wenn er einige hundert Schritte weit von hier vorübergeht. Ich will selbst hier bleiben, und Sie mögen zu dem alten Winter gehen, um ihn zu benachrichtigen, daß die Mbocovis hier sind, und ihm die Weisung überbringen, daß er mit seinen Leuten kommen soll.«

»Danke! Ich bleibe lieber hier. Es ist auf alle Fälle besser, daß Sie in das Dorf gehen, um dafür zu sorgen, daß der Anmarsch der Tobas in der richtigen Weise geschieht. Ich könnte darin Fehler machen und dann Vorwürfe von Ihnen bekommen.«

»Wie Sie wollen! Doch setze ich voraus, daß Sie gut aufpassen.«

»Das versteht sich ganz von selbst.«

»Schön! Was aber werden Sie thun, wenn Sie jemanden vorübergehen hören?«

»Ich schleiche mich ihm nach und versuche, ihn zu fangen.«

»Nein; das werden Sie nicht. Aber Sie schleichen ihm nach,

um uns dann sagen zu können, in welcher Richtung er gewesen ist oder sich noch befindet.«

»Dann kann er aber doch Sie bemerken, gerade wenn Sie kommen, und es seinen Leuten berichten!«

»Ich bezweifle, daß er dazu kommen wird. Wenn er uns so nahe ist, daß er uns sehen kann, und wenn Sie uns auf ihn aufmerksam machen, so werde ich schon dafür sorgen, daß ich ihn erwische. Und sollte das nicht gelingen, so mag er immerhin nach den Büschen zurückkehren. Ehe er erzählt, was er gesehen hat, und ehe man dann beraten hat, was geschehen soll, haben wir den Platz umzingelt. Die Hauptsache ist, daß Sie sich nicht eher bemerkbar machen, als bis wir zum Handeln fertig sind. Auch müssen Sie sich, falls Sie sich von hier entfernen, diese Stelle genau merken, um sie wieder finden zu können. Laufen Sie aber in der Irre herum, so warten wir dann hier vergeblich auf Sie und wissen nicht, woran wir sind.«

»Na, lieber Freund, Sie werden mir doch wohl so viel Ortssinn zutrauen, mich zurecht zu finden! Gehen Sie ohne Sorge! Ich werde sicher keinen Fehler machen. Darauf können Sie sich verlassen.«

Ich zog meine Stiefel wieder an, da die Art der Fährte jetzt gleichgültig war, und schritt so schnell wie möglich dem Dorfe zu, wo man mit Verlangen auf unsere Rückkehr gewartet hatte.

Winter war so vorsichtig gewesen, seine Leute zum Ausrücken bereit zu halten, so daß wir also mit dem Sammeln und sonstigen Vorbereitungen keine Zeit zu verlieren brauchten. Auch die Anweisungen, welche ich zu geben hatte, hielten uns nicht lange auf. Ich hatte einstweilen nur zu sagen, daß ich vorangehen werde und die andern mir im Gänsemarsche zu folgen und dabei jedes Geräusch zu vermeiden hätten. Ein Angriff auf das Dorf war während unserer Abwesenheit nicht zu erwarten, da wir den Feind umschlungen halten wollten; dennoch aber ließen wir, um für alle Fälle gerüstet zu sein, eine Besatzung zurück, welche genügend war, sich der Mbocovis bis zu unserer Ankunft zu erwehren.

Da ich annehmen mußte, daß ein etwaiger Kundschafter das

Dorf in gerader Linie zu erreichen suchen werde, so hielt ich mich links derselben, indem ich die Tobas erst am Ufer des Sees hin führte und nachher einen Bogen nach Norden machte, um aus dieser Richtung zu Pena zurückzukehren. Auf diese Weise gingen wir dem Kundschafter gewiß aus dem Wege.

Es ist nicht leicht, in vollständig ebener Gegend im Dunkel des Abends eine bestimmte Stelle zu finden, welche sich durch gar nichts von ihrer Umgebung unterscheidet. Es gab keinen Baum, keinen Busch, kurz kein Gewächs und auch keinen andern Gegenstand, welcher mir als Marke hätte dienen können. Doch wer sich Jahre lang in der Prairie umhergetrieben hat, bei dem hat sich, wenn das Wort erlaubt ist, ein Oertlichkeitsinstinkt entwickelt, der ihn wohl nur selten im Stiche läßt. So auch bei mir. Ich erreichte die betreffende Stelle so genau, als ob es heller Tag sei. Und als ich mich niederbückte, um die Erde mit den Fingerspitzen zu untersuchen, fühlte ich deutlich die Eindrücke, welche Pena und ich gemacht hatten. Aber dieser erstere war nicht mehr da.

»Er hat also einen Kundschafter bemerkt und ist ihm nachgeschlichen,« sagte der alte Desierto. »Warten wir, bis er zurückkehrt?«

»Nein,« antwortete ich. »Nur einer Ihrer Leute mag hier bleiben, um ihm, wenn er kommt, zu sagen, daß wir schon da sind, und ihn zu uns führen. Wir aber avancieren weiter.«

Nachdem Winter einen Indianer bestimmt hatte, welcher auf Pena warten sollte, gingen wir andern leise weiter, bis ich glaubte, daß wir uns dem Gebüsch genug genähert hätten. Dann ließ ich halten.

Da ich die Oertlichkeit genau kannte, so war meine Berechnung nicht schwer zu machen. Wir mußten um das kleine Gehölz einen Kreis bilden, dessen Durchmesser vielleicht achthundert Schritte betrug, folglich war der Umfang desselben ungefähr fünfundzwanzighundert Schritte lang. Ich schritt also, von den Roten gefolgt, die Kreislinie ab und ließ nach jedem zwölften Schritte einen Indianer stehen, welcher die Weisung hatte, jeden Fremden niederzuschießen, welcher in irgend einer Richtung den Kreis durchbrechen wolle. Als ich auf diese Weise um das Gehölz herumgekommen war und wieder auf dem Ausgangspunkte anlangte, waren die Tobas alle verteilt, und nur ich allein stand mit dem Desierto außerhalb des Kreises, um, falls es nötig sein sollte, nach jedem beliebigen Punkte desselben zu eilen. Kaum war diese Aufstellung vollendet, so hörten wir aus der Gegend, in welcher das Dorf lag, schnell hinter einander zwei Schüsse fallen.

»Alle Teufel!« sagte Winter. »Dort schießt man. Ich soll doch nicht etwa annehmen, daß wir hier das leere Gebüsch umzingelt haben, und daß die Mbocovis indessen nach dem Dorfe sind, um es zu überfallen?«

»Daran ist nicht zu denken,« antwortete ich. »Der Sendador hat ja einen Boten von den Mbocovis erwarten wollen, die er für siegreich hält, während sie auf dem Felsen gefangen liegen. Im höchsten Falle hat er einen Kundschafter ausgesandt, und dieser ist mit Pena handgemein geworden.«

»Das haben Sie Pena doch verboten!«

»Freilich; aber man darf sich nie vollständig auf andere verlassen. Wir müssen ruhig abwarten, was kommen will. Aber gehen Sie jetzt einmal rundum von Mann zu Mann, und schärfen Sie den Leuten ein, daß sie ihre Aufmerksamkeit nicht nur vorwärts nach dem Gebüsch, sondern auch nach rückwärts zu richten haben. Sie sollen jeden, der sich ihnen von außen her naht, laut anrufen und ihn, falls er nicht stehen bleibt oder keine Antwort giebt, niederschießen.«

»Aber Herr, das laute Anrufen und Schießen muß den Mbocovis verraten, daß wir hier sind.«

»Das schadet nichts. Wir haben sie nun in der Mitte; sie mögen immerhin merken, daß wir da sind.«

Er ging, und es dauerte wohl eine Viertelstunde, ehe er zurückkehrte, um mir zu versichern, daß seine Leute auf ihrer Hut seien. Noch während wir sprachen, hörte ich Schritte, welche vom Dorfe her näher kamen. Sie klangen laut und schnell. Der Betreffende befand sich also in großer Eile. Er wußte nicht, daß wir da waren und glaubte also nicht, Veranlassung zur Vorsicht zu haben.

»Ist das etwa Pena?« fragte der Alte.

»Nein, denn dieser würde leise auftreten. Es ist der Kundschafter. Kommen Sie! Wir wollen versuchen, ihn abzufangen.«

Wir gingen dem Kommenden entgegen. Er kam uns schnell näher. Seine Gestalt tauchte vor uns auf. Ich hatte die Hände frei behalten, um ihn zu fassen, leider aber vergessen, dem Alten zu sagen, daß er nicht sprechen solle. Kaum erblickte er den Mann, so rief er aus:

»*Quien vive* – wer da?«

Der Angerufene stutzte, aber nur einen Augenblick lang, dann warf er sich mit einem raschen Sprunge zur Seite. Ich hatte trotz der Dunkelheit seine Gestalt erkannt und war auf ihn eingesprungen, kam jedoch schon zu spät; er war verschwunden. Ich sprang ihm nach, in der Richtung nach rechts, die er eingeschlagen hatte; er mußte sie aber sofort wieder verändert haben, denn er war nicht zu sehen. Ich blieb also stehen und lauschte, konnte aber nicht das leiseste Geräusch vernehmen.

»Aufgepaßt!« rief ich mit so lauter Stimme, daß meine Worte von allen unsern Leuten gehört werden mußten. »Der Sendador ist da; er will nach den Büschen. Laßt ihn nicht durch, sondern schießt ihn nieder!«

So viel mir am Leben dieses Mannes lag, so war es doch besser, ihn zu töten als ihn wieder zu seinen Mbocovis zu lassen, die ohne ihn führerlos und also weniger widerstandsfähig waren. Kaum war mein Ruf verklungen, so hörte ich seitwärts von mir eine unterdrückte Stimme in grimmigem Tone rufen:

»Tausend Teufel! Der verdammte Deutsche!«

Das war der Sendador. Er war so klug gewesen, sich niederzuducken, anstatt zu entfliehen und uns durch laute Schritte zu verraten, wohin er sich wende. Er hatte mich an der Stimme erkannt und war in der zornigen Ueberraschung so unvorsichtig gewesen, den Ruf auszustoßen. Ich wendete mich natürlich augenblicklich der Richtung zu, aus welcher sein Ruf erklungen war, that dieses aber nicht leise und heimlich und hätte diese Unvorsichtigkeit beinahe mit dem Leben bezahlen müssen, denn kaum hatte ich einige Schritte gethan, so blitzte es ungefähr fünfzehn Schritte vor mir auf, und ich fühlte eine Berührung, als ob jemand mir mit der Hand zwischen dem linken Arme und dem Leibe hindurchfahre. Das Aufleuchten des Schusses hatte mir den Sendador gezeigt. Ich blieb stehen, zog den Stutzen an die Backe und drückte los, genau dorthin, wo ich ihn gesehen hatte. Ein lautes, höhnisches Gelächter antwortete mir. Er war so schlau gewesen, die Stelle augenblicklich, nachdem er geschossen hatte, zu verlassen.

Auch ich huschte eine kleine Strecke zur Seite, um von einer etwaigen zweiten Kugel nicht getroffen zu werden, und blieb dann horchend stehen. Es war nichts zu hören. Der Kerl war mir entgangen. Darum kehrte ich zu dem Alten zurück, welcher mich in sehr erregtem Tone fragte:

»War es denn wirklich der Sendador selbst?«

»Ja. Er hat keinen andern nach dem Dorfe schicken wollen und ist selbst gegangen.«

»Dann ist es doppelt zu beklagen, daß er entkommen ist. Er schoß auf Sie. Sind Sie verwundet?«

»Nein. Die Kugel scheint nur mein ledernes Wams getroffen zu haben.«

»Aber Sie erwiderten seinen Schuß. Vielleicht trafen Sie besser als er.«

»Nein. Sie haben doch wohl gehört, daß er mich auslachte. Dieser Mensch hat mir gegenüber ein immerwährendes Glück. So oft ich denke, ihn fest zu haben, er entgeht mir doch – – horch!«

»*Quien va alli* – wer kommt da?« ertönte die laute Stimme eines unserer Indianer.

Dem Klange nach stand der Rufende gar nicht weit von uns. Gleich darauf blitzte sein Gewehr auf.

»*Quien vive?*« fragte es kurz darauf an einer andern Stelle, worauf auch sofort ein Schuß erfolgte. Ein zweiter Schuß antwortete.

»Er will durch,« sagte der Alte. »Er hat es außer hier nun schon an zwei Stellen versucht.«

»Und ist so vorsichtig gewesen, wieder zu laden. Er hat auch auf den Posten geschossen. Es werden noch mehrere Schüsse fallen, denn er wird so lange auf Leute von uns treffen, bis er eingesehen hat, daß das Gebüsch umzingelt ist.«

Meine Vermutung bestätigte sich, denn wir hörten sehr bald aus einer entfernteren Gegend den lauten Anruf und dann den darauf folgenden Schuß. Dann vernahmen wir Schritte in unserm Rücken. Der zurückgelassene Indianer brachte Pena zu uns. Dieser letztere wartete nicht, bis er angeredet wurde, sondern fragte hastig:

»Man schoß hier wiederholt. Habt Ihr den Sendador getroffen?«

»Also wissen Sie, daß er es ist?« antwortete ich.

»Natürlich! Ich habe ihn bis auf drei oder vier Schritte gesehen.«

»Wir hörten die Schüsse. Wer schoß zuerst, Sie oder er?«

»Ich natürlich!«

»So! Das finde ich nicht so natürlich und selbstverständlich. Ich hatte Sie doch gebeten, keinen Lärm zu machen!«

»Ja, falls ich auf einen roten Kundschafter treffen sollte. Von dem Sendador aber haben Sie kein Wort gesagt!«

»Ich hätte allerdings daran denken können, daß er selbst den Weg nach dem Dorfe unternehmen werde, aber das entschuldigt doch Sie nicht. Sie durften auf keinen Fall schießen.«

»Auch nicht, wenn ich den Sendador selbst vor mir hatte? Da nicht zu schießen, wäre die größte Dummheit gewesen! Er ist der Kopf der Mbocovis. Ist aber der Kopf tot, so ist auch der Leib verloren.«

In diesem Augenblick fiel jenseits des Gebüsches ein Schuß. Daraus war zu schließen, daß der Sendador auch dort versuchte, durch unsern Ring zu kommen.

»Der Mensch hat ein unendliches Glück!« sagte der alte Desierto. »So viele Kugeln, und doch nicht getroffen!«

»Vielleicht traf die letzte.«

»Wollen es hoffen!«

»Hm!« brummte Pena. »Warum lassen Sie überhaupt auf ihn schießen? Sie konnten etwas Klügeres thun!«

»Was? Wieso?«

»Dadurch, daß Sie ihn nicht durch Ihren Kreis lassen, treiben Sie ihn ja förmlich von sich, anstatt sich in den Besitz seiner Person zu setzen. Hätten Sie ihn ruhig hindurchgelassen, so befände er sich jetzt bei seinen Roten und müßte sich später ebenso wie sie ergeben. Sehen Sie das nicht ein, Sie überaus kluger Mann?«

Er hatte recht, und ich gestand dies aufrichtig ein. Ich versuchte, meinen Fehler dadurch zu verbessern, daß ich den Alten und den Roten, welcher mit Pena gekommen war, sofort den Kreis abgehen ließ, um den Tobas die bezügliche Instruktion zu erteilen.

Während sie das thaten, setzte ich mich mit Pena auf die Erde nieder, um das einzige zu thun, was wir vornehmen konnten – nämlich warten.

Wir schwiegen beide. Ich ärgerte mich gewaltig über den Fehler, den ich begangen hatte. Es war ganz richtig: Hätten wir den Sendador ruhig durchschlüpfen lassen, so befand er sich dann innerhalb unseres Kreises und konnte uns kaum mehr entkommen. Freilich war er auch der einzige, der die Fähigkeit besaß, unserm Plane mit Erfolg entgegen zu arbeiten. Er wäre sicher die Nacht nicht still und unthätig geblieben, sondern hätte einen Durchbruch versucht, welcher zwar nicht allen gelingen konnte, aber doch einigen gelingen mußte. Und bei diesen einigen hätte er sich ganz gewiß befunden. Dabei wäre es zum Kampfe und Blutvergießen gekommen, und ich hatte also jetzt wenigstens die Genugthuung, dieses letztere durch meinen Fehler verhütet zu haben. Leider aber war dieser Fehler nicht der einzige, den ich mir zu schulden kommen ließ. Es scheint, daß ich an jenem Abende nicht recht bei Ueberlegung gewesen bin. Ich hätte mir sonst sagen müssen, daß ich mich persönlich in der größten Gefahr befand.

Der Sendador trieb sich außerhalb unseres Kreises im Dunkel herum. Er hatte gesehen, an welcher Stelle ich mich befand. Ich wußte, daß er mich für den gefährlichsten seiner Gegner hielt, und so lag der Gedanke mehr als nahe, daß er versuchen werde, sich an mich zu schleichen, um mich unschädlich zu machen. Mir aber fiel es gar nicht ein, diesen Gedanken zu hegen.

Wir beide saßen einander stumm gegenüber, gaben unsern Gedanken und Empfindungen Audienz und horchten dabei in die Nacht hinaus, ob sich etwas hören lasse. Da war es mir, als ob ich ein leises Geräusch gehört hätte, ein Geräusch, wie wenn man mit der Hand über den harten Erdboden streicht und dabei kleine Steinchen oder größere Sandkörner aus ihrer Lage bringt.

»Sitzen Sie ganz still!« raunte ich Pena zu. »Ich glaube, es kommt jemand gekrochen.«

»Wer denn?« fragte er ebenso leise. »Etwa der Sendador?«

»Möglich, sogar wahrscheinlich. Lassen Sie uns hören!«

Ich legte mich lang nieder und hielt das Ohr an die Erde. Da vernahm ich das erwähnte Geräusch deutlicher; es näherte sich, aber von welcher Seite, das konnte ich nicht unterscheiden. Wenn ein so leises Rascheln an ein noch so feines Ohr zu dringen vermag, so ist anzunehmen, daß derjenige, welcher es verursacht, sich nur wenige Fuß entfernt befindet. Es war sicher, daß uns Gefahr drohte; ich kroch also, ohne mich aufzurichten, hart an Pena heran und flüsterte ihm zu:

»Geben Sie mir die Hand! Wir springen schnell auf und eine kleine Strecke fort, da nach rechts hinüber. Es ist jemand da. Eins – zwei – drei!«

Bei »drei« schnellten wir uns auf und fort. Ich hatte Penas Hand ergriffen, damit wir nicht auseinander kämen – ein Ruck entriß sie mir, und dann hörte ich Penas Stimme hinter mir:

»Hölle und Teufel! Was – was – ah!«

Ich blieb stehen und horchte.

»Hund!« fuhr Pena fort. »Du sollst mir nicht entkommen. Ich habe dich zu fest. Ich halte dich – – au, o!«

Diese letzteren Interjektionen wurden im Tone des Schmerzes ausgerufen.

»Halten Sie fest!« forderte ich ihn auf. »Ich komme!«

Und das war abermals ein Fehler, ja sogar eine unverzeihliche Dummheit von mir. Durch diese lauten Worte machte ich seinen Gegner auf die Hilfe, welche ich bringen wollte, aufmerksam. Ich hätte kein Wort verlieren, keinen Laut hören lassen sollen.

Ich eilte die wenigen Schritte zurück. Vor mir fuhr eine Gestalt vom Boden auf. Ich griff schnell zu und faßte sie beim Halse.

»Mein Himmel!« krächzte der Mann in deutscher Sprache. »Sie haben ja mich, mich, mich selbst – – –«

Ich hatte also Pena gepackt und ließ ihn natürlich fahren. Aus geringer Entfernung von uns selbst erscholl die Stimme des Sendador:

»Mißlungen, aber nur für heute! Du deutscher Hund wirst schon noch mein!«

Im Nu hatte ich den Henrystutzen im Anschlage und gab fünf, sechs Schüsse nach der Gegend ab, in welcher sich der Rufende befand. Er schien heute gegen alle Verwundung gefeit zu sein, denn es war kein Laut zu hören, der uns hätte vermuten lassen können, daß er getroffen worden sei.

»Donnerwetter!« fluchte Pena. »Ist das ein Abend! Alles, alles geht fehl, und zuletzt wird man durch seinen eigenen Genossen erwürgt und ums Leben gebracht. Warum packten Sie gerade mich und nicht ihn?«

»Weil ich nicht ihn, sondern Sie erblickte.«

»Mich erblickte! Ist denn das ein Grund, mir den Hals zusammenzudrücken, wie eine Maccaroninudel! Wenn Sie mich so oft erwürgen wollen, wie Sie mich erblicken, so ist es schlecht um mich bestellt!«

»Ich hatte Sie in der Eile nicht erkannt. Warum entrissen Sie mir denn Ihre Hand?«

»Ich? Ist mir gar nicht eingefallen, sie Ihnen zu entreißen. Während Sie mich fortzogen, stürzte ich über den Sendador, welcher gerade da lag, wohin wir uns vor ihm retten wollten.«

»Das ist freilich Pech!«

»Ja. Aber es war auch viel Glück dabei, denn der Kerl schien ebenso erschrocken zu sein, wie ich selbst. Wenigstens versäumte er, mich sofort zu packen.«

»So nahmen Sie ihn fest?«

»Ja. Ich warf ihm alle zehn Finger um den Hals; aber ich bin nicht ein geborener Würger wie Sie; er behielt Luft und faßte auch mich an der Gurgel, was freilich nicht viel sagen wollte.«

»Sonderbar, daß er sich keiner Waffe bediente!«

»O, er that es dann. Ich bemerkte, daß er nach seinem Gürtel griff. Ich versuchte, ihm die Hand festzuhalten, aber er zog sie mitsamt dem Messer durch meine Faust; ich mußte ihn fahren lassen, denn ich glaube, er hat mir alle Finger zerschnitten. Das war gerade, als Sie riefen, wodurch er glücklicherweise so in Schreck versetzt wurde, daß er schleunigst entfloh.«

»Welch ein Pech und abermals Pech und immer wieder Pech! Hätten Sie ihn nur noch zwei Sekunden festhalten können!«

»Festhalten? Mit meinen abgeschnittenen Fingern? Das machen Sie mir doch gefälligst einmal vor!«

»Abgeschnitten? – So schlimm ist es doch wohl nicht?«

Er untersuchte seine Finger und erklärte dann:

»Nein, die Finger sind noch dran und keiner ist verletzt; es ist ein Schnitt quer über die hohle Hand. Hoffentlich kehrt der Alte bald zurück. Er sprach vorhin von einem indianischen Wundermittel, welches augenblicklich jede Blutung stillt. Er hat es mitgenommen, weil ein Kampf zu erwarten ist.«

Der viejo Desierto hatte unsere lauten Rufe gehört, und sich infolgedessen beeilt. Als er kam, war er nicht weniger als wir erzürnt über die Freundschaft, welche das Glück heute dem Sendador bewies. Er zog sein Wundzeug aus der Ledertasche, welche er umhängen hatte, verband Penas Hand und dann entfernten wir uns von unserm bisherigen Orte, um eine andere Stelle für uns zu suchen und es dem Sendador dadurch schwer zu machen, uns abermals zu finden.

Unternahm er jetzt noch einmal den Versuch, durch unseren Kreis zu schleichen, so mußte derselbe gelingen, denn der Alte hatte befohlen, ihn durchzulassen und es uns dann aber sogleich zu melden. Aber es verging Stunde um Stunde, ohne daß uns eine derartige Mitteilung gemacht wurde. Mitternacht nahte und die Sichel des Mondes ging auf, um die Gegend mit einem fahlen Lichte zu übergießen, welches es uns möglich machte, das innerhalb unseres Ringes befindliche Gebüsch als dunkle, verwischte Masse liegen zu sehen.

So wenig hell dieser Mondenschein für andere Zwecke war, uns genügte er vollkommen. Für uns war er vorteilhaft, während er den Mbocovis Verderben brachte. Erstens verhinderte er den Sendador, sich abermals anzuschleichen, und zweitens, die Hauptsache, verriet er uns die Arrangements, welche die Roten getroffen hatten.

Wie wir vorausgesehen hatten, waren sie durch die gefallenen Schüsse zur Vorsicht gemahnt worden. Auch sie hatten Wachen ausgestellt, im Kreise rund um das Gehölz, und zwar so, daß diese Leute sich ungefähr in der Mitte zwischen uns und dem Lagerplatze befanden. Als nun der Mond erschien, erblickten die Tobas diese Feinde und begannen sofort, auf dieselben zu feuern.

Es zeigte sich, daß unsere Indianer keine schlechten Schützen waren, denn ihre Kugeln hatten getroffen. Viele der Mbocovis fielen; andere wurden verwundet und rannten mit den Unverletzten in höchster Eile nach den Büschen, um sich hinter denselben in Sicherheit zu bringen.

Einige Zeit später bemerkten wir, daß sie sich paarweise hervorwagten. Sie krochen an der Erde nach ihren Toten und Schwerverwundeten hin, um dieselben in das Lager zu holen. Auch auf diese Leute wurde geschossen, ohne daß wir Einhalt thaten. Es mag das als hart und wenig menschlich erscheinen; aber in unserer Lage galt es vor allen Dingen, den Mbocovis zu zeigen, daß wir nicht beabsichtigten, Scherz zu treiben. Dadurch, daß wir jetzt so streng wie möglich waren, konnten wir es erreichen, später Milde walten zu lassen.

Natürlich sahen die Feinde uns ebenso gut, wie wir sie. Sie mußten bemerken, daß sie umzingelt seien. Sie konnten sogar unsere Leute zählen, und es stand zu erwarten, daß sie versuchen würden, in geschlossener Masse sich durchzuschlagen. Aber die Nacht verging, ohne daß dies geschah. Der Morgen brach an, und es wurde tageshell. Nun hielt ich das Spiel für gewonnen.

Wir hatten das Fernrohr mit und konnten mit Hilfe desselben sehen, was innerhalb des Gehölzes geschah. Am Rande desselben lagen Wachen, welche den Auftrag hatten, uns zu beobachten. Hinter diesen Leuten waren die übrigen versammelt zu einer Beratung, wie es schien, denn sie standen eng beisammen. Es war zu erwarten, daß wir das Ergebnis dieser Besprechung bald erfahren würden.

Nach einiger Zeit bemerkten wir, daß die wenigen Pferde, welche sie bei sich hatten, gesattelt wurden. Das deutete auf den Aufbruch. Die Mbocovis glaubten, daß wir das, was innerhalb des Gehölzes geschah, nicht beobachten könnten. Daß wir ein Fernrohr hatten, wußten sie nicht.

Es galt nun, zu beobachten, nach welcher Seite des Gehölzes sie sich ziehen würden, denn nach dieser Richtung war jedenfalls der Durchbruch beschlossen. Ich verabredete mit dem Viejo und Pena einige Zeichen, durch welche ich ihnen das Nötige mitteilen konnte, und schickte sie dann fort, den einen nach rechts und den andern nach links. Unseren Kreis in drei Teile zerlegt, mußten sie sich an dem zweiten und dritten Teilungspunkte aufstellen, während ich am ersten stand. Auf diese Weise sahen wir uns, obgleich die Büsche in unserer Mitte lagen, und konnten uns die verabredeten Zeichen geben.

Unsere Tobas erhielten den Befehl, ja nicht auf die Pferde, die uns erhalten bleiben mußten, sondern auf die Reiter zu schießen, überhaupt erst dann abzudrücken, wenn sie sicher seien, ihr Ziel zu treffen. Auch wurde bestimmt, daß je der zweite Mann der nicht bedrohten Seite derjenigen Seite zu Hilfe zu eilen habe, an welcher der Feind durchzubrechen versuchen werde. Die andern hatten unbedingt ihre Plätze zu behalten.

Uebrigens war es mir um unsere Roten gar nicht bange. Sie waren fest überzeugt, daß sie siegen würden, und diese Ueberzeugung gab ihnen eine Ruhe, deren Wert ich wohl zu schätzen wußte.

Ich stand an der dem Dorfe zugerichteten Seite und war sicher, daß man es unbehelligt lassen werde. Nach dieser Richtung zu entfliehen, das konnte den Mbocovis unmöglich einfallen. Und wirklich sah ich, daß sie sich nach dem entgegengesetzten Teile des Gehölzes zogen; sie wollten also nach Osten hin zu entkommen versuchen.

Indem ich das Gewehr hoch emporhob, gab ich dem Alten und Pena das betreffende Zeichen, und ich sah, daß sie den ihnen nächststehenden Leuten die bezügliche Mitteilung machten, welche von Mann zu Mann weiter gegeben wurde. Unsere Leute waren also vorbereitet.

Jetzt befanden sich die Mbocovis so tief im östlichen Teile des Gehölzes, daß ich sie nicht mehr sehen und beobachten konnte. Das war auch nicht mehr nötig, denn der Ausbruch begann. Ein entsetzliches Geheul leitete ihn ein. Dann hörten wir Schüsse krachen. Sie fielen auf der uns entgegengesetzten, hinter dem Gehölz liegenden Seite, so daß wir nicht sehen konnten, was geschah. Aber ein jeder wußte, was er zu thun hatte. Sobald wir die ersten Schüsse hörten, eilten die dazu bestimmten Leute nach beiden Seiten davon, bis so weit, daß ihre Kugeln die Mbocovis erreichen konnten.

Nun waren nicht einzelne Schüsse mehr zu hören, sondern dieselben vereinigten sich zu einem eifrigen Geknatter, welches nicht länger als höchstens zwei Minuten währte. Dann schienen sich die Büsche, in welche die Mbocovis zurückgetrieben worden waren, unter dem Wutgebrüll derselben zu biegen. Unsere Tobas aber antworteten mit einem Siegesgeheul, welches nicht weniger gräßlich anzuhören war.

Die von meiner Seite nach jenseits zur Hilfe gegangenen Leute kehrten zurück und erzählten stolz, wie leicht ihnen der Sieg geworden war. Sie hatten den Feind natürlich nicht so weit herankommen lassen, daß er sie mit seinen vergifteten Pfeilen hätte treffen können, sondern ihm ihre weit reichenden Kugeln in solcher Menge zugesandt, daß er gleich im Anfange gestockt hatte und dann mit seinen Toten und Verwundeten zurückgewichen war.

Das war eine Lehre, welche ihn zur Nachgiebigkeit geneigt machen mußte. Ich sandte darum einen Toba, welcher die Sprache der Mbocovis verstand, ab, um sie aufzufordern, sich zu ergeben. Er nahm in Ermangelung eines Zweiges ein Tuch zur Hand und ging, indem er es hoch schwenkte, langsam auf das Gehölz zu. Ich sah, daß er stehen blieb, und hörte die Worte, welche er den Mbocovis zurief. Einzelne Stimmen antworteten; dann brach ein allgemeines Geheul los, und Pfeile flogen auf ihn zu, jedoch ohne ihn zu erreichen. Als er nun zurückkehrte, sagte er, daß man ihm die Antwort gegeben habe, wir sollten doch kommen und das Lager stürmen; in den Bereich der Pfeile würden wir uns wohl nicht wagen, und unsere Kugeln brauchten sie nicht zu fürchten.

Pena und Winter waren herbeigekommen, um den Bericht des Parlamentärs zu hören. Jetzt meinte der erstere:

»Wollen wir ihnen antworten, wie es sich gehört?«

»Ja,« sagte ich. »Sie hatten es auf unsern Tod abgesehen, wozu sie also schonen. Treffen wir einige, nun so werden dadurch die anderen gerettet, indem sie sich unterwerfen. Ziehen wir den Kreis noch enger zusammen, doch nicht so weit, daß wir ihren Pfeilen ausgesetzt sind. Und dann mögen unsere Leute auf einen jeden schießen, der sich sehen läßt.«

Dieser Weisung wurde Folge geleistet. Wir näherten uns dem Gehölz, und bald ertönte das Krachen der einzelnen Schüsse, welche auf die am Rande der Büsche sich Zeigenden gerichtet waren. Es trafen viele der Kugeln, wie wir aus dem dann allemal sich erhebenden Gebrüll ersehen konnten.

Um die Mbocovis noch schneller gefügig zu machen, sandte ich den Parlamentär nochmals ab, welcher ihre Aufmerksamkeit auf meine Person lenken sollte. Seine Worte wurden abermals mit lautem Geschrei und unschädlichen Pfeilen beantwortet, waren aber verstanden worden und wurden auch befolgt, denn ich sah, daß die Roten sich nach der Seite des Gehölzes drängten, welcher ich gegenüberstand.

Nun schritt ich langsam nach rückwärts, indem ich mich immer weiter von ihrem Lager entfernte. Ich wußte genau, was ich meinem schweren Bärentöter zutrauen dürfte, und hielt in einer Entfernung an, aus welcher nicht nur ein uncivilisierter Indianer keine Kugel erwartet hätte.

Zunächst sah ich durch das Fernrohr und merkte mir eine Stelle, an welcher viele Mbocovis neben- und hintereinander standen, um mich zu beobachten. Dann schwang ich die Büchse hoch in der Luft, legte sie an, zielte kurz, drückte ab und nahm sogleich das Rohr wieder in die Hand.

An dem Punkte, nach welchem ich gezielt hatte, herrschte große Verwirrung. Jedenfalls hatte die Kugel nicht nur einen getroffen. Leute lagen an der Erde; andere bückten sich über sie; noch andere fuhren hin und her; alle aber schrieen entsetzlich.

Ich legte zum zweiten Male an und gab ihnen auch die andere Kugel. Das Geheul verdoppelte sich, ein sicheres Zeichen, daß ich abermals getroffen hatte. Als ich dann an meinen vorigen Standpunkt zurückkehrte, sagte der alte Desierto:

»Das ist ja ein fürchterliches Gewehr! Auf solche Entfernung hin zu treffen, habe ich für unmöglich gehalten.«

»Pah! Es waren zwei sogenannte Sauschüsse. Ich habe mitten in die Menge gezielt und mußte also irgend wen treffen. Mein Zweck ist aber erreicht, denn jedenfalls sind die Kerle nun überzeugt, daß sie vor unsern Kugeln nicht sicher sind. Ich hoffe, daß sie sich bald ergeben.«

»Ich auch. Soll ich mit ihnen reden?«

»Sie selbst? Sie begeben sich in Gefahr, von einem Pfeile getroffen zu werden.«

»Keiner wird es wagen, auf mich zu schießen! Ich kenne diese Roten. Ich werde sogar trotz ihrer Pfeile geradewegs nach den Büschen gehen.«

»Lassen Sie das bleiben! Es könnte Ihr Tod sein.«

»O nein. Wenn ich dieses hier mit habe, so giebt es keine Gefahr für mich.«

Er klopfte an seine Ledertasche und zog seinen zusammengewickelten Talar aus derselben.

»Den habe ich mir zu diesem Zweck mitgenommen,« fuhr er fort. »Ich stehe bei allen Roten des Gran Chaco in einem solchen Rufe, daß keiner es wagen wird, sich an mir zu vergreifen, falls ich diesen Rock trage. Also haben Sie keine Sorge um mich. Ich weiß genau, was ich thue.«

»Nun, so will ich nicht widersprechen. Was aber werden Sie ihnen für Bedingungen machen?«

»Was raten Sie?«

»Milde. Es ist genug Blut geflossen, auf unserer Seite aber noch kein Tropfen. Wir haben es mit Verführten zu thun.«

»Ich gebe Ihnen vollständig recht und bin überhaupt seit gestern ein ganz anderer Mann geworden. Ich weiß noch nicht, was man mir antworten wird, und kann also auch nicht wissen, was ich sagen und fordern werde; aber streng werde ich nicht sein.«

Er warf seinen Talar über, legte alle Waffen ab und schritt in würdevoller Haltung dem Lager zu. Hatte ich bis jetzt Angst um ihn gehabt, so war diese nun verschwunden, als ich sah, mit welcher Seelenruhe die Tobas ihren Anführer und Regenten sich den Feinden nähern sahen. Die letzteren verhielten sich vollständig ruhig. Keiner von ihnen trat in feindlicher Absicht vor; kein Laut war zu hören, selbst dann nicht, als der Alte hinter den Büschen verschwunden war.

Die Mbocovis schienen sich alle um ihn versammelt zu haben, denn so scharf ich den Platz durch das Rohr betrachtete, ich sah keinen einzeln stehen, sondern alle bildeten einen dichten, undurchdringlichen Kreis.

Wir warteten lange, lange Zeit, eine ganze Stunde und noch eine halbe; dann öffnete sich der Kreis, und der Alte kehrte zu uns zurück, doch nicht allein, sondern es kamen sechs Rote mit ihm. Der eine derselben schien ein Kazik[1] zu sein; die fünf andern waren alte Männer, welche ihn in der Eigenschaft von Räten begleiteten. Als sie uns erreichten, sagte der Alte in spanischer Sprache zu uns:

»Dieser tapfere Häuptling der Mbocovis wünscht einige Fragen an die Sennores zu richten. Nach den Antworten, welche er darauf empfängt, wird er sein Verhalten einrichten.«

Nach diesen Worten setzte er sich nieder. Pena und ich

1 Häuptling.

nahmen zu seiner Rechten und Linken Platz. Der Mbocovi setzte sich mit seinen Begleitern uns gegenüber. Er musterte uns mit einem scharfen Blicke und sagte dann, zu meinem Erstaunen in ziemlich gut fließendem Spanisch:

»Sie sind aus dem Lande, welches *Alemania* genannt wird?«

»Ja,« antwortete ich.

»Das freut mich, denn ich achte dieses Land und seine Bewohner.«

»Haben Sie vielleicht Deutsche kennen gelernt?«

Diese meine Frage schien ihm unwillkommen zu sein, denn er wich ihr aus, indem er fortfuhr:

»In *Alemania* giebt es tapfere, kluge und fromme Leute. Auch Sie sind tapfer, wie ich gesehen habe; nun sagen Sie mir, ob Sie auch fromm und klug sind!«

»Erlassen Sie uns die Antwort, indem Sie prüfen, ob wir es sind oder nicht.«

»Ein frommer Mann tötet seinen Bruder nicht.«

»Vielleicht aber seinen Feind!«

»Ein kluger Mann macht sich seinen Feind zum Freunde!«

»Wenn der Feind damit einverstanden ist!«

»Das kommt auf die Bedingungen an, welche man ihm macht. Wissen Sie auch, daß ein frommer und kluger Mann niemals eine Lüge sagen wird?«

»Wir wissen es.«

»Und lieben Sie die Wahrheit?«

»Wir lieben und sagen sie.«

»Dann werde ich auch das erfahren, wonach ich forsche. Kennen Sie El Venenoso, den Häuptling der Mbocovis?«

»Ja.«

»Wo befindet er sich mit seinen achtundfünfzig Männern?«

»In unserer Gefangenschaft.«

»Lauter Indianer?«

»Ein Weißer ist dabei, den Sie jedenfalls besser kennen als ich. Er wird El Yerno genannt und ist der Schwiegersohn des Sendador.«

»Wie viele dieser Indianer sind verwundet?«

»Keiner, da wir sie durch List überwunden haben.«

»Durch welche?«

»Wir lockten sie auf eine Insel, wo sie festgenommen und gebunden wurden.«

»Was ist über El Venenoso und seine Leute beschlossen worden?«

»Wir wollten ihnen die Freiheit geben und ihnen ihr Unrecht verzeihen. Da aber nun auch Sie gekommen sind, um uns zu überfallen und zu töten, so werden wir wohl die Entscheidung treffen müssen, daß diese Leute an demselben Schicksale teilnehmen, welches Sie für sich und Ihre Begleiter erwählen.«

Er blickte eine Weile vor sich nieder und fragte dann:

»Kennen Sie El Sendador?«

»Ich kenne den Schurken.«

»Wir haben ihn für einen guten Mann gehalten. Wir sind seine Freunde.«

»So haben Sie sich sehr geirrt und sind die Freunde eines sehr großen Bösewichtes.«

»Auch das sagte uns der viejo Desierto, und wir konnten es nicht glauben, denn der Sendador hat uns noch niemals belogen und betrogen.«

»So ist er gegen Sie wahrer und treuer gewesen als gegen andere, obgleich ich die Treue, welche er heute gegen Sie zeigt, unmöglich loben kann. Er hat Sie verlassen. Nennen Sie das Treue?«

»Er wird durch Sie verhindert worden sein, zu uns zurückzukehren. Wir hörten viele Schüsse und haben auch seine Stimme vernommen. Haben Sie ihn getötet oder gefangen genommen?«

»Beides nicht. Er ist entkommen,« antwortete ich aufrichtig, obgleich es wohl besser gewesen wäre, ihn in Ungewißheit zu lassen. Der Mann gefiel mir nicht. Sein im allgemeinen indolentes Gesicht hatte einen verschmitzten, versteckten Ausdruck. Er sah aus, als ob er uns aushorchen und unsere Auskünfte dann zu seinem Vorteile benutzen wolle. Dann fügte ich fragend hinzu:

»Und warum sind Sie gekommen, die Tobas zu überfallen? Sind Sie etwa Todfeinde derselben?«

»Nein,« antwortete er, wohl wissend, daß eine Bejahung meiner Frage seine Lage nur verschlimmern könne. »Sie sind unsere Freunde.«

»Aber Freunde überfällt und tötet man doch nicht!«

»Der Sendador hat uns dazu verführt,« entschuldigte er sich.

»Nun, so sehen Sie ja gleich, daß die Bekanntschaft mit diesem Manne Ihnen Unheil bringt. Kennen Sie ihn näher?«

»Er kommt zuweilen zu uns. Weiter wissen wir nichts.«

»Wo hat er seinen heimlichen und ständigen Aufenthalt im Gran Chaco?«

»Das hat er uns noch nie gesagt. Er wandert überall umher.«

»Ich hörte, daß sich dieser Ort bei Ihnen befinde!«

»Da hat man Ihnen die Unwahrheit gesagt.«

»Hm! Seit wann befindet sich der Sendador jetzt bei Ihnen?«

»Seit mehreren Wochen schon.«

»Und woher kommen Sie jetzt?«

»Direkt aus unseren Dörfern.«

»Er hat Sie dort aufgesucht?«

»Ja.«

»Ich hörte, daß er vor mehreren Tagen am *Nuestro Sennor Jesu-Cristo* eine Anzahl von Weißen überfallen habe?«

»Das ist nicht wahr, denn er ist seit einigen Wochen bei uns gewesen.«

»Und doch sagt man, daß er sich gerade in der letzten Zeit in Palmar befunden habe!«

»So irrt man sich gewaltig.«

»Die Weißen, welche er am Kreuze überfallen wollte, sind ihm zuvorgekommen und haben ihn gefangen genommen; er aber entkam, weil einer derselben ihn entfliehen ließ. Zum Danke dafür überfiel er sie später abermals und nahm sie, zwei ausgenommen, gefangen.«

»Was Sie da erzählen, klingt mir so, daß ich es unmöglich glauben kann.«

»So wissen Sie auch nicht, wohin er diese Gefangenen transportiert hat?«

»Nein.«

»Ich hörte, daß er sie zu den Mbocovis geschafft habe?«

»Davon müßte vor allen Dingen ich wissen, denn ich bin der oberste Kazike aller Dörfer der Mbocovis. Ueberhaupt machen wir keine weißen Gefangenen. Wir sind die besten Freunde der Weißen und haben noch niemals einen von ihnen als Gefangenen bei uns gehabt.«

»Wirklich nicht?«

»Niemals!« antwortete er mit einem aufrichtig sein sollenden Gesichte.

»Auch einen gewissen Pardunna aus Goya mit seinem Sohne nicht?«

»Nein.«

»Oder kennen Sie vielleicht einen Weißen, welcher Adolfo Horno heißt?«

»Ich habe ihn noch nie gesehen.«

»Und doch soll er sich bei Ihnen befinden!«

»Das hat mir der viejo Desierto auch schon gesagt; aber es ist die größte Lüge, die es nur geben kann.«

»Der Schwiegersohn des Sendador soll ihn gefangen genommen und zu Ihnen gebracht haben.«

»Nennen Sie mir den Namen dieses Mannes, welcher diese Verleumdung ausgesprochen hat, und ich werde ihm mein Messer in das Herz stoßen!«

Jetzt räusperte sich der alte Desierto in einer Weise, welche den Roten nicht auffallen konnte, mir aber als Wink diente, dieses Thema nicht weiter zu verfolgen. Ich verstand den Alten und fuhr in freundlicherem Tone fort:

»So muß ich allerdings annehmen, daß man Ihnen mit großem Unrechte Böses nachgesagt hat.«

»Ja, das hat man!« versicherte er eifrig. »Wenn Ihnen etwa Freunde und Gefährten fehlen sollten, so stelle ich Ihnen alle meine Krieger zur Verfügung, welche mit Ihnen suchen werden, ohne dafür einen Lohn zu fordern!«

»Das wird, wenigstens jetzt, nicht gut möglich sein, weil

Sie weder über sich noch über Ihre Leute bestimmen können.«

»O, ich bin der Kazik! Sie müssen gehorchen und werden es gerne thun.«

»Sie vergessen, daß Sie sich gegenwärtig in einer Lage befinden, in welcher weder Sie befehlen, noch Ihre Untergebenen gehorchen können!«

»Was wollen Sie machen? Unserm Lager dürfen Sie sich nicht nähern, weil Sie sonst von unseren Pfeilen getroffen werden.«

»Wir brauchen uns Ihren Pfeilen nicht auszusetzen, denn wir haben Ihnen gezeigt, wie weit unsere Kugeln tragen. Wenn Sie sich nicht ergeben, so werden Sie alle sterben, ohne daß Sie einem einzigen von uns auch nur die Haut zu ritzen vermögen.«

»Haben Sie so viel Pulver und auch Blei!«

»O, wir haben weit mehr davon, als nötig wäre, tausend Mbocovis zusammenzuschießen. Ich gebe Ihnen eine Stunde Zeit. Haben Sie da noch nicht um Pardon gebeten, so senden wir von allen Seiten unsere Kugeln in Ihr Lager, und binnen wenigen Minuten, darauf können Sie sich verlassen, wird keiner von Ihnen mehr leben.«

»Und was geschieht mit uns, wenn wir uns ergeben?«

Ich wollte antworten, aber der alte Desierto fiel statt meiner ein:

»So werden wir ein Bündnis mit Ihnen abschließen.«

»Wirklich?« fragte der Kazike schnell und in frohem Tone. »Können wir uns darauf verlassen?«

»Ganz gewiß, vorausgesetzt, daß Sie uns nicht belügen und betrügen.«

»Das werden wir nicht, sicher nicht. Also wir sollen Ihre Freunde werden und dürfen alles behalten, was wir besitzen?«

»Ja. Alles, was Ihnen gehört, auch die Waffen bleiben Ihr Eigentum. Ich werde Sie zwar nicht als Gefangene behandeln, aber sobald Sie sich ergeben, haben Sie alles, was Sie bei sich führen, einstweilen an uns abzugeben. Das ist so Kriegsgebrauch.«

»Und dann?« fragte der Kazike, indem er ein höchst enttäuschtes Gesicht machte.

»Dann führe ich Sie zu Ihren Kameraden, welche bereits meine Gefangenen sind und die ich frei geben wollte. Mit ihnen mögen Sie sich beraten.«

»Wenn wir aber über die Bedingungen des Freundschaftsbundes nicht einig werden, was geschieht dann?«

»Dann entlasse ich Sie mit allem, was Ihnen gehört, in Ihre Heimat. Freilich setze ich da immer voraus, daß Sie aufrichtig mit uns handeln und uns nicht betrügen wollen.«

»Wir sind aufrichtig und werden es stets bleiben. Ich werde meinen Gefährten jetzt mitteilen, was wir gesprochen haben, und sie nach ihrer Meinung fragen.«

Er unterredete sich in halblautem Tone mit den andern Roten. Ich verstand kein Wort, sah aber den Mienen dieser Leute an, daß sie nicht ohne Bedenken waren. Vielleicht hatten sie die Meinung, daß sie doch noch einen Versuch der Gegenwehr machen könnten, da es, wenn dieser mißglücke, noch immer Zeit sei, sich zu ergeben. Sie glaubten wohl nicht, daß wir so gerüstet seien, wie ich gesagt hatte, denn der Kazike wendete sich mit der Frage an mich:

»Ist es wirklich wahr, daß Sie so viel Pulver und Blei haben, daß Sie uns alle erschießen können?«

»Ja. Und haben Sie wohl schon die Gewehre gesehen, von denen jeder der Tobas eines besitzt?«

»Nun, Schießgewehre!«

»Das meine ich nicht. Ich will es Ihnen nicht mit Worten, sondern durch die That erklären. Passen Sie einmal auf!«

Der Mann trug ein rotes Tuch um den Kopf gewunden. Ich band es ihm ungeniert ab, befestigte es mit zwei Zipfeln an den Flintenlauf eines Toba und gebot dann diesem letzteren, das Gewehr emporzuhalten. Er mußte sich so stellen, daß das Tuch sich im Morgenwinde ausbreitete und wie ein Fähnchen flatterte. Nun nahm ich den Stutzen zur Hand und sagte zu dem Kaziken:

»Ich werde so viele Löcher in das Tuch schießen, wie Sie an

beiden Händen Finger haben, ohne zu laden, und diese zehn Löcher müssen aus der untersten Ecke links nach der obersten Ecke rechts eine gerade Linie bilden. Passen Sie auf!«

Ich entfernte mich, indem ich hundertfünfzig Schritte abzählte, legte dann auf das Fähnchen an, und gab, indem ich die Kugel, welche die Patronen enthielt, mit dem Drücker bewegte, die zehn Schüsse ab. Noch ehe ich zurückgekehrt war, befand das Tuch sich in den Händen Penas und des Desierto, die mit Verwunderung die gerade Linie betrachteten, welche von den Löchern gebildet wurde. Ich nahm es ihnen aus der Hand, gab es dem Kaziken und sagte:

»Sehen Sie es sich an! Soll ich noch zehn solcher Löcher hineinschießen, ohne zu laden, oder wissen Sie nun, was wir für Gewehre haben?«

Er blickte bald das Tuch, bald mich, bald den Henrystutzen an. Sein Gesicht hatte einen so ungeheuer dummen Ausdruck, daß ich mir Mühe geben mußte, ein ernstes Gesicht zu behalten.

»Aber, Sennor,« stieß er fast stotternd hervor, »ohne – ohne zu laden! Und die Flinte hat doch nur einen Lauf und ein Loch!«

»Das ist noch wenig. Ich frage Sie ja, ob ich noch zehnmal schießen soll!«

»Um Gottes willen, nein! In dieser Flinte steckt der Teufel! Die ist in der Hölle gemacht worden! Ich mag sie nicht mehr sehen!«

Er streckte die beiden Hände weit von sich und zog ein ganz unbeschreibliches Gesicht dazu.

»Wenn Sie dieses Gewehr schon gar nicht ansehen wollen, wie würden Sie es dann wohl empfinden und fühlen, wenn ich es im Ernste gegen Sie und Ihre Leute richte! Bei jedem Schusse würde ein Mann fallen.«

»Sie haben zwei Gewehre, Sennor. Mit welchem haben Sie vorhin geschossen? Mit dem großen da?«

»Ja.«

»Schon das war fürchterlich; aber dieses kleine hier ist noch viel schrecklicher. Legen Sie es fort, denn ich mag nichts von demselben wissen. Ich werde mit meinen Gefährten nochmals sprechen.«

Er wendete sich wieder an die anderen Indianer, denen meine Schießprobe, welche, aufrichtig gestanden, gar keine große Geschicklichkeit erforderte, ebenso imponiert hatte wie ihm. Während sie sich dieses Mal ganz leise unterredeten, kehrten ihre Blicke mit dem Ausdrucke der Sorge immer wieder zu meinen beiden Gewehren zurück. Es war klar, daß sie Angst bekommen hatten. Endlich erklärte der Kazike:

»Wir nehmen die Bedingungen an und ergeben uns, erwarten aber ganz bestimmt, daß Sie Wort halten werden!«

»Das werden wir,« antwortete der Desierto. »Doch setzen wir voraus, daß Sie ohne Lug und Trug gesprochen haben.«

»Wir haben nicht ein unwahres Wort gesagt. Dürfen also nun meine Leute das Gebüsch verlassen, ohne daß ihnen eine Gefahr droht?«

»Jetzt noch nicht. Zunächst müssen alle Waffen und alles andere Eigentum abgeliefert werden.«

»Die Pferde doch nicht?«

»Gewiß. Wenn sie Ihr Eigentum sind, erhalten Sie sie zurück. Gehen Sie jetzt nach Ihrem Lager. Zehn Mann mögen alles bringen. Dann werden Sie weitere Botschaft erhalten.«

Die Mbocovis standen auf und entfernten sich. Sie waren überzeugt, ein nach den gegenwärtigen Umständen sehr vorteilhaftes Uebereinkommen getroffen zu haben. Als sie so weit fort waren, daß sie uns nicht hören konnten, sagte der Desierto zu mir:

»Das haben wir Ihrem verteufelten Stutzen zu verdanken, welcher sie in grimmige Angst versetzt hat. Man sollte es nicht für möglich halten, so viele Feinde zu besiegen oder gar gefangen zu nehmen, ohne daß einem dabei ein Haar gekrümmt worden ist!«

»Mit den Versprechungen ist es Ihnen doch nicht Ernst?«

»Vollständig Ernst!«

»Nun, dann haben diese Halunken ein sehr gutes Geschäft gemacht. Anstatt die verdiente Strafe zu erleiden, werden sie zu Freunden und Bundesgenossen gemacht. Ich lasse mir allenfalls ein wenig Menschlichkeit gefallen, aber das Verbrechen geradezu zu belohnen, das halte ich denn doch nicht für geraten!«

»Wer spricht denn von Belohnung?«

»Ihre Bedingungen enthalten unbedingt einen Lohn!«

»Ja, aber was für einen! Haben Sie denn nicht gehört, was ich wiederholt vorausgesetzt habe? Ich habe mir jede Lüge und Hinterlist, jeden Lug und Trug verbeten. Der Kazike hat uns belogen; er will uns betrügen. Darum brauche ich mein Wort nicht zu halten. Dieser dumme Mensch wollte uns überlisten und wird in seine eigene Falle laufen. Was hat er uns über den Sendador weiß machen wollen! Und daß er behauptet, niemals einen Weißen gefangen genommen zu haben, ist ein Beweis, daß er uns für vollständig ununterrichtet hält. Er wird nicht auf das freudigste überrascht sein, wenn er erfährt, wie es eigentlich steht.«

»Aber wie wollen Sie so viele Leute unterbringen?«

»Da sorgen Sie sich ja nicht! Ich habe vollständig Platz. Sie werden im Bethause untergebracht.«

»Das ist nicht gut verwahrt; sie können leicht ausbrechen.«

»Das wollen wir ihnen wohl nicht so leicht machen. Sie wissen wohl noch nicht, daß sich ein großer Keller dort befindet?«

»Ah so! Aber sie werden nicht freiwillig da hinunter wollen.«

»So zwingen wir sie. Ich sorge dafür, daß nur der Kahn von gestern abend da ist, welcher mit dem Ruderer sechs Personen faßt, und daß sich zehn meiner kräftigsten Indianer im Hause befinden, welche mit den einzeln ankommenden Mbocovis wenig Federlesens machen werden. Ich muß überhaupt einen Boten ins Dorf senden, welcher zu melden hat, daß unser Plan gelungen ist. Der Mann soll die nötigen Befehle mitnehmen, damit alles vorbereitet ist, wenn wir kommen.«

Er winkte einen seiner Leute herbei, welchem er eine sehr ausführliche Instruktion erteilte. Diese nahm so viel Zeit in Anspruch, daß der Alte erst fertig war, als die zehn Mbocovis mit der Kriegsbeute sich näherten. Sie führten die Pferde, auf welche man die meisten Gegenstände geladen hatte. Mit Entzücken sah ich, daß mein Brauner dabei war. Am liebsten wäre ich dem Pferde entgegen gerannt, aber ich blieb stehen, um zu sehen, ob es mich von selbst erkennen werde.

Die Waffen und andere Gegenstände wurden abgeladen. Ich stand von ferne und schaute zu. Als der Braune sich seiner Bürde entledigt fühlte, suchte er nach Gras. Dabei richtete er den Kopf bald hin und bald her. Sobald ich mich innerhalb seines Sehkreises befand, hielt er plötzlich bewegungslos still; seine Ohren begannen zu spielen, und der Schwanz richtete sich auf. Er sah mich erst mit dem rechten, dann mit dem linken Auge an und kam langsam näher. Endlich schien er überzeugt zu sein, daß ich es sei. Ein Zittern überlief seine Gestalt; er sog die Luft lang und tief ein, schnaubte einige Male, wieherte laut auf und kam dann auf mich zugesprungen. Noch stand ich still, ohne auch nur einen Finger zu bewegen. Da stieß er mich mit dem Maule an, schob mich zur Seite und brach, als ich dennoch keinen Laut von mir gab, in ein kläglich stöhnendes Wiehern aus. Da legte ich ihm die Hand um den Hals und zog seinen Kopf an mein Gesicht. Ich nannte ihn bei seinen Kosenamen und klopfte ihm die glänzend glatte Haut. Die Folge war, daß er vor Freude rein außer Rand und Band geriet. Er rieb und stieß mich mit dem Maule von allen Seiten, stieg vorn empor, schlug hinten aus, rannte eine Strecke davon und dann rund um mich herum, kehrte zurück, um mich zu lecken, schlug die tollsten Capriolen, kurz, er war vor Freude außer sich.

Ich untersuchte die Satteltaschen. Außer einigen Kleinigkeiten war nicht nur alles, was ich darin gehabt hatte, noch vorhanden, sondern der Sendador, der natürlich sich meinen Braunen angeeignet hatte, war so gütig gewesen, noch Verschiedenes hinzuzufügen, was ich jetzt als mein Eigentum ansehen konnte.

Inzwischen hatte der alte Desierto dem Kaziken sagen lassen, daß er mit seinen Leuten anmarschieren könne, paarweise hinter einander. Als der lange Zug sich uns näherte, wurde unser Kreis aufgelöst. Die Leute kamen herbei, um die eroberten Waffen und sonstigen Gegenstände aufzunehmen und den Gefangenen als Eskorte zu dienen; sie stellten sich zu beiden Seiten derselben auf.

Jetzt ging ich mit Pena und dem Alten nach dem Gehölze, um nachzuschauen, ob da nicht vielleicht irgend etwas Bemerkenswertes zu entdecken sei; wir suchten vergebens. Als wir dann, zurückkehrend, die lange Doppelreihe der Gefangenen zwischen den bewaffneten Tobas stehen und auf uns warten sahen, meinte der Desierto:

»Ich möchte wissen, was die Burschen denken. Ob sie sich wirklich einbilden, so wohlfeilen Kaufs davon zu kommen!«

»Ich habe einige erkannt,« antwortete Pena. »Besonders hatte ich mir die beiden Wächter gemerkt, welche so prächtig schliefen, als ich unsern Freund hier befreite. Sie verlassen sich darauf, nicht erkannt zu werden, da dem Auge eines Weißen alle Roten ähnlich erscheinen.«

»Ob Bekannte unter ihnen sind, weiß ich noch nicht,« sagte ich. »Ich hatte mit meinem Pferde zu thun und habe noch keinen der Mbocovis angesehen. Wollen wir nicht den Spaß machen, dem Kaziken ein Pferd anzubieten?«

»Schenken?« fragte Pena erstaunt.

»Was fällt Ihnen ein! Schenken! Nein, er soll stolz zu Roß mit uns nach dem Dorfe reiten.«

»Das fehlte noch! Der Kerl mag laufen, so wie wir tagelang gelaufen sind, als wir um unsere Pferde gekommen waren.«

»Es soll nicht aus übermäßiger Freundlichkeit, sondern aus Klugheit geschehen. Gewähren wir ihm die Auszeichnung, im Sattel sitzen zu dürfen, so wird er desto sicherer werden und um so blinder in die Falle gehen. Gegen einen Kriegsgefangenen, den man reiten läßt, hat man doch nichts Schlimmes vor!«

»Das ist richtig, und Sie haben recht. Lassen wir ihn also reiten. Mag der Triumphzug beginnen. Tausendmal größer aber wäre meine Freude, wenn wir den Sendador auch mit erwischt hätten.«

»Hoffentlich bekommen wir ihn noch und zwar hier in der Nähe.«

»Das bilden Sie sich nicht ein! Glauben Sie denn wirklich,

daß er hier verweilt, bis wir kommen und ihn wegnehmen wie eine reife Birne vom Baume?«

»Das nicht: aber ich glaube, daß er hier bleibt, bis er genau weiß, welches Ende sein Raubzug gefunden hat. Dieses Ende ist erst an dem jetzigen Augenblicke zu ersehen, und so bin ich vollständig überzeugt, daß er noch jetzt hier irgendwo steckt und uns beobachtet.«

»So müssen wir schleunigst nach ihm suchen, denn er wird sich nun höchst wahrscheinlich von dannen machen.«

»Das hat keine große Eile. Der Tag ist noch lang, und ich denke, der Sendador bleibt noch in der Nähe, um auszuspionieren, was mit den Gefangenen geschehen wird.«

»So reiten wir mit in das Dorf?«

»Ja. Wir haben unsern Beitrag zum Gelingen geleistet und werden nun auch am Triumphe teilnehmen.«

Ich bestieg den Braunen, welcher vor Freude darüber, mich wieder tragen zu können, mit allen Vieren in die Luft ging. Pena setzte sich auf das Pferd, welches er vorher geritten hatte. Es waren alle Pferde da, die der Yerbateros, des Bruders und der andern.

Als ich Turnersticks Pferd dem Kaziken vorführte und ihm einen Wink gab, aufzusteigen, sah er mich erstaunt an und fragte:

»Was meinen Sie? Was ist's mit diesem Pferde?«

»Reiten sollen Sie es.«

»Jetzt? – – bin ich denn nicht Ihr Gefangener?«

»Was Sie sein werden, ist jetzt noch nicht entschieden. Für mich sind Sie einstweilen der Kazike der Mbocovis, dem es gebührt, zu reiten, falls ein Pferd da ist. Also steigen Sie in den Sattel!«

Er folgte dieser Aufforderung, und es war ihm und seinen Leuten anzusehen, welch guten Eindruck diese Aufmerksamkeit auf sie machte. Jetzt erst betrachtete ich die einzelnen Personen und fand alle diejenigen heraus, die ich am Lagerplatze, wo Pena mir als Retter erschienen war, erblickt hatte; ich that aber so, als ob mir keiner von ihnen bekannt vorkomme.

Wir vier Reiter setzten uns an die Spitze; dann folgten die Pferde, welche von mehreren Tobas geführt wurden, und hinter diesen kam der Zug der Mbocovis mit ihrer Eskorte. So ging es in raschem Schritte dem Dorfe zu. Bis in die Nähe desselben war kein Mensch zu sehen. Dann aber hatten sich alle Bewohner desselben am Ufer versammelt und eine lange Reihe gebildet, zwischen welcher und dem Wasser wir passieren mußten, um zur Ueberfahrtstelle nach der Insel zu gelangen.

Voran hielt Unica mit ihrer weiblichen Garde; dann kamen die männlichen, die weiblichen Bewohner und endlich die Kinder. Die Krieger, welche wir zum Schutze des Dorfes zurückgelassen hatten, versahen recht wacker den Polizeidienst und hielten auf Ordnung unter der Menge, welche uns mit Jubel empfing.

Es versteht sich ganz von selbst, daß die Musikanten nicht fehlten. Was rufen, schreien und jubeln konnte, das ließ die Stimme erschallen. Die Kinder waren, hier wie allerwärts, die schlimmsten. Die Mbocovis schienen freilich von diesem Jubel nicht erbaut zu sein; sie sahen an sich nieder und warfen keinen Blick auf das schreiende Volk.

So kamen wir zur Landestelle, wo wir anhielten und von den Pferden stiegen. Einige Krieger nahmen die Tiere in Empfang, um ihrer zu pflegen.

»Warum steigen wir hier ab?« fragte der Kazike.

»Weil wir hier am Ziele sind,« antwortete der Desierto. »Wir fahren nach der Insel hinüber.«

»Was sollen wir da drüben?«

»Sie sollen dort eine sichere Wohnung haben, wo Sie von meinen Leuten nicht belästigt werden können. Sie wissen, daß der Sieger, zumal wenn er jung ist, nicht immer leicht im Zaume zu halten ist, und ich wünsche nicht, daß irgend einer meiner jungen Leute Sie im Uebermute beleidige.«

»Das ist etwas anderes; das ist mir sogar sehr lieb,« sagte der Kazike beruhigt, indem er die Ansicht hegte, daß in der Veranstaltung des Alten eine Auszeichnung für ihn enthalten sei.

»Ja,« meinte dieser, »Sie werden gerade so mit mir zufrieden sein, wie ich mit Ihnen zufrieden gewesen bin Als Anführer Ihrer Krieger bleiben Sie natürlich hier an meiner Seite, um die Einschiffung mit zu überwachen. Meine beiden deutschen Freunde aber werden mit dem ersten Boote mit hinüberfahren, um dafür zu sorgen, daß Sie würdig empfangen werden.«

Das Angesicht des Kaziken leuchtete vor Vergnügen. Er glaubte, nun aller Sorge enthoben zu sein und hielt eine darauf hindeutende Ansprache an seine Leute. Drei von ihnen stiegen mit mir und Pena ein; der Ruderer ward der sechste.

»Warum hat der Alte gerade uns hinübergeschickt?« fragte Pena in deutscher Sprache unterwegs.

»Weil wir gestern bewiesen haben, daß wir es verstehen, da drüben mit diesen Mbocovis fertig zu werden. Vielleicht traut er unseren Fäusten mehr zu als denjenigen seiner Leute.«

»So bin ich neugierig, wie wir das Innere des Bethauses finden werden.«

»Ganz wie gestern, nur mit dem Unterschiede, daß ein Keller offen ist, dessen Eingang wir noch nicht bemerkt haben.«

Es war so, wie ich dachte. Als wir drüben angelegt hatten und dann in das Bethaus traten, saßen auf der vorletzten Bank zehn kräftige Toba-Indianer. Hinter ihnen war die letzte Bank entfernt, und wir sahen ein Loch, in welches eine steinerne Treppe hinabführte. Die Tobas erhoben sich, und wir geleiteten die drei Mbocovis nach dem Loche. Pena lud sie in ihrer Sprache ein, hinabzusteigen. Sie sahen ihn betroffen an, blickten in die Finsternis hinunter und weigerten sich dann, seiner Einladung Folge zu leisten.

Pena hatte in freundlichem Tone zu ihnen gesprochen. Jetzt schien er grob zu werden, denn er zog sein Messer und drohte ihnen mit demselben. Ich nahm den Revolver in die Hand und hielt ihnen denselben entgegen; doch war dieser deutliche Fingerzeig sehr überflüssig, denn die Mbocovis wurden von den Tobas gepackt und wie Warenballen in die Kelleröffnung hinabgestoßen.

»Unten sind sie,« sagte Pena. »Die Tobas werden dafür sorgen, daß sie nicht wieder heraufkommen. Ich werde jedesmal an das Ufer gehen, um die Passagiere zu empfangen und herein zu bringen. Sie nehmen an der Thüre Posto, um etwa solche, welche die Flucht ergreifen wollen, zurückzuhalten.«

Er ging und brachte bald weitere fünf, welche sich auch weigerten, hinabzusteigen. Sie wurden hinabgestoßen. So ging es von fünf zu fünf in einem fort. Die zehn Tobas eigneten sich schnell eine sehr treffliche Routine an, ihre menschliche Ware in den Keller zu bringen. Kaum waren die Mbocovis eingetreten, so gelangten sie, von Hand zu Hand geschoben, an die Kelleröffnung und verschwanden in derselben, bevor sie daran gedacht hatten, wörtlich oder gar thätlich Widerstand zu leisten.

Desto lauter ging es unten zu. Die Gefangenen versuchten einige Male, sich mit Gewalt hinaufzudrängen; da aber hielten zwei Tobas mit gespannten Bogen und Giftpfeilen Wacht, so daß es bei dem Anfange des Versuches blieb.

Zuletzt kamen die Verwundeten, welche der alte Desierto drüben am Ufer verbunden hatte. Sonderbarerweise war kein einziger von ihnen an den Beinen oder Füßen verwundet worden, ein glücklicher Umstand, welcher ihren Transport außerordentlich erleichterte. Die Toten hatte man draußen im Gehölz liegen lassen. Endlich, bei der wohl über vierzigsten Ueberfahrt, als alle Mbocovis schon herüber waren, nahm Pena mich mit hinaus, denn das Boot brachte jetzt nur den Desierto mit dem Kaziken.

»Nun,« fragte der letztere, als wir beide ihm entgegen kamen, »sind meine Leute mit ihrer Wohnung zufrieden?«

»Es hat noch keiner geklagt,« antwortete Pena.

»Haben sie Essen und Trinken?«

»Jetzt wohl noch nicht; ich denke aber, daß der Desierto dafür sorgen wird.«

»Ja, das werden Sie thun,« wendete der Kazike sich an den Alten. »In dem Gehölz giebt es kein fließendes Wasser, und da wir kein Feuer anzünden durften, so haben wir weder Wasser noch warmes Essen gehabt.«

Der Desierto zuckte die Achsel und antwortete in bedauerndem Tone:

»Da unten im Keller giebt es leider auch kein fließendes Wasser, aber dafür Feuchtigkeit genug.«

»Wie? Sie haben meine Leute in einen Keller gesteckt? Aber Sie sprachen doch von guten Wohnungen!«

»Ist ein Keller für Räuber und Mörder nicht gut genug?«

Der Kazike trat erstaunt einen Schritt zurück und blickte den Alten an. In seinen bisher so zuversichtlichen Zügen ging eine ebenso schnelle wie bedeutende Veränderung vor. Ich trat seitwärts hart hinter ihn, um ihn nötigenfalls schnell fassen zu können.

»Wie sagen Sie?« fragte er. »Räuber und Mörder!«

»Sind Sie das etwa nicht?«

»Sie haben diese Worte doch vorher nicht gebraucht!«

»Ich wende meine Worte an, wie es mir beliebt!«

»Aber, Sennor Desierto, warum sind Sie denn eigentlich so plötzlich ein ganz anderer geworden?«

»Ein anderer? Ich bin noch ganz genau derselbe, der ich vorher war. Aber die Verhältnisse haben sich verändert.«

»Welche Verhältnisse?«

»Draußen im Freien befanden Sie sich nicht ganz so in meiner Gewalt wie jetzt; ich mußte also, um Blutvergießen zu vermeiden, freundlicher mit Ihnen sprechen, als ich im Herzen dachte.«

»So haben Sie mich belogen?« rief der Rote. »Ich verlange sofort, daß der Freundschaftsvertrag abgeschlossen werde!«

»Sehr gern! Nur denken Sie an meine Bedingung! Sind Sie wahr gegen uns gewesen?«

»Ja.«

»Nein! Sie haben uns belogen und beabsichtigen auch jetzt noch, uns zu betrügen. Sie wissen alles, was der Sendador in der letzten Zeit begangen hat. Sie haben teil an seinen Thaten genommen; Sie wußten, daß – – –«

»Lüge, nichts als Lüge!« unterbrach ihn der Kazike.

Das war mir zu bunt. Ich legte dem Roten die Hand auf die Achsel und forderte ihn auf:

»Mann, sage mir vor allen Dingen einmal, woher die Pferde sind, welche ihr bei euch hattet?«

»Sie gehören uns. Wir haben sie gekauft.«

»Mensch, diese Pferde waren bis vor wenigen Tagen unser Eigentum. Der Sendador hat sie uns abgenommen. Meinst du denn wirklich, daß wir dich, Schurke, und deine Leute nicht kennen? Sie haben dir wohl nicht gesagt, daß ich ihr Gefangener war, ihnen aber entflohen bin?«

»Nein.«

Er war höchst kleinlaut geworden und knickte zusammen, als ob meine Hand, welche nur ganz leicht auf seiner Achsel lag, vom Gewichte eines Zentners sei.

»Und weiter!« fuhr ich fort. »Du kennst wirklich keinen Weißen, welcher Adolfo Horno heißt?«

»Nein!« behauptete er abermals.

»Aber du weißt wohl sehr genau, daß er an der Laguna de Bambu festgehalten wird?«

Wir blickten ihn scharf an und sahen, daß ihm bei dieser Frage das Blut aus den Wangen wich, was seinem Gesichte den Schmutz der Erdfarbe gab. Er wußte sichtlich nicht, was er antworten solle, und stieß endlich hervor:

»Ich kenne diese Laguna gar nicht.«

»Nicht? Und doch habt ihr eure Weiber und Kinder dort, und nur vierzig Krieger befinden sich bei denselben.«

»Sennor, Sennor, Sie – Sie – –« stockte er.

»Wie nun, wenn wir jetzt hinziehen und Rache an ihnen nehmen!«

»Sie – sie – – wohnen nicht dort,« stammelte er.

»Gut, so kann es dir sehr gleichgültig sein, daß wir hingehen, um die kleine Isleta del circulo zu besuchen.«

Jetzt zuckte er sichtlich zusammen. Er erkannte nun, daß wir alles wußten. Anstatt aber aus diesem Grunde weich zu werden und die Bereitschaft zu einem Geständnisse zu zeigen, raffte er sich zusammen, schüttelte meine Hand von sich ab und rief in zornigem Tone:

»Sennor, was geht mich das alles an! Wie reden Sie mit mir! Was fällt Ihnen denn ein? Ich bin der oberste Kazik aller Stämme der Mbocovis; was aber sind denn Sie?«

Er richtete sich vor mir auf und machte mir ein Gesicht, als ob er mich verschlingen wolle. Fast hätte ich ihn ausgelacht; aber dennoch ärgerte mich die Unverschämtheit dieses Menschen so sehr, daß ich es nicht zum Lachen brachte.

»Wer ich bin, fragst du?« antwortete ich ihm. »Das sollst du sogleich erfahren. Ich bin derjenige, der dich jetzt beim Schopfe nimmt und dahin schafft, wohin du gehörst. Komm also, Bursche! Mit dir zu sprechen, ist jammerschade, da jedes Wort verloren ist. Du sollst uns besser kennen lernen und nicht wieder fragen, wer wir sind!«

Ich nahm ihn beim Genick, schüttelte ihn kräftig hin und her, so daß ihm der Atem ausging, steifte ihn auf die Erde nieder, zog ihn halb wieder empor und schleifte ihn dann in das Haus, wo er in Empfang genommen und in den Keller gesteckt wurde. Die Thüre desselben wurde zugemacht und so befestigt, daß sie von innen nicht geöffnet werden konnte. Dennoch wurden zwei Wächter zurückgelassen, mit denen der alte Desierto ein Zeichen verabredete, welches sie geben sollten, falls sie der Hilfe und Unterstützung bedürften.

Wir andern begaben uns an das Ufer zurück, wo die sämtlichen Tobas noch auf uns warteten und durch die Nachricht, daß alles wohl gelungen sei, von ihrer Spannung befreit wurden. Man bildete einen Siegeszug, welcher unter dem Lärm der Musikinstrumente nach dem Dorfe marschierte.

Nun war auch der zweite, der zahlreichere Trupp der Feinde unschädlich gemacht worden und eine weitere Störung nicht mehr zu befürchten. Darum gestattete der Regent, daß das schon für gestern beabsichtigte Siegesfest nun heute feierlich begangen werden solle.

Diese Erlaubnis hatten viele Schlachttiere mit dem Leben zu bezahlen, und in allen Häusern wurden zwar eilige, aber umfassende Vorbereitungen zu der Feier getroffen. Ich konnte nicht daran denken, an denselben teilzunehmen, denn meine Thätigkeit mußte nun darauf gerichtet sein, auszukundschaften, wo der Sendador sich befinde und was er vorzunehmen beabsichtige. Als ich dies dem Desierto und auch Pena sagte, meinte der letztere:

»Sie haben sehr recht. Wir müssen schleunigst nach den Spuren des Entkommenen suchen.«

»Wie, Sie wollen sich an der Nachforschung beteiligen?« fragte ich. »Ich verzichte auf Ihre Begleitung, und –«

»Warum?« unterbrach er mich.

»Weil Sie leicht wieder einen solchen Pudel schießen könnten wie gestern, durch welchen der Sendador uns entkommen ist. Er hält sich sicher im Walde auf. Wollen wir ihn ohne Gefahr für uns ergreifen, so müssen wir ihn beschleichen und ganz unerwartet überfallen. Uebrigens bin ich überzeugt, daß ich Veranlassung finden werde, ihn einstweilen ruhig seines Weges gehen zu lassen.«

»Wie, selbst wenn Sie seine Spur entdecken, wollen Sie ihn entkommen lassen?«

»Nur einstweilen, wie ich bereits sagte. Denken Sie sich nur in seine gegenwärtige Lage! Er hat uns ohne allen Zweifel so lange beobachtet, bis er erfuhr, welchen Ausgang unsere Umzingelung nahm. Er weiß also, daß alle Mbocovis gefangen sind und er nun ganz allein auf sich selbst angewiesen ist. Nun giebt es nur zwei Wege, von denen er einen einschlagen kann. Der erste führt nach der Laguna de Bambu zu den dort gebliebenen Mbocovis, welche unsere Gefährten bewachen; ihn wird er als kluger Mann nicht wählen, denn er muß sich sagen, daß wir erfahren, wie es dort steht, und schnell aufbrechen werden, um die Freunde zu befreien. Da wir Pferde haben, müssen wir eher dort ankommen als er. Sein Weg wäre also vergeblich, ja sogar gefährlich, da wir seine Fährte entdecken könnten, in welchem Falle er uns unbedingt in die Hände geraten würde. Geben Sie das zu?«

»Hm! Unrecht haben Sie nicht. Welches ist denn der zweite Weg?«

»Hinauf nach der Pampa de Salinas.«

»Er allein? Diese weite Strecke? Ohne daß er Vorbereitung zu einer solchen Reise treffen konnte?«

»Diese Einwände sind nichtig. Er ist oft allein oben gewesen und findet unterwegs gewiß genug Bekannte, von denen er erhalten kann, was er braucht. Sein Streben muß sein, uns da oben zuvorzukommen. Darum bin ich überzeugt, daß die Fährte, welche ich sicher finden werde, nach Westen, den Bergen zu, führen wird. Ich brauche keinen Gehilfen und gehe also allein. Sie mögen sich ausruhen, denn morgen früh brechen wir ganz bestimmt nach der Laguna de Bambu auf. Ich würde diesen Ritt augenblicklich antreten, wenn es nicht nötig wäre, auch den Pferden einen Tag Ruhe zu gönnen.«

Pena mußte sich mit diesem Bescheide zufrieden geben und ich entfernte mich, um mein Vorhaben auszuführen. Noch war ich nicht weit fort, als Unica mir nachkam. Sie hatte bei uns gestanden, unser Gespräch angehört und sagte jetzt in bittendem Tone:

»Sie wollen gehen, um eine Fährte zu entdecken, Herr. Ich habe viel von dem Scharfsinne gehört, welcher dazu gehört, bin aber noch nie selbst dabei gewesen. Denken Sie, daß ich Sie stören würde?«

»Sie wollen mitgehen?«

»Ja, wenn Sie es mir erlauben. Ich verspreche Ihnen, mich so vorsichtig zu verhalten, daß ich Ihnen keinen Schaden mache.«

»Sie können mitgehen. Nur einer, welcher selbstständig mitsucht, kann mir die Mühe erfolglos machen. Wer mich nur begleitet, ist mir nicht hinderlich. Nur befürchte ich, daß Sie enttäuscht sein werden. So romantisch, wie Sie anzunehmen scheinen, ist die Sache nicht, zumal die gegenwärtige. Sie werden mit durch die Büsche zu kriechen haben, was für eine Dame nicht bequem ist.«

»Das thue ich mit dem größten Interesse, wenn ich nur zu sehen bekomme, wie Sie es anfangen, die Spur zu entdecken, zu unterscheiden und zu verfolgen.«

»Das ist alles so leicht, daß, wenn wir fertig sind, Sie sich darüber wundern werden, daß Sie es für schwer halten konnten. Dennoch bringt ein Neuling es gewiß nicht fertig. Kommen Sie!«

Wir gingen an dem Felsen vorüber und durch den Wald, bis wir denselben hinter uns hatten und die freie Ebene erreichten. Dort sahen wir die Spuren, welche wir selbst zurückgelassen hatten. Unica blieb stehen, deutete auf die Eindrücke und sagte:

»Da haben Sie eine breite Fährte von vielen Leuten. Wie wollen Sie die Spur des Sendador da herausfinden?«

»Es fällt mir gar nicht ein, dies zu versuchen. Kommen Sie nur weiter. Ich werde Ihnen die Erklärung im Gehen geben. Das Fährtenfinden setzt zweierlei voraus, nämlich ein vorheriges scharfes Nachdenken und zweitens das richtige sogenannte Lesen der Spur.«

»So müssen Sie auch hier vorher nachdenken?«

»Natürlich. Darüber, wo die Fährte zu finden sein wird. Laufe ich ins Blaue hinein, so werde ich wahrscheinlich nichts finden. Wenn ich mir aber das Geschehene, die gegenwärtige Situation, die Absichten des Sendador und noch manches andere vergegenwärtige, so wird das Resultat dieser Ueberlegung mir als sicherer Wegweiser dienen. Ich nehme als ganz bestimmt an, daß er uns beobachtet und diese Gegend nicht eher verlassen hat, als bis er wußte, woran er war. Er hat also so lange gewartet, bis wir mit den Gefangenen von dem Kampfplatze nach dem Dorfe zogen. Um dies sehen zu können, mußte er in der Nähe unsers Wegs liegen, und zwar unter Büschen und Bäumen versteckt, damit er nicht etwa selbst bemerkt werde. Was er während der Nacht gethan und wo er sich befunden hat, das ist mir gleichgültig, da ich mir nicht die große Mühe zu geben brauche, die Spuren seiner sämtlichen nächtlichen Irrgänge zu verfolgen. Bevor wir nach dem Dorfe aufbrachen, ist er nicht im Walde und Gebüsch, sondern draußen auf der freien Ebene gewesen, um zu sehen, wie die Verhältnisse am Lagerplatze stehen. Er hat sich da jedenfalls in liegender Stellung so weit angeschlichen, bis er uns genau beobachten konnte. Als wir dann mit den Mbocovis aufbrachen, hat er sich von dort schleunigst nach dem Walde zurückgeschlichen, um uns vorüberpassieren zu sehen. Die Spur, welche er dabei zurückließ, ist die einzige, welche ich beachten werde.«

»Werden Sie dieselbe finden?«

»Ganz gewiß. Ich gehe direkt auf sie zu.«

»Aber Sie wissen doch nicht, wo sie ist!«

»Das weiß ich sehr genau.«

»Nun, wo?«

»Gerade vor uns. Da draußen rechts von uns befindet sich der Lagerplatz, in dessen Nähe er uns heimlich belauschte; dort links von uns liegt der See mit dem ihn umgebenden Waldstreifen, nach welchem sich der Sendador zurückgezogen hat, folglich geht seine Spur, von uns aus gerechnet, von rechts nach links, also quer über die Richtung, in welcher wir uns jetzt fortbewegen, und also müssen wir, wenn wir geradeaus gehen, unbedingt auf sie treffen, und zwar sehr bald, da er nicht weit von hier gesteckt haben kann, weil er sonst nicht nahe genug gewesen wäre, um uns deutlich sehen zu können.«

»Das ist freilich eine so komplizierte – – ah, sehen Sie! Ist das nicht die Spur eines Mannes?«

Sie blieb stehen und zeigte zur Erde, wo dem Sande deutliche Fußstapfen eingeprägt waren.

»Ja, Sie vermuten ganz richtig,« antwortete ich.

»Das ist die Spur, welche wir suchen. Sehen Sie, daß sie vom Lagerplatze da draußen nach links, nach den Bäumen führt, ganz wie Sie vermutet hatten? Ich muß Ihren Scharfsinn aufrichtig bewundern.«

Sie bückte sich nieder und betrachtete die Eindrücke. Ich aber blieb aufrecht stehen, denn es genügte ein kurzer Blick schon aus dieser Entfernung, um mir zu sagen, daß sie sich irrte. Darum entgegnete ich:

»Nein, es ist die richtige Fährte nicht. Sie mag zwar vom Sendador stammen, rührt aber noch vom Abend her.«

»Woraus schließen Sie das?«

»Es ist während der Nacht ein starker Tau gefallen, welcher den Sand befeuchtet hat. Da drückt der Fuß sich leichter ein und die Ränder der Spur sind scharf, weil die Feuchtigkeit die Sandkörner kittet. Die Ränder dieser Eindrücke aber sind matt, eingefallen und unbestimmt. Der Mann, welcher da ging, kam also hier vorüber, ehe der Tau fiel, am vorigen Abend. Gehen wir weiter! Ich wette, daß wir sehr bald auf eine ähnliche, aber viel schärfer gezeichnete Fährte treffen.«

Meine Vermutung bestätigte sich schon nach kurzer Zeit. Wir hatten uns kaum dreißig oder vierzig Schritte entfernt, so kreuzte eine zweite Spur unsern Weg.

»Das ist die richtige!« rief Unica, indem sie sich niederbückte, um die Vertiefungen zu betrachten. »Sehen Sie, wie scharf die Ränder sind? Der Sand ist noch ein wenig feucht; er hält zusammen.«

»Ja, jetzt sind wir gewiß auf der richtigen Spur. Die Eindrücke sind köstlich; ich werde mir eine Zeichnung davon nehmen.«

»Warum?«

»Um später, wenn ich eine Spur finde, sagen zu können, ob sie vom Sendador ist. Seine beiden Füße haben sich mit seltener Deutlichkeit eingedrückt. Das kann mir später vom größten Nutzen sein.«

Ich nahm einen alten Brief, den ich nicht mehr brauchte, aus der Brieftasche und zeichnete die Umrisse der rechten und auch linken Fußspur auf die beiden Seiten desselben. Dann wendeten wir uns nach links, um der Fährte zu folgen. Sie führte uns erst gerade nach dem schmalen Waldgürtel und unter den Bäumen desselben eine kurze Strecke nach dem Dorfe zu zurück. Dann sahen wir die Stelle, an welcher der Sendador gelegen hatte, um uns vorüberziehen zu sehen. Wir waren in einer Entfernung von höchstens hundertzwanzig Schritten an ihm vorübergekommen. Der Mann hatte viel gewagt indem er sich uns soweit näherte. Um so deutlicher aber hatte er gesehen, daß sein Vorhaben vollständig verunglückt sei und er von den Mbocovis nichts mehr hoffen dürfe.

Von hier aus führte die Fährte wieder zurück, erst nach Nord und dann nach West, um den See herum. Sie hielt sich stets in der Nähe des Ufers, ein Zeichen, daß der Sendador bestrebt gewesen war, über das Wasser hinüber zu sehen und zu beobachten, was im Dorfe und auf der Insel vorgehe. Er war einige Male stehen geblieben, aber nicht lange Zeit, denn er hatte es natürlich eilig, aus unserer Nähe zu entkommen. Später sahen wir, daß er an einem Busche angehalten hatte, um ein stark fingerdickes Stämmchen desselben zu schneiden.

»Weshalb mag er das gethan haben?« fragte Unica. »Doch wohl ohne besonderen Zweck?«

»O nein. Daß er sich einen Stock geschnitten hat, ist mir von Wichtigkeit. Wenn hier im Chaco sich einer einen Gehstock schneidet, um sich die Anstrengung des Wanderns zu erleichtern, so will er schnell vorwärts kommen und hat auch einen weiten Weg vor sich. Der Sendador ahnt jedenfalls nicht, daß er mir hier verraten hat, daß er nun direkt nach der fernen Pampa de Salinas aufgebrochen ist. Ein vorsichtiger Mann hätte sich den Stock nicht hier, sondern viel später geschnitten.«

»Folgen wir ihm noch weiter auf der Spur?«

»Nein. Ich weiß genug, und es ist ja gar nicht meine Absicht, ihm nachzujagen.«

»Aber vielleicht könnten wir ihn doch einholen!«

»Nein. Sehen Sie die Spur genau an und auch die weiße Holzfläche des Stumpfes, von welchem er den Stock genommen hat. Es sind wenigstens vier Stunden vergangen, seit er hier war, und so groß ist der Vorsprung, den er hat. Er kann schnell und ohne Aufenthalt laufen. Wir aber müßten die Augen stets auf seiner Fährte haben, kämen also langsamer vorwärts, als er, und vermöchten nicht, ihn zu ereilen. Ich gedenke, ihn ganz gewiß droben in der Pampa de Salinas zu treffen.«

»Aber er geht direkt dorthin; Sie aber wollen erst nach der Laguna de Bambu; da versäumen Sie eine kostbare Zeit, welche er benutzen wird, eher hinauf zu kommen als Sie.«

»Er muß gehen; wir jedoch haben Pferde. Ich kenne den Weg nicht, werde mich aber erkundigen, ob es möglich ist, daß wir nicht zu spät dort ankommen.«

Wir kehrten zurück. Noch ehe wir das Dorf erreichten, drang uns aus demselben ein Appetit erweckender Bratengeruch entgegen. Auf dem Platze zwischen den Häusern, auf welchem die Paraden abgehalten zu werden pflegten, brannten viele Feuer, über denen an starken, hölzernen Spießen mächtige Braten geröstet wurden. Dabei waren Weiber mit allerlei Gefäßen thätig, um die verschiedenen Zuspeisen zu kochen und zu backen. Natürlich war auch die hoffnungsvolle Jugend in voller Thätigkeit. Ein Genremaler hätte die interessantesten Sujets mit davonnehmen können, denn es gab die heitersten Scenen und Situationen, welche man sich denken kann.

Am meisten Spaß machte mir ein etwa vierjähriger Bube, welcher an einem Feuer lag, über welchem mein Freund, der Virtuos der Riesensignalpfeife, ein Rinderviertel am Spieße drehte. Der Junge hatte es auf das herabtropfende Fett abgesehen. So oft ein Tropfen fiel, fing er ihn mit der Hand auf, brüllte dann vor Schmerz, weil das Fett natürlich brennend heiß war, leckte die Hand ab und hielt trotz des empfundenen Schmerzes den nächsten Tropfen doch wieder an. Um dem Kleinen einen praktischen Fingerzeig zu geben, fing ich mit dem Gewehrkolben einen Tropfen auf, leckte ihn ab und nickte dem Buben zu, sich in derselben Weise eines Gegenstandes zu bedienen. Er schüttelte den Kopf, lachte mich aus und hielt die Hand wieder hin, um wie vorher abwechselnd zu heulen und zu lecken. Das Verbrennen seiner braunen Fingerchen schien ihm ganz dasselbe Vergnügen zu machen wie das Ablecken derselben; das Heulen war einfache Zugabe zum Fett.

Der alte Desierto saß mit Pena und dem Häuptling nebst den ältesten seiner Krieger beisammen. Unica war, während ich dem Kleinen zusah, zu ihnen gegangen, um zu berichten, was wir gesehen hatten. Als ich dann folgte, sagte der Alte:

»Sie sind also wirklich der Ueberzeugung, daß der Sendador westwärts hinauf nach der Salinas will?«

»Ja,« antwortete ich.

»So kann er uns gefährlich werden, da sein Weg durch das Gebiet der Chiriguanos geht, welche wir überfallen und besiegt haben.«

»Was schadet das?«

»Unter Umständen sehr viel. Wie nun, wenn er sie, die wir zerstreut haben, sammelt und hierher führt?«

»Er wird sich hüten!«

»Meinen Sie? Wir fürchten sie nicht; aber unter einem solchen Anführer könnten sie uns doch gefährlich werden, besonders da wir jetzt so viele Gefangene zu bewachen haben.«

»Selbst wenn Ihre Vermutung richtig wäre, brauchten Sie nicht bange zu sein. Senden Sie nach andern Toba-Dörfern, um Krieger kommen zu lassen. Senden Sie ferner Späher aus, um die Chiriguanos beobachten zu lassen. Dann sind Sie sicher, wenigstens nicht unvorbereitet überfallen zu werden.«

»Dieser Rat ist gut und ich werde ihn sofort befolgen.«

»Thun Sie das immerhin, obgleich ich es nicht für nötig halte. Es ist besser, man ist zu vorsichtig als nachlässig. Ich meinerseits nehme an, daß der Sendador sich gar nicht bei den Chiriguanos verweilt. Er wird ohne Unterbrechung nach der Pampa de Salinas gehen und sich nicht so lange aufhalten, wie er müßte, wenn Ihre Vermutung zuträfe.«

»Sie mögen recht haben, aber dennoch will ich meine Maßregeln treffen. Ich thue das um so mehr, als ich morgen mit Ihnen von hier fort muß.«

»Sie selbst wollen mit nach der Laguna de Bambu?«

»Natürlich! Oder meinen Sie, daß ich hier bleiben könne, nachdem ich erfahren habe, daß Horn sich als Gefangener dort befindet? Nein, ich muß unbedingt bei denen sein, welche ihn befreien.«

»Das ist mir lieb. Pena behauptet zwar, dort gewesen zu sein, aber ich denke, daß Sie den Weg doch vielleicht besser kennen als er.«

»Das ist gewiß.«

»Wie weit ist es bis hin?«

»Die Mbocovis sind natürlich viel länger unterwegs gewesen, weil sie sich vorher östlich nach dem ›Kreuze unseres Herrn‹ gewendet haben. Wir aber werden eine gerade Linie reiten, meinetwegen durch dick und dünn, und in nicht ganz dreien Tagen dort sein.«

»Hm! Das ist eine lange Zeit! Inzwischen bekommt der Sendador einen zu großen Vorsprung.«

»Den holen Sie jedenfalls wieder ein. Er muß gehen und Sie reiten.«

»Wie weit ist es ungefähr von hier aus bis nach der Pampa de Salinas?«

»Ich schätze die Luftlinie auf hundertfünfzig geographische Meilen.«

»So weit? Nun, dann ist mir freilich nicht bange, ihn einzuholen. Wenn die Luftlinie eine solche Länge besitzt und man rechnet die zu überwältigenden Bodenschwierigkeiten und sonstigen Hindernisse, so kann man getrost wenigstens zweihundert sagen. Rechnet man auf einen ausgezeichneten Fußgänger für eine solche lange Tour täglich fünf Meilen, so braucht der Sendador vierzig Tage, jedenfalls eine ausreichende Zeit, um ihm zu Pferde noch zuvorzukommen, zumal ich die Absicht habe, mich an der Laguna de Bambu nicht länger zu verweilen, als bis wir unsere Freunde befreit haben.«

»Und dann kehren Sie erst mit uns nach hier zurück?«

»Nein. Das ist mir unmöglich. Rechnen Sie zwei Tage für dort, drei hin und drei zurück, so wäre das ein Verlust von acht Tagen, selbst wenn wir uns dann hier nur für kurze Stunden verweilten.«

»Aber ich rechnete ganz bestimmt darauf, Sie hier noch zu besitzen, weil ich Ihrer noch bedarf.«

»Nun wohl nicht mehr. Ich habe Sie vor Ihren Feinden gewarnt und, mehr noch als das, Ihnen dieselben in die Hand geliefert. Ich glaube nicht, daß ich Ihnen noch dienlich sein kann.«

»Sehr sogar, wenn auch nicht in der bisherigen Weise. Sie haben mich von meiner inneren Qual befreit. Bewahrheitet sich das, was Sennor Pena mir sagte, so brauche ich nicht länger in dieser Einsamkeit verborgen zu bleiben, sondern ich kann mit Ihnen nach Deutschland gehen.«

»Ah! Wollen Sie das?«

»Natürlich! Und Unica geht mit. Sie ist deutsch erzogen und fühlt eine außerordentliche Sehnsucht, Deutschland zu sehen und kennen zu lernen.«

»Will sie dann wieder zurück nach hier?«

»Die Zeit war zu kurz, um mit ihr darüber zu sprechen. Der, den sie liebt, ist ein Deutscher. Gelingt es uns, ihn zu befreien, so wird es sich ja zeigen, ob er sich für das Hierbleiben oder für die Heimat entscheidet. Für beide ist auf alle Fälle gesorgt. Hier haben sie weder Sorge noch Not und können meine civilisatorischen Aufgaben vollenden. Gehen sie aber mit mir, so sind sie meine Kinder und Erben, und – – ich bin reich und kann ihnen alles bieten, was sie drüben brauchen. Darum hätte ich es gern, daß Sie hier blieben, bis die Entscheidung gefallen ist und wir uns Ihnen anschließen können.«

»Ich würde mich freuen, Sie mitnehmen und mit Ihnen sein zu können; aber in der Weise, wie Sie es darstellen, geht es doch nicht. Wir müssen unbedingt den Sendador haben. Aus den acht Tagen, welche ich vorhin berechnete, würden vierzehn Tage und mehr, also Wochen werden, und so lange dürfen wir nicht säumen. Ich muß unbedingt von der Laguna de Bambu sofort nach der Pampa de Salinas; das sehen Sie wohl ein?«

»Leider kann ich Ihnen nicht unrecht geben. Am liebsten würde ich gleich mit Ihnen reiten; aber das ist eben auch nicht möglich. Dennoch gebe ich den Plan, mit Ihnen zu reisen, nicht auf. Wohin werden Sie von der Salinas aus gehen?«

»Das werden erst die späteren Umstände ergeben. Welchen Weg habe ich einzuschlagen, um das Ziel am schnellsten zu erreichen? Komme ich da vielleicht über Tucuman?«

»Nein; das wäre ein Umweg. Sie müssen immer am Rio Salado hinauf und über Salta nach der Sierra de Cachi nach Bolivia hinein. Von da aus haben Sie nur noch einige Tagereisen immer gerade nördlich nach dem Salzsee.«

»Aber nach Tucuman will ich unbedingt,« fiel Pena ein, indem er sich an mich wendete. »Ich hatte Sie dorthin bestellt. Dort befindet sich mein gegenwärtiges Absteigquartier, und ich habe da Gelder zu heben und vieles zu ordnen.«

»Wohin wollen Sie dann?«

»Nach Deutschland. Ich habe diese Strapazen satt, und meine Ersparnisse reichen aus, drüben ohne Sorge zu leben.«

»So klappt ja alles auf das beste. Erwischen wir den Sendador und die Kipus, so müssen wir schon aus dem Grunde nach Tucuman, daß die letzteren Eigentum des dortigen Klosters werden sollen. Wir können also in Tucuman auf einander warten.«

»Das soll ein Wort sein!« rief der alte Desierto aus. »Aber wann? Wann werden Sie dort sein?«

»Das kann ich noch nicht sagen. In vierzig Tagen wird der Sendador auf der Salinas sein.«

»Nun, vielleicht berührt er bald eine Stadt und kauft sich ein Pferd. Dann geht es schneller.«

»Dann werden wir uns doppelt sputen. Sie aber wissen, was wir vorhaben und welche Zeit wir ungefähr dazu brauchen. Danach können Sie sich richten. Wer zuerst ankommt, der wartet auf die andern. Morgen früh wird hier zeitig aufgebrochen. Wie viele Leute nehmen Sie mit?«

»Es sind nur vierzig Mbocovis dort; da genügen sechzig Mann. Nicht?«

»Vollständig, zumal Ihre Leute alle Pferde haben und auch durch ihre Feuerwaffen den dortigen Roten überlegen sind. Sorgen Sie nur dafür, daß diese sechzig heute bei dem Triumphschmause des Guten nicht allzu viel thun, sonst sind sie morgen nicht mit fortzubringen!«

»Darüber brauchen Sie nicht bange zu sein. Bestimmen Sie die früheste Stunde, und die Leute werden bereit stehen. Auch für andere Pferde will ich sorgen. Wie ich sehe, sind die Ihrigen nicht die allerbesten. Außer dem Braunen, welcher sich trotz aller Anstrengung vortrefflich gehalten hat, sind sie alle mehr oder weniger abgetrieben. Werden Sie mir gestatten, sie gegen bessere und schnellere umzutauschen?«

»Das darf ich doch wohl nicht zugeben.«

»Sie müssen es. Ich habe sonst gar keine Gelegenheit, Ihnen für alles, was wir Ihnen zu danken haben, erkenntlich zu sein, als in dieser Weise. Darum müssen Sie es mir erlauben, Ihnen für jeden Ihrer Genossen ein Handpferd mitzugeben. Man weiß nie, wie lange ein Pferd aushält, und so ist es auf alle Fälle besser, stets ein Reservetier bei sich zu haben. Außerdem erfordert die Pampa de Salinas, nach welcher Sie wollen, eine ganz andere Ausrüstung als Ihre jetzige. Da können Sie die Handpferde gleich als Packpferde benützen, denn ich werde mir erlauben, Sie mit allem zu versehen, was Sie dort brauchen.«

»Was wird das sein?«

»Vor allen Dingen warme Decken. Sie haben keine Ahnung, wie kalt da oben die Nächte sind und welche durchdringende Winde da wehen. Sodann auch Proviant.«

»Aber wir können doch unmöglich auf so lange Zeit Fleisch mit herumschleppen, welches verderben würde!«

»Wer sagt das? Sie bekommen Mehl, welches sich in dichten Ledersäcken monatelang hält. Außerdem darf es Sie nicht überraschen, wenn ich Ihnen die schönste Wurst anbiete. Ich habe meinen Roten das regelrechte Schlachten, Wurstmachen, Pöckeln und Räuchern gelernt. Einen gut verpackten geräucherten Schinken lege ich Ihnen auch bei, und ebenso können Sie einige Steinkrüge voll der besten Butter haben. Sie sehen, daß wir hier in leidlich civilisierten Umständen leben. Und wenn Sie sich mit all diesen Sachen nicht selbst schleppen wollen, so kann ich Ihnen die Last abnehmen, indem ich einige meiner Leute zu Ihrer Begleitung bestimme.«

»Das ist zu viel!«

»Nein. Es ist sogar notwendig. Sie dürfen sich nicht darüber sorgen, daß es unbrauchbare Leute sein werden. Ich suche Ihnen die gewandtesten heraus, welche so viel spanisch verstehen, daß Sie sich mit ihnen verständigen können. Sie werden später erfahren, daß diese Leute Ihnen auch außerhalb ihres eigentlichen Zweckes als Dolmetscher von großem Nutzen sein werden.«

»Meinen Sie, daß wir es mit fremden oder fremd redenden Völkern zu thun bekommen werden?«

»Ganz gewiß. Sie müssen wissen, daß es zwei rote Völkerschaften sind, deren Besitzungen Sie berühren werden, nämlich die Tobas und die ihnen feindlichen Chiriguanos.«

»Sind dieselben so verbreitet?«

»Außerordentlich. Sie leben nicht bloß hier im Gran Chaco, sondern ziehen sich bis in die Cordilleren hinauf und nach Bolivia hinein. Es ist sehr leicht möglich, daß Sie gerade an der Pampa de Salinas Abteilungen von ihnen treffen, welche

Wollmäuse jagen, deren Pelzwerk jetzt sehr gesucht wird und deren feine Wolle auch von den Roten selbst vielfach verarbeitet wird.«

»Hm! Das klingt nicht allzusehr beruhigend. Zwei rote Völkerschaften, welche sich feindlich gesinnt sind. Das ist ja ganz dasselbe, wie wenn man oben in Nordamerika zwischen Sioux und Schwarzfüße oder zwischen Apachen und Comanchen geriete.«

»So ähnlich ist es freilich.«

»Der Sendador macht so ziemlich denselben Weg; also wird auch er auf sie treffen.«

»Er wird den Tobas ausweichen, da er gewiß ist, von ihnen feindlich behandelt zu werden. Aber desto sicherer wird er die Chiriguanos aufsuchen. Vielleicht wirbt er sich sogar bei denselben kriegerische Begleiter an, um sich wehren zu können, falls Sie ihn angreifen. Darum ist es geraten, Ihnen einige meiner Krieger mitzugeben, durch deren Hilfe Sie sich vorkommenden Falles mit den dortigen Tobas vereinigen können.«

»Wenn es so ist, kann es mir gar nicht einfallen, Ihr Anerbieten zurückzuweisen, sondern ich nehme es mit großem Danke an.«

»Recht so! Uebrigens sind nicht Sie es, der zu danken hat, sondern wir. Was wäre aus uns geworden, wenn Sie uns nicht aufgesucht hätten und wir von den Mbocovis unerwartet überfallen worden wären! Außerdem beabsichtige ich doch, Sie später in Tucuman zu treffen und mich Ihnen anzuschließen. Was ich zu Ihrer Sicherheit und Bequemlichkeit thue, das thue ich also für mich selbst. Sie wollen den Sendador unschädlich machen. Gelingt Ihnen das, so säubern Sie das hiesige Gebiet von einem Menschen, welcher die meiste Schuld an den Feindseligkeiten zwischen uns und den benachbarten Völkern trägt. Darum liegt es in unserm eigenen Interesse, Sie möglichst zu unterstützen und zum Gelingen Ihres Vorhabens beizutragen. Also sprechen Sie ja nicht von schuldiger Dankbarkeit Ihrerseits! Und nun sind wir mit dieser Angelegenheit fertig und wollen uns ganz und ausschließlich mit der Gegenwart beschäftigen. Wir sind einer großen Gefahr glücklich entronnen und haben dabei große Vorteile davongetragen, Vorteile, welche uns die Uebermacht über unsere Feinde für lange Zeit sichern. Deß dürfen wir froh sein, und so wollen wir jetzt allen Ernst bei Seite werfen und an der rundum herrschenden frohen Stimmung teilnehmen.«

Das war sehr vernünftig gesprochen, und ich weigerte mich gar nicht, diesem Vorschlage zu folgen. Eine ausführliche Beschreibung des Festes zu liefern, ist nicht geboten. Es wurde ungeheuer gegessen und getrunken. Ich sah Kinder an der Erde sitzen, welche mit der einen Hand den Bauch hielten, weil er ihnen von dem vielen Essen wehe that, und doch mit der andern Bissen in den Mund stopften, aus deren einen ich zwei oder drei für mich geschnitten hätte. Der Indianer erträgt den Hunger mit Leichtigkeit, aber wenn er einmal ins Essen kommt, so leistet er auch mehr, als man für menschenmöglich hält.

Ohne Musik ging es nicht ab. Mein Liebling that das seinige, um meine Bewunderung über sein Pusten in die Riesenpfeife wo möglich noch zu steigern. Um ihm zu zeigen, daß diese Bemühung nicht vergeblich sei, schnitt ich während der Tafelmusik ein handgroßes Stück Fleisch von dem Braten und trat gerade in einem Augenblicke zu ihm, an welchem er mit aller Macht in das Instrument blies. Er setzte für einen Moment ab, um Atem zu holen, und da stopfte er sich den riesigen Bissen in den Mund und schob so lange nach, bis er in demselben verschwunden war. Ich wäre gewiß daran erstickt; der rote Virtuos aber wälzte den Bissen in die eine Backe und blies sofort wieder darauf los, als ob es gelte, das Leben sämtlicher Stammesangehörigen dadurch zu retten. Der Beweis meiner Anerkennung wurde mit dem höchsten Stolze entgegengenommen; wenigstens glaubte ich das den Blicken entnehmen zu dürfen, welche er mir mit vor Anstrengung weit hervortretenden Augen zuwarf.

Es wurde auch getanzt. Die Bewegungen waren mimisch; einen Takt gab es nicht. Pena kam auf die Idee, mich aufzufordern, den Roten einen Walzer vorzutanzen, und ich willigte lachend ein. Wir drehten uns zu der gar nicht passenden Musik einigemale im Kreise herum und setzten uns dann wieder nieder. Wir hatten gar nicht beabsichtigt, ein Beispiel oder Vorbild zu liefern. Darum waren wir höchst überrascht, als die Roten sich anfaßten und nun auch zu Paaren im Kreise schwenkten. Aber wie! Es war ein wahres Wunder, daß die Beine nicht davonflogen.

Auch der Abend wurde mit Essen, Trinken und Tanzen ausgefüllt. Der Jubel währte bis tief in die Nacht hinein. Nur diejenigen Männer, welche für den Ritt nach der Laguna de Bambu bestimmt waren, suchten für kurze Zeit die Ruhe, die sie aber bei dem nicht endenwollenden Lärm nicht finden konnten. – – –

VIERTES KAPITEL

Auf der Isleta del Circulo

Mit Tagesanbruch standen die Pferde bereit und siebzig wohlbewaffnete Krieger bei ihnen, nämlich die bereits erwähnten sechszig und außer denselben noch zehn ausgewählte Männer, welche uns nach der Pampa de Salinas begleiten sollten.

Die Pferde, welche wir gegen die unserigen erhalten hatten, waren ausgezeichnet, ebenso die Reservepferde, die mit den Vorräten bepackt waren, welche der Desierto für uns bestimmt hatte. Ich war nicht gewillt gewesen, meinen braven Braunen zu vertauschen, und hatte ihn also behalten. Da wir nun während des Rittes die Pferde wechseln konnten, war vorauszusehen, daß unsere Reise eine möglichst schnelle sein werde.

Nun galt es, Abschied zu nehmen. Sämtliche Bewohner des Dorfes, von denen die meisten gar nicht schlafen gegangen waren, befanden sich auf den Beinen, um uns lebewohl zu sagen. Der alte Desierto konnte die Seinen ohne Sorge verlassen, denn er hatte meinen Rat befolgt, Späher auszusenden, um gegen die Chiriguanos Sicherheit zu haben, und von andern Toba-Ansiedelungen Krieger herbeizurufen.

Von Unica wurde mir der Abschied nicht leicht, doch konnte ich ja hoffen, sie wieder zu sehen. Auch sie bat mich, recht schnell zu reiten, damit wir möglichst bald in Tucuman wieder zusammentreffen könnten. Leise flüsterte sie mir zu:

»Sie sind der vorsichtigste und zuverlässigste. Ihnen vertraue ich Sennor Horno an. Machen Sie ihn frei; aber sagen Sie ihm nicht, daß ich ihn mit Sehnsucht erwarte!«

Als ich ihr die Hand gegeben hatte und mich nun von ihr wendete, erblickte ich den Bläser der Signalpfeife. Er winkte mir und ging davon, indem er sich einigemale umsah, ob ich ihm folge. Er wartete an einer der nahen Hütten und schob mich hinein. Leider verstand er weder meine, noch ich seine

Sprache. Dennoch hörte und begriff ich auf das deutlichste, weshalb er mir gewinkt hatte. Er griff nämlich sein Riesen-instrument, welches in der Ecke lehnte, spitzte den Mund, formte ihn zu einem weiten, runden Schlauch, legte ihn an das Loch der Pfeife und begann zu blasen, daß sein Gesicht blau, mir es aber rot und violett vor den Augen wurde. Er wollte, ehe wir auf Nimmerwiedersehen voneinander gingen, mir noch einmal den Genuß bereiten, den er für den höchsten des Erdenlebens hielt. Ich hörte ihm zu, bis ich glaubte, Einhalt thun zu müssen, da er sonst unbedingt zerplatzen werde, und gab ihm einige Stücke kleiner Münzen, über welche er so erfreut war, daß er die Pfeife sofort wieder an den Mund setzte. Ich aber machte mich mit der Gänsehaut, welche er mir angeblasen hatte, auf das schleunigste von dannen.

Die zurückbleibenden Krieger und Amazonen waren angetreten; an ihrer Spitze stand der Trommler. Ich sagte Unica einige Abschiedsworte für die Leute, und sie verdolmetschte ihnen dieselben. Als ich dann zu Pferde stieg, hörte ich, daß sie den Truppen zurief:

»Lebt wohl – lebt wohl – lebt wohl!«

Das sollten uns die streitbaren Helden zu- und nachrufen. Sie thaten es auch; aber anstatt der Worte ›lebt wohl‹ vernahm ich ein unentwirrbares Gemisch der schrecklichsten Konsonanten, zwischen denen nur das e und o, also die Vokale der beiden Worte, deutlich hervortraten. Die den Platz füllende Menge fiel ein; wir Reiter setzten uns in Bewegung, und noch als wir den Felsen mit seiner geheimnisvollen Wohnung hinter uns hatten, hörten wir in unserm Rücken ein nach und nach immer leiser werdendes und zuletzt verschwindendes Geschrei.

Wir kamen an dem Lager vorüber, an welchem gestern der Kampf stattgefunden hatte. Dies gab mir Veranlassung, den Alten zu fragen:

»Haben Sie einen bestimmten Entschluß betreffs der gefangenen Mbocovis gefaßt?«

»Nein,« antwortete er. »Was ich thue, das werde ich erst wissen, wenn ich von der Laguna de Bambu zurückkehre.

Mein Entschluß hängt von dem Erfolge unsers jetzigen Rittes ab. Befindet sich Horn wohl und gelingt es mir ihn zu befreien, soll keinem Mbocovi etwas geschehen; in diesem Falle gebe ich ihnen die Freiheit nachdem ich sie gezwungen habe, auf ein Bündnis mit den Tobas einzugehen.«

»Und wenn Horn tot ist oder wir ihn überhaupt nicht finden?«

»So werden im ersteren Falle die Schuldigen mit dem Tode bestraft und im letzteren suche ich so lange, bis ich ihn entdecke oder auf meine vorige Ueberzeugung zurückkomme, daß er für uns verloren ist. Aber auch Sie müssen doch in Beziehung der Mbocovis gewisse Wünsche haben. Ihre Gefährten sind von ihnen überfallen und fortgeschleppt worden. Wollen Sie das ungestraft hingehen lassen?«

»Es wird sich von selbst bestrafen. Der Sendador ist der Haupt-, ja allein der Schuldige. Mit ihm rechnen wir ab. Wollte ich die Mbocovis dafür verantwortlich machen, so hätte ich das gestern thun müssen. Heute wäre es zu spät.«

Von dem erwähnten Lagerplatze an ging unser Ritt genau nach Norden. Wir kamen durch freie Camps und lichte Wälder, mit denen offene Prairien wechselten, zuweilen auch durch dichtes Buschwerk, welches nur schwer zu passieren war, oder über weite, sandige Strecken, auf denen kein Grashalm wuchs, obgleich es da mit Wasser gefüllte Lagunen gab; dieses Wasser war stark salzhaltig. Ich sah, daß der Alte, wie er vorhergesagt hatte, den Weg fast schnurgerade ›durch dick und dünn‹ nahm. Er hatte es sehr eilig und gönnte den Pferden nur am Mittag, als die Sonne am höchsten stand, eine Stunde Ruhe.

Als die Nacht hereinbrach, lagerten wir uns am Rande eines Waldes und aßen von den mitgenommenen Vorräten. Beim Grauen des Tages wurde wieder aufgebrochen. Der zweite Tag verlief wie der erste, nur daß wir mehr durch Wüste als durch Wald und Savanne kamen. Am frühen Vormittage des dritten Tages änderte der Desierto die bisherige Richtung, indem er westlich auswich. Er deutete nach Osten, wo ein dunkler Strich am Horizonte lag, und sagte:

»Dort gibt es undurchdringlichen Wald, durch welchen man sich nur mit Messer und Beil hauen kann. Tiefe Sümpfe liegen im Innern desselben, bedeckt mit Wolken von Stechfliegen, welche die Pferde toll machen. Wir müssen einen Bogen reiten.«

»Und wann erreichen wir die Laguna de Bambu?«

»Am Nachmittag. Ich hatte gerechnet am Abend, aber wir sind sehr schnell geritten.«

»So gilt es nun, vorsichtig zu sein, damit wir nicht vorzeitig bemerkt werden.«

»Das ist jetzt noch nicht nötig. Die einzige Arbeit der zurückgebliebenen vierzig Mbocovis besteht darin, Fleisch für die Weiber und Kinder zu erjagen. Ihr Jagdgebiet aber liegt nach Norden, nicht uns entgegen, wo es nur Wüste und unpassierbaren Sumpfwald giebt. Verlassen Sie sich auf mich. Ich werde Ihnen schon sagen, wann es Zeit ist, auf der Hut zu sein.«

Pena war zwar auch schon an der Laguna de Bambu gewesen, unsern jetzigen Weg aber noch nicht geritten. Er behauptete, weiter ostwärts vorübergekommen zu sein.

»Dann hätten wir, wenn wir Ihren Weg geritten wären, zwei Tage verloren,« meinte der Alte. »Der ›Undurchdringliche‹ zieht sich weit über eine Tagesreise von West nach Ost. In einigen Stunden werden Sie aber die Gegend, durch welche Sie kamen, wieder erkennen.«

Gerade um die Mittagszeit bog er wieder nach Norden ein, und dann sahen wir ostwärts Gebüsch zu unserer rechten Hand. Wir kamen durch eine Sandwüste, welche zu passieren wir eine volle Stunde brauchten. Mitten in derselben lag eine schmale, aber lang gestreckte und vielfach gewundene Lagune, in deren Nähe keine Spur animalischen und vegetabilischen Lebens zu bemerken war. Ihre Ufer erglänzten weiß von dem Salze, welches sich da abgelagert hatte.

»Ah! Ist das nicht die Laguna de Serpiente?« fragte Pena.

»Ja,« antwortete der Desierto. »Man hat sie wegen ihrer schlangenartigen Windungen so genannt.«

»Nun kenne ich mich aus. Wir kommen über eine kurze

Savanne, dann durch einen großen Wald, hinter welchem ein Camp beginnt, an dessen Rande die Laguna de Bambu liegt. Das Dorf der Mbocovis befindet sich zwischen dem Walde und der Laguna, mehr in der Nähe des ersteren.«

»Das ist richtig. Können Sie sich noch der Gestalt erinnern, welche das Dorf besitzt?«

»Sehr genau, denn sie ist bei den Indianern außerordentlich selten anzutreffen. Die Niederlassung bildet nämlich ein genaues Rechteck.«

»Das ist gut für uns,« bemerkte ich, »da diese Gestalt uns den Angriff ungemein erleichtert. Hätte das Dorf eine langgestreckte oder überhaupt unregelmäßige Figur, so müßten wir uns zerstreuen und mancher der Bewohner könnte uns entkommen.«

»Der Ort ist von den Jesuitenpatres angelegt worden,« sagte Pena zu dem Alten; »denn es giebt sogar heute noch eine Kirche da.«

»Eine Kirche?« fragte der Desierto. »Von der weiß ich nichts.«

»Nun, wenn ich von Kirche spreche, so dürfen Sie freilich nicht an ein mächtiges Gebäude mit hohem Turme denken. Sie ist auch nur eine Hütte, aber die größte und geräumigste des Ortes.«

»Ist ein Kreuz an oder auf diesem Bauwerke zu erblikken?«

»Nein.«

»So ist es auch keine Kirche. Zwar sind viele Mbocovis Christen, aber nur dem Namen und dem Scheine nach. Eine Kirche brauchen sie sicherlich nicht. Gab es einen Priester dort?«

»Nein.«

»So dient das Gebäude gewiß einem ganz anderen Zwecke. Waren Sie drin?«

»Nein. Man erlaubte es mir nicht. Als ich den Wunsch dazu aussprach, erhielt ich die Antwort, die *Casa de nuestro Sennor* dürfe kein Fremder betreten.«

»Die *Casa de nuestro Sennor*, also das Haus unsers Herrn.

Das klingt freilich ganz so, als ob es den Zweck eines Gotteshauses habe.«

»Ganz dasselbe dachte auch ich. Es muß aber ein Geheimnis dabei sein.«

»Welches sich vielleicht unschwer erklären läßt,« fiel ich ein.

»Wieso?« fragte der Alte.

»Dadurch, daß mit den beiden Worten *nuestro Sennor* nicht Gott oder Christus, sondern der Sendador gemeint ist.«

»Ah! Wie kommen Sie zu dieser auffälligen Vermutung?«

»Sie ist nicht auffällig, sondern sehr gerechtfertigt. *Sennor* bedeutet nicht nur Herr, sondern auch Oberhaupt, Gebieter, Befehlshaber, überhaupt eine Person, welche die andern in irgend einer Beziehung überragt.«

»Das ist ganz richtig, aber noch kein Grund, hierbei an den Sendador zu denken.«

»O doch! Es ist fast Gewißheit, daß er seinen Hauptaufenthalt hier hat. Befindet er sich oft und viel hier, so übt er als Weißer und gerade als der Mann, der er ist, gewiß einen größeren Einfluß auf die Roten aus, als selbst der Häuptling derselben. Er hat ihnen durch seine Raubzüge Nutzen gebracht und, wenn auch nur in seiner Weise, Gutes erwiesen. Wir haben ja gehört, daß die Mbocovis überzeugt sind, daß der Sendador sie nie betrogen habe. Ist es da ein Wunder, wenn sie, sich der spanischen Worte bedienend, ihn *nuestro Sennor*, unser Herr, unser Befehlshaber nennen? Er hat ja auch wirklich bewiesen, daß er ihr Befehlshaber ist.«

»Hm! Ihre Logik hat etwas für sich.«

»Nicht wahr? Es ist doch leicht erklärlich, daß der Sendador den Roten nicht erlaubt, einen Fremden, zumal einen Weißen, sein Haus betreten zu lassen. Vielleicht, ja sehr wahrscheinlich ist in demselben gar manches zu sehen, was auf die verborgene und verbrecherische Wirksamkeit des Sendador ein Licht wirft und überhaupt seine Geheimnisse verrät. Aber ergehen wir uns nicht in Vermutungen, die doch nur unnütz sind. Ich denke, wir werden bald Gelegenheit haben, dieses mysteriöse Haus zu betreten und seinen Zweck und Inhalt kennen zu lernen. Warum wollen wir uns über eine Sache, welche bald klar vor uns liegen wird, unnötigerweise den Kopf zerbrechen?«

Wir hatten mittlerweile den Sand hinter uns gelegt, befanden uns auf der schmalen Savanne und sahen den Wald vor uns liegen. Es war unmöglich, uns demselben unbemerkt zu nähern. Befand sich ein Mbocovi dort, so mußte er uns sehen, darum war es am besten, schnell zu reiten. Wir ließen also unsern Pferden die Zügel schießen und jagten im Galoppe dem Saume der Bäume zu. Dort angekommen, ließ ich halten, sprang aus dem Sattel und suchte nach rechts und links den Boden ab. Es war keine Spur eines erst dagewesenen Menschen zu entdecken, und wir durften also annehmen, daß wir nicht bemerkt worden seien.

»Wie breit ist der Wald?« fragte ich den Desierto.

»Wenn wir im Schritte reiten, brauchen wir wohl eine Stunde,« antwortete er.

»Es ist also nun Zeit, vorsichtig zu sein. Sie reiten voran. Ihre Tobas folgen Ihnen, indem sie einzeln hinter einander reiten. Der vorderste von ihnen läßt zwischen sich und Ihnen einen so großen Abstand, daß er Sie nur noch zu erblicken und ein ihm gegebenes Zeichen zu sehen vermag. Rechts von Ihnen reitet Pena, links ich. Wir drei bilden eine gerade Linie und halten auch uns in möglichst größter Gesichtsweite voneinander entfernt. So rücken wir im Schritte vor und suchen das Schnauben der Pferde und jedes laute Geräusch zu vermeiden. Erhebt einer von uns dreien den Arm, so ist das ein Zeichen, daß er etwas Auffälliges bemerkt, und der Zug hat sofort zu stehen und sich unbeweglich zu verhalten, bis das Vorkommnis aufgeklärt ist. Jetzt vorwärts!«

Wir nahmen in der beschriebenen Weise Stellung und ritten weiter. Wir drei, die wir voran waren, hatten die Gegend, soweit unsere Augen reichten, zu durchforschen. Glücklicherweise war der Wald nicht so dicht, daß dies große Schwierigkeit geboten hätte. Der Boden war weich und feucht; also blieben die Huftritte der Pferde fast unhörbar. So kamen wir vorwärts, weiter und weiter. Ich sah, wie sorgfältig der alte Desierto bald nach vorn, bald nach rechts oder links ausschaute; aber es war nichts Verdächtiges zu sehen.

Eine Viertelstunde verging; aus ihr wurde eine halbe. Schon dachte ich daran, anhalten zu lassen, denn vollständig durch den Wald reiten durften wir nicht. Ich wollte vielmehr die andern warten lassen und zu Fuße vorschleichen, um zu rekognoscieren. Da fiel mein Blick auf einen starken Baum, an dessen Stamm ein dünner, glatter, abgebrochener und gerader Ast, der keine Schale mehr hatte, zu lehnen schien. Die regelrechte Lage dieses Astes fiel mir auf. Ich sah schärfer hin und hob sofort den rechten Arm hoch empor. Mein Auge reichte nur bis zu dem Desierto; die andern konnte ich nicht sehen, aber ich bemerkte, daß er sein Pferd anhielt und nach rechts, zu Pena, und rückwärts winkte. Unser Zug hielt also. Kein Laut war zu hören.

Ich stieg ab, band den Zügel um den nächsten Baum und schlich mich dann, hinter jedem Stamme Deckung nehmend, nach dem erwähnten Stamme. Je näher ich kam, desto deutlicher sah ich, daß der betreffende Gegenstand nicht ein Zweig oder Ast, sondern ein geschnitzter Bogen war, wie die dortigen Indianer sie zum Versenden ihrer Pfeile brauchen.

Dann erblickte ich hinter dem dicken Stamme die Kniee eines Menschen, welcher also mit an den Leib gezogenen Beinen dort lag. Jedenfalls ruhte er aus oder schlief sogar, keinesfalls aber konnte er mich gesehen haben, denn sonst hätte er schleunigst nach seinem Bogen gegriffen.

Ich näherte mich also dem Stamme nun direkt, ohne weiter Deckung zu suchen, erreichte ihn mit unhörbarem Schritte, blickte herum und sah einen Indianer, welcher in der angedeuteten Körperstellung dalag und wirklich schlief. Ich bückte mich, kroch auf den Händen zu ihm hin und war ihm nun so nahe, daß er meinen Atem gefühlt hätte, wenn er wach gewesen wäre. Es war ein wohl über sechzig Jahre alter, schwächlicher Mensch, dem sein Köcher als Kopfkissen diente. Im Lendenschurze, welcher seine einzige Kleidung bildete, steckte ein Messer. Ich zog es leise heraus und schob es unter meinen Gürtel.

Es that mir leid, diesem Alten wehe thun zu müssen, aber ich durfte nicht daran denken, ihn auf gewöhnliche Weise zu wecken. Er hätte schreien und dadurch etwa anwesende andere Indianer aufmerksam machen können. Ich legte ihm also die linke Hand an die Kehle, die rechte unter die Achselhöhle, hob ihn empor und trug ihn zu dem Desierto hin. Der Mann zappelte erst ein wenig und hing dann wie leblos in meinen Händen. Er war dürr und so leicht wie ein Kind. Als ich ihn auf den Boden legte und die Hände von ihm nahm, holte er einige Male tief Atem, öffnete dann die Augen und sah mit erschrockenem Blicke zu mir auf, ohne zu wagen, einen Laut von sich zu geben.

»Ein Indianer!« rief der Desierto halblaut, indem er vom Pferde stieg und Pena einen Wink gab, worauf derselbe herbeikam. »Wo steckte er denn, und was that er?«

»Er lag hinter einem Baume und schlief, bis ich ihn in so unsanfter Weise weckte,« antwortete ich.

»Sehr gut, daß wir ihn gefunden haben, denn nun werden wir alle gewünschte Auskunft über das Dorf erhalten. Ich werde ihn in seiner Sprache fragen und Ihnen dann die Uebersetzung geben.«

Dessen bedurfte es aber nicht, denn der Rote war nun so weit zu sich gekommen, daß er die Situation begriff. Er richtete sich auf dem einen Ellbogen auf, streckte mir den andern Arm bittend entgegen und sagte in spanischer Sprache:

»Gnade, Sennor! Ich bin kein Feind. Ich wollte nur Vögel schießen und schlief darüber ein, weil ich müde war.«

»Sprich leiser!« gebot ich ihm. »Zu welchem Volke gehörst du?«

»Ich bin ein Mbocovi aus dem Dorfe, welches nicht weit von hier an der Laguna liegt.«

»Meinst du die Laguna de Bambu?«

»Ja. Wollen Sie hin? Ich will Sie hinführen. Aber stechen Sie mich nicht und schießen Sie mich nicht! Man hat mich schon einmal mit einem Giftpfeile hierher geschossen und dann bin ich lange Zeit sehr krank gewesen. Seit dieser Verwundung kriecht mir zuweilen ein Jaguar in den Kopf und brüllt in demselben tagelang. Also schießen Sie mich nicht!«

Er zitterte vor Angst. Es war klar, daß der Alte infolge des Giftpfeiles, welcher ihn in die Schulter getroffen und dort eine tief ausgeschwärte Narbe zurückgelassen hatte, geistesschwach geworden war. Vielleicht wurde er sogar tobsüchtig, wenn der Gedanke über ihn kam, daß sich ein Jaguar in seinem Kopfe befinde. Daß man diese Person ohne Aufsicht in den Wald gelassen hatte, war ein Zeichen, daß die Mbocovis sich ganz sicher fühlten; sie waren überzeugt, daß ihre ausgezogenen Gefährten als Sieger und mit reicher Beute zurückkehren würden. Das Nahen eines Feindes aber hielten sie wohl für ganz ausgeschlossen.

»Ich thue dir nichts,« versicherte ich ihm. »Du brauchst dich nicht zu ängstigen.«

»Aber Sie haben mich beinahe erdrosselt. Wer sind Sie?«

»Ich bin ein Fremder hier im Lande und will zu euch.«

»Als was? Als Freund oder Feind?«

»Das wird ganz darauf ankommen, ob du mich als Freund oder als Feind behandelst.«

»Ich bin krank und behandle einen jeden, der mir nichts thut, als Freund. Und ich bin ein vornehmer Freund, denn ich war der Hechicero[1] unseres Stammes. Aber seit mich der Giftpfeil getroffen hat, glaubt niemand mehr an mich.«

»Sind noch Leute deines Stammes hier im Walde?«

»Nein, kein einziger.«

»Weiß man, daß du hier bist?«

»Niemand bekümmert sich um mich und niemand giebt mir freiwillig zu essen. Ich muß lange bitten, ehe ich etwas erhalte. Darum wandere ich oft wochenlang im Walde herum und schieße mit dem Bogen Vögel, die ich dann mit diesem Messer zerschneide, um sie roh zu – – –«

Er hielt inne, denn er hatte nach seinem Messer gegriffen und es vermißt. Ich zog es aus dem Gürtel, gab es ihm und sagte:

1 Zauberer.

»Hier ist es. Ich nahm es dir vorhin ab, will es dir aber wieder geben, damit du erkennst, daß ich es gut mit dir meine.«

»Ja, Sie meinen es gut mit mir, sonst hätten Sie mir mein Messer nicht wiedergegeben, ohne welches ich nicht leben kann. Sie sind mein Freund.«

»Ich will es sein und für dich sorgen, daß du nicht mehr zu hungern brauchst, sondern Früchte, Mehl und gebratenes warmes Fleisch bekommst. Sind alle Krieger deines Stammes beisammen?«

»Nein, Sennor. Sie sind fort.«

»Wohin?«

»Das weiß ich nicht. Man sagt es mir nicht. Aber ich habe gehört, daß sie mit dem Yerno fort sind, *nuestro Sennor* zu suchen und dann mit großer Beute zurückzukehren.«

»Kennst du diesen *nuestro Sennor?*«

»Natürlich!«

»Weißt du, ob er noch einen andern Namen hat?«

»Freilich weiß ich es. Ich bin oft mit ihm, ehe mich der Giftpfeil traf, in den Städten und auf den Estanzias der Weißen gewesen und habe dort die Sprache derselben gelernt. Wenn er einen Raubzug unternehmen wollte, mußte ich den Stamm dazu begeistern. Er versprach mir dafür viel Geld und Gut, hat mir auch viel dafür gegeben; aber nun, da mich der Giftpfeil getroffen hat, hat er mir alles wieder genommen, und ich bekomme nichts mehr.«

»Nun, wie heißt der Mann?«

»Als er ein Kind war, hat sein Priester ihn Geronimo Sabuco getauft. Gewöhnlich aber wird er el Sendador genannt.«

»Weißt du, wo er wohnt?«

»Er ist überall, bald hier und bald dort, am meisten und liebsten aber hier bei uns, wo er ein großes Haus hat.«

»Wird dieses Haus die *Casa de nuestro Sennor* genannt?«

»Ja, denn es gehört ihm, und er ist unser Sennor.«

»Ist dieses Haus leer?«

»O nein. Es befinden sich Waren darin, welche er von seinen Reisen mitbringt, um sie an uns zu verkaufen oder zu vertauschen, und Sachen, welche sein Anteil von der Beute waren, die wir machten, wenn wir mit ihm gegen die Weißen zogen oder einen von ihnen zum Gefangenen machten und Geld und Sachen erhielten, um ihn freizulassen.«

»So giebt es also bei euch zuweilen weiße Gefangene?«

»Sehr oft. Der Sendador oder sein Schwiegersohn bringen sie. Oder unsere Krieger ziehen mit beiden fort, um Weiße zu fangen.«

»Sind auch jetzt welche da?«

»Ja.«

»Wie viele?«

»Ich kann nicht mehr zählen, seit mich der Giftpfeil traf; ich werde irre.«

»Ist einer dabei, der Pardunna heißt?«

»Zwei sogar, Vater und Sohn aus der Stadt Goya.«

»Heißt ein anderer vielleicht Horno?«

»Ja, Adolfo Horno. Der berühmte Desierto soll entweder ausgeraubt werden oder für ihn bezahlen, aber Sennor Adolfo wird trotzdem nicht freigegeben.«

»Sind auch noch andere da?«

»Mehrere; sie sind erst gekommen. Bruder Jaguar ist dabei.«

»Wo befinden sie sich?«

»Auf der Isleta del Circulo.«

»Dort werden sie bewacht?«

»Ja.«

»Von vielen Wächtern?«

»Nein, denn sie haben keine Waffen. Drei Krieger von uns sind genug, denn die Weißen haben große Angst vor unsern Giftpfeilen.«

»Diese drei Wächter sind stets auf dem Inselchen?«

»Bei Tag und bei Nacht. Sie werden täglich abgelöst.«

»Wie kommt ihr denn aus dem Dorfe auf das Inselchen?«

»Mit dem Boote, welches am Ufer versteckt liegt.«

»Würdest du mir die Stelle zeigen?«

»Ja, weil Sie mir mein Messer wiedergegeben haben.«

»Wie viele Krieger sind da?«

»Ich habe sie nicht gezählt, denn ich kann nicht mehr zählen, seit mich der Giftpfeil traf; aber ich habe gehört, daß zwanzig hier blieben, und zwanzig brachten die Gefangenen.«

»Also zusammen vierzig?«

»Wenn Sie es sagen, muß es richtig sein; ich kann nicht mehr rechnen, denn ich werde irre.«

»Wo befinden sich gegenwärtig diese Krieger?«

»In der Nähe des Dorfes, auf dem Camp.«

»Was thun sie dort?«

»Sie üben sich im Pfeilschießen, denn heute ist der Tag, an welchem geschossen wird.«

»Wann hört die Uebung auf?«

»Wenn es dunkel geworden ist. Dann wird gegessen und geschlafen.«

»Wo schlafen die Krieger?«

»In den Hütten, weil es jetzt im Freien so viele Stechfliegen giebt.«

»Wann wird die Wache drüben auf dem Inselchen abgelöst?«

»Täglich um die Mittagszeit.«

»Was thun die Wächter des Nachts?«

»Sie sitzen am Feuer und wachen. Zuweilen geht einer von ihnen um die Insel, um sich zu überzeugen, daß die Gefangenen kein Bambusfloß bauen.«

»Also man wird nicht nach dir suchen, wenn du heute, wenn es dunkel geworden ist, nicht in das Dorf kommst?«

»Nach mir zu suchen, fällt niemand ein. Man wäre froh, wenn ich tot wäre.«

»Das ist schlecht von ihnen! Möchtest du nicht lieber bei Leuten wohnen, welche dich lieb haben und dir alles geben, was du nötig hast?«

»Das möchte ich wohl; aber es giebt keine solchen.«

»Es giebt welche. Ich werde dir nachher davon sagen. Vorher möchte ich gern wissen, ob es hier im Walde, und zwar nicht zu weit von dieser Stelle, einen Ort giebt, wo sich hundert Männer und hundert Pferde verstecken können.«

»Einen solchen giebt es nicht. Die Bäume stehen überall zu

weit auseinander. Vor wem möchtest du dich denn verstekken?«

»Vor deinen Kriegern. Sie könnten mich für einen Feind halten und auf mich schießen.«

Er sah mich verständnislos an, schüttelte den Kopf und antwortete:

»Fürchte dich nicht; sie bleiben im Dorfe, denn heute ist Uebungstag, und niemand kommt in den Wald, denn die Hongos[1], die es in demselben giebt, sind erst gestern und vorgestern gesammelt worden. Ich sage dir, daß niemand kommt. Und wenn sie alle kämen, so würde ich dich verteidigen und mich lieber töten als dich beleidigen lassen, denn du hast mir mein Messer wiedergegeben.«

Er sagte das im Tone herzlichster Aufrichtigkeit. Wie mußte man dem armen Manne mitgespielt und ihn vernachlässigt haben, wenn ihn eine so kleine Freundlichkeit zu solcher Dankbarkeit begeisterte! Ich antwortete ihm, nachdem ich mich durch wenige deutsche Worte mit dem alten Desierto verständigt hatte:

»Nun, eigentlich brauche ich mich nicht zu fürchten. Ich kann dich viel eher in Schutz nehmen als du mich, denn wir drei sind nicht allein; wir haben Krieger bei uns. Soll ich sie dir zeigen? Soll ich sie herbeirufen?«

»Nein, denn sie werden mich vielleicht mit einem Giftpfeile schießen!«

Er schauderte vor Angst zusammen.

»Das werden sie nicht thun,« versicherte ich ihm. »Sie werden dir vielmehr zu essen geben, Sachen, welche du seit langer Zeit nicht mehr genossen hast.«

»So laß sie kommen; laß sie kommen, denn ich habe großen Hunger!«

Er hatte unsere Leute noch nicht gesehen, nicht einmal den Vordermann derselben, der in einer solchen Entfernung hielt, daß er gesehen werden konnte. Der alte Desierto gab demselben einen Wink, und nun kamen die Tobas herbeigeritten, um

1 Eßbare Schwämme.

einen Kreis um uns zu bilden. Der Mbocovi betrachtete die bewaffneten Männer mit halb furchtsamen und halb begierigen Blicken. Einer von ihnen mußte Eßwaren auspacken und ihm vorlegen. Er zog sein Messer und begann zu essen wie ein Mensch, der seit Tagen nichts genossen hat. Ich wendete mich indessen an den Desierto:

»Ich werde jetzt mit Pena rekognoscieren gehen. Sprechen Sie nicht ohne Not mit diesem Manne. Am besten ist es, Sie beschäftigen ihn, bis ich zurückkehre, nur mit Essen. Seine Aussagen werden uns von großem Nutzen sein, und ich möchte ihm den Eindruck erhalten, den ich auf ihn gemacht habe. Lassen Sie Ihre Leute absitzen, sich aber bereit zur Gegenwehr halten; man kann nicht wissen, was passiert. Hören Sie einen Schuß fallen, so befinde ich mich in Not, und Sie eilen mir schnell zu Hilfe. Es versteht sich ganz von selbst, daß Sie in dem Irren den Gedanken, sich zu entfernen, nicht aufkommen lassen. Hegt er ihn dennoch, so reden Sie ihm in Güte zu. Gewalt aber dürfen Sie nur im Notfalle anwenden.«

Nach dieser Instruktion entfernte ich mich mit Pena. Wir schritten in der Richtung fort, welche wir bei unserem Kommen eingehalten hatten, und zwar in Eile, um so schnell wie möglich zurückkehren zu können.

Ich war überzeugt, daß der Mbocovi uns die reine Wahrheit gesagt hatte, und hielt es also nicht für nötig, allzu vorsichtig zu sein, wodurch wir Zeit verloren hätten. Wir gingen darum raschen Schrittes und so unbesorgt durch den Wald, als ob das Dorf der Mbocovis sich hundert Meilen entfernt von uns befunden hätte. Nach einer Viertelstunde traten die Bäume weiter auseinander und wir erreichten den Saum des Waldes. Vor uns lag das Dorf und hinter demselben die Laguna, deren Ufer mit hohem Bambus, von welchem sie den Namen hatte, dicht bestanden war. Zu Pferde konnte man es in zehn Minuten erreichen. Auch ein guter Fußgänger brauchte nicht viel mehr als dieselbe Zeit.

Das Dorf lag zwischen uns und der Laguna. Es bildete, wie bereits gesagt, ein Rechteck, dessen eine lange Seite uns zugekehrt war. Wir hätten die Hütten nach sechshundert Schritten erreicht. In der Mitte des offenen Platzes, den die Gebäude umschlossen, stand ein Gebüsch, welches jedenfalls eine Quelle beschattete. Auf dem Platze tummelten sich Kinder herum; vor den Thüren saßen Frauen, mit allerlei Arbeiten beschäftigt; ein Mann war nicht zu sehen. Aber draußen, links vom Dorfe, ging es lebhaft zu. Da sprangen die Männer der zurückgelassenen Besatzung lebhaft hin und her, mit kriegerischen Uebungen beschäftigt. Einige warfen Lanzen; andere übten sich im Ringen; die meisten aber waren mit Pfeilen und Bogen beschäftigt.

Rechts vom Dorfe weideten die Herden auf dem offenen Camp, gehütet von einigen Männern und vielen Hunden. Darüber strahlte ein blauer, wolkenloser Himmel, über welchen die Flammenblitze der sich neigenden Sonne fluteten.

»Hm!« brummte Pena. »Mit einem sofortigen Ueberfalle ist es nichts.«

»Nein. Die Männer haben vergiftete Pfeile bei sich und würden uns gut bedienen. Wir sind ihnen um nur zwanzig, nein, dreißig Mann überlegen; der Angreifer befindet sich da im Nachteile.«

»Aber diese verteufelten Pfeile haben wir nicht bloß jetzt zu befürchten, sondern in jedem Augenblick.«

»Wenn wir offen angreifen, ja.«

»An welche andere Art von Angriff denken Sie denn?«

»Wir müssen List anwenden.«

»List und wieder List! Der Teufel mag sich da genug Pläne ersinnen! Und noch dazu bei jeder anderen Gelegenheit auch einen andern Plan!«

»Eben die Veränderung der Verhältnisse bringt ganz von selbst eine Veränderung des Verhaltens mit sich. Man braucht bloß zuzugreifen.«

»Hat sich sein Zugreifen! Ich kann nachdenken wie ich will, so ersehe ich nur das Eine, daß wir uns auf alle Fälle den Giftpfeilen aussetzen werden müssen.«

»So strengen Sie sich lieber gar nicht an, und überlassen das Plänemachen mir!«

»Nun, Ihnen wird das auch nicht nur so zugeflogen kommen. Oder hätten Sie schon eine Idee?«

»Allerdings. Vor allem müssen wir unsere Gefährten von der Insel holen.«

»Warum das? Können wir nicht warten, bis wir im Besitze des Dorfes sind? Sollen etwa auch sie, die sich nicht im besten Zustande befinden werden, sich den Gefahren des Kampfes aussetzen?«

»Nein; aber es giebt mehrere Gründe, welche mich veranlassen, vor allen Dingen zunächst an sie zu denken. Wir sind doch gekommen, sie zu befreien. Das ist der einzige, wenigstens der Hauptzweck unseres Hierseins. Folglich müssen wir uns bestreben, ihn möglichst schnell zu erreichen. Und dann bringen wir sie durch unsern Angriff auf das Dorf in die größte Gefahr, wenn sie sich noch auf der Insel befinden. Die drei Wärter können leicht auf den Gedanken kommen, die Gefangenen umzubringen, damit diese nicht gegen sie aussagen können.«

»Das ist richtig. Weiter!«

»Ferner kennen die Gefangenen die hiesigen Verhältnisse jedenfalls besser als wir; auf die Aussagen des Irren dürfen wir uns nicht unbedingt verlassen, und so ist es gewiß von großem Vorteile für uns, erst die Gefährten zu befreien und später an den Angriff gegen das Dorf zu denken. Wollen Sie noch mehr Gründe?«

»Ich traue Ihnen zu, daß Sie noch einige vorbringen könnten, aber ich habe genug und muß Ihnen recht geben. Wie aber wollen Sie die Gefangenen von der Insel bringen?«

»Ich habe die Wahl zwischen zwei Wegen. Entweder machen wir erst die Wächter unschädlich, worauf die Bewachten leicht fortgeführt werden können; oder wir holen sie heimlich, ohne daß die Wächter etwas davon merken.«

»Beides ist schwierig. Wenn die Giftwaffen nicht wären!«

»Die sind ungefährlich, wenn wir so rasch und unerwartet über die Roten kommen, daß sie sich derselben gar nicht bedienen können.«

»Aber gerade dieses Ueber-sie-kommen ist ja das schwerste. Sie haben ein Feuer und sehen also unser Boot kommen. Auch machen sie oft die Runde. Man vermutet sie am Feuer und stößt dann plötzlich auf sie, um eine vergiftete Pfeilspitze in den Leib zu bekommen.«

»Nun, ich will Ihnen keineswegs zureden. Ihr Geist könnte mir später erscheinen und mir vorwerfen, daß ich Sie in einen so giftigen Tod getrieben habe. Ich getraue mir, den Coup ganz allein auszuführen. Nehmen wir uns in acht, so ist es gar nicht möglich, daß einer von uns verwundet wird, eben weil unsere Kugeln weiter fliegen als ihre Pfeile. Wir könnten die Kerle umzingeln und einzeln niederschießen, wie man Krähen von den Bäumen schießt. Aber das will ich nicht. Es soll so wenig wie möglich Blut, vielleicht nicht ein einziger Tropfen, vergossen werden. Morgen früh muß die Geschichte zu Ende sein, damit wir schon am Mittag wieder aufbrechen können.«

»Ich glaube nicht, daß sich die Sache so sehr schnell erzwingen läßt.«

»Und ich bin überzeugt davon. Streiten wir uns jetzt nicht, sondern kehren wir zurück. Wir wissen nun, woran wir sind und daß der Irre uns nicht belogen hat.«

Ich öffnete das Fernrohr und schaute durch dasselbe nach der Lagune. Der dieselbe umgebende Bambusgürtel war so dicht und so hoch, daß ich selbst mit Hilfe des Rohres nichts von der Insel, ja nicht einmal eine glänzende Stelle des Wassers bemerken konnte. Ich mußte mich also heute abend in der Dunkelheit zurechtzufinden suchen, nachdem ich mich vorher bei dem Irren genau erkundigt hatte.

Für jetzt war nichts zu thun, und so traten wir den Rückweg an. Einen so leichten und gefahrlosen Rekognoscierungsgang hatte ich noch nie gehabt. Es war wohl nur ein Zufall gewesen, daß sich auf dieser Seite des Dorfes kein Mensch befunden hatte.

Als wir den alten Desierto mit seinen Tobas erreichten, saß der irre Mbocovi noch immer essend bei ihnen, und ich erfuhr, daß er ohne Aufhören gekaut, aber kein Wort gesprochen hatte. Er nickte mir freundlich, ja fast liebevoll zu, sagte aber nichts, sondern aß weiter.

»Der gute Mann muß wirklich entsetzlichen Hunger gehabt haben,« meinte der Desierto in deutscher Sprache zu mir. »Er ist von seinen Stammesgenossen vernachlässigt worden, und ich habe Lust, für ihn zu sorgen. Seine Aussagen haben uns Vorteil gebracht, und schon darum möchte ich ihm dankbar sein. Mag unser Angriff auf die Mbocovis ausfallen, wie er wolle, ich nehme mich dieses Mannes an. Er mag mit uns ziehen und fortan zu uns gehören.«

»Daran thun Sie sehr recht, und ich habe das auch nicht anders von Ihnen erwartet. Das, was wir von ihm erfahren haben, ist für uns noch wertvoller, als Sie jetzt denken.«

»So? Haben Sie auf Ihrem jetzigen Gange Gutes erfahren?«

Ich teilte ihm mit, was ich beobachtet hatte, und dann wurde Beratung gehalten. Ich blieb bei meinem Plane, vor dem eigentlichen Angriffe unsere Gefährten zu befreien, aber Pena war dagegen, und der Desierto stimmte ihm bei. So standen die Ansichten zweier gegen meine vereinzelte, und ich mußte mich fügen. Ich that dies, aber nur scheinbar, denn ich war fest entschlossen, nun heimlich auf meine eigene Faust zu handeln.

Der Grund, daß die beiden gegen mich waren, bestand darin, daß es uns so leicht geworden war, die Mbocovis, als sie das Dorf der Tobas überfallen wollten, einmal durch List und das andere Mal durch Umzingelung in unsere Hände zu bekommen. Daraufhin meinte der Desierto:

»Genau so können wir es auch jetzt machen, und ich bin überzeugt, daß es uns gelingen wird. Allem Anscheine nach können wir hier bleiben, ohne daß man uns bemerken wird. Wir warten bis nach Mitternacht und schließen dann das Dorf ein. Halten wir uns außerhalb des Bereiches der Giftpfeile, so kann uns nichts geschehen, während unsere Kugeln von allen Seiten bis in das Dorf fliegen werden. Die Feinde sind, wenn sie nicht nacheinander erschossen werden wollen, gezwungen, sich uns zu ergeben.«

»Es kann auch anders kommen,« entgegnete ich. »Unsere Freunde befinden sich in der Gewalt der Mbocovis. Wie nun, wenn diese letzteren uns drohen, die ersteren zu töten, falls wir Ernst machen?«

»Aber auf der Isleta del Circulo befinden sich nur drei von ihnen. Vor denen brauchen die Gefangenen nicht bange zu sein.«

»Diese drei sind bewaffnet, die Gefangenen aber nicht!«

»Sie vergessen zu bedenken, daß die drei uns gegenüber ebenso Gefangene sind; sie können die Insel nicht verlassen und befinden sich also in unserer Gewalt. Wir drohen ihnen, sie mit dem Tode zu bestrafen, falls sie unsern Freunden nur ein Haar krümmen. Da werden sie sich hüten, uns Veranlassung zur Rache zu geben.«

»Was Sie da vorbringen, klingt freilich ganz plausibel; aber es können Verhältnisse oder Zufälle eintreten, an welche wir jetzt gar nicht denken. Können wir etwa die ganze Laguna umzingeln?«

»Nein.«

»Dann liegt eben die Möglichkeit vor, daß, wenn wir Ernst machen, die drei auf der Insel befindlichen Roten die gefangenen Weißen töten und dann die Insel auf einem schnell gezimmerten Floß verlassen.«

»Nun, in diesem Falle genügt ein einziger von uns, die Leute im Auge zu behalten und sie beim Landen mit seinen Kugeln zu empfangen.«

»Was nützt uns das? Kann der Umstand, daß wir sie dann leicht töten können, uns darüber beruhigen, daß sie vorher unsere Gefährten ermordet haben? Warum wollen wir den Erfolg ganz allein von unseren Waffen abhängig machen, wobei unbedingt Blut fließen muß, wenn wir es in der Hand haben, durch List und ohne Blutvergießen unsern Zweck zu erreichen? Man muß menschlich sein. Kann ich in schonender Weise ganz an dasselbe Ziel gelangen wie durch Gewaltthätigkeit, so werde ich mich doch unbedingt für die erstere entscheiden.«

»Und den Schaden davon tragen!« fiel Pena ein. »Ich habe wiederholt gegen Ihre berühmte Humanität geeifert, doch stets umsonst. Und Sie müssen mir zugeben, daß Sie stets, gelinde ausgedrückt, Unannehmlichkeiten davon gehabt haben. Warum sollen immer nur wir menschlich verfahren, während die Roten gegebenen Falles nicht die Schonung hegen würden? Nein! Sie sind überstimmt, und wenigstens dieses Mal will ich auch einen Willen haben. Es kann gar nichts schaden, wenn wir einige Mbocovis wegputzen. Je strenger wir verfahren, desto mehr werden sie sich in Zukunft hüten. Durch Ihre Milde richten Sie nur Schaden an, denn die Roten bleiben dann bei der Meinung, daß sie ungestraft fortfahren können, zu thun, was ihnen beliebt.«

»Das ist ganz richtig!« stimmte der Alte bei. »Wir müssen ihnen eine Lehre geben, die sie nicht so leicht und so bald vergessen werden. Schonung aber verschlimmert nur die Sache.«

»So bin ich also überstimmt und muß mich Ihnen fügen,« sagte ich in gleichgültigem Tone. »Vor allen Dingen ist es da nötig, dafür zu sorgen, daß wir nicht bemerkt werden. Wir müssen daher, wenigstens so lange es Tag ist, einen Posten an den Waldesrand setzen, um sofort benachrichtigt werden zu können, falls jemand sich uns nähern will.«

»Ja, das müssen wir thun,« antwortete der Desierto. »Ich werde zwei von meinen Leuten dazu auswählen.«

»Warum das? Der Posten ist wichtig, und ich denke, es ist am geratensten, daß ich ihn selbst beziehe. Ich nehme den Mbocovi mit. Wir haben das Dorf vor uns liegen, und er kann mir behilflich sein, mich über dasselbe zu orientieren.«

Dagegen war nichts einzuwenden, und so entfernte ich mich mit dem Irren, welcher mir gern folgte und gar nicht daran dachte, sich mir vielleicht durch die Flucht zu entziehen. Als wir den Waldessaum erreichten, setzten wir uns nebeneinander nieder, und ich ließ mir von ihm diejenigen Erklärungen geben, welche ich für nötig hielt. Vor allen Dingen wollte ich erfahren, wo sich das Boot befand; ich hatte ihn nur zu diesem Zwecke mitgenommen. Er zeigte mir den Ort von weitem und beschrieb mir die betreffende Stelle so genau, daß ich überzeugt war, sie selbst in der Dunkelheit nicht verfehlen zu können. Dann legte er sich, vom Essen ermüdet, nieder und begann zu schlafen.

Später kam der Desierto einmal herbei, um sich das Dorf zu betrachten. Das war, als die Sonne sich bereits hinter den Horizont gesenkt hatte und die Schatten des Abends sich über die Gegend legten.

Die Krieger waren in das Dorf zurückgekehrt und in ihren Hütten verschwunden. Der Wilde pflegt früh aufzustehen, und begiebt sich infolgedessen sehr zeitig zur Ruhe. Rechts draußen bei den Herden waren mehrere Feuer angebrannt worden. Die Hirten waren wohl die einzigen, von denen man sich sagen konnte, daß sie wach bleiben würden. Sie hielten aber in solcher Entfernung vom Dorfe, daß von ihnen nichts zu befürchten war.

»Ich glaube, die Roten gehen schon schlafen,« sagte der Desierto. »Wenn sie erwachen, wird es nicht so friedlich wie jetzt um sie aussehen. Ich denke, es ist überflüssig, daß Sie noch länger hier bleiben, denn es kommt nun gewiß kein Mbocovi in den Wald.«

»Das meine ich auch. Lassen Sie uns also gehen. Wir müssen vor Tagesanbruch wach sein, und so will ich mich niederlegen.«

Der Irre wurde geweckt und folgte uns nach dem Lagerplatze, als ob er stets zu uns gehört habe. Die Tobas hatten sich schon zur Ruhe ausgestreckt. Nur zwei von ihnen sollten wachen und zugleich mit auf den Irren achtgeben. Ich wikkelte mich in meine Decke und legte mich ein wenig abseits von den andern, was keinem von ihnen auffiel.

Es war schon düster unter den Wipfeln der Bäume, und bald trat die völlige Dunkelheit ein. Alle schliefen, nur ich nicht. Ein Feuer war nicht angebrannt worden; infolge dessen konnte ich nicht beobachtet werden. Die tiefe Stille des Waldes wurde nur zuweilen durch das Schnauben oder Stampfen eines unserer Pferde unterbrochen, welche in der Nähe angebunden waren.

Nach Verlauf von zwei Stunden weckten die beiden Wächter zwei andere, um sich von ihnen ablösen zu lassen. Ich wickelte mich aus der Decke, nahm den Stutzen und schlich mich fort. Es machte keine Schwierigkeit, die beabsichtigte

Richtung zu treffen; nur mußte ich im Gehen die Hände vorhalten, um nicht mit dem Gesichte an die Bäume zu rennen. Ich erreichte den Waldesrand an der Stelle, an welcher ich mit dem früheren Zauberer gesessen hatte.

Ueber dem Dorfe und in demselben herrschte völlige Finsternis. Draußen bei den Herden brannten die Feuer. Wenn der Mond erschien, mußte mein Werk vollendet sein.

Ich wollte an die Laguna und mußte also das Dorf umgehen. Das that ich in einem solchen Bogen, daß ich nicht auf einen etwaigen Wächter treffen konnte; aber gerade dies erschwerte mir das Orientieren. Glücklicherweise hatte ich daran gedacht und mir die am weitesten auswärts liegende Hütte als Marke genommen.

Zwischen dem Dorfe und der Laguna angekommen, schlich ich mich zu dem ersteren zurück und fand die Hütte. Nun wußte ich die Richtung und ging in schnurgerader Linie dem Bambussaume zu, welcher die Laguna umgab. Wenn ich nicht nach rechts oder links abwich, mußte ich einen schmalen Pfad erreichen, welcher durch das Gebüsch nach dem Wasser führte. Ich fand ihn nicht, war also doch abgewichen. Darum mußte ich mich niederlegen und nach beiden Seiten mit den Händen nach dem Wege suchen, was gar keine Schwierigkeiten hatte, da ein hartgetretener Weg leicht von der weicheren Erde zu unterscheiden ist.

Ich fand ihn bald und tastete mich langsam weiter. Nach fünf Minuten ungefähr sah ich das Wasser vor mir blinken. Gerade mir gegenüber glänzte ein heller Schein. Das war das Feuer, welches auf der Insel brannte. Nun hatte ich ungefähr zwanzig Schritte weit nach rechts durch das Gebüsch zu gehen, um zwei dicht am Wasser stehende Bambusgruppen zu erreichen, unter deren Zweigen, im Schilf versteckt, der Kahn zu finden sein sollte.

Auf diesem Wege wurde der Boden Schritt um Schritt weicher und schließlich so sumpfig, daß ich bis an die Kniee einsank; doch machte mich das nicht bange. Größer war die Gefahr, welche mir seitens der Krokodile drohte. Befand sich so ein Tier am Ufer, so konnte es leicht um mich geschehen sein. Ich verließ mich dabei auf den Geruchssinn, dem die moschusartige Ausdünstung gewiß auffallen mußte.

Endlich hatte ich die beiden Gruppen und stocherte mit dem Gewehrlaufe im Schilf herum, bis ich die Spitze des Bootes fühlte. Es war mit einem Baststricke an das Ufer befestigt. Das Einsteigen ging nur unter Anwendung der größten Vorsicht von statten. Dann untersuchte ich das Boot. Es war groß genug, um sieben oder acht Mann zu fassen, und aus Baumrinde gebaut, also sehr leicht zu regieren. Zwei lange Riemen lagen auf dem Boden. Wegen des Schilfes mußten sie diese Länge haben, damit man sich in das freie Wasser staken konnte. Ich band das Fahrzeug los, setzte mich nieder und stieß mich durch das Schilf, bis ich mich im klaren Wasser befand.

Das Feuer diente mir als Wegweiser; die Insel selbst konnte ich noch nicht erkennen. Ich wußte, daß sie klein und fast kreisrund sei, daher ihr Name, und mußte mich nach der dem Feuer entgegengesetzten Seite halten.

Jetzt konnte ich die Ruder kräftig in Bewegung setzen, hütete mich aber, mit denselben zu plätschern oder laut in das Wasser zu schlagen. Da ich rückwärts saß, so sah ich bald, daß ich einige Begleiter bekam. Mehrere Krokodile fuhren hinter mir her; ihre Köpfe tauchten auch einigemale mir zur Seite auf, doch wagten die Tiere es glücklicherweise nicht, das Boot anzugreifen.

Je näher ich der Insel kam, desto vorsichtiger mußte ich sein. Es war ja möglich, daß die drei Wächter sich auf der Runde um die Insel befanden und mich kommen sahen. Als ich mich nun der dunkeln Seite des Eilandes gegenüber befand, wendete ich und ruderte, indem ich die Riemen von mir abstieß. Auf diese Weise saß ich nun mit dem Gesichte der Insel zugekehrt und durfte hoffen, die Nähe einer Gefahr leichter bemerken zu können.

Nun ging es leise dem Ufer zu. Einige Ellen von demselben entfernt, hielt ich an, um zu lauschen und auch die Augen scharf auf dasselbe zu richten. Es war nichts zu hören und zu sehen; darum landete ich. Das Wasser war hier so tief, daß ich mit dem eingesenkten Ruder den Boden nicht erreichte. Der

Bambus, welcher auch auf der Insel stand, war nicht dicht; er ließ kahle Stellen zwischen sich, und so war das Landen leicht. Ich legte an, band das Boot fest und stieg aus, hütete mich aber, mich dabei voll aufzurichten. Ich blieb vielmehr noch eine Minute lang in gebückter Stellung halten, um abermals zu lauschen. Erst als ich nichts Verdächtiges zu entdecken vermochte, ging ich vorwärts, aber nicht aufrecht, sondern tief gebückt.

Als ich ungefähr acht oder neun kleine Schritte gethan hatte, raschelte es hinter mir. Ich fuhr schnell herum und sah einen großen, dunklen Körper, welcher sich auf mich warf. Der Anprall war so kräftig, daß ich niederstürzte. Zwei Hände krallten sich mir um den Hals. Ich war auf den Rücken zu liegen gekommen und fühlte ein Knie, welches sich gegen meine Brust stemmte.

Der Kerl, welcher mich da überrumpelt hatte, besaß eine ungewöhnliche Körperkraft. Er drückte mir die Gurgel so zusammen, daß ich keinen Laut ausstoßen konnte; in einigen Sekunden mußte es um meine Besinnung, vielleicht gar um mein Leben geschehen sein. Ich schlug also mit Aufwendung aller Kraft meine Fäuste von unten herauf gegen seine Unterarme; seine Finger glitten für einen Augenblick von meinem Halse; das genügte, ihn nun meinerseits bei der Kehle zu pakken. Jetzt hatte ich Luft zum Atmen. Er umschlang mich mit den Armen und drückte mich an sich, daß ich glaubte, er werde mir die Rippen zerbrechen; darum nahm ich alle Kraft zu einem letzten Drucke zusammen; ich fühlte förmlich, daß sein Hals unter meinen Händen nachgab; seine um mich geschlungenen Arme lockerten sich; er ließ los, streckte das noch auf mir liegende Knie und rollte schwer zur Seite.

Jetzt ließ ich seinen Hals los, um mich durch den Tastsinn zu informieren, mit wem ich es zu thun gehabt hatte. Es konnte ein Roter sein. Aber der Mann hatte eine kerngesunde Lunge. Kaum war sein Hals frei, so holte er tief und schnaubend Atem und griff wieder nach mir. Bis jetzt war kein Wort gefallen. Es lag im beiderseitigen Interesse, den Kampf so still wie möglich zu Ende zu führen. Nun aber hatte ihn das Bewußtsein, fast überwunden worden zu sein, so ergrimmt, daß er das Schweigen brach und, mich bei der Brust packend, mir heiser zuraunte:

»Hund, roter! Das gelingt dir nicht wieder. Dich habe ich, und dein Boot bekomme ich auch!«

Er wollte mich niederdrücken. Zu meiner frohen Ueberraschung hatte er deutsch gesprochen, und ich wußte nun, wen ich vor mir hatte. Nur die Plötzlichkeit des Ueberfalles konnte mich darüber im Unklaren gelassen haben. Ueberdies hatte ich bis jetzt weder Luft noch Zeit gefunden, mich hören zu lassen. Nun aber hielt ich seine Arme fest, daß er mir nicht wieder nach dem Halse greifen konnte, und antwortete mit gedämpfter Stimme:

»Sind Sie des Teufels, Steuermann? Sie überfallen und würgen den, der Sie retten will!«

Er ließ mich los, schwieg eine Weile und sagte dann, indem ich seine Brust keuchen hörte:

»Himmel! Ists möglich! Sie sind es, Sie? Ich habe Sie für einen Roten gehalten!«

»Unsinn! Es war ja ganz unmöglich, zu denken, daß ich ein Indianer sei! Wäre ein Roter so heimlich gekommen und hier an dieser Stelle gelandet? Hätte er nicht vielmehr drüben beim Feuer angelegt?«

»Hm! Das ist richtig!«

»Sie haben mich doch aussteigen sehen?«

»Ja. Ich stand ganz zufällig am Ufer und sah Sie kommen. Da steckte ich mich hinter den Bambus, ließ Sie an mir vorüber und fiel dann über Sie her.«

»Nun, es ist mir und Ihnen noch gut ergangen. Aber, vor allen Dingen, wo befinden sich die drei Wächter?«

»Am Feuer.«

»So sind wir also hier sicher?«

»Ja.«

»Nun, so stehen Sie doch auf!«

Wir saßen nämlich miteinander auf der Erde. Infolge der Ueberraschung hatte weder er noch ich an das Aufstehen gedacht.

»Ja, stehen wir auf,« meinte er, indem er sich mit mir erhob. »Mir ist's ganz dumm im Kopfe, teils noch von Ihren Fingern, teils vor Erstaunen, Sie hier zu treffen. Mensch, Mann, Herr, wie kommen Sie nach hier, nach dieser Insel! So hat der Bruder also doch recht gehabt, daß Sie kommen würden, unbedingt kommen würden, selbst wenn die Mbocovis noch so klug gewesen wären und jede Spur hinter sich vertilgt hätten. Wir andern verneinten das, denn wir wußten ja nicht, ob Sie überhaupt noch lebten. Wir wurden von Tag zu Tag stiller und kleinlauter. Nur der Bruder blieb fest und wollte jede Wette eingehen, daß Sie uns holen würden.«

»Das freut mich von ihm. Wo liegen sie?«

»Gar nicht weit von hier. Kommen Sie, kommen Sie schnell! Wie entzückt werden sie alle sein, wenn ich Sie bringe! Sie sind bewaffnet; nun ist uns geholfen.«

»Ja, die drei Roten sind nun nicht mehr zu fürchten.«

»Sie wissen, daß es drei sind?«

»Ich weiß mehr, weiß alles. Führen Sie mich nur schnell, denn wir dürfen keine Zeit versäumen.«

Die Freude, welche mein Erscheinen hervorbrachte, ist unmöglich zu beschreiben. Ich hatte nur immerfort zu warnen, nicht laut zu werden und die Aufmerksamkeit der Wächter zu erregen. Man umringte mich; man umarmte und küßte mich sogar. Freudenthränen flossen, und die Hände wurden mir so gedrückt, daß ich bitten mußte, daran zu denken, daß auch ich ein fühlendes Wesen sei.

Man bestürmte mich mit Fragen; man wollte alles wissen, alles erfahren, und mir in der Geschwindigkeit alles erzählen. Ich aber bat sie, sich für einstweilen zu beruhigen und damit zufrieden zu sein, daß die Stunde der Erlösung geschlagen habe. Das Boot reichte aus, die Hälfte von ihnen aufzunehmen; darum mußte bestimmt werden, wer zur ersten und wer zur zweiten Abteilung gehören solle.

»Nun Sie da sind,« sagte Monteso, »habe ich um unsere Rettung keine Sorge mehr. Ich erkläre mich also freiwillig bereit, mit meinen Yerbateros zu warten, bis das Boot zurückkehrt. Die andern mögen voran fahren. Nur bitte ich Sie, mir irgend eine Waffe hier zu lassen, falls die drei Roten es indessen bemerken sollten, daß einige von uns fehlen. Es könnte in diesem Falle zum Kampfe kommen.«

»Gut!« stimmte ich bei. »Bleiben Sie hier. Ich gebe Ihnen mein Messer und die beiden Revolver; das wird genügen. Beim Landen drüben am Ufer müssen wir uns sehr in acht nehmen. Das Terrain ist sumpfig, und es können Krokodile in der Nähe sein. Ich bin von welchen bis zur Insel verfolgt worden.«

»Diese unglückselige Laguna wimmelt von ihnen,« sagte der Bruder. »Gäbe es keine Krokodile hier, so wären wir längst frei. Diese Tiere aber und die vergifteten Pfeile der Roten haben uns natürlich in Schach gehalten. Was das Landen betrifft, so fahren wir nicht nach der Stelle, an welcher Sie das Boot gefunden haben. Ich weiß eine andere, welche frei von Gebüsch und vollständig trocken ist. Ich werde Sie auf die Richtung aufmerksam machen. Man kann sie am Tage von hier aus sehen.«

Jetzt wurde aufgebrochen. Ich hätte auf der Insel zurückbleiben können, wollte aber mit bei der Landung sein. Als das Boot voll war, ergriff der Steuermann, als der kräftigste, das Ruder, und das Fahrzeug flog trotz seiner Last mit einer Schnelligkeit über das Wasser, welche mehrfach größer war wie diejenige, mit welcher ich vorhin gerudert hatte.

Der Bruder gab die Richtung an, und bald erreichten wir das Ufer. Wie atmeten die Leute auf, als sie es betraten und nun ihrer Freiheit gewiß sein konnten! Ich bat sie, sich möglichst ruhig zu verhalten und auf die Yerbateros zu warten, und kehrte nach der Insel zurück, wo ich an derselben Stelle anlegte.

Die Yerbateros standen dort, zum Einsteigen bereit. Die Hälfte von ihnen befand sich schon im Boote, als mein Blick auf das Feuer fiel und ich bemerkte, daß einer der Roten aufstand und sich von demselben entfernte.

»Er macht die Runde,« erklärte mir Monteso, den ich auf den Mann aufmerksam machte. »Wollen eilen, damit wir fort sind, wenn er kommt!«

»Hm! Ich denke, wir bleiben doch lieber noch da.«

»Sind Sie des Teufels! Er hält uns mit seinen Pfeilen in Schach. Wir müssen ihm gehorchen.«

»Pah! Auch ich habe allen Respekt vor diesem Gifte; aber vielleicht sind Sie doch ein wenig zu sehr in Angst gewesen. Ich habe Lust, den Mann mitzunehmen.«

»Das werden Sie bleiben lassen!«

»Wollen sehen. Ich kann ihn sehr gut als Parlamentär brauchen. Warten Sie hier. Legen Sie sich auf die Erde, damit er Sie nicht stehen sieht.«

»Sie wollen fort? Wohin?«

Er ergriff meinen Arm, um mich festzuhalten.

»Ihm entgegen. Sie müssen wissen, daß es unbedingt notwendig ist, den Mann unschädlich zu machen. Jedenfalls ist zwischen der Insel und dem Dorfe irgend ein Zeichen verabredet worden. Bemerkt er Ihre Flucht, so giebt er dieses Signal, und wir werden sofort verfolgt. Ein lauter Ruf dringt von hier aus bis in das Dorf, und die Bewohner desselben erwachen und eilen an das Ufer, ehe wir dasselbe erreicht haben. Warten Sie hier! Sie dürfen auf keinen Fall eher fort, als bis ich wieder da bin.«

Ich riß mich los und schlich mich fort. Das Inselchen schien einen Durchmesser von nicht viel über zweihundert Schritte zu haben. Nur das Ufer war mit Bambus bestanden; im Innern wuchsen Gras und zahlreiche wilde Kürbisse, wie ich später hörte. Der Rote war nicht mehr zu sehen. Er kam vom Feuer her nicht direkt auf die Stelle zu, an welcher die Weißen gelagert hatten, sondern er ging rund im Kreise. Da er sich infolgedessen nicht mehr zwischen mir und dem Feuer befand, so konnte ich ihn nicht sehen.

Ich legte mich also auf die Erde nieder und kroch ihm auf Händen und Füßen entgegen, mich immer so hart an das Dickicht haltend, daß er gegen das Feuer an mir vorüber mußte.

Nach kurzer Zeit schon hörte ich ihn kommen. Er gab sich keine Mühe, seine Schritte zu dämpfen. Ich hatte den Lagerplatz passiert, und er schritt auf denselben zu, jedenfalls in der sichern Ueberzeugung, die Gefangenen dort schlafend zu treffen.

Jetzt ging er an mir vorüber, höchstens sechs Schritte entfernt. Ich bekam ihn nur einen kurzen Augenblick zwischen mich und das Feuer, aber das genügte mir, seine Bewaffnung zu sehen. Er hatte keinen Bogen zum schießen, hielt aber in jeder Hand einen Pfeil, zum sofortigen Stich bereit.

Ich durfte ihn nicht bis an den verlassenen Lagerplatz kommen lassen; darum richtete ich mich schnell auf, vier, fünf leise Schritte hinter ihm her – ein Hieb mit dem Gewehrkolben, und er stürzte nieder. Ich trat zuerst zurück, um ihn zu beobachten. Er lag ausgestreckt und regte sich nicht. Nun wagte ich es, mich ihm zu nähern. Die Pfeile waren seinen Händen entsunken; er selbst war entweder tot oder ohnmächtig. Ich hob ihn auf und trug ihn nach dem Ufer.

»Hier ist der Mann, Sennor Monteso,« sagte ich dem Yerbatero. »Reißen Sie sein Gewand in Streifen, um ihn zu binden, und sorgen Sie dafür, daß er, wenn er erwacht, nicht rufen kann! Ich muß zu den beiden andern.«

»Bleiben Sie! Sie gehen dem sichern Tod entgegen! Es sind nun zwei!«

»Mögen sie es sein! Ich muß auch sie still machen. Wenn er nicht zurückkehrt, suchen sie nach ihm, finden weder ihn noch die Gefangenen und machen Alarm. Wenn das Dorf davon erwacht, kann uns der Ueberfall desselben nicht gelingen.«

»Ueberfall? So sind Sie nicht allein hier?«

»Nein. Haben Sie das gedacht?«

»Ja, weil Sie keinen Menschen sonst erwähnten. Ich glaubte, Sie seien in Ihrer Weise unserer Fährte ganz allein gefolgt und wollen uns nun heimlich von hier fortschaffen.«

»O nein. Sie werden die Laguna de Bambu sehr öffentlich verlassen. Also warten Sie noch ein Weilchen!«

Ich entfernte mich, obgleich er mir noch zureden und mich warnen wollte. Eine kurze Strecke ging ich aufrecht; dann legte ich mich lang nieder und kroch in einem Bogen auf das Feuer zu. Es brannte nahe am Ufer. Zwischen ihm und dem

Wasser standen einige Bambusse, hinter welche zu kommen ich trachten mußte. Ich erreichte diese Absicht zwar glücklich, aber sehr langsam.

Nun lag ich zehn Schritte von dem Feuer entfernt, hinter mir das Wasser. Der eine Rote kehrte mir den Rücken zu, der andere das Gesicht. Bogen und Köcher lagen ihnen zu Händen; sie waren damit beschäftigt, aus hohlen Bambusgliedern kleine Gefäße zu schneiden.

Das machte meine Aufgabe schwieriger, als ich sie mir gedacht hatte. Ich konnte die zehn Schritte nicht thun, ohne von dem einen Mbocovi gesehen zu werden. Fand er auch keine Zeit, den Bogen zu spannen, so konnte er doch mit einem Pfeile nach mir stechen. Töten wollte ich sie nicht. Die zwei Schüsse hätten übrigens das Dorf aus dem Schlafe geweckt. Was war da zu thun? Wenn ich die kurze Entfernung recht schnell durchsprang, so vergaßen sie vielleicht vor Schrecken, nach den Pfeilen zu greifen. Ich nahm also den Lauf des Stutzens in die rechte Hand und war schon bereit, mich aufzurichten, als mir ein Zufall zu Hilfe kam, welcher in anderem Falle für uns gefährlich, anstatt vorteilhaft gewesen wäre.

Es erschallte nämlich vom Boote her ein zwar unterdrückter, aber doch immerhin am Feuer wahrnehmbarer Angstruf. Die beiden Mbocovis griffen augenblicklich zu den Waffen und sprangen auf. Nur vier, fünf Sekunden lang standen sie lauschend, die Gesichter nach der Gegend gekehrt, aus welcher der Ruf gekommen war, die Rücken also mir jetzt zugewendet. Da sprang ich vor; ein Kolbenschlag, und der eine stürzte zu Boden; der andere hörte den Hieb und drehte sich herum; das Entsetzen machte ihn starr; mit weit aufgerissenen Augen mich anstaunend, empfing er den Hieb, der auch ihn niederstreckte.

Jetzt war das erste, die Giftpfeile in Sicherheit zu bringen; erst dann dachte ich an das nächste und rief die Yerbateros herbei, doch nicht so laut, daß man es auch im Dorfe hätte hören können. Monteso kam mit seinen Leuten herbei, einen ausgenommen, welcher bei dem ersten Mbocovi zurückgeblieben war.

»Ist's möglich?« fragte er, als er die Roten liegen sah. »Sennor, was soll ich da denken!«

»Daß Sie alle recht verzagt gewesen sind. Fast zwanzig Weiße stecken da gefangen und fürchten sich vor drei roten Männern! Ist so etwas schon einmal da gewesen? Wer schrie denn bei Ihnen?«

»Der Indianer, als er erwachte.«

»Hatten Sie ihm nichts in den Mund gesteckt?«

»Eben wollten wir es thun. Hat es vielleicht geschadet?«

»Nein, sondern genützt. Sorgen Sie aber dafür, daß nicht auch diese beiden schreien, wenn sie je erwachen, falls sie nicht tot sind. Wir müssen sie mitnehmen. Leider faßt das Boot nun nicht alle; ich werde also noch einmal kommen müssen. Binden Sie die Männer und tragen Sie sie nach dem Boote!«

Das geschah in kürzester Zeit; dann wurden die drei Roten in das Fahrzeug gelegt, und ich und Monteso stiegen ein. Die Yerbateros mußten noch warten. Drüben am Ufer waren die übrigen indessen in großer Sorge gewesen, da ich so lange fortgeblieben war. Als wir ihnen die Mbocovis brachten, begriffen sie, daß ich nicht eher hatte zurückkehren können. Ich holte noch die Yerbateros herüber, und dann brachen wir nach dem Walde auf. Die Roten mußten natürlich getragen werden.

In tiefster Stille ging es um das Dorf herum und dann dem Walde zu, an dessen Rande ich anhalten ließ. Obgleich die Insel nicht weit von demselben lag, hatte ich doch über drei Stunden gebraucht, um meinen heimlichen Vorsatz auszuführen.

Bis jetzt war keine Zeit zu Erklärungen gewesen. Nun aber befanden wir uns in verhältnismäßiger Sicherheit, so daß wir weder nötig hatten, außerordentlich vorsichtig zu sein, noch uns zu beeilen. Ja, von Eile konnte gar keine Rede sein, da es nicht in meiner Absicht lag, die Befreiten und die drei Gefangenen durch den finstern Wald nach dem Lager zu führen.

Sie hatten sich niedergesetzt und warteten mit größter Spannung auf das, was ich nun erzählen werde.

»Es sind drei Personen mehr als früher,« sagte ich. »Ich vermute also, daß sich Sennor Pardunna und sein Sohn aus Goya mit hier befinden?«

»Ja, wir sind da,« antwortete der Vater, »und bitten Sie, uns zu sagen, wie und womit wir Ihnen danken können. Aber wie können Sie unsere Namen wissen und daß wir uns hier befunden haben?«

»Davon später. Es ist ein dritter fremder Sennor da. Heißt er vielleicht Adolfo Horno?«

»Ja, das ist mein Name,« antwortete der Genannte.

»So habe ich Ihnen eine wichtige Botschaft zu überbringen.«

»Welche, Sennor?«

»Sie sollen möglichst schnell kommen; das soll ich Ihnen sagen. Daß sie Sie aber sehr lieb hat und mit Sehnsucht auf Sie wartet, das soll ich Ihnen nicht sagen.«

»Wer – – sie?«

»Unica.«

»Uni – – –!«

Das Wort brach ihm auf der Zunge entzwei. Er sprang auf, ergriff meinen Arm und fragte fast atemlos:

»Unica? Sie kommen von ihr? Sie kennen sie?«

»Ich kenne sie so gut, daß sie mit mir nach Deutschland reisen will.«

»Sennor – ah, welch eine Ueberraschung! Wir haben viel von Ihnen gesprochen, denn Ihre Gefährten erwarteten ihre Rettung nur von Ihnen allein. Wir glaubten Sie zwischen hier und dem *Nuestro Sennor Jesu Cristo*, und anstatt dessen sind Sie bei Unica gewesen!«

»Und beim Desierto. Er ist mit seinen Tobas hier, um Sie zu befreien.«

»Er ist hier? Wo? wo? Führen Sie mich zu ihm! Schnell, schnell!«

»Nur Geduld, mein Lieber! Das Führen durch den Wald hat seine Schwierigkeiten, wenn es Nacht und rabenfinster ist. Wir beabsichtigen, das Dorf zu umzingeln. Mitternacht ist schon vorüber, und so will ich lieber die Tobas holen, als Sie zu ihnen führen. Ich gehe. Erschrecken Sie also nicht, wenn plötzlich Männer hier unter den Bäumen erscheinen! Und sorgen Sie dafür, daß die drei Gefangenen nicht trotz ihrer Knebel laut werden!«

Ich suchte und fand den Weg nach dem Lagerplatze, in gerader Linie von Baum zu Baum mich forttastend. Es ist das weit schwieriger, als man vielleicht meinen mag. Ich war doch ein wenig nach der Seite abgekommen und wäre vorübergegangen, wenn nicht das Schnauben eines Pferdes mich auf die Irrung aufmerksam gemacht hätte.

Ich tastete mich von Schläfer zu Schläfer, bis ich den Baum erreichte, unter welchem ich gelegen hatte. Nun that ich, als ob ich erwache. Einer der beiden Wächter verstand leidlich spanisch. Ich sagte ihm, daß es wohl Zeit zum Aufbruche sei und er deshalb den Desierto wecken möge. Nach kurzer Zeit waren alle munter. Wir durften nicht warten, bis das Tageslicht den Wald durchdrang, denn dann wäre es zu spät gewesen; also waren wir gezwungen, den der Pferde wegen so schwierigen Weg nach dem freien Camp zurückzulegen. Dies wäre nicht möglich gewesen, wenn die Bäume nicht so weit auseinander gestanden hätten. Da wir Reservepferde mithatten, so gab es Leute, welche zwei Pferde am Zügel führen mußten. Ich ging mit dem Desierto voran; die uns folgenden blieben durch leise Zurufe, welche von einem zum andern gingen, in Fühlung und Verbindung.

So ging es langsam, sehr langsam weiter, bis wir uns dem Rande des Waldes näherten. Der schmale Mond hatte vorher tief hinter demselben gestanden, war aber indessen so hoch gestiegen, daß er sein Licht auf den Camp und selbst auch ein wenig zwischen die ersten Bäume senden konnte. Da blieb der alte Desierto stehen, deutete vorwärts und sagte leise:

»Halten Sie! Da draußen sitzen Leute!«

»Wie? wo?« fragte ich. »Ah, wirklich! Wer mag das sein?«

»Es sind keine Roten. Der Kleidung nach sind es Weiße. Wir müssen sie belauschen.«

»Ganz gewiß! Befehlen Sie Ihren Leuten leise, zu halten. Sie, Pena und ich wollen uns dann anschleichen.«

Er gab seinen Befehl, welcher von Mund zu Mund ging;

dann krochen wir drei vorwärts bis hinter die vordersten Bäume, in deren Nähe die Befreiten saßen. Sie waren so weit vom Dorfe entfernt, daß sie nicht leise, sondern halblaut sprachen, und so konnten wir ihre Worte ganz leidlich verstehen. Soeben meinte der Bruder:

»Er wird wohl gewußt haben, warum er uns nicht direkt folgte, sondern erst zu dem Desierto ging. Wir haben dadurch freilich länger schmachten müssen, aber er ist gewiß überzeugt gewesen, unsere Rettung dann sicherer bewerkstelligen zu können.«

»Ich habe nicht mehr daran geglaubt, sondern gab auch ihn verloren,« bemerkte der Yerbatero. »Dieser Deutsche aber ist wie die Katze, welche stets auf die Beine zu stehen kommt. Wir sind von ihm gerettet, aber auch ganz entsetzlich blamiert worden. Kaum betritt er die Insel, so schlägt er die Roten nieder, und wir, die wir so zahlreich und so lange da waren, haben uns gefürchtet, eine Hand gegen sie zu heben.«

»Ja, er wagte sein Leben, während wir um das unsere höchst besorgt waren. Ich wette, daß sich am Abende des heutigen Tages unsere Lage vollständig verkehrt hat, daß die Mbocovis unsere Gefangenen sind, anstatt wir die ihrigen.«

»Das ist sicher!« stimmte Horn bei. »Wenn der Desierto mit hier ist, so hat er gewiß genug Tobakrieger bei sich, um die wenigen Mbocovis zu bezwingen.«

»Ich bin neugierig, ihn kennen zu lernen.«

»Das glaube ich. Er ist nicht nur ein höchst interessanter, sondern sogar ein für die hiesigen Verhältnisse außerordentlicher Mann, und ich – – –«

Er kam nicht weiter, denn der Desierto hatte ihn an der Stimme erkannt. Er sprang hinter seinem Baume hervor, hinaus und rief:

»Horn, Sennor Adolf! Sie sind es? Mein Himmel, wie kommen Sie hierher? Wer hat Sie denn – – –«

Seine weiteren Worte konnte man nicht deutlich hören, denn rechts von ihm war auch Pena aus seinem Verstecke getreten und rief ebenso erstaunt:

»Der Bruder und der Yerbatero! Welch eine Ueberraschung!

Wir wollen Sie befreien, und Sie sind schon frei! Da ist es nichts mit dem Ruhme, den wir dadurch verdienen wollten.«

»Nicht so laut, Sennores!« mußte ich warnen. »Dämpfen Sie Ihre Stimmen, denn wenn Sie so schreien, so hört man es im Dorfe.«

Jetzt gab es nun freilich ein Durcheinander von Fragen und Antworten. Und nun erst die Betroffenheit Penas und des Desierto, als beide erfuhren, daß ich, während sie schliefen, abwesend gewesen war und meinen Vorsatz ausgeführt hatte. Da der Streich so gut gelungen war, durften sie mich nicht tadeln. Sie mußten sogar gestehen, daß die drei gefangenen Wächter uns von großem Nutzen sein würden.

Nun wurde erzählt, in aller Eile. Ueber das, was unsere Freunde erlebt hatten, ist nicht viel zu sagen. Sie waren gebunden hierher geschafft und auf der Insel interniert worden. Sie hatten gesehen, daß ihre Waffen nach der *Casa de nuestro Sennor* geschafft worden waren, wodurch es sich bestätigte, daß dieses Haus nicht nur als Wohnung des Sendador, sondern auch als Aufbewahrungsort für die geraubten Gegenstände diente. Speise und Trank hatten sie nicht erhalten. Die wilden Kürbisse und junge Bambusschößlinge waren ihre einzige Nahrung gewesen, wozu sie das verpestete Wasser der Laguna hatten trinken müssen.

Im übrigen hatten sie nicht zu klagen gehabt, besonders da man ihnen die Kleidung nicht genommen hatte. Dennoch erschraken wir später, als es heller geworden war, über ihr Aussehen. Sie alle ohne Ausnahme glichen Leuten, welche lange Zeit krank gewesen sind. Ueber den Sendador gab es nur Eine Stimme. Er sollte bestraft und demnach verfolgt werden, selbst wenn er sich in den entferntesten Winkel der Anden verkriechen sollte.

Indessen verging die Zeit, das Licht des Mondes wurde bleicher und bleicher, und wir mußten daran denken, an das Werk zu gehen. Wir mußten auch den Hirten einige Aufmerksamkeit schenken. Es waren ihrer sechs, wie ich durch das Fernrohr gezählt hatte. Also genügten sechs von unsern Reitern, sie festzuhalten.

Uebrigens waren unsere Streitkräfte zahlreicher geworden, denn die Befreiten hegten ganz natürlich das Verlangen, sich an der Ausführung unseres Planes zu beteiligen. Wir gaben ihnen, soweit möglich, von unsern Waffen ab, und da wir Pferde für sie mitgebracht hatten, so besaßen sie nun alles, was sie brauchten, um sich uns anzuschließen. Gerade der Umstand, daß wir uns im Besitze von Pferden befanden, war von größtem Vorteile für uns. Die Mbocovis hatten keine, und infolgedessen waren wir ihnen weit überlegen. Wir besaßen eine größere Beweglichkeit, und es war vorauszusehen, daß uns kein einziger von ihnen entkommmen werde.

Wir stiegen in den Sattel, um das Dorf zu umstellen. Zwei von den Tobas blieben zurück, um die Reservepferde und die drei gefangenen Roten zu bewachen; auch der Irre wurde ihnen anvertraut. Sechs Tobas erhielten den Auftrag, die Herden und die bei denselben befindlichen Hirten zu umkreisen, damit keiner der letzteren ausbrechen und uns entfliehen könne.

Als wir den Kreis um das Dorf gebildet hatten, war die Entfernung zwischen unsern Gliedern eine solche, daß die Zwischenräume mit den Kugeln leicht und erfolgreich bestrichen werden konnten. Unsere Geschosse reichten bis in die Mitte des Dorfes, während die Pfeile der Mbocovis uns unmöglich treffen konnten.

Es war mittlerweile hell genug geworden. Um möglichst bald zu Ende zu kommen, wollte ich die Bewohner des Dorfes durch einen Schuß wecken, hatte das aber nicht nötig, denn eben als ich losdrücken wollte, erschallte von den Herden her ein lauter, schriller und langgezogener Schrei. Die Hirten hatten uns gesehen und gaben das Alarmzeichen.

Kaum war dies geschehen, so wurde es im Dorfe lebendig. Die Roten kamen aus ihren Hütten; sie bemerkten, daß sie umstellt waren. Die Weiber und Kinder heulten; die Männer holten ihre Waffen herbei.

Wir hörten eine laute, gebieterische Stimme, wohl diejenige des Mbocovi, welcher das Amt des Kommandanten bekleidete. Das Geheul verstummte; es trat tiefe Ruhe ein, und wir sahen einzelne Gestalten zwischen den Hütten erscheinen; sie hatten den Auftrag, zu untersuchen, wer und wie stark wir seien. Bald verschwanden sie wieder, um Bericht zu erstatten. Man schien zu beraten; dann bemerkten wir, daß die Mbocovis sich zerstreuten. Sie hatten den Befehl erhalten, von allen Seiten aus dem Dorfe hervorzubrechen und uns anzugreifen. Das geschah aber nicht etwa in offener und stürmischer Weise, sondern sehr langsam und vorsichtig; sie lagen auf der Erde und kamen uns entgegen gekrochen.

»Lassen wir sie nicht zu weit heran, sonst erreichen uns ihre Pfeile!« warnte der alte Desierto, welcher neben mir hielt.

Ich brauchte ihm nicht zu antworten, denn unsere Tobas waren ganz derselben Ansicht gewesen und begannen zu feuern. Ihre Schüsse krachten rundum, und zwar nicht vergeblich. Was auf der andern Seite unsers Kreises geschah, konnten wir nicht sehen; aber diesseits flogen uns die Pfeile entgegen, ohne uns jedoch zu erreichen; dann sprangen die Mbocovis auf und flohen in das Dorf zurück, wobei sie mehrere Verwundete mit sich nahmen.

»Jetzt wissen sie, woran sie sind,« meinte der Alte. »Was nun? Das Dorf zu stürmen, kann uns nicht einfallen. Schicken wir ihnen einen der gefangenen Wächter als Parlamentär?«

»Warten wir noch ein wenig. Vielleicht senden sie selbst uns einen Boten.«

Meine Vermutung bestätigte sich, denn bald erschien ein Roter, welcher eine Bambusstange in der Hand hielt, woran ein Stück weißen Zeuges flatterte. Hinter ihm kamen andere Rote. Er blieb auf halbem Wege stehen, um zu erfahren, ob wir ihn als Unterhändler betrachten und also schonen würden. Wir winkten ihm, und darauf kam er mit seinen Begleitern vollends herbei. Er trug keinerlei Waffe bei sich und schien kein feiger Mensch zu sein, denn er trat hochaufgerichtet auf uns zu und musterte uns mit Blicken, in denen nichts von Furcht zu lesen war. Unweit von uns hielt der Steuermann. Er rief uns in deutscher Sprache zu:

»Seien Sie nicht allzu höflich mit diesem Kerl! Er gehört zu denen, welche uns hierher transportiert haben, und schien gar nicht damit einverstanden zu sein, daß wir geschont werden sollten. Uebrigens spricht er ein leidliches Spanisch.«

Der Rote blickte den Sprechenden an und erschrak. Er erkannte ihn und war betroffen darüber, den Mann, den er als Gefangenen auf der Insel wähnte, hier bei uns zu sehen. Sein nun folgendes Verhalten bewies, daß er glaubte, nur dieser eine sei entkommen; die andern sah er nicht, da sie zu weit von uns hielten. Er hatte seinen Schrecken schnell überwunden und fragte in unhöflichem Tone den Desierto:

»Wer seid Ihr, daß Ihr es wagt, uns zu überfallen? Wir leben mit allen weißen und roten Männern in Frieden.«

»Das ist nicht wahr,« antwortete der Alte. »Ihr seid Feinde des viejo Desierto.«

»Den kenne ich nicht. Er wohnt weit von hier bei den Tobas, deren Freunde wir sind.«

»Und doch ziehen eure Krieger gegen sie, um sie zu überfallen. Du sagst, ihr lebtet mit den Weißen in Frieden. Und doch nehmt ihr sie gefangen und schleppt sie hierher?«

»Weil sie uns angegriffen haben. Dieser eine von ihnen, welcher dort auf dem Pferde sitzt, muß heute nacht entwichen sein, und die andern werden wir auch frei geben, sobald sie ihr Lösegeld bezahlt haben.«

»Entstelle die Thatsachen nicht. Die Weißen haben nicht euch, sondern ihr habt sie angegriffen.«

»So war der Sendador schuld daran, und das geht uns nichts an. Macht es mit ihm ab; uns aber laßt in Ruhe!«

»Wir werden thun, was uns beliebt, aber nicht, was euch gefällt. Wo befinden sich die Krieger dieses Dorfes?«

»Auf der Jagd.«

»Und wann kehren sie zurück?«

»Schon heute. Nehmt euch also in acht! Wenn sie kommen, so seid ihr verloren, denn ihr habt uns überfallen und mehrere von uns verwundet!«

»Wir fürchten uns nicht vor ihnen und lassen uns von dir nicht einschüchtern. Eure Krieger sind nicht auf der Jagd und werden heute nicht zurückkehren. Vielleicht bekommt ihr sie nie wieder zu sehen. Sie sind von mir besiegt worden.«

»Wer sind Sie denn?«

»Ich bin der viejo Desierto, den sie überfallen wollten. Ich erhielt Kunde von ihrem Vorhaben und bin ihnen mit meinen Leuten entgegengezogen. Wir umringten sie so, wie wir jetzt euch umzingelt haben, und weil wir Schießgewehre besaßen, so mußten sie sich uns ergeben, um nicht alle niedergeschossen zu werden.«

Das Gesicht des Roten wurde erdfarbig. Er betrachtete uns mit ungewissem Blicke, schluckte und schluckte und stieß dann hervor:

»Sie sind wirklich der Desierto?«

»Ich bin es, und die Indianer, welche sich bei mir befinden, gehören zum Stamme der Tobas.«

»Das glaube ich nicht. Wenn der Desierto käme, um uns zu überfallen, so wären nicht so wenige Krieger bei ihm.«

»Ich wußte, daß ich nicht mehr derselben gebrauchte. Ich habe von dem Yerno und auch von eurem Häuptling Venenoso erfahren, daß ihr nur vierzig Männer zählt.«

»Der Yerno ist bei euch und auch Venenoso?«

»Beide. Es ist uns keiner von euch entgangen; sie alle liegen gebunden in unserm Dorfe; sie können euch nicht Hilfe bringen, und wenn ihr euch nicht ergebt, so seid ihr dem Tode geweiht.«

Man sah dem Indianer an, welchen Eindruck das, was er hörte, auf ihn machte. Er schwieg eine ganze Weile, um sich zu sammeln und nachzudenken; dann sagte er in drohendem Tone:

»Selbst wenn alle Ihre Worte die Wahrheit enthalten, brauchen wir uns nicht zu fürchten. Wir ergeben uns nicht.«

»So lebt in einer Stunde keiner von euch mehr! Ihr habt vorhin erfahren, daß eure Pfeile für uns unschädlich sind. Unsern Kugeln aber könnt ihr nicht entgehen.«

»Das mögen Sie versuchen. Sobald Sie auf uns schießen, geben wir den Wächtern ein Zeichen, und diese werden dann die Gefangenen sofort töten. Wollen Sie den Tod der Weißen nicht, so müssen Sie Frieden mit uns schließen und auch unsere Krieger alle herausgeben, die Sie ergriffen haben.«

»Hören Sie, welchen Trumpf er ausspielt?« fragte ich den Desierto. »Er giebt das Spiel noch nicht verloren, glaubt vielmehr, es zu gewinnen. Wie gut also, daß ich unsere Gefährten während der Nacht von der Insel geholt habe! Hätte ich das nicht gethan, so würden sie jetzt als Geiseln gebraucht, und wir müßten klein beigeben.«

»Hm!« brummte der Alte. »Das wäre freilich eine verteufelte Geschichte geworden. Glücklicherweise können wir nun diesen Mbocovis die Augen darüber öffnen, daß ihre Berechnung eine falsche ist. Thun Sie das!«

Dieser Aufforderung kam ich nach, indem ich dem Parlamentär antwortete:

»Ihr habt noch weiße Gefangene auf der Insel? Das habe ich nicht für möglich gehalten. Kommt einmal mit bis zum nahen Waldesrande! Ich muß euch etwas zeigen.«

Wir hatten gar nicht weit dorthin. Die Roten folgten und waren nicht wenig erschrocken, als sie da den Ihren und die drei gefesselten Wächter erblickten.

»Seht euch nur genau unter uns um!« forderte ich sie auf. »Von den Leuten, welche sich gestern abend auf der Insel befanden, ist nicht etwa nur einer entkommen, sondern sie sind alle frei. Wir haben sie mitsamt ihren Wächtern herübergeholt. Wie wollt ihr es anfangen, sie zu erschießen?«

Sie suchten, so weit ihre Blicke zu reichen vermochten, unsere Aufstellung ab und überzeugten sich, daß ich ihnen die Wahrheit gesagt hatte. Ihre soeben noch gezeigte Zuversicht verwandelte sich in Kleinmut, zumal der Alte die Aufforderung an sie richtete:

»Jetzt wißt ihr, woran ihr seid. Kehrt also in das Dorf zurück, um euch zu beraten. Ich verlange, daß ihr euch ergebt, und dann soll euch kein Leid geschehen, vielmehr bin ich bereit, eure gefangenen Krieger freizugeben. Ist aber eine halbe Stunde verflossen, ohne daß ihr euch bereit erklärt habt, so schießen wir alles, was da lebt, nieder und stecken das Dorf in Brand.«

»Sennor, so grausam werden Sie doch nicht sein!« rief der Mbocovi aus.

»Das ist nicht Grausamkeit, sondern gerechte Strafe. Ihr seid Diebe, Räuber und Mörder. Ihr habt als Verbündete des Sendador eine Reihe von Missethaten begangen und müßt dafür genau so büßen, wie er. Er muß sterben, und wenn wir euch nicht nur das Leben, sondern auch die Freiheit schenken, so ist das eine Gnade, deren ihr euch nicht wert gemacht habt. Jetzt geht! Wir haben nicht Lust zu überflüssigen Reden. Ihr habt gesehen, wie wir schießen. Euer Schicksal liegt in euern eigenen Händen; in einer halben Stunde muß es entschieden sein.«

Sie schlichen höchst niedergedrückt von dannen. Wir waren der guten Zuversicht, daß ihre Entscheidung die von uns gewünschte sein werde.

Wir sahen, daß die Roten sich auf dem mitten im Dorfe liegenden Platze versammelten. Es ging dabei sehr ruhig zu. Nach nicht viel über eine Viertelstunde kehrte der Parlamentär zurück und teilte uns mit, daß die Mbocovis beschlossen hätten, sich uns zu ergeben, falls wir neben Freiheit und Leben ihnen auch alles Eigentum lassen wollten.

Darauf konnte natürlich nicht eingegangen werden, da sie in diesem Falle nicht die geringste Strafe getroffen hätte. Er mußte wieder in das Dorf, um zu sagen, daß wir Wort halten und nach zehn Minuten die Feindseligkeiten beginnen würden.

Diese Zeit verging ohne Resultat. Darum forderte der Desierto mich auf, eine Kugel in das Dorf zu schicken, zunächst ohne jemand zu töten.

»Das hilft nichts,« antwortete ich. »Ein blinder Schuß würde nur schaden, indem er die Ansicht erwecken muß, daß nicht alle unsere Kugeln treffen. Ich werde einen verwunden.«

Ich stieg auf das Pferd und ritt dem Dorfe entgegen, ohne mich aber in den Bereich der Pfeile zu begeben. Man sah mich kommen; der dichte Haufe lichtete sich, und die in der Mitte desselben befindlich gewesenen Krieger wurden sichtbar. Das hatte ich gewollt, da es mir nicht einfallen konnte, auf ein Weib oder gar ein Kind zu schießen. Der Anführer trat zwischen den andern hervor; er erhob die Hand und machte mit derselben eine Bewegung, mit welcher er andeuten wollte, daß wir zu warten hätten, da sie noch nicht einig seien. Mein Pferd stand still, und ich legte den Stutzen an. Der Rote erhob den Arm abermals, weil er glaubte, von mir nicht verstanden worden zu sein. Ich drückte ab, und er ließ den Arm sinken, indem er einen Schrei ausstieß.

Für einige Augenblicke gab es einen Wirrwarr. Alle liefen und schrieen durcheinander. Dann wurde es plötzlich still; eine laute, befehlende Stimme erschallte, und dann kam der Parlamentär auf mich zugerannt.

»Sennor, Sie haben unsern Unterhäuptling in den Arm geschossen!« rief er mir von weitem zu.

»Das war meine Absicht,« antwortete ich ihm. »Einstweilen wollte ich ihn nur verwunden; aber die Zeit ist abgelaufen, und wenn ihr euch nicht augenblicklich ergebt, so werden wir töten, anstatt daß wir nur verwunden.«

»Wir ergeben uns, Sennor, wir ergeben uns! Sagen Sie, was wir thun sollen!«

»Eure Krieger werden einstweilen gebunden; sie haben sich bei uns einzustellen, aber einzeln, einer nach dem andern. Wer von ihnen etwa eine Waffe bei sich hat, der wird ohne Gnade erschossen. Die Waffen werden von einigen Frauen gesammelt und uns gebracht. Je williger ihr diesen Befehlen gehorcht, desto besser für euch, denn desto leichter können wir euch Vertrauen schenken.«

Mit diesem Bescheide ging er wieder nach dem Dorfe, und gleich darauf kamen die Männer zu uns heraus, unbewaffnet und einer nach dem andern, wie ich es angegeben hatte. Dann brachten Frauen die vorhandenen Kriegswerkzeuge, welche unter die Tobas verteilt wurden. Die gefesselten Männer erhielten einige Wächter, und nun waren wir Besitzer des Dorfes, denn auch die Hirten hatten dem Beispiele der andern folgen und sich ergeben müssen.

Jetzt zeigte sich, welche Macht der Desierto über seine Leute besaß. Keinem von ihnen fiel es ein, zu plündern oder sonst eine Ausschreitung zu begehen. Das Dorf wurde enger eingeschlossen, und dann besichtigten einige von uns die Häuser, um nach etwa noch vorhandenen Waffen zu suchen. Es wurden keine gefunden.

Es verstand sich ganz von selbst, daß Beute gemacht werden sollte. Die Mbocovis mußten bestraft und die Tobas für den Kriegszug entschädigt werden. Nur fragte es sich, was alles unter den Begriff Beute zu fallen habe. Einige verlangten, daß die Häuser alle auszuräumen und den Bewohnern nur die leeren Hütten zu lassen seien. Es gelang mir, diese Leute zu größerer Milde zu bewegen. Es wurde beschlossen, die Herden und den Inhalt der *Casa de nuestro Sennor* mitzunehmen. Alles andere sollte den Mbocovis verbleiben.

Als wir in das Haus des Sendador drangen, sahen wir dasselbe bis unter das Dach mit Handelswaren und geraubten Gegenständen gefüllt. Auch die Waffen meiner Gefährten wurden gefunden, und die letzteren waren nicht wenig erfreut darüber. Das Gebäude wurde ausgeräumt und der Fußboden desselben tief aufgewühlt; man fand aber keine verborgenen Schätze und auch nichts, wodurch die Schuld des Sendador noch klarer als bisher erwiesen worden wäre.

Ich hatte im stillen gehofft, die mehrerwähnten Zeichnungen hier zu finden, doch blieb dieser Wunsch unerfüllt. Der Sendador war zu klug gewesen, so wichtige Papiere bei den Mbocovis zu lassen.

Ueber die nun getroffenen Arrangements kann ich weggehen. Der Desierto mußte mir vor dem Scheiden versprechen, so mild wie möglich mit den besiegten Feinden zu verfahren; dann verabschiedeten wir Weißen uns von den Tobas, um den weiten und beschwerlichen Ritt nach der Pampa de Salinas anzutreten. Es war nicht viel nach Mittag, als wir aufbrachen, von den zehn Roten begleitet, welche der Desierto zu diesem Zwecke für uns ausgesucht hatte. – – –

FÜNFTES KAPITEL

Gottes Gericht

Die Pampa de Salinas gehört zu Bolivia. Die Bewohner dieses Landes unterscheiden in Beziehung auf das Gebirge der Anden folgende Regionen.

Die erste Region ist diejenige, welche von den Pampas bis zu einer Höhe von 1600 Metern aufsteigt und wird Yunga genannt. Hier herrscht die Ueppigkeit der Tropen im vollsten Sinne des Wortes. Ueber diese Flächen erstrecken sich undurchdringliche Urwälder, welche nur zuweilen von sogenannten Pajonales, weiten Grasfluren mit einzelnen Baumgruppen, unterbrochen werden. Die Tierwelt ist hier am reichsten vertreten durch Scharen von Papageien und buntflimmernden Kolibris; überhaupt spottet das Reich der Vögel hier jeder Aufzählung und Beschreibung. Affen giebt es in großen Scharen, Fledermäuse die Menge, und Pumas, Onzen und Jaguaren kann man täglich begegnen.

Die nächst höhere Region wird Medio Yunga genannt und steigt nicht ganz bis 3000 Meter auf. Ihr Klima ist weniger heiß, infolgedessen hier die Tiere und Pflanzen der gemäßigten Zone gedeihen.

Dann kommen die Cabezeras de los valles, die obern Thalstufen, bis 3300 Meter hoch. Diese sind gegen die Stürme der Puna geschützt und haben eine angenehme Temperatur.

Hierauf folgt die Puna bis zu einer Höhe von 3900 Meter. Die Luft derselben ist außerordentlich trocken, weshalb nur wenige Pflanzen hier gedeihen. Zu denselben gehören das kurze, dürre Punagras, niedriges, schirmartig ausgebreitetes meergrünes Zwergholz, sowie einige kleine Myrten- und Lorbeerarten.

Was nun endlich über 3900 Meter hoch liegt, wird Puna brava genannt. Hier wehen heftige, kalte Winde, welche selbst im Sommer oft dichtes Schneegestöber mit sich führen und dem Wanderer, welchen sie überraschen, mit dem Tode drohen. Nur den beiden Umständen, daß diese Region sehr reich an wertvollen Erzen ist und daß die Pässe so hoch liegen, verdankt es die Puna brava, daß sie von Menschen besucht wird.

Freilich darf man nicht meinen, daß diese angegebenen Regionen scharfe und regelmäßig gezogene Grenzen bilden. Es gibt selbst in der Puna fruchtbare Thäler, und ebenso erheben sich aus den niederen, tropischen Regionen steile Hochplateaus, welche die Eigentümlichkeiten der Puna besitzen.

Ueber einen Monat befanden wir uns seit unserm Aufbruche von der Laguna de Bambu unterwegs. Uns möglichst in der geraden Richtung haltend, hatten wir die Grenze der argentinischen Republik hinter uns gelegt und bolivianischen Boden betreten. Wir waren durch die Gebiete feindlicher Indianer gekommen, aber stets so vorsichtig gewesen, ein Zusammentreffen mit ihnen zu vermeiden. Die Stämme befreundeter Tobas hatten wir natürlich nicht vermieden. Wir waren von ihnen stets freundlich aufgenommen worden und hatten dabei erfahren, wie vorteilhaft es für uns war, daß der Desierto uns seine zehn Roten mitgegeben hatte.

Während dieser ganzen, langen Zeit war es uns nicht ein einziges Mal gelungen, auf die Spur des Sendador zu treffen, und das hatte seinen guten Grund. Während wir die Tobas aufsuchten und die Chiriguanos mieden, fand bei ihm das Gegenteil statt, und so konnten unsere Wege sich nicht berühren. Vielleicht hatten wir den seinigen gekreuzt, aber ohne daß es von uns bemerkt worden war.

Vor drei Tagen waren wir von einem Tobastamme geschieden, bei welchem wir eine Nacht geruht hatten. Eine Abteilung dieses Stammes war nach den Bergen gegangen, um dort in der Nähe der Pampa de Salinas nach Chinchillas zu jagen. Wir wünschten, mit diesen Leuten zusammenzutreffen, da sie uns nur von Nutzen sein konnten, und hielten eifrig Umschau, eine Spur von ihnen zu entdecken.

Wir befanden uns auf öder Puna. Es gab weit und breit keinen Grashalm und keinen Wassertropfen für unsere erschöpften Pferde. Die armen Tiere hatten während der letzten vier Wochen über ihre Kräfte angestrengt werden müssen und stolperten bei jedem Schritte. Die Anden sind überhaupt kein Terrain für Pferde. Die Höhen kann nur ein Maultier überwinden. Glücklicherweise hatte unser Zweck uns nicht ganz hinauf bis in die Puna brava geführt.

Pena war hier zu Hause. Er kannte jeden einzelnen Berg, jedes Thal, jede Felsplatte. Er versicherte, daß wir morgen die Salzkruste der Pampa de Salinas erblicken und heute noch ein Wasser erreichen würden, welches aus einer unzugänglichen Schlucht hervorquelle.

Auch Gomarra begann, sich zurechtzufinden; er bestätigte die Behauptung Penas, daß wir uns der Pampa näherten. Freilich war er, wenn er dieselbe besucht hatte, stets von der andern Seite gekommen, welche viel leichter zu passieren war.

Wir hatten diese Richtung vermieden, um ganz unbemerkt an das Ziel zu gelangen, und uns lieber für den schwierigen Weg entschlossen. Jetzt neigte sich unsere Puna zur Tiefe, erst leise und allmählich; dann verengte sie sich und fiel so steil nach unten, daß wir absteigen und unsere Tiere führen mußten. Das war ein halsbrecherischer Weg. Endlich wurde die Passage besser. Wir kamen auf eine breite, mit Steingeröll bedeckte Lehne, welche sich sanft niedersenkte und uns an einen Paß führte, welchem wir zu folgen hatten. Dort hielten wir an, um zu verschnaufen.

»Jetzt nur noch eine Stunde,« sagte Pena, »dann kommen wir an das Wasser und können wenigstens die Pferde trinken lassen. Wir haben Fleisch und noch ein wenig Mehl; das genügt für heute, und dann mag der morgende Tag für sich selbst sorgen. Um die Mittagszeit werden wir an der Salinas sein.«

Unsere Vorräte waren ziemlich zu Ende gegangen, was in dieser Gegend nicht ohne Bedenken war. Waren wir nur auf die Jagd angewiesen, so mußten wir hungern, da wilde Lamas nur schwer zu beschleichen sind.

Wir bogen in den Paß ein, welcher aus der Höhe kam und allmählich abwärts führte. Da Pena und Gomarra hier unsere Führer sein mußten, so ritten sie voran, und wir folgten hinterher. Ich ritt mit dem Bruder ganz zuletzt.

Dennoch fiel mir eine kaum handgroße Stelle des Weges auf, über welche die andern geritten waren und die eine abweichende Färbung zu haben schien. Ich stieg vom Pferde und untersuchte sie. Sie war feucht und gerötet.

»Das ist Blut,« sagte ich zu dem Bruder. »Meinen Sie nicht auch?«

Er betrachtete den Stein, schüttelte den Kopf und antwortete:

»Feuchtigkeit ist es, Blut aber schwerlich. Blut färbt röter.«

»Rinnendes Blut war es überhaupt nicht. Der Stein hat vielmehr die Färbung, als ob frisches, blutiges Fleisch auf demselben gelegen habe. Der Fleck konnte nicht rasch trocknen, weil es feucht und kühl hier ist und die Sonne nicht in diese Schlucht zu dringen vermag. Ich rechne, es muß jemand vor ungefähr zwei Stunden hier gewesen sein.«

»Ein Reisender, der über das Gebirge will?«

»Möglich, aber nicht wahrscheinlich. Ueber das Gebirge geht man in Gesellschaft und nicht allein.«

»Wer behauptet denn, daß der Betreffende allein gewesen ist?«

»Niemand. Uebrigens kommt es auf diesen Umstand weniger an, als vielmehr darauf, ob der Betreffende auf- oder abwärts gegangen oder geritten ist. Stieg er aufwärts, so brauchen wir ihn nicht zu berücksichtigen. War aber sein Weg niederwärts gerichtet, so haben wir ihn vor uns und müssen vorsichtig sein. Ich werde doch lieber voran reiten.«

Der Paß war schmaler geworden, und ich hatte Mühe, nach vorn zu gelangen. Keiner von den andern hatte die kleine Spur bemerkt. Bald hielt ich an und deutete auf eine scharf vorstehende Felsenecke, um welche wir biegen mußten.

»Soeben finde ich etwas. Sehen Sie hier diese feuchte, dunkle Stelle? Das ist wiederum Blut.«

»Um dies herauszufinden, dazu gehören eben Ihre Augen, oder eine große Portion Phantasie! Blut würde einen dunkleren Fleck hinterlassen,« antwortete Pena.

»Nein. Ich meine nicht reines Blut, sondern blutig gefärbtes oder vielmehr frisches, ungereinigtes Fleisch. Es ist vor zwei Stunden ein Fußgänger mit Fleisch vorüber gekommen.«

»Wer sagt Ihnen das?«

»Die Höhe des Fleckes. Ein Reiter hätte das erbeutete Tier hinter sich auf dem Pferde liegen gehabt, und infolgedessen würde der Fleck sich höher am Felsen befinden. Der Mann hat ein Wild erlegt und es auf den Schultern oder rückenquer getragen. Als er um diese Ecke bog, hat er mit dem blutigen Fleische den Felsen gestreift.«

»Nun, angenommen, daß Sie recht haben, ist es vielleicht von Wichtigkeit für uns?«

»Natürlich! Von großer Wichtigkeit sogar. Der Mann ist ein Indianer. Er hat dem Tier das Fell abgezogen, das thut kein Weißer, wenn er geschossenes Wild trägt, weil das erstens unappetitlich und zweitens unpraktisch ist. Das Fleisch hält sich in der Haut viel länger. Ein Indianer aber, welcher ein großes Tier auf dem Rücken von einem Orte nach dem andern schleppt, muß meinen Verdacht erwecken und kann uns sehr gefährlich werden.«

»Warum?«

»Weil er Gefährten hat. Ein Roter, welcher allein und für sich jagt, nimmt von der Beute nur so viel, wie er für sich braucht; er trägt sich nicht mit einer schweren Last.«

»Alle Wetter! Von diesem Standpunkt aus betrachtet, erregt dieser dunkle Fleck freilich auch mein Bedenken. Sollte der Sendador uns doch zuvorgekommen sein und Chiriguanos bei sich haben?«

»Das ist sogar sehr wahrscheinlich.«

»Dann erwartet er uns vielleicht gar an der Pampa de Salinas und sendet täglich einige Rote auf die Jagd, um nicht Hunger leiden zu müssen.«

»Es ist das leicht anzunehmen. Nur kann, wenn der Sendador sich auf der Pampa befindet, der Mann, der hier vorüber kam, nicht zu ihm gehören, weil nach Ihrer eigenen Schätzung die Pampa von hier aus erst morgen mittag zu erreichen ist. So weit entfernt sich kein Jäger von der Gesellschaft, welche er mit Nahrung zu versorgen hat.«

»Das ist wahr. Vielleicht befindet sich der Sendador noch gar nicht an der Salinas, sondern in größerer Nähe als wir denken.«

»Oder der Mann, welcher hier ging, gehört zu der Tobasabteilung, mit welcher wir zusammentreffen wollen.«

»Auch das ist möglich. Mag dem nun sein, wie ihm wolle, wir müssen sehr vorsichtig sein. Machen wir so schnell wie möglich vorwärts, daß wir aus dem Engpasse kommen!«

Wir trieben die Pferde an, um die Schlucht, in welcher ein plötzlicher Ueberfall für uns höchst gefährlich war, rasch hinter uns zu legen, und näherten uns dabei dem Wasser, von welchem Pena gesprochen hatte. Er mußte mir die Stelle beschreiben, und ich erfuhr, daß dieses Wasser aus einer hochgelegenen Seitenschlucht komme und sich über eine Felsenwand herab auf unsern Weg stürze.

»So bildet es also einen Wasserfall?« antwortete ich. »Rauscht derselbe sehr?«

»Bedeutend.«

»Das ist gut, weil der Hufschlag unserer Pferde nicht gehört werden kann.«

»Wer darf ihn denn nicht hören?«

»Der Rote mit dem Fleische, oder vielleicht gar die Gesellschaft, für welche er zu sorgen hat. Unsere Gefährten mögen in gleicher Schnelligkeit wie jetzt fortreiten; wir beide aber wollen voran, um auszuspähen.«

Wir beiden setzten unsere Pferde in Trab. Der Weg wand sich bald nach rechts, bald nach links. Bei diesen vielen und engen Krümmungen war es unmöglich, zu erfahren, wen oder was man auf dreißig Schritte vor sich hatte. Pena tröstete mich mit der Bemerkung, daß der Weg nun bald ein besserer und offenerer werde, sobald man den Wasserfall in Sicht bekomme.

Nicht lange, so vernahm ich das Rauschen desselben. Dann öffnete sich die Schlucht auf einen tiefen Thalkessel, aus welchem nur zwei Wege führten, nämlich derjenige, den wir jetzt benützten, und ein anderer, dessen Mündung sich uns gegenüber befand. Rechts stieg die Bergwand lotrecht himmelan.

Links war sie zunächst höchstens fünfzig Fuß hoch und bildete dort einen Absatz, über welchen zwischen zwei Felsenmassen eine dunkle Schlucht gähnte, aus der das Wasser herabstürzte, um zunächst sich in ein tief ausgehöhltes Loch zu gießen und dann uns gegenüber den Thalkessel zu verlassen.

Diese Scenerie war hochromantisch, und doch beschäftigte sie mich weniger als die Staffage, welche ich im Vordergrunde links des Bildes bemerkte. Dort lag nämlich ein Indianer auf dem saftigen Rasen, welcher infolge der großen und immerwährenden Feuchtigkeit üppig grünte, neben sich ein abgehäutetes Tier, ein Lama oder Guanaco, das konnte man nicht so schnell entscheiden.

Der Mann kehrte uns den Rücken zu. Er hatte den linken Ellbogen in das Gras gestützt und den Kopf auf die Hand gelegt. Am Felsen unweit des Wasserloches, fünf oder sechs Schritte von ihm entfernt, lehnte sein Gewehr.

»Wahrhaftig, Sie haben die Spur ganz richtig gelesen!« sagte Pena. »Es ist genau so, wie Sie vermuteten.«

Während dieser Worte trieb er sein Pferd zurück, um ebenso wie ich wieder in der Schlucht zu verschwinden.

»Ein unvorsichtiger Patron! Der Mann scheint zu träumen, und noch dazu das Gewehr so weit weg an der Wand.«

»Was thun wir mit ihm?« fragte Pena.

»Festnehmen natürlich.«

»Wer macht's? Sie oder ich?«

»Ich. Halten Sie mein Pferd, und kommen Sie, wenn ich winke!«

Ich stieg vom Pferde und trat wieder aus der Schlucht heraus. Der Rasen war so weich, daß mein Schritt selbst dann, wenn es den Wasserfall nicht gegeben hätte, nicht gehört worden wäre. Ich eilte nach links hinüber an die Felsenwand und an derselben hin bis zu dem Gewehre. Es war, als wisse ich ganz genau, daß er sich nicht umdrehen werde. Darum nahm ich die Flinte in die Hand und zog den Hahn halb auf. Es war kein Zündhütchen aufgesetzt. Der alte Schießkolben konnte jetzt also weder mir noch einem andern gefährlich werden. Ich stellte ihn beiseite und trat zu dem Manne. Ich beugte mich über ihn, um sein Gesicht zu sehen. Auch das bemerkte er nicht, denn er hatte die Augen geschlossen, wahrscheinlich weil er ermüdet war. Er schien etwa fünfzig Jahre alt zu sein, trug leichte Kleidung, einen breitkrempigen Strohhut und einen alten Gürtel, in welchem ein Messer steckte.

Jetzt kniete ich hinter ihm nieder, griff mit der Linken nach seinem Halse, drückte ihm den Kopf auf die Erde, zog mit der Rechten sein Messer aus dem Gürtel und stemmte ihm dann das rechte Knie quer über die Beine.

Das geschah natürlich sehr schnell. Ich hatte ihn schon fast unter mir, als er die Augen öffnete und mich entsetzt anstarrte. An der Bewegung seiner Lippen ersah ich, daß er schrie; hören konnte ich es wegen des Geräusches des Wasserfalles nicht.

Ich war auf Gegenwehr vorbereitet gewesen; er aber schien gar nicht an so etwas zu denken, denn er blieb unter mir liegen, ohne eine Bewegung, einen Versuch zu machen, von mir loszukommen. Darum stand ich auf, hielt ihn am Halse fest, ergriff ihn bei der Brust und führte ihn fort, vom Wasser weg und in die Schlucht hinein, wo Pena hielt. Er ging mit, ganz wie einer, welcher seiner Sinne nicht mehr mächtig ist. Da, wo wir uns nun befanden, konnte man gesprochene Worte verstehen.

»Das ging schnell und leicht,« meinte Pena in deutscher Sprache. »Der Mann scheint ganz perplex zu sein.«

»Vor Entsetzen. Sehen Sie seinen Blick. Er zittert. Das ist nicht gewöhnliche Furcht oder Angst, sondern geradezu Entsetzen.«

»Ist's ein Chiriguano?«

»Das werden wir ja gleich erfahren. Fragen Sie ihn! Sie sind mir in dem Indianerdialekt über.«

»Vielleicht versteht er Spanisch.«

»Wahrscheinlich, denn wer zum Fleischmachen ausgesendet wird, der trifft leicht mit Leuten zusammen, mit denen er sprechen können muß; darum ist allerdings zu erwarten, daß dieser Mann der Landessprache wenigstens einigermaßen mächtig ist.«

»So reden Sie ihn vorerst an. Kann er Ihnen nicht antworten, dann werde ich es versuchen.«

Ich konnte dieser Aufforderung nicht sofort Folge leisten, da soeben unsere Gefährten herbeikamen und uns einholten. Sie machten, als sie den Roten in meinen Händen sahen, Gesichter, welche keineswegs freundlich waren, was seine Angst bedeutend vergrößerte. Als er sah, daß sie ihre Pferde verließen und ihn und mich drohend umringten, rief er in spanischer Sprache, deren er also doch mächtig war, aus:

»Sennor, warum überfallen Sie mich? Warum lassen Sie mich nicht los? Ich habe Ihnen doch nichts gethan!«

»Bis jetzt noch nicht!« antwortete ich ihm. »Und es wird sich sogleich finden, ob wir dich als Freund oder Feind zu behandeln haben. Zu welchem Stamme gehörst du? Bist du ein Toba oder ein Chiriguano?«

»Ich bin ein Aymara und lebe mit den Weißen in Frieden.«

»Mit wem befindest du dich hier?«

»Mit niemandem.«

»Oho! Lüge nicht! Aber wenn du uns täuschen willst, so kannst du nicht verlangen, daß wir dich als einen uns freundlich gesinnten Mann betrachten. Also heraus mit der Sprache!«

Ich hielt ihn noch gefaßt und schüttelte ihn bei meinen letzten Worten derb. Hatte er bisher keine Spur von Mut sehen lassen, so brach er jetzt unter meiner Hand beinahe zusammen. Er hing an derselben wie ein Hund, den man beim Felle gepackt hat, und schrie voller Angst:

»Ich bin Ihr Freund, ich bin Ihr Freund. Glauben Sie es doch, und lassen Sie mich los!«

»Nicht eher, als bis du der Wahrheit gemäß geantwortet hast. Also sage, wer befindet sich bei dir?«

»Noch fünf Aymaras.«

»Was treibt ihr in dieser Gegend?«

»Wir jagen wilde Lamas, wie Sie gesehen haben, denn ich hatte jetzt eins bei mir liegen.«

»Du bist ein sehr dummer Kerl, denn mit diesen Worten hast du verraten, daß du mich belügst. Der Lamas wegen geht man nicht in die Berge, sondern aus andern Gründen. Das Lama erlegt man nur nebenbei, um Speise zu haben. Wenn ihr also alle sechs Fleisch holt, so müssen noch viele andere da sein, welche es essen wollen. Sechs Jäger erlegen mehr, als sie essen können, und man erschießt das Wild nicht nur zu dem Zwecke, es verfaulen zu lassen. Da du uns betrügen willst, so sollst du deinen Lohn haben. Es ist aus mit dir.«

Ich hielt ihn noch immer mit der Linken beim Genick gefaßt. Mit der Rechten zog ich mein Messer und holte wie zum Stoße aus, hatte aber keineswegs die Absicht, diese Drohung auszuführen. Sie hatte die gewünschte Wirkung. Der Rote faltete die Hände und rief mit zitternder Stimme:

»Nicht stechen, Sennor, nicht stechen! Ich will die Wahrheit sagen, obgleich mir das sehr streng verboten worden ist!«

Ich ließ ihn los, stellte ihn so, daß er mir sein Gesicht zukehrte, behielt aber das Messer noch hoch in der Hand und antwortete:

»Das ist dein Glück, denn eine Sekunde später hättest du dieses Eisen im Leibe gehabt. Also rede! Bist du wirklich ein Aymara?«

»Ja. Und es ist auch wahr, daß noch fünf Stammesgenossen bei mir sind. Wir wollen Wollmäuse jagen, deren Felle von den Weißen so gut bezahlt werden. Da aber trafen wir mit andern zusammen, denen die Lebensmittel ausgegangen waren und die uns darum in ihren Dienst nahmen, damit wir für sie jagen sollten, weil sie selbst keine Zeit dazu hatten.«

»Warum das nicht? Womit waren sie denn beschäftigt?«

»Mit – nichts,« antwortete er mit dem dümmsten Gesichte, welches man sich nur denken kann.

»Ja, mit nichts,« nickte ich ihm zu, »denn das Warten kann doch nicht als Arbeit gelten. Diese Leute warten am Salzsee in der Pampa de Salinas auf jemand?«

»Ja.«

»Kennst du sie?«

»Das soll ich nicht sagen.«

»So werde ich dir den Mund öffnen. Bedenke, daß du zwischen Leben und Tod zu wählen hast! Ich scherze nicht!«

Seine Augen waren bis jetzt fast ausschließlich auf mich gerichtet gewesen. Nun irrte sein Blick ratlos im Kreise umher, und da schien er zu ahnen, mit wem er es zu thun hatte.

»Himmel!« rief er aus. »Da befinde ich mich wohl gerade bei denen, welche uns nicht sehen sollen! Gehören diese roten Männer zu den Tobas?«

»Allerdings.«

»Sie wollen nach der Pampa de Salinas, um den Sendador zu bestehlen?«

»Nein,« antwortete ich, lachend über seine Naivetät. »Ich weiß, daß er es ist, in dessen Dienst du dich befindest. Hat er uns als Diebe geschildert?«

»Ob er Sie gemeint hat, das weiß ich nicht. Oder doch – doch! Sie müssen es sein. Es stimmt ganz genau. Er hat Sie uns geschildert. Nun bin ich verloren!«

Er hatte mich während dieser Worte genauer betrachtet, und man sah deutlich, welchen Schreck er jetzt empfand.

»Der Sendador hat euch belogen,« entgegnete ich ihm. »Nicht uns, sondern ihn habt ihr zu fürchten. Wir sind ehrliche Leute.«

»Aber Sie kommen als Feinde des Sendador?«

»Allerdings. Er ist der größte Bösewicht, den es giebt, und wir wollen ihm das Handwerk legen. Wer ihm dient, fällt in die gleiche Strafe.«

»Sennor, ich habe nicht gewußt, daß er so schlimm ist. Ich diene ihm nur, weil er mich bezahlt; sonst aber habe ich nichts mit ihm gemein.«

»Und dennoch weigerst du dich, uns der Wahrheit gemäß Auskunft zu erteilen? Du widersprichst dir selbst.«

»Weil ich nicht weiß, was das richtige ist und was ich machen soll. Der Sendador ist ein berühmter Mann, der sich rächen würde, falls ich ihn verriete. Sie aber kenne ich nicht. Sie muß ich vielmehr für Diebe und Räuber halten, denn als solche hat er Sie uns beschrieben.«

Ich deutete auf den Bruder, indem ich antwortete:

»Er hat euch belogen. Siehe das Gewand dieses Herrn. Er

ist der Bruder Jaguar. Glaubst du etwa, daß ein Bruder ein Räuber sein könne?«

»Der Bruder Jaguar?« fragte er, indem sein Gesicht sich schnell aufklärte. »O, von dem habe ich gehört, nicht hier in den Bergen, sondern unten am Flusse. Wenn dieser ehrwürdige Sennor der Bruder Jaguar ist, so brauche ich Sie freilich nicht zu fürchten, sondern kann Ihren Worten getrost Glauben schenken.«

»Thue das, damit du nicht mit den Ungerechten auch umkommst. Willst du uns statt ihm dienen, so werden wir nicht nur vergessen, daß du dich bei ihm befandest, sondern dir und deinen Gefährten denselben Lohn geben, den er dir versprochen hat.«

»Sennor, dann gehe ich zu Ihnen über. Sie sehen nicht aus wie Räuber oder Mörder, und wir Aymaras sind auf die Tobas besser gesinnt, als auf die Chiriguanos.«

»Schön! Du wirst das nicht bereuen. Und damit du überzeugt sein kannst, daß wir die Ehrlichen sind, während der Sendador ein Halunke ist, will ich dir sagen, warum wir ihn suchen.«

Ich erzählte ihm in kurzer Weise das, was er nach meinem Dafürhalten erfahren mußte. Vielleicht wäre dies nicht nötig gewesen; aber es lag mir daran, diesen Mann zu gewinnen. Er sollte sich nicht gezwungen, sondern freiwillig für uns entscheiden. Folgte er uns nur durch Zwang, so konnten wir von ihm mehr Hinder- als Fördernis erwarten. Er hatte sich in den Dienst des Sendador gestellt und konnte uns also die wertvollsten Auskünfte geben. Er hörte mich aufmerksam an und rief, als ich geendet hatte, mit aufrichtigem Staunen aus:

»So ein Bösewicht ist dieser Mann? Wer hätte das gedacht! Sennor, ich bin der Ihrige; ich bleibe bei Ihnen und mag nicht zu ihm zurück. Ich werde auch meine Gefährten heimlich benachrichtigen, und sie folgen mir dann sofort. Warten Sie hier, und lassen Sie mich fort. Ich werde Ihnen meine fünf Freunde zuführen.«

»Langsam, langsam! So schnell geht die Sache nicht. Ich

muß vor allen Dingen wissen, wo der Sendador sich befindet und in welcher Weise er uns entgegentreten will.«

»Das kann ich Ihnen doch ganz genau sagen. Er hat über sechzig Chiriguanos bei sich!«

»So eine bedeutende Anzahl?«

»Ja. Es wird doch am besten sein, Sie kehren um und geben sich lieber mit ihm gar nicht ab.«

»Das werden wir freilich nicht thun. Selbst wenn er noch mehr Chiriguanos bei sich hätte, müßten wir ihn haben. Wir fürchten uns nicht. Wo lagert er mit ihnen?«

»Am Salzsee.«

»Das ist im höchsten Grade unvorsichtig von ihm. Der See liegt, wie ich gehört habe, in der ebenen Pampa, welche rundum von Bergen umgeben ist. Wir müssen ihn und seine Begleiter also sehen, wenn wir von diesen Höhen kommen.«

»O nein. Er hat dafür gesorgt, daß Sie ihn nicht eher zu sehen bekommen, als bis Sie sich in seiner Hand befinden. Man kann von drei Richtungen aus nach dem Salzsee kommen, und in jeder dieser Richtungen hat er Späher ausgesandt, welche auf Sie warten und, sobald Sie sich nahen, es sofort melden müssen.«

»Also, wenn wir unseren jetzigen Weg verfolgen, werden wir auf einen solchen Kundschafter treffen?«

»Auf zwei, denn er hat sechs ausgesandt.«

»Hm! In welcher Entfernung von der Pampa halten sie? Ist der Ort, an welchem sie sich befinden, dir bekannt?«

»Ja. Ich weiß auch die Stellen, an denen die andern Wächter postiert sind. Die zwei, welche hier diesen Weg beobachten, halten auf einer Höhe, von welcher aus man eine Stunde bis zur Pampa zu reiten hat; aber sie können uns aus einer Entfernung von zwei Stunden kommen sehen.«

»Das ergiebt drei Stunden, eine hinreichende Zeit für den Sendador, sich auf unsere Ankunft vorzubereiten. Wollte er uns am See empfangen oder schon vorher überfallen?«

»Das letztere. Sie sollten überrumpelt werden. Bis Sie sich von Ihrem Schrecken und Entsetzen erholt hätten, wären Sie tot gewesen.«

»Da hätten wir uns gar nicht erholen können, mein Lieber. Aber wir sind überhaupt nicht die Leute, welche so schnell und tief erschrecken. Auch wäre es uns gar nicht eingefallen, dem Sendador so blind in die Falle zu laufen. Daß wir dich getroffen haben, ist uns lieb, kann aber nicht das geringste an der Vorsicht, die wir gewöhnt sind, mindern. Wichtig freilich ist es mir, zu hören, daß wir so schnell niedergemetzelt werden sollten.«

»Augenblicklich! Nur ein einziger sollte geschont werden. Das sind Sie. Der Sendador gab den Befehl, Ihnen nichts zu thun und, falls dies notwendig sein sollte, Sie höchstens nur leicht zu verwunden, damit Sie nicht entfliehen können.«

»Das ist sehr hübsch von dem Manne. Meine Gefährten hier aber werden es weniger hübsch finden. Weißt du vielleicht, weshalb er gerade gegen mich diese Schonung hegen will?«

»Das kann man wissen, ohne viel darüber nachzudenken,« fiel Pena ein. »Von uns erwartet er keinen Nutzen, also weg mit uns. Sie aber sollen die Pläne erklären und die Kipus lesen. Ohne Sie kann er die Rätsel nicht lösen. Haben Sie es gethan, dann erhalten natürlich auch Sie die Kugel, wie sich ganz von selbst versteht.«

»Dann hätte er die Rechnung ohne den Wirt gemacht. Selbst wenn ich imstande wäre, das, was er mir zutraut, auch wirklich zu leisten, so würde ich ihm gewiß erst dann den richtigen Aufschluß erteilen, wenn ich überzeugt sein könnte, daß ich mich außer Gefahr befinde. Uebrigens dürfen Sie nicht denken, daß ich, nachdem er Sie alle getötet hätte, geneigt wäre, ihm zu gehorchen. Ich würde mich scheinbar bereitwillig zeigen, mein wirkliches Augenmerk aber darauf richten, Ihren Tod zu rächen.«

»Dem sei, wie ihm sei. Die Hauptsache für mich ist, daß er unsern Tod will, und nun soll mich nichts mehr zur Schonung verleiten. Den Mann sehen und niederschießen, das wird ein einziger Augenblick sein.«

»Nicht Sie werden das thun!« unterbrach ihn Gomarra schnell. »Ich habe das erste und größte Recht zur Rache.«

»Streitet euch nicht,« sagte ich. »Wer ihn etwa ohne meine Erlaubnis tötet, der bekommt es mit mir zu thun. Was Sie betrifft, Sennor Gomarra, so werde ich Sie nicht hindern, mit ihm abzurechnen; aber das darf erst dann geschehen, wenn ich die Kipus in den Händen habe. Was später mit dem Sendador geschieht, das ist mir vollständig gleichgültig. Jetzt aber sind wir noch lange nicht so weit; es ist vielmehr sehr fraglich, wer die Oberhand gewinnt, er oder wir. Haben seine Leute ein richtiges Lager aufgeschlagen?«

»Nein,« antwortete der Aymara, an den ich diese Frage gerichtet hatte.

»Und haben sie die Pferde bei sich?«

»Nein. Am See ist alles Salz. Da wächst kein Halm, kein Blatt, kein Kraut. Der Sendador hat die Pferde nach einem Orte bringen lassen, wo sie notdürftig Futter finden.«

»Weit vom See?«

»Man hat eine Stunde lang zu steigen. Es ist eine kleine, grasbewachsene Puna. Zwei Chiriguanos befinden sich bei den Tieren.«

»So beschreibe uns die Stelle des Sees, an welcher er sich gelagert hat!«

Der Rote folgte dieser Aufforderung, und als er geendet hatte, sagte Gomarra ingrimmig:

»Das ist gar nicht weit von dem Punkte, wo die Flasche begraben liegt.«

»Liegt?« antwortete ich. »Die hat er jedenfalls entfernt und anderwärts versteckt. Es ist bedauerlich, daß wir so spät kommen. Der Zug nach der Laguna de Bambu war ein Umweg für uns, und der Sendador hat bei den Chiriguanos gegen alle Erwartung Pferde gefunden. Aus diesen beiden Gründen ist er eher als wir hier angelangt, und er befindet sich uns gegenüber nun in einem Vorteile, welchen auszugleichen uns sehr schwer werden dürfte.«

»Meinen Sie?« fragte der Bruder. »Ich nehme das nicht so schwer. Er ist uns jetzt zwar in Beziehung auf die Anzahl überlegen; aber vielleicht finden wir die Tobas, welche wir suchen. Und selbst wenn das nicht geschieht, so brauchen wir uns ja nur heimlich seiner Pferde zu bemächtigen; dann haben wir ihn samt allen Chiriguanos im Sacke.«

»An die Zahl seiner Leute denke ich gar nicht. Ich halte uns diesen Menschen für vollständig gewachsen. Aber wenn wir sie alle und selbst auch ihn in die Hand bekommen, so stehen wir nicht besser, sondern schlechter als vorher. Es ist uns doch um die Kipus zu thun. Der Sendador muß uns das neue Versteck derselben mitteilen und wird diesen Umstand benutzen, um aus demselben den größten Vorteil für sich und seine Indianer zu ziehen.«

»Hm, das ist wahr. Daran habe ich freilich nicht gedacht.«

»Sie sehen also ein, es ist sehr zu beklagen, daß wir uns verspätet haben. Wir müssen das durch List auszugleichen versuchen. Er hat die Flasche jedenfalls heimlich ausgegraben und wieder versteckt. Vielleicht sind noch Spuren zu sehen, welche uns den Ort zeigen. Es fragt sich, seit welcher Zeit er sich in der Pampa de Salinas befindet.«

»Seit vorgestern,« antwortete der Aymara. »Am Tage vorher traf er uns und nahm uns mit nach dem See.«

»Das ist nicht ganz ungünstig. Habt ihr euch dann gleich auf die Jagd begeben müssen?«

»Ja.«

»So hast du gar keine Zeit und Gelegenheit gehabt, den Sendador zu beobachten?«

»Nein.«

»Du hast nichts Auffälliges oder wenigstens Unregelmäßiges bemerkt?«

»Nein – und doch; er entfernte sich in der ersten Nacht von uns und kehrte erst am frühen Morgen zurück.«

»Das ist gerade von Wichtigkeit für uns. Er ist da fort gewesen, um die Flasche anderswo zu verstecken. Wie weit haben wir noch bis zur Pampa?«

Der Indianer machte eine Angabe, welche mit derjenigen Penas und Gomarras genau stimmte. Daraufhin wurde unser Plan gegründet. Wir begaben uns zunächst nach dem Wasserfall, wo die Pferde trinken konnten und auch Futter fanden, da sich infolge der Feuchtigkeit ein lebhaftes Grün gebildet hatte. Als die Pferde sich erquickt und auch leidlich ausgeruht hatten, brachen wir wieder auf. Unterwegs nahm der Bruder den Aymara vor, um ihm in das Gewissen zu reden, da ja die Möglichkeit immerhin vorliegen konnte, daß der Indianer gewisse Nebenabsichten gegen uns hegte. Der Frater teilte mir aber mit, er sei überzeugt, daß der Mann es ehrlich mit uns meine. Um den letzteren zu prüfen, ließ ich mir von ihm alle Einzelnheiten des vor uns liegenden Weges beschreiben, und sowohl Pena wie auch Gomarra versicherten, daß er die Wahrheit gesagt habe. Infolgedessen schenkte auch ich ihm mein Vertrauen, welches freilich nicht so weit ging, daß ich gesonnen war, ihn aus den Augen zu lassen.

Wir ritten trotz der Anstrengungen, welche die Pferde hinter sich hatten, auch den Abend über und dann sogar die halbe Nacht hindurch, bis der Aymara uns sagte, daß wir uns nun in der Nähe der beiden Wächter befänden. Diese hätten, wenn wir noch weiter geritten wären, den Hufschlag unserer Pferde gehört. Darum hielten wir an, und der Aymara beschrieb uns die Oertlichkeit.

Der Weg stieg an einer Halde empor, auf deren Höhe mehrere Felsblöcke lagen. In der Nähe derselben waren die Wächter postiert. Leider bestand die Halde aus lockerem Gestein, so daß es in der Dunkelheit schwierig war, kein Geräusch zu verursachen. Doch war anzunehmen, daß der Saumpfad hart getreten sei; nur galt es, nicht von ihm abzuweichen.

Fast jeder einzelne meiner Gefährten erbot sich, mit mir zu gehen; ich wählte aber nur den Steuermann aus, und zwar infolge seiner Körperstärke, welche mir für das beabsichtigte Vorhaben vom größten Werte war. Während die andern halten bleiben mußten, entledigten wir beide uns unserer Fußbekleidungen, um unsere Schritte unhörbar zu machen, ließen die langen Gewehre zurück und nahmen mehrere Riemen mit.

Vor uns lag die Halde in tiefster Dunkelheit. Droben auf der Höhe aber mußte es heller sein, da sich dort der Schein der Sterne geltend machen konnte. Der Weg ging in mehreren Windungen, die der Aymara uns beschrieben hatte, bergan und an den Felsblöcken vorüber. Ich mußte sehr oft niedergreifen, um mit den Händen zu untersuchen, ob wir uns auf dem Wege befanden.

Je höher wir kamen, desto weiter wurde unser durch die Dunkelheit so begrenzter Gesichtskreis. Wir konnten schließlich den Weg erkennen und wohl zehn oder zwölf Schritte weit selbst kleinere Gegenstände, wie Steine oder Unebenheiten, sehen. Unser Gang war so leise, daß wir uns gegenseitig selbst nicht hörten. Nach wohl einer halben Stunde befanden wir uns oben; in gewöhnlichen Verhältnissen aber war die Strecke natürlich in kürzerer Zeit zurückzulegen. Vor uns tauchten einige dunkle Gebilde auf, die Felsblöcke, in deren Nähe wir die Gesuchten zu finden hofften.

»Legen Sie sich nieder!« flüsterte ich dem Steuermanne zu. »Von jetzt an müssen wir am Boden kriechen.«

»Nach welcher Seite? Rund um die Blöcke herum?«

»So weit vielleicht nicht. Ich denke, die Roten liegen auf derjenigen Seite, nach welcher sie ihre Aufmerksamkeit zu richten haben, nach uns zu. Sie schlafen gewiß. Das stete und scharfe Ausschauen in die Ferne ermüdet sehr. Es fällt ihnen gar nicht ein, zu denken, daß wir des Nachts kommen können. Wer reitet einen solchen Weg in der Finsternis! Er hat uns auch weidlich angestrengt. Also kriechen Sie immer nur hinter mir her!«

Ich wendete mich der angegebenen Seite zu und bemerkte sehr bald, daß dies das richtige war, denn schon nach kurzer Zeit vernahm ich fortgesetztes und durch regelmäßige Intervalle unterbrochenes Geräusch. Auch der Steuermann hörte es, denn er flüsterte mir zu:

»Da schläft einer; er schnarcht; gerade vor uns.«

»Ja. Ganz leise weiter!«

Wir krochen noch eine kurze Strecke fort; dann sahen wir zwei Bündel vor uns liegen – die beiden Chiriguanos, welche sich der nächtlichen, nicht unbeträchtlichen Kühle wegen fest und tief in ihre Decken gewickelt hatten.

»Machen Sie Ihre Riemen klar,« raunte ich dem Steuermanne zu. »Ich den links und Sie den rechts. Es ist bequem. Wir schlingen die Riemen so schnell und fest um die Bündel, daß die guten Leute nicht einmal Zeit finden, die Nasen herauszustrecken. Also los!«

Die Arbeit war wirklich leicht. Erst eine Schlinge zugezogen, dann die Bündel herumgedreht, zwei enge Windungen mit den Riemen, und wir waren fertig. Unter den Decken schnaufte und brummte es gewaltig; die Bündel bewegten sich und zuckten wie Schmetterlingspuppen, wenn man sie berührt, aber es war den Ueberraschten nicht möglich, sich frei zu machen.

Ein scharfer Pfiff auf dem Finger war für unsere Gefährten das Zeichen, daß sie kommen sollten. In einer Viertelstunde waren sie da und stiegen von den Pferden, da wir hier den Anbruch des Tages erwarten mußten. Die Wächter ließen wir in ihren Hüllen stecken. Ersticken konnten sie nicht.

Erst als der Morgen zu grauen begann, befreiten wir sie aus ihrer zwar nicht schmerzlichen, aber doch unangenehmen Lage. Sie schauten uns nicht wenig erstaunt an. Als sie den Aymara bemerkten, brachen sie in Ausrufungen und Fragen aus, welche ich ebenso wenig verstand wie die Antworten, welche er ihnen gab. Den Inhalt aber erriet ich aus der schließlichen Resignation, mit welcher sie die Augen schlossen und sich wieder auf die Seite legten. Sie hatten erkannt, daß sie an ihrer Lage nichts bessern konnten, und ergaben sich in ihr Schicksal. Wir belästigten sie nicht mit Fragen, da wir von ihnen doch wohl nichts anderes erfahren konnten, als was wir bereits wußten.

Als es heller wurde, sahen wir, welch eine weite Aussicht man von dieser Halde aus hatte. Der Aymara zeigte uns zwei rückwärts liegende, kahle Höhen, über welche wir während der Nacht gekommen waren. Hätten wir sie am Tage passiert, so wären wir von den Wächtern ganz gewiß bemerkt worden.

Letztere waren mit Bogen und Pfeilen bewaffnet, deren Spitzen, wie wir nun sahen, nicht vergiftet waren. Wir brachen auf und fanden am andern Fuße des Berges ihre Pferde, welche sie zurückgelassen hatten, weil es da ein hartes, stacheliges Gestrüpp abzuweiden gab.

Wir mußten geradeaus reiten; aber nach rechts schien auch ein passierbarer Pfad in die Berge zu gehen. Eben wollte ich mich erkundigen, wohin derselbe führte, als ich einen Reiter sah, welcher an der ersten Krümmung dieses Weges erschien und, als er uns erblickte, sein Pferd schnell wandte und wieder verschwand. Auch die andern hatten ihn gesehen. Wer war er? Ein Indianer jedenfalls. Aber von welchem Stamme? War er allein oder der vorderste eines längeren Zuges?

Wir blieben halten und paßten scharf auf. Bald sahen wir zwei Köpfe, welche um die äußerste Krümmung lugten. Jetzt zeigte es sich, wie gut es für uns war, daß der Desierto uns die Tobas mitgegeben hatte. Der Anführer sagte, indem er vom Pferde stieg:

»Die Chiriguanos sind vor uns am See; die Männer, welche von rechts herkommen, können nur die Tobas sein, welche wir nicht gefunden haben. Ich werde gehen, um mit ihnen zu sprechen.«

»Aber wenn es doch keine Tobas sind?« warnte ich ihn.

»So werde ich einen Schrei ausstoßen, und Sie kommen, mir beizustehen.«

Er ging. Die beiden Köpfe lugten noch immer um die Ecke. Als sie den einzelnen Mann auf sich zukommen sahen, traten diejenigen, denen sie angehörten, ohne Besorgnis hervor. Wir hörten den Toba ihnen zurufen, und sie antworteten.

»Es sind Tobas!« rief einer unserer roten Begleiter: »Es sind die erwarteten Freunde. Sie werden mit uns reiten und uns helfen. Nun ist alles gut.«

Er hatte recht. Der Toba verhandelte nur kurze Zeit mit den beiden Fremden und verschwand dann mit ihnen hinter der Krümmung. Bald darauf kehrte er zurück, und ihm folgte, einer hinter dem andern, ein ziemlich langer Zug berittener Indianer, welche von unseren Roten mit lebhafter Freude begrüßt wurden.

Sie zeigten sich gern bereit, uns Hilfe zu leisten, teils weil sie Stammesgenossen waren und teils aus Dankbarkeit. Ihr Anführer gestand, daß wir ihn aus einer ziemlich großen Gefahr befreit hätten. Er wäre, wenn er uns nicht getroffen hätte, mit seinen Leuten nach der Salinas geritten, ganz ahnungslos, dort auf Chiriguanos zu treffen, und mit denselben jedenfalls in Kampf geraten.

Diese Leute waren reichlich mit Proviant versehen, was uns natürlich nur lieb sein konnte. Mit ihnen vereint, setzten wir unsern Weg fort. Das geschah in der Weise, daß ich wieder mit Pena voranritt, eine Strecke von den Nachfolgenden getrennt. Diese Maßregel bewährte sich auch heute. Wir hatten eine Stunde bis zur Pampa zu reiten, aber kaum den dritten Teil dieses Weges zurückgelegt, als wir laute Stimmen vor uns vernahmen. Sofort kehrten wir um, bis zu einer Stelle, an welcher sich der Weg soweit verengte, daß vielleicht drei Reiter nebeneinander Platz hatten.

Dort hielten wir, bis wir die Nahenden erblickten. Es waren zwei Chiriguanos, welche kamen, um die beiden Wächter abzulösen, wie wir später erfuhren. Sie waren auch zu Pferde, hatten aber so laut gesprochen, daß ihre Stimmen eher als der Hufschlag ihrer Tiere zu hören gewesen waren.

»Was thun?« fragte Pena. »Sehen sie uns, so jagen sie zurück und machen Alarm.«

»Natürlich werden sie uns sehen, denn sie kommen auf uns zu. Es wird gar kein Federlesens gemacht. Wir drücken uns hinter diesen Felsen, und wenn sie nahe genug sind, reiten wir in Karriere auf sie zu, an ihnen vorüber und wenden dann hinter ihnen um. Auf diese Weise kommen sie zwischen uns und unsere Gefährten, ohne sich nur fragen zu können, was da vorgegangen ist. Die Furcht vor unseren besseren Waffen und unserer Ueberzahl wird dann das übrige thun. Passen Sie auf! In einigen Augenblicken müssen sie uns sehen. Jetzt vorwärts!«

Die Chiriguanos hatten die Enge erreicht und waren in dieselbe eingedrungen. Wir gaben unseren Pferden die Sporen und jagten ihnen entgegen. Sie blieben erschrocken halten und schrien laut auf. Wir flogen, ohne ihre Schreie mit einem Worte zu beantworten, an ihnen vorüber und rissen dann unsere Pferde herum. Nun hielten wir am Ausgange der Enge, sie in der Mitte derselben, und am Eingange waren soeben unsere Gefährten zu sehen, welche sich nicht wenig darüber wunderten, zwei Feinde zwischen sich und uns zu sehen.

Diese letzteren waren so außerordentlich verblüfft, daß sie sich gar nicht bewegten. Der Aymara rief ihnen eine Aufforderung zu, welche sie zagend beantworteten. Es entspann sich zwischen ihm und ihnen eine kurze Verhandlung, deren Ergebnis das war, daß die beiden sich uns überlieferten. Nachdem wir sie entwaffnet, ihnen also Bogen und Pfeile abgenommen hatten, begannen wir den unterbrochenen Ritt von neuem. Wenn die Chiriguanos alle von der Art waren wie diejenigen, welche wir bis jetzt kennen gelernt hatten, so befand sich der Sendador keineswegs in zuverlässigen Händen.

Nach einer halben Stunde erreichten Pena und ich, die wir abermals voranritten, die Stelle, an welcher der Weg auf die Pampa mündete. Da bot sich uns ein eigener, aber auch großartiger Anblick dar.

Eine weite, langgestreckte Ebene lag vor uns, welche von der Stelle aus, wo wir uns befanden, vielleicht eine englische Meile breit war. Jedenfalls hielten wir vor einer Bucht des Salzsees. Nach vorn und rechts dehnte sich die Ebene bis zum Horizonte aus, welcher von den Bergen der Anden gebildet wurde, die sich hinter und übereinander emportürmten. Links zog sich eine steile, unzugängliche Felsenwand im Halbkreise um den See herum, bis das Wasser desselben uns gerade gegenüber so hart an sie herantrat, daß niemand zwischen ihr und ihm vorüber konnte.

Und gerade dort an diesem Punkte lagerte der Sendador mit seinen Roten, eingekeilt zwischen Fels und Wasser, eine Unvorsichtigkeit, welche ich nicht begreifen konnte. Freilich machte Gomarra, welcher mit den andern jetzt nachgekommen war, mich auf einen dunklen Streifen aufmerksam, welcher unweit des Lagers zu bemerken war. Er sagte, indem er nach demselben deutete:

»Dort führt der Weg empor zu dem Punkte, an welchem dieser Satan meinen Bruder ermordete. Von der hohen Kante des Felsens blickte ich herab, als er die Flasche vergrub.«

»Ist es so!« nickte ich. »Jetzt weiß ich, warum er gerade

dort lagert. Er will uns hinüberlocken. Wenn wir ihn fast erreicht haben, verschwindet er auf dem Wege nach der Höhe, und wir stecken in derselben Falle, in welcher er jetzt zu stecken scheint.«

»Falle? Nein. Wir könnten doch wieder zurück!«

»Wenn er es uns erlaubt. Bedenken Sie, daß er glaubt, die Kunde von unserm Nahen drei Stunden vorher zu erhalten. Er hat also vollständig Zeit genug, uns einen Hinterhalt zu legen, welcher erst unsichtbar ist, uns aber sofort folgt, wenn wir in die Falle gehen. Ich gäbe etwas darum, wenn wir dort auf die Höhe könnten, ohne von dem Sendador gesehen zu werden.«

»Das ist unmöglich.«

»Ja, dort hinauf führt nur der eine steile Weg, den wir als dunkeln Streifen da drüben sehen,« stimmte Pena bei.

»Die Sennores sind vielleicht nur kurze Zeit dort oben gewesen,« fiel der Aymara ein. »Da findet man keine verborgenen Wege. Ich aber habe da oft gejagt und nach Wollmäusen gesucht. Dabei habe ich einen Pfad entdeckt, von dem nur das eine zu verwundern ist, daß andere ihn nicht auch längst kennen.«

»Ist er gefährlich?« fragte ich.

»Gar nicht. Sogar Reiter können hinauf. Mühevoll ist er nur eine ganz kurze Strecke, einige Ellen lang.«

»Und wo hat der Sendador denn die Pferde?«

»Eben da oben auf dem Felsen, von welchem Sie sprachen. Man kann sie nur von hier nicht sehen.«

»Ah, vortrefflich! Da haben wir ihn und seine Chiriguanos im Sacke. Wie gelangt man denn eigentlich zu dem Pfade, den Sie kennen?«

»Indem wir wieder umkehren. Auf dem Wege, den wir soeben gekommen sind, giebt es links eine Felsenspalte, deren unterer Teil mit Geröll verschüttet zu sein scheint. Ich kroch einst hinein, um nach Wild zu suchen, und gewahrte zu meinem Erstaunen, daß ich schon nach wenigen Schritten wieder ins Freie gelangte. Ich kam von da in einer halben Stunde ganz leicht auf die Höhe.«

»Das ist ein Umstand, den wir ausnützen müssen. Jetzt thun wir mit dem Sendador genau das, was er mit uns vornehmen wollte, wir nehmen ihn in unsere Mitte.«

Wir hielten nicht etwa im Freien, sonst hätten die Chiriguanos uns bemerken müssen, sondern am Rande der Pampa, hinter Schutthöhen und Gestein. Ich wählte die zehn Tobas aus, welche der Desierto uns mitgegeben hatte, und noch zehn Stammesgenossen von ihnen. Auf diese zwanzig konnte ich mich verlassen. Mehr Leute brauchte ich nicht, da das Terrain ihrer Aufgabe sehr zu Hilfe kam.

Die übrigen mußten zurückbleiben, um meine Rückkehr zu erwarten. Dann führte der Aymara uns fort, den bisherigen Weg eine kurze Strecke zurück bis zu der Spalte, von welcher er gesprochen hatte. Am Fuß derselben gab es Geröll, welches wohl mannshoch lag. Wir kletterten über dasselbe weg – wir waren nämlich zu Fuß, da wir oben die Pferde der Chiriguanos zu finden hofften, und drangen in den Spalt ein. Bereits nach kurzer Zeit senkte sich das Geröll, und wir traten in das Freie. Der scheinbar gewaltige Felsblock war nur eine dünne Steinwand, weiter nichts.

Nun befanden wir uns am Fuße einer nackten Berglehne, welche wir unschwer erstiegen. Drüben ging es in einer Mulde weiter, eine nicht gar steile Spitze hinan, und als wir uns da oben befanden und ich sorglos weiter schreiten wollte, hielt der Aymara mich am Arme zurück und warnte:

»Sennor, nicht so rasch. Die Wächter, welche sich bei den Pferden befinden, würden Sie zu früh sehen.«

»Wo sind sie denn?«

»Kommen Sie langsam!«

Er ergriff meine Hand und führte mich einige Schritte zur Seite. Dort fiel das Gestein in gelinder Senkung vielleicht dreißig Fuß abwärts, und gerade da weideten die Pferde, von den zwei Chiriguanos bewacht.

»Ah! wer konnte das ahnen,« sagte ich. »So schnell am Ziele zu sein, hielt ich nicht für möglich.«

»Am Ziele? Das sind wir noch nicht. Sie müssen doch erst die Wächter haben.«

»Wir sind über zwanzig Mann und sie nur zu zweien!«

»Aber wenn sie hier oben Lärm machen, ist der Sendador unten gewarnt.«

»Das weiß ich gar wohl und beabsichtige darum nicht, mit der Thüre ins Haus zu fallen. Die Leute kennen Sie doch und werden es nicht verdächtig finden, wenn Sie kommen und mich mitbringen.«

»Wenn ich dabei bin, wird man Sie nicht für einen Feind halten.«

»So gehen wir jetzt zu ihnen. Die andern folgen nach, sobald ich rufe.«

Wir beide, ich und der Aymara, schritten also weiter, die kurze Senkung hinab. Die Wächter hielten uns den Rücken zugekehrt; sie blickten hinab auf den See, dessen jetzt dünne Salzkruste wie mattes Silber heraufglänzte. Als sie unsere Schritte hörten, blickten sie sich um. Daß der Aymara kam, befremdete sie nicht; aber daß ich mich an seiner Seite befand, das machte sie gespannt. Vielleicht erinnerten sie sich der Beschreibung, welche der Sendador ihnen von mir geliefert hatte. Doch war die Gegenwart meines Führers ihnen Gewähr genug dafür, daß ich nicht in feindlicher Absicht komme. Sie wendeten sich an ihn mit Worten, welche ich nicht verstand. Ich wollte ihn nicht in Verlegenheit wissen und also lieber rasch handeln. Darum that ich schnell einige Schritte, um die Roten vor mich zu bekommen, packte den einen mit der Rechten, den andern mit der Linken im Genick, drückte sie zur Erde nieder und kniete auf sie, indem ich sie so fest wie möglich bei den Hälsen hielt und dabei nach den Tobas rief.

Ich hatte bei diesem Angriffe ganz allein auf mich gerechnet, da ich des Aymara nicht sicher zu sein glaubte; aber er zeigte, daß ich ihm vertrauen könne, denn er bückte sich auf den einen Chiriguano nieder und drückte ihm die Gurgel zusammen, so daß er nicht schreien konnte.

Die Tobas kamen schnell herbei, und so war es keine Kunst, die Wächter unschädlich zu machen. Wir befanden uns gerade über dem Lager des Sendador, ohne daß dieser eine Ahnung davon hatte.

Ich trat bis an den Rand des Felsens vor und blickte hinab. Da lagen sie faul und in allen möglichen Stellungen bunt untereinander. Ein wenig zur Seite saß der Sendador, mit dem Rücken gegen den Felsen gelehnt. Die Zeit wurde ihm wahrscheinlich zu lang. Gut, daß er nicht wußte, wie so bald sie ihm kürzer vergehen werde.

Oben, wo ich mich befand, waren lose Steine zu einem Kreuze vereinigt. Das war die Stätte, an welcher Gomarra seinen Bruder begraben hatte. Unweit derselben führte der schon mehr erwähnte Saumpfad zum See hinab. Diesen Weg verfolgte ich eine Strecke weit abwärts, bis ich eine geeignete Stelle fand, an welcher ich die Tobas postierte, indem ich ihnen den Auftrag gab, die Chiriguanos oder gar den Sendador ja nicht heraufzulassen. Sie sollten erst blind schießen, dann aber, wenn man den Zugang erzwingen wolle, auf die Roten schießen, womöglich jedoch den Sendador schonen und ihn lebendig zu ergreifen trachten. Dann kehrte ich mit dem Aymara auf dem Weg, welcher uns heraufgeführt hatte, nach unten zurück.

Die Gefährten hatten verborgen gelagert, mit Sehnsucht den Augenblick erwartend, wo wir uns dem Sendador zeigen würden. Sie glaubten ihn jetzt gekommen, aber der Aymara meinte:

»Wir müssen jetzt noch warten, Sennor. Ich habe Ihnen gesagt, daß noch zwei Wege mit Hütern besetzt sind. Diese Leute müssen doch wohl erst gefangen genommen werden!«

»Das ist nicht nötig, da sie uns keinen Schaden machen können.«

»Aber sie kommen doch herbei, und helfen dem Sendador!«

»Wie wollen sie das anfangen, da wir uns zwischen ihm und ihnen befinden? Sie werden froh sein, in unserm Rücken zu stehen, und sich sehr gern fern halten. Nehmen wir sie aber gefangen, so müssen wir sie bewachen und haben also nur Belästigung von ihnen. Wie ich mich vor diesen Chiriguanos fürchte und was für einen Respekt ich vor ihnen habe, das werde ich dir sofort zeigen.«

Ich ließ den vier Gefangenen die Fesseln ablösen und ihnen

sagen, daß sie gehen möchten, wohin es ihnen beliebe. Sie rannten, ohne ein Wort zu sagen, davon, als ob der Teufel hinter ihnen dreinjage, hüteten sich aber, in der Richtung nach dem Sendador sich zu entfernen, da ich das nicht geduldet hätte.

Nun konnten sie uns nicht mehr belästigen, und es war für uns Zeit, den Tanz zu beginnen. Wir bestiegen die Pferde, deren wir nun vier erbeutet hatten, und ritten, nach links biegend, langsam zwischen dem See und der Felswand hin.

Ich zog mein Fernrohr und richtete es im Reiten hinüber nach dem Sendador. Bald sah ich, daß wir bemerkt wurden. Er und seine Leute sprangen auf, griffen zu den Waffen und standen dann still, um uns zu beobachten.

Während meine Leute langsam vorrückten, hielt ich an, um besser durch das Rohr sehen zu können. Ich erblickte die Züge des Sendador sehr deutlich. Er war der einzige Weiße der ganzen Gesellschaft. Die Waffen der Roten bestanden nur aus Bogen, Pfeilen und Lanzen. Wie er mit ihnen gegen uns aufkommen wolle, wäre mir ganz unbegreiflich gewesen, wenn ich mir nicht gesagt hätte, daß er mich jedenfalls nicht in solcher Begleitung erwartet hatte.

Er blickte voller Spannung zu uns herüber. Die Entfernung war noch zu groß, als daß er den einzelnen hätte unterscheiden können. Je geringer dieselbe wurde, desto deutlicher sah er, und endlich bemerkte ich, daß er unter den lebhaftesten Gestikulationen auf seine Roten einsprach und dabei oft nach uns herüber zeigte. Er wußte jetzt, wer wir waren.

Ich jagte den Gefährten nach, ritt ihnen eine ganze Strecke voraus, so daß ich die Roten mit dem bloßen Auge beobachten konnte. Der Sendador sah und erkannte mich. Hätte ich ihn töten wollen, so wäre mir das ein leichtes gewesen; meine Büchse hätte noch weiter als bis zu ihm gereicht. Er richtete sich hoch auf und rief mir mit möglichst lauter Stimme zu:

»Kommst du endlich, Hund? Diesesmal wirst du bellen, aber nicht beißen; dafür wird es dich dein Fell kosten!«

Er legte die Flinte an und drückte los. Die Kugel schlug ganz nahe bei mir in den Boden, so daß die vom Hochwasser zurückgelassene Salzkruste aufstäubte. Der Kerl hatte sich unterwegs ein sehr gutes Gewehr zu verschaffen gewußt.

»Sennor, soll ich ihm mit einer Kugel antworten?« fragte Pena erbost.

»Nein; ich will ihn lebendig haben. Wenn er eine Antwort bekommen sollte, würde ich sie ihm selbst geben.«

»Aber Ihre Berechnung ist falsch. Es zieht nur die Hälfte der Roten ab, der Höhe zu; die übrigen bleiben halten, doch wohl, um sich zu wehren.«

»Das scheint freilich so. Hm, da kommt mir ein Gedanke. Sollte auch der Sendador den Pfad kennen, welchen der Aymara mir vorhin gezeigt hat?«

»Ja, denn er ist doch wohl noch öfter dagewesen als der Aymara.«

»So kann ich mir seine scheinbare Sorglosigkeit nun ganz gut erklären. Er will uns auf diesem Pfade die Hälfte seiner Leute in den Rücken schicken.«

»Wenn er das beabsichtigt, so wird er sich wundern und gewaltig staunen, sobald er bemerkt, daß der Weg von uns bereits besetzt und er also überlistet worden ist.«

»Das wird sehr bald geschehen, denn die eine Abteilung seiner Leute verschwindet soeben in der Mündung des Saumpfades. In einigen Minuten werden wir die Schüsse unserer Tobas hören.«

Der Sendador hielt mit der zweiten Hälfte seiner Leute noch an dem Platze, an welchem er sich befunden hatte. Dann rückte er uns schnell eine kleine Strecke entgegen, um seinerseits nun auch den Weg zu erreichen. Es war also klar, daß, während die erste Abteilung bergauf eilte, um uns in den Rükken zu kommen, er sich mit der zweiten unten im Felsenwege, wo er Deckung fand, festsetzen wollte.

Ich stieg vom Pferde, und die andern folgten meinem Beispiele. Wir wollten die Tiere nicht der Gefahr, verwundet zu werden, aussetzen; sie blieben unter der Aufsicht einiger Tobas zurück.

»Sennor, jetzt müssen wir aber schießen,« bemerkte Pena eifrig, »sonst setzen sich die Schufte hinter den Felsen fest.«

»Mögen sie!«

»Was? Wie? Wenn sie dort einmal festsitzen, können wir sie nicht mehr vertreiben.«

»Gewiß doch!«

»Aber mit Blutverlust, während wir, wenn wir ihnen jetzt eine tüchtige Salve geben, ihnen einen so heillosen Respekt einjagen, daß sie sich vielleicht augenblicklich ergeben.«

»Das werden sie auch dann thun, wenn wir nicht vorher die Hälfte von ihnen erschießen.«

»Wieder diese berühmte Humanität! Sie werden jedenfalls abermals sehen, daß Sie nicht weit mit derselben kommen. Man sollte sich doch eigentlich nicht so sehr nach Ihrem Willen richten.«

»Das ist wahr und richtig!« stimmte Gomarra zornig bei. »Jetzt haben wir die Kerle so prächtig vor uns, und wenn wir diesen Augenblick nicht benutzen, so verbergen sie sich hinter die Felsen und putzen uns nach einander einzeln weg. Der Teufel hole die Humanität! Ich thue, was ich will; die Rache ist mein!«

Er legte sein Gewehr an, zielte auf den Sendador und drückte ab. Die Kugel ging fehl und traf einen Roten, dem sie durch den Kopf ging, wie wir später bemerkten. Das war so schnell geschehen, daß ich es nicht hatte verhindern können. Der Zorn wollte mich fast übermannen; ich nahm Gomarra beim Kragen, schüttelte ihn tüchtig ab und schrie ihn an:

»Mensch, wie können Sie das thun! Sehen Sie nicht, daß Sie einen Unschuldigen getroffen haben? Sie sind ein Mörder!«

»Pah!« antwortete er. »Es ist doch nur ein Wilder!«

»Ein solcher ist ebensoviel wie Sie, vielleicht noch mehr wert!«

»Oho! Wollen Sie abermals mit mir anbinden?«

»Fällt mir nicht ein. Mit Menschen Ihresgleichen binde ich nicht an. Aber ich verbiete Ihnen, ohne meine Erlaubnis zu schießen!«

»Was haben Sie mir zu befehlen?«

»Was mir beliebt. Und wenn Ihnen das nicht recht ist, so

können Sie gehen, wohin Sie wollen, wie ich Ihnen schon einmal gesagt habe. Verstanden?«

»Und wenn ich aber dennoch bleibe und schieße?« rief er mir mit zornig blitzenden Augen zu.

»So thue ich das, was ich schon einmal gethan habe – ich schlage Sie zu Boden, aber etwas derber als damals. Ich gebe Ihnen mein Wort, daß ich es thue. Ob Sie dann jemals wieder aufstehen werden, ist mir ganz egal, denn wer das Leben eines Chiriguano nicht achtet und doch selbst ein Roter ist, der verdient auch den Atem nicht.«

Diese Drohung schien ihn eingeschüchtert zu haben, denn er antwortete nicht. Ich konnte mir aber nicht verheimlichen, daß die Mehrzahl meiner Kameraden im stillen seiner Meinung war, wie ich aus ihren Blicken ersah und ihrem leisen, heimlich sein sollenden Flüstern entnahm. Einer aber war einverstanden, der Bruder. Er drückte mir die Hand und sagte:

»Recht so! Es ist zwar nicht weltlich klug gehandelt, aber das Gewissen befiehlt es so. Wir kommen trotz der Nachsicht, die wir üben, doch zum Zwecke.«

»Zumal bei all dieser Rederei nun die richtige Zeit zum Angriffe verflossen ist. Die Roten sind mitsamt dem Sendador verschwunden.«

»Werden aber sehr bald wiederkommen.«

Der Sendador befand sich jetzt mit allen seinen Leuten zwischen den Felsenböschungen des Saumweges. Sogar den von Gomarra getroffenen Indianer hatte man mitgenommen. Wir rückten langsam nach. Da krachten Schüsse, welche genau so klangen, als ob sie im Innern des Berges abgefeuert worden seien. Darauf erscholl ein wildes Geheul, und Schüsse antworteten darauf.

»Es wird Ernst!« sagte der Bruder. »Unsere Tobas sollten doch erst einmal blind feuern?«

»Ja. Die zweite Salve hat jedenfalls Opfer gekostet; die Chiriguanos haben sich nicht aufhalten lassen wollen.«

»Werden sie zurückgedrängt, so nehmen wir sie auf uns. Dann ist das Blutvergießen nicht zu vermeiden.«

»Vielleicht doch. Ich habe bisher den Sendador geschont.

Nun aber werde ich ihm eine Wunde geben, die ihn kampfunfähig macht. Das wird die Chiriguanos so erschrecken, daß sie sich ergeben und er kann uns nun auch nicht mehr entkommen.«

Die Schüsse der Tobas krachten noch immer von oben herab, und das Kampfgeschrei war noch nicht verstummt, ja, es schien ärger als vorher zu werden. Dann gab es ein entsetzliches Gebrüll, auf welches plötzliche Stille eintrat. Unsere Leute hatten nun die Stelle erreicht, wo der Saumpfad aus dem Freien in den Felsen trat; da flog ihnen eine ganze Wolke von Pfeilen entgegen, so daß sie schnell zurückweichen mußten, um sich zu decken.

»Hab's gedacht!« murrte Pena, indem er sich eine Pfeilspitze aus dem Unterschenkel zog. »Nur um Gottes willen ja keinen Tropfen Feindesblut vergießen; das unserige aber mag fließen!«

»Wer ist schuld daran?« fragte ich. »Wer heißt Ihnen denn, sich den Pfeilen auszusetzen? Sie wollten sich von mir nichts mehr sagen lassen und haben auf eigene Faust gehandelt. Nun brummen Sie nur nicht etwa mich an, da Sie von einem Spitzchen geritzt worden sind!«

»Spitzchen? Geritzt? Da hört doch alles auf! Ein Glück nur, daß diese Pfeile nicht vergiftet sind! Wie wollen Sie denn übrigens die Roten überwältigen, wenn Sie nicht angreifen?«

»Das sollen Sie sofort sehen.«

»Bin neugierig!«

Unweit des Ufers lag ein Felsenstück von nicht unbedeutender Größe. Ich winkte den Steuermann zu mir, und er half mir den Stein bis zum Eingang des Saumpfades wälzen. Zwischen der Felswand und dem Steine blieb eine Lücke, groß genug, um den Lauf eines Gewehres hindurchzustecken.

Dann legte ich mich zur Erde, nahm den Stutzen und kroch bis zu der Lücke. Sie erlaubte mir, den unteren Teil des aufwärts steigenden Weges überblicken zu können, ohne getroffen zu werden.

Da standen rechts und links an die Wände gelehnt die Chiriguanos, die Pfeile schußbereit in den Händen, sobald sich einer von uns unten sehen lassen werde. Andere schossen unausgesetzt nach dem Steine, hinter welchem ich steckte und dessen Zweck sie leicht errieten. Weiter oben stand der Sendador und redete lebhaft in einen Roten hinein, welcher besorgt auf die Männer deutete, welche von dort herab kamen. Mehrere von ihnen waren verwundet; auch zwei Tote brachte man getragen. Man sah es den verschiedenen Gesten und den Gesichtern der beiden Sprechenden an, daß sie sehr verschiedener Meinung seien. Der Rote riet jedenfalls zum Abbruch des Kampfes, während der Sendador die Fortsetzung desselben verlangte.

Ich beschloß, der Meinung des ersteren Nachdruck zu verleihen, und legte meinen Stutzen auf den Sendador an. Die Kugel desselben war klein, während diejenige des Bärentöters nicht nur eine größere Wunde gerissen, sondern vielleicht auch noch den Knochen zerschmettert hätte. Der Sendador war dem Tode geweiht, das wußte ich; aber nicht ich wollte derjenige sein, der das Blut dieses Mannes auf seine Seele nahm.

Ich zielte sehr genau und länger als gewöhnlich auf den rechten Oberarm, welchen er heftig bewegte; ich wollte ihn nur in den rechten treffen, um ihn kampfunfähig zu machen; eine Verwundung des linken Armes hätte diese Folge wohl nicht gehabt. Jetzt hielt er ihn drohend empor, und ich drückte ab. Der Arm sank nieder, und der Sendador stieß einen Schrei aus. Er befühlte das verwundete Glied mit der linken Hand, wendete sich dann abwärts, richtete einen grimmigen Blick nach dem Steine und schrie mit solcher Stimme, daß ich trotz der Entfernung jedes Wort verstand:

»Hund, ich weiß, wer geschossen hat. Sei verflucht, deutsche Kanaille!«

Das war sehr unklug von ihm. Er mußte doch erkennen, daß der Sieg von ihm nun unmöglich zu erreichen sei; indem er mich beleidigte, verschlimmerte er doch nur seine Lage.

Er schien ins Wanken zu kommen. Zwei Indianer faßten ihn und führten ihn fort, nach einer Stelle, wo ich ihn nicht mehr sehen konnte. Der Rote, welcher mit ihm gesprochen hatte, verschwand mit ihm, kehrte aber schon nach kurzer Zeit zurück. Es versammelten sich andere um ihn, welche sich lebhaft mit ihm unterhielten. Dann band einer von ihnen ein Tuch an die Spitze seiner Lanze und kam, diese improvisierte Friedensfahne schwingend, langsam den Saumpfad herab.

Ich sah aus den Bewegungen seiner Hände und aus seinem Mienenspiele, daß er den rechts und links postierten Indianern das Schießen verbot. Darum erhob ich mich hinter meinem Steine, trat in die Mitte des Weges und erwartete den Parlamentär. Meine Gefährten kamen auch herbei. Der Kampf ruhte für jetzt. Als der Mann herbeigekommen war, verbeugte er sich ungelenk und sagte in sehr gebrochenem Spanisch:

»Sennores, der Häuptling sendet mich. Wenn ihr ihn um Frieden bittet, wird er euch denselben vielleicht gewähren.«

Die erste Antwort, welche er erhielt, war ein allgemeines, lautschallendes Gelächter. Ich war der einzige, der mit Mühe seinen Ernst zu wahren vermochte. Der Bote wurde hochverlegen, hatte aber nicht anders sprechen können, als ihm befohlen worden war. Darum antwortete ich, als das Lachen so ziemlich verschollen war:

»Gehe, um deinem Häuptling zu sagen, daß, wenn er, nämlich er, nicht sofort um Gnade bittet, meine Leute von oben herab und von hier unten hinauf euch zusammendrängen und wie ein Nest voller Mäuse zerstören werden!«

»Sennor, Sie sind wohl – – –«

»Gehe, gehe!« wehrte ich seine Rede ab. »Ich habe dir gesagt, was ich verlange, ich mag kein weiteres Wort hören. Ich schieße gern, spreche aber wenig!«

Das schüchterte ihn so ein, daß er sich schleunigst entfernte.

»Wir haben durch die Ankunft dieses Parlamentärs viel gewonnen,« bemerkte ich.

»Möchte wissen, was,« brummte Pena mißmutig.

»Nun, stehen wir nicht unbelästigt hier, und vermögen wir nicht mit unsern Gewehren den Pfad zu bestreichen? Das konnten wir vorher nicht. Legt nur eure Flinten an die Wangen. Das wird meine Antwort bedeutend unterstützen.«

Der Parlamentär kam bei dem oben stehenden Häuptlinge

an und sagte ihm meine Worte. Der Anführer sah zu uns nieder und erblickte die Mündungen der vielen auf seine Roten gerichteten Gewehre. Das machte ihn so bestürzt, daß er schnell hinter der Krümmung des Saumpfades verschwand, jedenfalls um mit dem dort befindlichen Sendador zu sprechen. Er kehrte erst nach längerer Zeit zurück, erteilte dem Boten neue Instruktion und dieser kam wieder zu uns herab.

»Sennor,« sagte er, »der Häuptling wünscht den Frieden, wenn Ihr uns alle ziehen lasset.«

»Auch den Sendador mit?«

»Ja.«

»Sage deinem Häuptlinge, daß wir Freunde der Chiriguanos sind. Wir haben sechs eurer Wächter gefangen und bereits vieren von ihnen die Freiheit gegeben. Wir wollen nicht mit euch kämpfen; wir verlangen weder euer Leben, noch eure Freiheit oder euer Hab und Gut. Wir wollen jetzt und stets im Frieden mit euch leben, aber wir verlangen den Sendador ausgeliefert, damit er sich für alles, was er gegen uns unternommen hat, verantworten möge. Liefert ihr ihn uns aus, so seid ihr frei und könnt gehen, wohin ihr wollt. Ich gebe euch nur zehn Minuten Zeit. Ist bis dahin euer Entschluß noch nicht gefaßt, so marschieren wir hier in den Pfad hinein, um euch unseren oben auf der Höhe stehenden Leuten in die Arme zu treiben. Es wird dann von euch keiner leben bleiben, der die Toten zählen kann. Also nur zehn Minuten, sage das dem Häuptlinge!«

Er ging trübselig von dannen. Der Bruder fragte mich:

»Warum bestehen Sie so auf diesen zehn Minuten?«

»Weil es uns Vorteil bringt. Ich denke, die Roten möchten, um sich selbst zu retten, uns den Sendador ganz gern ausliefern, aber sein Einfluß auf sie ist groß, und er wird ihnen solche Versprechungen machen, daß die Verhandlung sich wohl in die Länge ziehen wird. Dies benutzen wir, indem wir hier geschlossen und mit erhobenen Läufen vorrücken. Es ist kein Waffenstillstandsbruch, wenn wir die zehn Minuten respektiert haben. Indem wir vorgehen, drängen wir die Roten, welche keinen Widerstand wagen werden, nach oben. Sie verlieren immer mehr Terrain und werden zuletzt so eingeengt, daß sie sich ohne weitere Verteidigung ergeben müssen.«

Meine Voraussetzung bewahrheitete sich. Nach der angegebenen Zeit setzten wir uns in Bewegung. Die erschrockenen Indianer, welche den Pfad besetzt hielten, wichen zurück. Ihr Geschrei lockte den Häuptling herbei. Er sah die Mauer von Gewehrläufen, welche stetig, Schritt um Schritt, nach oben rückte, und verschwand augenblicklich wieder hinter der Krümmung des Weges.

Als wir diese erreichten, erblickten wir die Schar der Roten; sie trugen ihre Toten und Verwundeten, auch der Sendador war bei ihnen, und eilten soeben um eine zweite Krümmung des Saumpfades.

Natürlich eilten wir ihnen schneller als bisher nach. Es war ja möglich, daß sie beabsichtigten, sich nach oben durchzuschlagen. Als wir die Drehung des Weges hinter uns hatten, überblickten wir die Situation.

Der Pfad führte von hier aus in schnurgerader Richtung nach der Höhe des Felsens; er war wie künstlich in das Gestein gehauen, so daß man weder nach rechts noch links zu weichen vermochte. Unten kamen wir; da gab es keinen Erfolg für die Roten; sie hatten also ihre Hoffnung aufwärts gerichtet.

Dort standen die zwanzig Tobas, bei ihnen ein Chiriguano mit der Friedensfahne. Er hatte gemeldet, daß unten unterhandelt werde, und daraufhin hatten die Tobas mit Schießen eingehalten; sie glaubten nun, so lange dieser Mann mit seiner Fahne dastehe, sich nicht feindselig verhalten zu dürfen. Das aber wollten die Chiriguanos benutzen und sich mit dem Sendador durchdrängen.

Um diesen Plan zunichte zu machen, schoß ich meine schwere Büchse ab. Der Knall, dessen Stärke durch den vielfachen Wiederhall verzehnfacht wurde, lenkte die Augen der Tobas auf uns; sie sahen uns kommen mit den Waffen in den Händen, wie zur Verfolgung der Feinde, und wußten nun, was sie zu thun hatten.

Ich sah, daß sie den Fahnenträger einfach niederschlugen

und ihre Gewehre und sonstigen Waffen auf die Chiriguanos richteten. Aus der Mitte derselben erklang eine laute Stimme, doch waren die Worte wegen der Größe der Entfernung nicht zu unterscheiden. Von oben wurde geantwortet. Rede wechselte mit Gegenrede, und das gab uns Zeit, bis auf Hörweite heranzukommen. Pena rief den Tobas zu, die Feinde nicht durchzulassen; die ersteren traten enger zusammen und die letzteren sahen sich zwischen unempfindlichen Felsen und unerbittlichen Feinden so eingeengt, daß ihnen jede Hoffnung weichen mußte. Da trat der Parlamentär aus ihren Reihen, kam zu mir und meldete:

»Sennor, der Sendador will mit Ihnen reden.«

»Er mag kommen.«

»Nein, Sie sollen zu uns kommen.«

»Das fällt mir gar nicht ein!«

»Er sagt, daß Sie es wagen können; es werde Ihnen nichts geschehen.«

»Nichts, als daß man versuchen wird, mich festzunehmen, um einen Geisel zu haben, gegen welchen er und auch ihr alle eure Freiheit erhaltet! Er hat schon oft gelogen und man darf ihm nicht trauen. Ich aber lüge nicht. Wenn er kommt, so kann er nach der Unterredung zu euch zurückkehren; ich gebe ihm mein Wort darauf und werde dasselbe sicherlich halten.«

»Ich werde ihm das sagen.«

Der Mann entfernte sich wieder und kam nach kurzer Zeit mit dem Vorschlage zurück, daß der Sendador mich auf der Stelle treffen wollte, welche mitten zwischen unseren gegenwärtigen Positionen liege; aber keiner solle einen Begleiter mitbringen, und die Waffen seien auch zurückzulassen. Ich ging auf diesen Vorschlag ein und schritt gleich hinter dem Boten her, bis ich an der betreffenden Stelle anlangte. Meine Gefährten schienen sich zu ärgern, daß ich sie nicht um ihre Zustimmung gebeten hatte. Vielleicht dachten sie, daß ich gar die Absicht hege, ein Uebereinkommen abzuschließen, ohne sie vorher um Rat und Genehmigung gefragt zu haben, denn ich vernahm ihre unwilligen Stimmen, und dann rief Pena mir zu:

»Sennor, wir wollen Ihnen noch eine Frage vorlegen.«

»Dazu ist später Zeit,« antwortete ich ihm.

»Nein; wir müssen wissen, was Sie vorhaben.«

»Das werde ich Ihnen später mitteilen. Ich werde auf keinen Fall etwas unternehmen, ohne Ihre Zustimmung geholt zu haben. Uebrigens, wenn Sie Mißtrauen in mich setzen, so kommen Sie selbst, um an meiner Stelle mit dem Sendador zu sprechen!«

»Alle Wetter! Das fällt mir freilich nicht ein. Nein, bleiben Sie nur dort!«

Ich fand keine Zeit, mich über das mir gezeigte Mißtrauen zu ärgern, denn jetzt kam der Sendador auf mich zu. Es war ein eigenes Gefühl, welches ich empfand, als ich diesen Mann hier nun abermals erblickte, ein abgehetzter, dem Tode geweihter Verbrecher, welcher bei Gott keine Gnade sucht und bei den Menschen keine findet.

Er trug den rechten Arm in einer improvisierten Binde. Als er vor mir stehen blieb, blickte er mir mit scharfen, finsteren Augen in das Gesicht, als ob er mein Inneres ganz durchdringen wolle. Ich muß gestehen, daß es mir herzlich leid um ihn that. Was hätte dieser Mann bei seinen hohen Gaben, wenn er auf dem rechten Wege geblieben wäre, sein können, und was war er geworden, da sein Fuß die Irrwege des Verbrechens betreten hatte! Bei den Verhältnissen des Landes, in welchen er lebte, hätte er es zu hohen Ehrenstellen bringen können; nun aber stand er vor mir als ein ebenso gehaßter wie gefürchteter Verbrecher, dem keine Gnade gegeben werden sollte, welcher vielmehr dem baldigen und gewaltsamen Tode entgegen ging. Es erfaßte mich eine unbeschreibliche, milde Regung. Wäre es jetzt auf mich angekommen, wahrhaftig, ich hätte ihn gegen das Versprechen der Besserung laufen lassen.

»Da haben wir uns ja wieder,« sagte er mit ungewisser Stimme und indem er zu lächeln versuchte, aber nur eine krampfhafte Verzerrung des Gesichtes hervorbrachte. »Die Verhältnisse sind genau dieselben. Werden wir auch wieder so glatt und schnell auseinander kommen?«

»Schwerlich, denn die Verhältnisse sind nicht dieselben,

sondern ganz andere. Als wir uns das letztemal sahen, befand ich mich in Ihren Händen; jetzt aber sind Sie in meiner Gewalt.«

»Noch nicht!«

»Gewiß! Wenn Sie es noch bezweifeln sollten, so blicken Sie um sich. Sie sind mit Ihren Leuten von uns eingeschlossen.«

»Allein wir werden uns wehren, bis zum letzten Mann sogar!«

»Welchen Nutzen werden Sie davon haben? Keinen, nicht den mindesten. Sie müssen sich das eingestehen, wenn Sie es mir auch nicht zugeben.«

»Wir sind unser noch genug, um die Mehrzahl von Ihnen zu töten!«

»Selbst wenn ich Ihnen da recht geben müßte, würden Sie gezwungen sein, einzugestehen, daß wenigstens eine Anzahl von uns Sie alle überleben würde. Selbst in diesem Falle würde keiner von Ihnen entkommen.«

Er sah finster vor sich nieder und antwortete nicht; ich fuhr fort:

»Aber die Sache liegt ganz anders. Vergleichen Sie Ihre Leute und Ihre Waffen mit den meinigen!«

»Ihre Waffen haben wir zu fürchten; aber meine Chiriguanos sind ebenso tapfer wie Ihre Tobas.«

»Möglich, aber ich bezweifle es. Ich habe gar wohl bemerkt, daß Ihre Indianer sich weigern, den nutzlosen Kampf fortzusetzen; sie sehen ein, daß sie durch einen schnellen Friedensschluß nur gewinnen können, und ich habe dem Häuptlinge bereits gesagt, daß wir sie in diesem Falle ruhig ihres Weges ziehen lassen werden.«

»Das haben Sie gesagt?« fragte er schnell. »Also darum riet dieser Rote zur Ergebung!«

»Hat er das gethan? Nun, so sehen Sie, daß meine Voraussetzung die richtige ist. Sehen Sie meine Leute an! Ich brauche nur ein einziges Wort auszurufen, so krachen alle ihre Gewehre; diejenigen Ihrer Roten, welche da nicht getroffen werden, wird die zweite Salve wegfegen, ohne daß sie Zeit zum

Schießen gefunden haben. Ich bin überzeugt, daß kein einziger Toba verwundet oder gar getötet wird. Von meinen weißen Begleitern und mir selbst will ich gar nicht sprechen. Es bleibt eben für Sie nichts übrig, als sich zu ergeben.«

»Und was haben Sie in diesem Falle in Beziehung auf mich beschlossen?«

»Noch nichts.«

Sein Blick senkte sich wieder zur Erde. Ich wartete, bis er sprechen werde. Er schien nach Auswegen zu suchen, aber keine zu finden. Wenn auch nicht gegen mich, gegen sich selbst aber mußte er aufrichtig sein und sich sagen, daß es für ihn keinen Ausweg gebe, wenigstens keinen, der mit Gewalt zu erzwingen war. Gab es je Rettung für ihn, so konnte er sie nur durch List erreichen. Das wußte ich ebenso gut wie er und nahm mir deshalb vor, mich nicht übertölpeln zu lassen.

»Seien Sie also klug,« sagte ich, »und fügen Sie sich!«

»Um mich dann von Ihnen umbringen zu lassen! Ich danke! Hätte ich doch Sie niemals kennen gelernt!«

»Ich hege ganz denselben Wunsch! Da wir es nun aber miteinander zu thun haben, so müssen wir eben mit diesen Thatsachen rechnen.«

»So sagen Sie mir aufrichtig, was mit mir geschehen wird, wenn ich Ihrer Aufforderung folge und mich ergebe.«

»Hm! Ich glaube, daß Sie sich das selbst sagen können.«

»Man wird mich töten?«

»Wahrscheinlich.«

»Auf Ihren Befehl?«

»Nein.«

»Ja, das dachte ich. Was Sie wollen, das weiß ich genau. Sie würden mich vielleicht entfliehen lassen.«

Er sah mich dabei prüfend an; ich antwortete ihm kopfschüttelnd:

»Täuschen Sie sich nicht! Ihr Tod kann mir allerdings nichts nützen; aber so, wie ich es am Nuestro Sennor gemacht habe, würde ich es keinesfalls wieder thun. Ich verhalf Ihnen zur Flucht; Sie täuschten mein Vertrauen, lockten uns in einen Hinterhalt, und nahmen uns gefangen. Sollte ich ja auf den

Gedanken kommen, Ihnen die Freiheit zu geben, so würde ich Sie sicher vorher unschädlich machen.«

»Auf welche Weise?«

»Auf keine, denn es giebt Ihnen gegenüber keine, und also ist gar nicht daran zu denken, daß ich Ihnen Hoffnung geben kann.«

»Und doch! Ich bin überzeugt, daß Sie mir behilflich sein werden, von hier zu entkommen.«

»Und ich sage Ihnen, daß Sie sich da gewaltig irren. Ganz abgesehen von mir und meinen Begleitern, von allem, was Sie uns gethan und gegen uns beabsichtigt haben, sind Sie ein so allgemein gefährlicher Mann, daß es eine Sünde gegen andere und uns Fremde wäre, Sie wieder auf freien Fuß gelangen zu lassen.«

»So sagen Sie wenigstens, was ich Ihnen gethan habe! Können Sie mir etwa beweisen, daß ich Ihnen nach dem Leben getrachtet habe?«

»Nun, ich dächte doch!«

»Nein, ich wollte mich Ihrer Person bemächtigen, weil ich glaubte, es werde mir mit Ihrer Hilfe möglich sein, die Pläne und Kipus zu entziffern.«

»Und wenn diese Voraussetzung eingetroffen wäre, was hätten Sie dann gethan?«

»Ich hätte Sie reichlich belohnt entlassen.«

»Das machen Sie mir lieber gar nicht weis. Ich kenne das Schicksal, welches mich dann betroffen hätte, sehr genau.«

»Sie irren. Und sagen Sie mir doch, was Ihre Gefährten zu fürchten hatten? Ich hätte sie ermorden können; aber ich habe es nicht gethan, sondern sie zu den Mbocovis bringen lassen.«

»Um zunächst möglichst viel Lösegeld zu erpressen und sie nachher verschwinden zu lassen, wie dies ja stets Ihre Art und Weise gewesen ist.«

»Gewiß nicht! Ich brauchte nur Sie. Durch Ihre Hilfe wollte ich mich in den Besitz der vergrabenen alten Schätze setzen. Dabei waren Ihre Begleiter mir natürlich im Wege. Darum wurden sie gefangen genommen und entfernt. Es gelang mir auch, Sie zu ergreifen. Wären Sie nicht entflohen, so befänden wir uns schon längst an Ort und Stelle, und Sie wären überzeugt, daß ich es gut mit Ihnen gemeint habe. Waren die Schätze gehoben, so hätte ich den Chiriguanos den Befehl erteilt, Ihre Begleiter frei zu lassen. Und das wollen Sie mir dadurch vergelten, daß Sie mir nach dem Leben trachten!«

»Ich persönlich trachte nicht nach demselben. In Ihrer jetzigen Lage sind Sie natürlich gezwungen, Ihr Verhalten zu beschönigen und Ihre Absichten als die besten darzustellen; aber Sie können unmöglich verlangen, daß ich Ihnen glaube.«

»Zum Teufel! Warum denn nicht?«

»Weil Sie mich bereits belogen haben, überhaupt, weil Sie der Sendador sind.«

»Sennor, ich glaubte, Sie würden verständiger denken!«

»Ich verhalte mich so verständig wie möglich, denn einem Manne, wie Sie sind, gegenüber, kann man den Verstand nicht anhaltend und scharf genug zu Rate ziehen.«

»Nun, mögen Sie von mir gedacht haben, was Sie wollen, jetzt meine ich es ehrlich, und Sie können mir vertrauen. Ich meine es wirklich gut mit Ihnen, wie ich sofort beweisen werde.«

»Dieser Beweis dürfte Ihnen wohl nicht leicht werden.«

»Sehr leicht. Ich habe mit Ihnen, aber auch nur mit Ihnen allein, also unter vier Augen sprechen wollen, um Ihnen einen Vorschlag zu machen.«

»Welchen?«

Ich fragte das, obgleich ich genau wußte, welchen Antrag ich zu hören bekommen würde. Jedenfalls wollte er mich verlocken, mit ihm nach seinem Versteck zu gehen, die Kipus zu entziffern und dann, falls mir dieses gelingen sollte, den Ort aufzusuchen, auf welchen sich die Aufzeichnungen bezogen. Ging ich auf diesen Plan ein, so erlangte er die Freiheit und konnte nach Belieben mit mir verfahren. Er hatte schon jetzt mit gedämpfter Stimme gesprochen. Nun antwortete er noch leiser als bisher:

»Lassen Sie mich frei. Dann heben wir die Schätze und teilen sie miteinander!«

Sein Auge war mit größter Spannung auf mich gerichtet. Ich antwortete ihm in sehr ernstem Tone:

»Sie haben mir schon einmal einen ähnlichen Vorschlag gemacht, und ich war so unvorsichtig, darauf einzugehen. Wir alle haben die bösen Folgen davon zu tragen gehabt. Zum zweitenmal lasse ich mich nicht bereden. Das können Sie sich denken.«

»Bedenken Sie, was ich Ihnen biete!«

»In Worten, ja; aber in der That bieten Sie mir das Gegenteil. Falls ich mich bereitwillig finden lassen wollte, könnte ich nur hinter dem Rücken meiner Freunde handeln, und nach den Erfahrungen, die wir mit Ihnen gemacht haben, würde das ein doppelter Fehler von mir sein.«

»Was gehen diese Leute Sie an? Sind sie Ihnen nicht ganz und gar fremd?«

»Nein. Wir sind Freunde geworden, und ich bin es ihnen schuldig, aufrichtig und ehrlich zu sein. Und zweitens gebietet mir die Sorge für mich selbst, Ihren Vorschlag zurückzuweisen.«

»Warum? Ich wüßte doch wirklich nicht, welche Bedenken Sie gegen denselben hegen könnten.«

»Nicht gegen den Vorschlag, sondern gegen die Ausführung desselben, welche eine ganz andere sein wird, als Sie mir jetzt versprechen.«

»Sennor, ich halte Wort! Ich schwöre es Ihnen zu!«

»Schwören Sie lieber nicht, denn einem Manne, welcher sein Wort nicht hält, wird auch der Schwur nichts gelten. Sie meinen, ich solle an meinen Freunden zum Verräter werden, indem ich hinterlistig mit Ihnen davonlaufe. Gelingt es mir, die Kipus zu lesen und die Zeichnungen zu verstehen, Ihnen also den Ort anzugeben, an welchem gesucht werden muß, so erhalte ich dann den wohlverdienten Lohn, den Tod.«

»Sennor!« rief er aus.

»Bemühen Sie sich nicht! Ich kenne Sie. Sie werden sich hüten, mit mir zu teilen. Lassen wir diesen Gegenstand fallen. Ein Gespräch über denselben führt zu keinem Ziele.«

»Wovon aber sollen wir denn da eigentlich sprechen?«

»Nur allein davon, ob Sie sich ergeben wollen oder nicht.«

»Also, Sie wollen meine Kipus nicht?«

»Nein, wenigstens von Ihnen nicht.«

Da lachte er halblaut vor sich hin und sagte:

»Sennor, jetzt wiederhole ich Ihnen Ihre eigenen Worte: Machen Sie mir nichts weis! Sie sind ganz des Teufels auf diese geheimnisvollen Schnüre, denn nur um ihretwillen sind Sie mir durch dick und dünn bis hierher gefolgt. Und das beruhigt mich, denn dieser Ihrer Gier werde ich mein Leben und sogar auch meine Freiheit zu verdanken haben.«

»Sie bauen Luftschlösser!«

»Gewiß nicht. Wenn Sie mich ermorden, stirbt mein Geheimnis mit mir, und das können Sie nicht wollen. Aus diesem Grunde sind Sie gezwungen, mich gegen Gomarra und Pena, welche die schlimmsten sind, in Schutz zu nehmen.«

»Ihre Berechnung ist falsch. Gomarra hat wegen seines ermordeten Bruders mit Ihnen abzurechnen, und ich fühle weder die Lust, noch die Verpflichtung, ihm hinderlich zu sein.«

»So müssen Sie also auf die Kipus und die an ihnen hängenden Schätze verzichten!«

»Auch hierin täuschen Sie sich. Ich werde die Kipus von Ihnen erhalten.«

»Oho! Werde mich hüten, Ihnen zu sagen, wo sie sich befinden!«

»Das weiß ich; aber ich werde es dennoch erfahren.«

»Durch wen denn? Niemand außer mir weiß, wo sie sind.«

»Gomarra kennt den Ort genau, an welchem Sie die Flasche vergraben haben.«

»Sie halten mich für sehr dumm. Die Flasche habe ich weggeholt und anderswo versteckt.«

»Das kann ich mir leicht denken. Sie haben eine ganze Nacht gebraucht, um das Versteck zu ändern.«

»Wer sagte Ihnen das?« fragte er erstaunt.

»Das ist Nebensache.«

»Nun, ich brauche es nicht zu erfahren. Aber wenn ich eine ganze Nacht gebraucht habe, um ein anderes und besseres

Versteck zu suchen, so müssen Sie sich doch sagen, daß es sehr schwer zu finden sein wird.«

»Höchst wahrscheinlich sogar sehr leicht. Gerade weil Sie die Nacht dazu genommen haben, ist es Ihnen nicht möglich gewesen, Ihre Spuren zu verbergen. Ich lasse mich von Gomarra an die betreffende Stelle führen und hoffe sehr zuversichtlich, daß ich Ihre Fährte finde, welche mich zum neuen Verstecke führen wird.«

»Da hoffen Sie freilich viel zu viel, Sie personifizierter Scharfsinn Sie!« rief er höhnisch aus.

»Lachen Sie immerhin!« antwortete ich gelassen. »Ich habe noch ganz andere Dinge zustande gebracht.«

»Was denn?«

»Habe ich nicht meine Gefährten befreit? Wie konnte ich wissen, wo sie sich befanden?«

»Ja, in dieser Beziehung sind Sie ein Teufel. Wagt dieser Mensch sich ganz allein nach der Laguna de Bambu, um die Gefangenen zu holen!«

»Nun, so ganz allein war ich nicht. Ich hatte die Tobas bei mir.«

»Diese Hunde! Dachte es mir, als ich sie heute bei Ihnen sah!«

»Diese waren es nicht, denn sie haben wir erst hier getroffen. Es waren die Tobas des alten Desierto.«

»Unmöglich!« rief er aus, wobei ich sah, wie sehr er erschrak.

»Herr,« lachte ich ihn an, »jedes Kind konnte sich denken, daß wir von der Laguna de Carapa aus nach der Laguna de Bambu gehen würden. Und Sie sind doch wohl scharfsinniger als ein Kind, dessen ich mich als Beispiel bediene, weil Sie soeben dasselbe thaten.«

»Was konnte ich denn wissen? Ich war nicht dabei.«

»Nicht? Sie lügen. Ich habe Sie gesehen, und wenn nicht eine unverzeihliche Nachlässigkeit vorgekommen wäre, so hätten Sie uns nicht entkommen können. Wollen Sie etwa auch das leugnen, daß Sie des Nachts, als wir das Lager umzingelt hielten, mir nach dem Leben getrachtet haben?«

»Zum Henker!« knirschte er hervor. »Mit Ihnen ist wirklich nichts anzufangen.«

»Wenigstens Sie werden nichts fertig bringen. Sie wollten mich töten, und nun soll ich mich mit Ihnen verbinden und Ihnen mein volles Vertrauen schenken!«

»Ich habe Sie mir stets erhalten wollen, schoß aber in jener Nacht auf Sie, weil ich glaubte, daß die Tobas nichts machen könnten, wenn nur erst Sie tot seien.«

»Das ändert nichts an meinem Entschlusse. Fassen Sie sich kurz! Ergeben Sie sich?«

»Nein.«

»So sind Sie verloren. Liefern Sie sich aber freiwillig aus und geben Sie mir die Kipus, so werde ich nach Kräften auf Gomarra einzuwirken versuchen, um ihn zum Verzicht auf seine Rache zu bewegen.«

»Fällt mir nicht ein! Die Kipus sind das einzige Mittel, welches mir das Leben retten kann.«

»Ist das Ihr letztes Wort?«

»Ja.«

»So sind wir fertig. Gehen Sie!«

Ich drehte mich um.

»Sennor,« rief er mir zu, »ich sage Ihnen, daß wir uns bis auf den letzten Mann wehren werden!«

»Immerzu!«

Ich kehrte zu den Meinigen und er zu den Chiriguanos zurück. Pena fragte, was er mir für Vorschläge gemacht habe, und ich berichtete ihm die Wahrheit. Es war gar kein Zweifel an unserem Siege zu hegen. Die Tobas und wir Weißen hielten die Gewehre schußbereit, um sofort abzudrücken, falls auch nur ein einziger Feind seinen Bogen gegen uns anlegen werde. Aber das geschah nicht. Der Sendador war in dem dichten Haufen der Roten verschwunden, und wir ersahen aus ihren lebhaften Gestikulationen, daß mit großem Eifer verhandelt wurde. Dann sandte man uns abermals den Unterhändler, welcher die bereits erwähnte Fahne trug.

»Sennor,« meldete er, »der Häuptling wünscht noch einmal mit Ihnen zu sprechen.«

»Er mag kommen; aber es ist das letzte Mal!«

Der Rote kehrte zurück, und dann kam der Anführer langsam auf uns zugeschritten. Vor mir blieb er halten und fragte:

»Habt ihr es wirklich nur auf den Sendador abgesehen?«

»Ja,« antwortete ich. »Auf euch nicht.«

»Wenn wir ihn euch übergeben, dürfen wir in unsere Heimat zurückkehren?«

»Das dürft ihr. Freilich müssen wir vorsichtig sein. Ihr werdet uns die Waffen ausliefern müssen und erhaltet sie aber zurück, wenn wir uns von euch trennen.«

»Gut! Ihr sollt den Sendador haben!«

»Aber lebendig!«

»Natürlich, und unsere Waffen dazu! Er will, daß wir uns für ihn von euch niederschießen lassen sollen. Er ist unser Verbündeter, und wir würden ihn verteidigen, wenn wir nur den geringsten Erfolg erwarten könnten. Da ich dagegen war, raste er vor Zorn und beleidigte mich mit Worten, welche den besten Freund zum Feinde machen. Wartet nur wenige Augenblicke, so werden wir ihn bringen!«

Er entfernte sich wieder. Als er die Seinen erreichte und im Kreise derselben verschwand, bemerkten wir ein kurzes Durcheinander und hörten die fluchende, schreiende Stimme des Sendador. Dann öffnete sich der Knäuel, und der Häuptling erschien wieder, gefolgt von vier Kriegern, welche den an den Händen gefesselten Sendador geführt brachten.

»Da nehmt ihn hin,« rief uns der erstere schon von weitem entgegen. »Ich habe Wort gehalten und mag mit ihm nichts mehr zu thun haben. Meine Leute sind einverstanden. Ich hoffe, daß ihr nun auch euer Versprechen erfüllen werdet!«

Während dieser Worte waren die sechs Männer herangekommen. Nie hatte ich ein so grimmiges, von Wut verzerrtes Gesicht gesehen, wie dasjenige des Sendador.

»Ja, hier habt ihr mich!« zischte er mich an. »Die Hunde sind mir untreu geworden; sie hätten mich wohl nicht überwältigt, wenn Sie mir nicht den Arm zerschossen hätten! Das ist auch eins Ihrer Kunststücke, welche Ihnen der Teufel einst lohnen wird. Nun ist geschehen, was Sie wollten; ich befinde mich in Ihrer Gewalt; aber erreicht haben Sie Ihren Zweck noch lange nicht!«

Ich hielt es für unnötig, ihm eine Antwort zu geben, und wendete meine Aufmerksamkeit zunächst den Chiriguanos zu, welche entwaffnet werden mußten. Sie lieferten ihre Messer, Bogen, Pfeile und Lanzen ab; der Häuptling gab seine Flinte her, und dann zogen wir durch den Hohlweg hinauf zur Felsenplatte, wo sich die Pferde der Feinde befanden. Diese letzteren wurden in eine Ecke gewiesen, die von einer Reihe bewaffneter Tobas eingeschlossen ward.

Von hier oben hatten wir eine weite Aussicht auf den Salzsee. Der Häuptling sagte mir, wo sich die noch ausstehenden Posten befanden, meinte jedoch dann, als ich ihm wiederholte, daß wir die vier gefangenen Wärter freigelassen hätten:

»Die werden zu den andern gelaufen sein und sie benachrichtigt haben. Nun stecken sie alle irgendwo in der Nähe, um zu erfahren, was hier geschehen ist und noch geschehen wird, dann werden sie sich freiwillig zu uns finden. Was werdet ihr mit dem Sendador nun thun? Ihn töten?«

»Ich fürchte, daß er nicht zu retten sein wird.«

»Immerhin! Er hat mich einen Feigling genannt, wofür ich mir sein Blut nehmen muß. Laßt ihr ihn am Leben, so fällt er in meine Hände!«

Das war eine neue Verschlimmerung der Aussichten des Sendador, der sich jetzt so zu beherrschen wußte, daß er ganz fröhlich dreinschaute. Das ärgerte Pena und noch mehr Gomarra. Dieser letztere kam zu mir und sagte in zornigem Tone:

»Sehen Sie sich den Halunken an! Macht er nicht ein Gesicht, als ob wir seine Gefangenen seien und nicht er der unserige? Endlich befindet er sich wieder in unserer Gewalt, und diesesmal soll er mir nicht wieder entkommen. Oder haben Sie etwa abermals die Absicht, einen heimlichen Pakt mit ihm zu machen?«

»Nein.«

»Also gehört er mir?«

»Noch nicht.«

»Ich habe das erste und größte Recht der Rache!«

»Das gebe ich zu. Aber er ist unser aller Gefangener und ein jeder hat mit zu bestimmen. Wir wollen die Kipus haben. Was dann geschehen soll, das werden wir jetzt beraten.«

»Der Henker hole Ihre Beratung! Er gehört mir; er ist mein, und damit basta!«

Das klang so drohend und leidenschaftlich, daß ich antwortete:

»Keine Dummheit! Wer sich an ihm vergreift, ohne daß ich es ihm erlaubt habe, dem jage ich eine Kugel durch den Kopf.«

»Auch das noch! Sehen Sie dort das Kreuz? Da modern die Gebeine meines ermordeten Bruders. Soll diese That nicht ihre Strafe finden?«

»Sie soll es, aber in der gehörigen Weise. Der Thäter soll bestraft, aber nicht ermordet werden, verstanden?«

»Ich handle nach den Gesetzen der freien Pampa!«

»Ich auch. Verbietet dieses Gesetz etwa, daß verständige Männer über eine geschehene That zu Gericht sitzen?«

»Nein; aber ich kenne diese Gerichte, und ich kenne euch, besonders Sie. Wenn es auf Sie ankäme, so ließen Sie den Schuft frei und gäben ihm sogar noch ein Pferd, Waffen und Proviant mit auf den Weg.«

»Die Beratung soll sofort stattfinden; da wird es sich zeigen, was ich sage.«

»Ich stimme für den augenblicklichen Tod.«

»Du hast gar nicht mitzustimmen.«

»Ich nicht?« fragte er erstaunt.

»Nein, denn du bist der Ankläger und hast dich zur Seite zu halten und nur dann zu antworten, wenn du gefragt wirst.«

»Sennor, das dulde ich nicht!«

»Schweig'! Ich frage wahrlich nicht darnach, was dir gefällig ist. Wir werden beschließen, und du hast dich zu fügen. Zügle deine Leidenschaft, denn ich werde unserm Beschlusse Nachdruck zu geben wissen.«

»Und ich meinem Willen auch!«

Mit dieser Drohung wendete er sich ab und setzte sich in einiger Entfernung auf den Boden nieder. Darauf traten wir

Weißen zusammen, um über das Schicksal des Sendador zu entscheiden. Nur der Bruder und ich waren dafür, ihn mitzunehmen und der Obrigkeit zu übergeben; die andern stimmten dagegen und betonten ganz besonders die möglichen Zwischenfälle, durch welche der Verbrecher uns entrissen werden konnte. Kein einziger war für die Begnadigung desselben. Alle aber waren darin überein, daß wir die Kipus haben müßten.

Als die Beratung zu Ende war, erhielt ich den Auftrag, das Resultat derselben dem Sendador und Gomarra mitzuteilen. Wir umringten den ersteren und riefen den letztern herbei. Der Sendador schaute sehr hoffnungsvoll drein. Er deutete es jedenfalls für einen guten Umstand, daß wir nicht nach der Meinung Gomarras, seines größten Feindes, gefragt hatten.

»Nun,« lachte er mir entgegen, »sind die Herren Richter fertig? Was haben sie beschlossen?«

»Lachen Sie nicht! Ihre Lage ist sehr ernst,« antwortete ich ihm. »Sie haben den Tod vieler Menschen verschuldet, und da das Gesetz der Pampa gebietet, Gleiches mit Gleichem zu vergelten, so wird man kurzen Prozeß machen und Ihnen eine Kugel geben.«

Er entfärbte sich, stand von der Erde auf und rief aus:

»Eine Kugel? Wann?«

»Jetzt gleich.«

»Alle Wetter! Warum so schnell?«

»Weil Sie nicht verdienen, auch nur eine Minute länger zu leben.«

»Aber – aber – aber,« stotterte er erschrocken, »dann sind die Kipus für Sie verloren!«

»Auf welche Sie Ihre einzige und dabei so große Hoffnung gesetzt haben! Nun, ich gestehe, daß wir auf unser Verlangen freilich nicht verzichten, und stelle Ihnen folgende Bedingung: Liefern Sie uns die Kipus und die Pläne aus, so unterbleibt die Exekution!«

»Und ich werde frei?« fragte er, wieder aufatmend.

»Nein, denn so weit können wir nicht gehen, da dies eine Ungerechtigkeit gegen Gomarra wäre. Sehen Sie dort das Grab seines Bruders? In solcher Nähe des Thatortes können wir ihm nicht zumuten, sich einem Beschlusse zu unterwerfen, welcher Sie straffrei entkommen läßt. Antworten Sie uns die erwähnten Gegenstände aus, so lassen wir Sie allerdings laufen, aber ohne jede Waffe und ohne allen Proviant. Nach einer Viertelstunde kann Gomarra Ihnen folgen. Das übrige ist dann eure Sache.«

»Das ist der sichere Tod! Wie kann ich ohne Proviant entkommen und ohne Waffen mich gegen ihn wehren?«

»Wir beabsichtigen auch gar nicht, Ihnen die Mittel zu bieten, sich zur Wehre setzen zu können. Das wäre ja eine Belohnung Ihres Verbrechens.«

»Die Belohnung ist auch ohnedies schon da,« fiel Gomarra grimmig ein. »Ich habe geahnt, daß es so kommen werde! Ihn laufen lassen, und dann erst nach einer Viertelstunde ich hinter ihm drein! Wie soll ich ihn, der hier alle Schliche kennt, dann einholen? Er wird vom ersten besten Indianer, der ihm begegnet, Waffen erhalten, denn alle kennen ihn. Nein, damit bin ich nicht einverstanden!«

»Ich ebensowenig!« rief der Sendador. »Mein Arm ist zerschossen, und das Wundfieber würde mich nach kurzer Zeit niederwerfen. Dafür, daß ich die Kipus und die Pläne ausantworte, muß ich wirklich eine Möglichkeit und nicht nur den Schein einer solchen zum Entkommen haben.«

»Es bleibt bei unserm Beschlusse. Weder Sie, noch Gomarra können etwas daran ändern. Auch liegt es nicht in unserer Absicht, Ihnen eine lange Bedenkzeit zu geben.«

»Ich verlange nur eine Stunde Zeit zum Ueberlegen, und während derselben kann ich ordentlich verbunden werden.«

»Das gewähre ich Ihnen, aber dann nicht einen Augenblick länger.«

»Und wenn ich auf Ihren Vorschlag eingehe und Sie finden die Schätze, wer erhält dieselben?«

»Derjenige, dem sie gehören. Wahrscheinlich beabsichtigte der ermordete Padre, diese Gegenstände seinem Kloster in Tucuman zu bringen. Wir werden die nötigen Erörterungen anstellen. Läßt sich dann nichts über den Eigentümer entscheiden, so werden wir uns nach den Fundgesetzen derjenigen Provinz richten, zu welcher die betreffende Gegend gehört.«

»Also ich erhalte nichts – gar nichts?«

»Nein. Sie haben die Wahl zwischen dem Tode durch die Kugel und der Möglichkeit, Gomarra zu entkommen. In einer Stunde sagen Sie uns Ihre Antwort.«

»Ich wollte, Sie säßen hier an meiner Stelle, und ich befände mich in Ihrer Haut!«

»Das glaube ich, ist aber glücklicherweise nicht gut möglich.«

Da er an den Händen gebunden und sein rechter Arm schwer verwundet war, so brauchten wir seinerseits keine Gewaltthätigkeit zu befürchten, gaben ihm aber doch zwei Tobas bei, welche kein Auge von ihm lassen sollten.

»Er kann nichts thun und auch nicht fliehen,« meinte der Bruder Jaguar. »Noch schärfer als auf ihn müssen wir auf Gomarra aufpassen.«

»Das ist wahr,« antwortete Pena, »denn er ist im stande und übt auf eigene Faust Rache, was ich ihm übrigens gar nicht verdenken kann.«

»Daran werde ich ihn auf gute Weise hindern,« bemerkte ich. »Ich nehme ihn mit hinab zum See.«

»Jetzt?« fragte Pena.

»Ja. Auch Sie und der Bruder können mit, da es möglich ist, daß ich Ihrer Hilfe, Ihres Rates, Ihrer Augen und Ihres Nachdenkens bedarf. Gomarra soll uns nämlich die Stelle zeigen, an welcher die Flasche bisher vergraben gewesen ist. Vielleicht gelingt es uns, eine Spur zu entdecken, welche uns nach dem Orte führt, an welchem der Sendador sie von neuem versteckt hat.«

»Das wäre freilich gut; das wäre vortrefflich!«

»Natürlich. Sieht der Sendador, daß wir die Kipus haben, so wird er geneigter als jetzt sein, uns auch die Pläne auszuantworten. Uebrigens müssen wir seine Taschen durchsuchen, denn es ist möglich, daß er diese Gegenstände bei sich hat.«

Die Durchsuchung wurde sofort vorgenommen, doch war sie erfolglos. Als wir alle seine Taschen vergeblich durchstöbert hatten, sagte er unter höhnischem Lachen:

»Wie klug die Sennores sind! Nur ich allein bin der Dumme und schleppe alles mit mir herum! Nun ist mir nicht mehr bange um mich. Sie wollen und müssen die Kipus haben, und ich gebe sie nur her, wenn ich meine vollständige Freiheit erhalte.«

Der Mensch war in höchstem Grade zuversichtlich, doch wollte ich mich nicht über seine Dreistigkeit ärgern. Jedenfalls aber wäre es besser gewesen, wenn ich dies gethan hätte, denn dann wäre mir nicht nur sein Hohn mehr aufgefallen, sondern ich hätte seinen Worten eine andere Bedeutung beigelegt und ihn nochmals durchsucht, und zwar genauer als vorher.

Als ich Gomarra aufforderte, uns hinab zum See zu begleiten, folgte er uns sichtlich widerwillig; er hatte also wohl vor, sich eigenmächtig an dem Sendador zu vergreifen.

Wir gingen den bereits beschriebenen Felsenweg hinab, und unten angekommen, bedeutete ich Gomarra, sich der betreffenden Stelle nicht ganz zu nähern, damit nicht etwa vorhandene Spuren verwischt würden. Als wir die Ausmündung des Weges erreichten, wendete er sich nach rechts, ging ein Stück an dem lotrecht aufsteigenden Felsen hin, blieb dann stehen, deutete vorwärts und sagte:

»Sehen Sie den Kriechkaktus aus der Erde ragen und sich an das Gestein schmiegen? Nur zwei kleine Schritte weiter war die Stelle. Darf ich hin?«

»Ja, aber ich gehe voran.«

Ich schritt nur Zoll um Zoll vorwärts, damit mir nicht das geringste, was als Hindeutung zu nehmen war, entgehen könne. Die Stelle, an welcher die Flasche in der Erde gesteckt hatte, war aufgewühlt worden; das sah ich deutlich. Und daneben hatte jemand im Sande gesessen, und zwar längere Zeit; er hatte sich dabei oft von einer Seite nach der andern und infolgedessen eine leicht wahrnehmbare flache und glatte Vertiefung ausgedreht. Im Halbkreise um diese Stelle war der Boden wie mit den Stiefelabsätzen aufgewühlt. Das war alles, was man jetzt noch zu sehen vermochte.

Nun galt es, zu erfahren, wohin der Sendador sich von hier

aus gewendet hatte. Aber das war schwer, da zwischen jetzt und der Stunde, in welcher die Spuren entstanden waren, eine zu lange Zeit lag. Dazu führte unsere eigene Fährte, welche wir bei unserer Ankunft am See gemacht hatten, hier vorüber und bildete eine solche Zahl von Fußeindrücken, daß eine ältere Spur unmöglich zu erkennen war.

Ich blickte aufmerksam nach rechts und nach links. Vor uns lag der See, das Wasser nur zwanzig Schritte von uns entfernt. Er war mit einer dicken Salzkruste bedeckt gewesen, wie andere Wasser mit Eis zur Winterszeit, und Wind und Wetter hatten diese Decke zerrissen und die Schollen durch- und aufeinander getrieben.

Am Rande einer solchen Scholle lag etwas Dunkles, Kreisrundes. Ich nahm das Fernrohr her und erkannte, als ich durch dasselbe blickte, diesen Gegenstand als den abgebrochenen, konkav nach innen gebogenen Boden einer gläsernen Flasche. Daneben lag ein kleines Häufchen Sand auf der sonst vollständig reinen und blanken Salzscholle.

Ich kehrte mich wieder zu der vorigen Stelle zurück, um nochmals zu suchen, ohne aber etwas zu finden. Dann aber sah ich an der nahen Kaktusstaude einen vielleicht acht oder zehn Zoll langen Zwirnfaden hängen.

Bis jetzt hatte ich kein Wort gesagt, und die andern hatten meinem Thun schweigend zugesehen. Jetzt erklärte ich:

»Wir sind sehr dumm gewesen. Der Sendador hat die Kipus bei sich.«

»Nein«, antwortete Pena. »Ich habe ihn ganz genau untersucht.«

»Und doch hat er sie bei sich! Wir müssen ihn durchsuchen. Was zwischen dem Zeug und dem Futter steckt, das wissen wir nicht.«

»Was soll da stecken! Wie kommen Sie überhaupt auf diese Idee?«

»Hier haben Sie mein Rohr. Betrachten Sie sich den dunkeln, glänzenden Gegenstand auf jener Scholle genau!«

Pena richtete das Fernrohr nach dem angegebenen Punkte und sagte:

»Ich sehe ihn, ganz deutlich, es ist ein Stück Flasche.«

»Was liegt daneben?«

»Sand.«

»Gut, die ganze Flasche ist hinübergeworfen. Sie ist mit Sand gefüllt worden, damit sie im Wasser untergehen solle. Da es aber nachts gewesen ist, so hat der Betreffende nicht eine offene Stelle des Sees, sondern den Rand dieser Scholle getroffen. Die Flasche ist daran zersprungen, der Boden mit einem Teil des Sandes auf der Scholle liegen geblieben, das übrige aber in das Wasser gefallen.«

»Mit Sand gefüllt? Warum diese Vorsicht?«

»Der Betreffende wußte, daß wir kommen würden; darum mußte die Flasche untersinken, damit wir sie nicht sehen könnten. Es ist die Flasche, welche hier vergraben war.«

»Das begreife ich nicht.«

»Ich sehr leicht. Er hat die Flasche weggeworfen, weil er inzwischen erfahren hatte, daß man den Ort und auch die Flasche genau kannte; darum mußte er die Kipus auf eine andere, vorteilhaftere Weise verbergen. Er grub sie aus, füllte die Flasche mit Sand, warf sie in den See und setzte sich dann her, um die Kipus in seinem Anzug zu verstecken. Daß darüber die Nacht vergangen ist, darf gar nicht Wunder nehmen. Nicht jeder ist ein guter Schneider, zumal des Nachts, ohne Licht.«

»Woher wissen Sie denn das vom Nähen?«

»Hier in dieser Vertiefung hat er gesessen, die er durch sein Hin- und Herdrehen ausgehöhlt hat, und die parallel laufenden Eindrücke rühren von seinen Stiefeln her.«

Die beiden betrachteten die Stelle genau und dann meinte Pena, indem er mir beistimmte:

»Ja, hier hat einer gesessen; das kann aber auch nur in der Absicht, sich auszuruhen, gewesen sein. Wie kommen Sie auf die Vermutung, daß der Betreffende geflickt hat?«

»Durch den Vergleich der Umstände und vor allen Dingen durch dieses hier.«

Ich nahm den Faden vom Kaktus und gab ihn Pena.

»Ein Zwirnfaden, ein dunkelblauer, wahrhaftig!« rief dieser. »Eine Rolle gerade solchen Zwirns hatte der Sendador vorhin nebst Nähnadeln im Gürtel!«

»Da haben Sie es. Wir brauchen also nur wieder nach oben zu gehen und mit Gomarra – – – ah, wo ist dieser? Ich sehe ihn ja nicht?«

»Ich auch nicht; er ist fort.«

»Dann schnell nach, und hinauf auf die Höhe! Dieser Kerl hat irgend eine Teufelei vor.«

Ich hatte, nachdem mir Gomarra die Stelle, an welcher die Flasche vergraben gewesen war, gezeigt hatte, nicht weiter auf ihn geachtet. Er war uns entflohen, und da konnte er nur die Absicht gehabt haben, sich in meiner Abwesenheit an den Sendador zu machen. Wir folgten ihm in eiligem Laufe, sahen ihn aber nicht, da der Weg eine weite Krümmung machte. Aber als wir nicht mehr weit von der Felsenplatte entfernt waren, hörten wir einen wahren Höllenlärm vor uns.

»Hund!« hörte ich die Stimme des Sendador brüllen. »Du hast mich nicht zu richten. Warte, bis der Deutsche kommt!«

»Halt, nicht weiter, ihn nicht anrühren!« hörte ich dann die Stimme des Steuermanns. »Sie dürfen ihm nichts thun!«

»Zurück!« ertönte die keuchende Stimme Gomarras. »Zurück, oder ich steche! Mein Messer ist vergiftet!«

»Wetter!« rief der Steuermann erschrocken.

»Ja, Sennor, vergiftet! Und wer mich stört, bekommt es in den Leib. Er soll sterben, augenblicklich, und zwar da, wo er gesündigt hat. Hinab mit ihm!«

Dieser wahnsinnige Gomarra wollte den Sendador von der Platte hinab in die Tiefe stürzen! Wir setzten uns in Galopp, mußten aber leider der Krümmung des Felsenpfades folgen und kamen nicht schnell genug oben an.

Auf dem Felsen herrschte ein ganz unbeschreibliches Getümmel. Alle schrien durcheinander. Als ich aus dem Wege hervorsprang, erblickte ich Gomarra, welcher den Sendador mit einem Arme umfaßt hielt und ihn nach der Kante des Felsens drängte, während er mit der andern Hand, in welcher er das vergiftete Messer hielt, die andern, die ihn hindern wollten, von sich abdrängte. Der Sendador brüllte vor Angst wie ein Stier. Er konnte sich kaum wehren, da ihm die Hände gefesselt waren und ich ihm den Oberarmknochen verletzt hatte.

»Halt!« rief ich, »halt! Gomarra, lassen Sie, sonst schieße ich Sie über den Haufen!«

Er hatte meine Stimme sofort erkannt, drehte sich einen kurzen Augenblick mir zu und antwortete, noch ehe ich mit meinen Worten zu Ende war:

»Der Deutsche! Aber ich thue doch, was ich will! Hinab mit dir, du Hund von einem Mörder!«

Er umklammerte den Sendador mit beiden Armen und drängte ihn schnell der Kante zu, damit ich zu spät kommen möge – noch einen Schritt – noch einen halben – er stieß den Sendador vor die Brust; dieser verlor das Gleichgewicht, schlang aber im letzten Augenblicke seine beiden Beine um diejenigen Gomarra's – ein fürchterlicher Schrei aus dem Munde des einen, ein noch entsetzlicherer aus dem Munde des andern, und beide stürzten aus der schwindelnden Höhe in die Tiefe hinab, gerade als ich nahe genug herangekommen war und die Hände nach Gomarra ausgestreckt hatte.

Ich selbst stand nur zwei Ellen vom Abgrunde entfernt. Nicht die Tiefe desselben, sondern die Scene, welche soeben vor meinen Augen versunken war, machte mich schwindelig. Ich griff mir mit den Händen nach dem Kopfe und machte mit Anwendung aller Willenskraft eine Bewegung rückwärts. Der Schwindel wollte mich hinabziehen; diese Anstrengung hielt mich oben; sie war so bedeutend, daß ich vier oder fünf Schritte weit zurücktaumelte und dann beinahe niedergefallen wäre.

Niemand hatte sehr auf mich geachtet. Jeder war mit sich selbst oder dem ihm Nächststehenden beschäftigt. Keiner getraute es sich, über den scharfen Rand des Abgrundes hinabzublicken, und doch wollten alle die nun unten liegenden Körper sehen. Sie rannten hin und her, gebärdeten sich fast wahnwitzig, stießen alle möglichen Ausrufe des Schreckens und Entsetzens aus und rannten dann in den Hohlweg hinein, um hinab an den See zu gelangen, wo die Leichen der Abgestürzten liegen mußten.

Nur die wenigen Weißen hatten sich leidlich gefaßt und ruhig gezeigt. Wie ein Fels im Meere stand der Steuermann. Er hatte sich nicht von der Stelle bewegt, seit ihm Gomarra mit dem Messer gedroht hatte. Viele rannten an ihn an, ohne ihn aber einen Schritt weit von der Stelle bringen zu können.

»Die beiden Männer müssen einen schrecklichen Anblick bieten,« sagte ich und wollte vor an die Kante treten, um hinabzublicken; der Steuermann aber hielt mich am Arme zurück und bat:

»Bleiben Sie, Herr, bleiben Sie, ich kann es nicht sehen.«

»Sind Sie schwindelig?«

»Niemals gewesen; hier aber kann ich es werden. Der stärkste Großmast ist mir noch zu niedrig; dieser Felsen aber ist entsetzlich. Ich sehe noch jetzt die beiden vor mir, wie sie über die Kante gingen, und da ward es mir grau und schwarz vor den Augen.«

»Ich will aber sehen, wo sie liegen.«

»Der Fels kann losbröckeln!«

»O nein; der ist zu hart und ohne jeden Riß. Er hat bereits Jahrtausenden widerstanden und wird noch vielen Jahrhunderten trotzen.«

Ich legte mich lang auf den Boden nieder und schob mich nach vorn. Der Felsen war über dreihundert Fuß hoch und stürzte sich senkrecht in den See hinab. Am Rande desselben lag ein dunkler Klumpen. Eben sah ich mehrere Tobas als die ersten aus dem Hohlwege vorkommen und sich diesem Gegenstande nähern. Es war der ganz und gar zerschmetterte Leichnam Gomarras, wie ich später erfuhr.

Die Leute sahen nur diese eine Leiche, aber die andere nicht. Sie suchten, sahen empor und deuteten nun mit erhobenen Händen und laut rufend zum Felsen herauf. Ich schob mich noch weiter vor, so daß nicht nur der Kopf, sondern auch die beiden Achseln über die Kante hinausragten, und sah nun den Gegenstand, nach welchem die Leute von unten deuteten. Es war ein menschlicher Körper, welcher an der scheinbar glatten, nackten Steinwand klebte, als ob er dort angenagelt sei. Es war mir, als ob er sich bewege. Ich schob mich zurück, sprang auf und rief dem Steuermann zu:

»Einer ist an dem Felsen hängen geblieben und lebt noch. Springen Sie hinab und bringen Sie die Leute herauf! Wir müssen ihn retten.«

»Sind Sie des Teufels?«

»Nein. Eilen Sie; rennen Sie! Es liegt Gefahr im Verzuge.«

Ich drehte ihn um und gab ihm einen tüchtigen Stoß in den breiten Rücken; auf diese Weise einmal in Bewegung gebracht, rannte der Riese wie ein galoppierender Schnellläufer von dannen und in den Hohlweg hinein.

Ausgenommen die Wächter und die gefangenen Chiriguanos war er der einzige gewesen, welcher noch mit mir oben war. Die Hauptsache aber hatte ich vergessen. Darum schob ich mich wieder an den Rand des Felsens und rief denen, die da unten bei der Leiche standen, zu:

»Alle herauf! Lassos, Riemen und Stricke von den Pferden mitbringen.«

Ich sah sie nach den Pferden rennen, welche wir da unten zurückgelassen hatten. Mein Lasso war dreißig Ellen lang und so ausgezeichnet gearbeitet, daß er drei Menschen ohne Gefahr für dieselben tragen konnte; aber er war zu kurz.

Aber die Chiriguanos hatten Riemen und Bolas, sogar einige Lassos, denen ich aber nicht trauen mochte, da ich sie nicht kannte. Bald kamen die Gefährten, und nun entspann sich ein hitziger Streit über das, was gethan werden sollte.

»Es ist der Sendador, der an der Wand hängen geblieben ist,« sagte Turnerstick. »Gomarra liegt unten, ist aber kaum zu erkennen. Warum ruft Ihr nach Riemen, Charley?«

»Weil wir den Sendador heraufholen müssen,« antwortete ich.

»Fällt keinem Menschen ein! Das fehlte noch!« rief Pena aus.

»Fällt sogar einem jeden ein, welcher wirklich Mensch ist!« entgegnete ich. »Er muß herauf; er lebt noch.«

»Unsinn! Wie kann der noch leben? Er ist an irgend etwas hängen geblieben. Das plötzliche Anhalten im Sturze hat ihn ganz gewiß getötet. Und wegen der Leiche eines solchen Menschen, die doch nur den Geiern verfallen ist, werden wir uns doch nicht extra bemühen oder gar in Lebensgefahr begeben sollen!«

»Sennor Pena hat recht,« meinte der Yerbatero. »Lassen Sie doch hangen, was da hängt! Ich war einst der Freund des Sendador; aber nachdem ich ihn jetzt kennen gelernt habe, möchte ich keine Hand für ihn rühren, selbst wenn er noch lebte.«

»Und da nennen Sie sich einen Christen?«

»Ja, der bin ich, und zwar ein sehr guter! Aber die Seele dieses dreifachen Mörders mag zum Teufel fahren!«

»Sennor Monteso, Sie sind kein Christ, wirklich nicht, und ich möchte fast bedauern, Sie lieb gehabt zu haben. Mögt ihr alle denken, was und wie ihr wollt, ich kenne meine Pflicht. Verhaltet euch möglichst still, damit ich hören kann, und haltet meine Füße fest!«

Ich nahm das Fernrohr in die Hand und kroch wieder bis zum Felsenrande vor. Ich schätzte die Entfernung zwischen mir und dem Verunglückten auf siebzig Fuß. Als ich ihn durch das Fernrohr betrachtete, sah ich, daß er mit dem Rükken an der Wand hing. Es mußte da einen Spalt im Felsen geben, aus welchem ein spitzer Gegenstand ragte, der den Abstürzenden festgehalten hatte. Ich sah ganz deutlich, daß dieser letztere die Beine bewegte, und glaubte auch, wimmernde Laute zu hören.

Es war gar nicht ungefährlich, sich so weit über die Kante vorzuschieben, daß man hinabzublicken vermochte; darum hatte ich mich an den Füßen festhalten lassen. Nun richtete ich mich wieder auf und gebot, alle vorhandenen Lassos zusammen zu binden.

»Lebt er denn noch?« fragte der Bruder.

»Ja, er bewegt sich.«

»Gott erbarme sich seiner! Wir können ihm nicht helfen.«

»Wir können es, wenn wir nur wollen.«

»Meinen Sie, daß sich einer finden läßt, der bereit ist, das Wagnis zu unternehmen?«

»Sicher.«

»Wenn mein bester Freund da unten hinge,« sagte Pena, »ich würde mich hüten, mich hinabzulassen, viel weniger eines solchen Schurken wegen.«

»Aber bedenken Sie, Pena, lebendig da am Felsen zu hängen, mit gebundenen Händen, zerschossenem Arme und vielleicht einen Baum- oder Aststumpf im Leibe! Welch ein gräßlicher Tod!« sagte ich.

»Er hat ihn verdient!«

»Mag sein oder auch nicht; aber ich darf ihn nicht eines solchen Todes sterben lassen, wenn es mir möglich ist, ihn vor demselben zu bewahren. Hat keiner von euch den Mut, so werde ich mich selbst hinablassen.«

»Sie selbst? Sind Sie denn ganz und gar toll! Das ist das Allerdümmste, was Sie im Leben machen können. Wir können Sie nicht missen; wir brauchen gerade Sie am allernötigsten bei uns; wollen gerade Sie es sein, der den Hals brechen soll, eines Menschen wegen, welcher den Galgen zehn und noch mehrere Male verdient hat!«

»Streiten wir uns nicht! Ich bin entschlossen, und Sie werden mir helfen. Nur Lassos und Riemen her!«

»Die nützen nichts; sie zerreißen; sie zerreiben sich an der scharfen Kante des Felsens; da sind Rollen nötig, welche wir nicht haben.«

»Wir legen einen Sattel unter, über welchem der Lasso glatt und ohne zu große Reibung läuft.«

»Aber wie wollen Sie es anfangen? Sie wissen ja gar nicht, in welcher Verfassung Sie den Menschen finden!«

So wie Pena, machten auch die andern den Versuch, mich von meinem Vorhaben abzubringen, natürlich vergeblich. Nur der Bruder bestärkte mich in demselben, als er einsah, daß ich fest entschlossen war.

Wir fertigten aus den vorhandenen Lassos drei Lederseile, von denen jedes die gebrauchte Länge hatte. Die Knoten machte ich selbst; da es sich um mein Leben handelte, wollte ich auch selbst die Verbindung auf ihre Sicherheit prüfen.

Dann wurden mehrere Lanzen zusammengebunden, welche mir als Sitz zu dienen hatten, und an die Enden zweier Seile befestigt. Diese Seile liefen jedes über einen Sattel, welcher die Reibung an der Felsenkante unmöglich machen sollte. Das dritte Seil war als Reserve zu verwenden, da ich nicht wußte, ob ich den Verunglückten zu mir nehmen konnte oder nicht. Natürlich war die Vorkehrung so eingerichtet, daß ich, senkrecht von oben kommend, auf den Sendador treffen mußte.

Nun wurde der Sitz an den beiden Seilen über die Kante gelassen, und ich mußte einsteigen. Aufrichtig gestanden, war es mir ganz und gar nicht wohl zu Mute, als ich mich über den scharfen Felsen schwang und auf drei dünnen Spießen Platz nahm. Dort band ich mich mit einem Riemen fest.

Der gute Bruder hatte nach mir das Schwierigste übernommen. Er hatte sich so gelegt, daß er mir mit den Augen folgen konnte; er wollte meine Winke denen verdolmetschen, welche mich hinab- und dann wieder hinaufzulassen hatten.

Gut war es, daß der Felsen keine Krümmung hatte, sondern wie eine künstlich errichtete Mauer genau senkrecht abfiel. Das erleichterte uns die Passage ungeheuer.

Man ließ mich nur langsam nieder. Obgleich ich selbst dies befohlen hatte, dünkte es mich eine Ewigkeit zu sein, bevor ich zu dem Verunglückten gelangte.

Ja, es war der Sendador. Er bot einen schrecklichen Anblick. Seine mit Blut unterlaufenen Augen standen weit hervor; aus dem geöffneten Munde hing die lechzende Zunge. Ein schwaches Röcheln ertönte; sonst gab es vom Leben weiter keine Spur.

Natürlich winkte ich nach oben, anzuhalten. Ich mußte zunächst untersuchen, wodurch der Mann hier festgehalten worden war. Es gab da eine spaltartige Vertiefung, ungefähr anderthalb Fuß breit, welche, nach unten immer enger werdend, mit verwestem und verwittertem Müll angefüllt war. Da hatte ein Baum Nahrung gefunden und seine Wurzel tief in die

Spalte geschlagen. Ein Orkan mochte die Krone abgebrochen und mit der Hälfte des Stammes davongeführt haben. Die andere Hälfte war stehengeblieben, weil sie nicht, wie der obere Teil, aus dem Spalte hervorragte. Auch die Aeste waren verschwunden; aber als Rest des untersten, in der Nähe des Wurzelhalses aus dem Stamme getretenen, ragte ein spitzer Stumpf hervor, welcher den Sendador aufgefangen und festgehalten hatte.

Ich hing vor ihm, über der grausigen Tiefe. Bei der geringsten Bewegung, welche ich machte, schaukelte mein leichter Sitz hin und her. Das machte es außerordentlich schwierig, den Verunglückten vom Stumpfe zu lösen. Wollte ich ihn los haben, so mußte ich ihn heben. Das erforderte bei der Schwere dieses Mannes eine Kraftanstrengung, unter welcher die Riemen, an denen ich hing, leicht zerreißen konnten, und dann war ich verloren.

Wenn ich aufrichtig sein will, so muß ich gestehen, daß mir der Gedanke kam, ihn seinem Schicksal zu überlassen; aber die Regung der Schwäche währte nicht lange. Sein Anblick war ein entsetzlicher. Ich sagte mir, daß ich denselben während meines ganzen Lebens vor mir haben und mir die schwersten Vorwürfe machen würde, falls ich jetzt versäumte, meine Pflicht zu thun. Es war noch Leben in ihm. Brachte ich ihn nach oben, so zeigten sich seine Verletzungen vielleicht nicht als tödlich, und wenn das nicht, so konnte er doch wenigstens für kurze Zeit zum Bewußtsein kommen und Raum zur Reue finden. Ließ ich ihn aber hängen, so mußte er in seinen Sünden sterben, und ich hatte das für immer auf meinem Gewissen.

Freilich, wenn ich ihn los bekommen wollte, mußte ich mich in eine Gefahr begeben, vor welcher es mir graute. Schon der bloße Gedanke an das Wagnis wollte mich schwindeln machen. Ich mußte nämlich meinen Sitz verlassen und in die Spalte steigen. Es war die Frage, ob der alte verwitterte Baumstumpf mich mit halten werde. Wegen der Enge des Risses konnte ich nur mit querem Körper hinein; dann hatte ich den Abgrund vor Augen, in welchen hinabzublicken, von diesem Standpunkt aus, so gefährlich war. Doch, ich war nun einmal da, und es mußte gewagt werden.

Zunächst untersuchte ich, in welcher Weise der Sendador fest hing. Der Aststumpf hatte hinten den Gürtel gefaßt, denselben infolge des Gewichtes hoch emporgezogen und auch den Rücken der Jacke und Weste mit ergriffen. Ob und wie weit er auch in das Fleisch eingedrungen war, das konnte ich nicht sehen. Die straff angezogenen Kleidungsstücke preßten dem Sendador die Brust zusammen und hinderten ihn am Atmen. Mir schien, daß mehr dieser Umstand als eine Verwundung durch den Ast die Ursache seiner Besinnungslosigkeit sei.

An zwei Lassoseilen hing ich selbst; das dritte schlang ich ihm jetzt unter den Armen hindurch um Rücken und Brust und verknotete es in der Weise, daß die Atmungswerkzeuge möglichst frei blieben. Dann schnitt ich ihm mit dem Messer die Jacke und die Weste auf. Beide waren so fest angespannt, daß von einem Ausknöpfen keine Rede sein konnte. Jetzt bekam er Luft. Ich hörte ihn atmen, aber kurz und hastig – ein Schrei, ein entsetzlicher Schrei; er riß die Augen auf, starrte mich an und brüllte wieder, und zwar in einer Weise, als ob er am Spieße stäke.

»Still!« rief ich ihm zu. »Haben Sie Schmerzen?«

»Unbeschreibliche!« antwortete er, nun förmlich heulend.

»Kennen Sie mich?«

Sein Geheul verstummte für einige Augenblicke. Er biß die Zähne zusammen und stierte mich mit seinen blutunterlaufenen Augen an, daß es mir unheimlich wurde.

»Der Deutsche, der Deutsche!« brüllte er dann. Und als sein Blick in die Tiefe fiel und ihm die Erkenntnis seiner Lage kam, zeterte er:

»Ich hänge am Felsen; ich hänge mit dem Fleische am Felsen! Da unten gähnt der Abgrund, die Hölle, das Fegfeuer, die Verdammnis! Machen Sie mich los, schnell, schnell; ich will alles gestehen, alles! Nur nicht da hinunter, da hinunter!«

»So verhalten Sie sich ruhig; rühren Sie sich nicht! Verbeißen Sie Ihre Schmerzen, und schreien Sie nicht!«

Sein Gebrüll ging in ein Wimmern über, welches mehr ei nem Pfeifen glich und mir durch Mark und Bein dringen wollte. Ich band den Riemen los, welcher mich an meinem Sitze festhielt, schlang ihn um eins der Seile, welche den letzteren trugen, und befestigte ihn mir dann an den Arm, so daß ich den Sitz nicht verlieren konnte. Dann hielt ich mich an den beiden Seilen fest, stieg auf die Lanzen, auf denen ich gesessen hatte und – – Herr Gott, dir übergebe ich mich! – – schwang mich in den Spalt.

An diesem Augenblicke hing mein Leben. Gab der Baumstumpf nach, so fuhr ich mit ihm und dem Sendador in die Tiefe. Es wirbelte mir im Kopfe; es flimmerte mir vor den Augen, und es summte mir vor den Ohren, als ob ich mich inmitten eines Bienenschwarmes befände. Ergriff mich der Schwindel, so war es aus mit mir. Ich nahm alle meine Willenskraft zusammen. Mein Auge, mein Kopf wurde frei; ich mußte die Angst, die Furcht überwinden und schaute in die Tiefe hinab. Es war, als wolle es mich um und um drehen und hinabziehen; aber ich überwand den Anfall. Drunten lag die Lagune; ich sah die Salzkruste auf derselben glänzen; dort drüben, rechts, wo wir hergekommen waren, standen zwei Menschen, Indianer; ich sah sie deutlich. Es waren wohl die frei gegebenen oder entflohenen Wächter; sie verschwanden schnell hinter den Felsen.

Unter meinen Füßen raschelte und bröckelte es; der Schutt, der mürbe Müll gab nach; aber die Wurzeln des Baumstumpfes hielten fest. Mit der Linken mich in der Felsenritze festhaltend, bog ich mich nieder, ergriff mit der Rechten den Sendador beim Kragen – ein Ruck, noch einer; er kam von dem Stumpfe los und hing an dem Riemenseile, an welchem er sich wie ein Kreisel drehte. Er schrie vor Entsetzen aus Leibeskräften. Unter mir brach, knickte und krachte es. Um den schweren Mann zu heben, hatte ich eine Kraft anwenden müssen, welcher der Stumpf doch nicht gewachsen war. Die Wurzeln lösten sich vom Felsen, langsam zwar zunächst, aber ich sank. Noch einen Augenblick, und es war um mich geschehen. Ich zog an dem Riemen, der mir am Arme hing, den Sitz zu mir heran, erwischte aber nur das eine Seil – ein neues, stärkeres Kollern und Prasseln, der Boden wich unter meinen Füßen; ich hing mit einer Hand über dem Abgrunde und schwebte wie ein Pendel hin und her. Meine Gefährten sahen es von oben; sie schrieen; der Sendador brüllte wie ein Stier; ich behielt die Besinnung, die Ruhe und ließ nicht los. Ein Griff mit der linken Hand, und ich faßte auch das andere Seil. Wie an einem Schwebereck schwang ich mich von unten auf und kam auf die Lanzen zu sitzen. Die Gefahr war vorüber. Mit Schaudern sah ich die leere Stelle des Spaltes, in welcher sich vorher der Baumstumpf befunden hatte.

Nun gab ich mir zunächst Mühe, die pendelnde Bewegung meines Sitzes zu beruhigen. Als mir das gelungen war, band ich mich mit Hilfe des Riemens wieder fest und griff mit der Rechten nach dem Seile, an welchem der Sendador hing. Dieser war still geworden; er hatte die Besinnung wieder verloren, und das war mir sehr lieb. Ich winkte nach oben, um sein Seil anziehen zu lassen. Man that es; er kam vor mir zu hängen; ich zog ihn zu mir heran, hielt ihn fest und gab das Zeichen, an allen drei Seilen gleichmäßig zu ziehen.

Das war eine schreckliche Auffahrt. Wir schwankten hin und her; wir wurden um unsere eigene Achse gedreht. Ich hatte die Arme nicht frei und konnte mich nur der Füße bedienen, mich vom Felsen abzuhalten. Es gelang mir nicht stets: ich wurde öfters gegen denselben geschleudert und gab mir die größte Mühe, daß nicht der Sendador, sondern ich diese Karambolagen auszuhalten hatte. Ich fühlte mich wie gerädert und zertreten, als wir endlich oben an der Felsenkante anlangten. Aber ich war noch nicht in Sicherheit. Zunächst galt es, den Besinnungslosen über dieselbe hinweg zu bringen. Ich stemmte mich mit den Füßen gegen den Felsen, hielt mich von demselben ab, nahm den Sendador bei den Schenkeln und hob; die andern zogen; es gelang. Dann stellte ich mich auf den Sitz; man zog vorsichtig an; ich gab erst die eine, dann die andere Hand über die Kante hinüber; man ergriff sie; man zog rascher, ein kräftiger Ruck von oben, ein Schwung meinerseits mit den Beinen – ich befand mich auf der

Felsenplatte und knickte zusammen. Ich hörte Töne wie von Posaunen und Tubahörnern und verlor die Besinnung; der Körper vermochte dem Willen nicht mehr zu gehorchen.

Als ich erwachte, lag ich mit dem Kopfe im Schoße des Bruder Jaguar. Er sah, daß ich die Augen öffnete, stieß einen Jubellaut aus, hob meinen Kopf empor und küßte mich auf Stirn, Mund und Wangen, nicht darauf achtend, daß seine Freudenthränen mir das Gesicht befeuchteten.

»Sie leben! Sie leben!« rief er dabei. »Dem Allgütigen sei dank! Welch ein Unternehmen ist das gewesen! Nie, niemals wieder werde ich in so etwas willigen! Ich sah den Stumpf zur Tiefe stürzen und Sie an einer Hand am Seile hangen. Es war fürchterlich!«

Er legte die Hände über die Augen und schluchzte laut; er, der starke, vielerfahrene Mann! Auch die andern waren tief ergriffen und hatten Thränen in den Augen. Der Yerbatero umarmte mich, als ich mich erhoben hatte; ich wurde, sozusagen, von einer Brust an die andere genommen. Zuletzt drückte mich Pena an das Herz und sagte im Tone der tiefsten Ergriffenheit:

»Sennor, ich bin oft, sehr oft hart und ungerecht gegen Sie gewesen; ich werde es nicht wieder thun. Können Sie mir verzeihen?«

Ich verzieh nur gar zu gern; ich hatte ja nicht weniger Fehler begangen als er, und jetzt, da ich die Liebe dieser braven Leute so deutlich sah, mußte ich mir aufrichtig sagen, daß mein Verhalten gegen sie nicht immer ein vorwurfsfreies gewesen war.

Die Chiriguanos hatten von fern gestanden. Jetzt trat ihr Anführer zu mir heran, bot mir seine Hand und sagte:

»Nicht wahr, Herr! der Sendador hatte es schlimm mit Ihnen vor, hat Ihnen sogar nach dem Leben getrachtet?«

»Allerdings.«

»Und Sie haben Ihr Leben gewagt, um ihn, wenn auch nur seinen Körper, zu retten! Das haben Sie gethan, weil Sie ein Christ sind, welcher Böses mit Gutem vergilt. Wir sind Ihre Feinde, auch die Feinde der Tobas gewesen; aber von nun an soll es anders sein. Von jetzt an soll Friede und Freundschaft herrschen zwischen ihnen und uns; ich wünsche das und bitte Sie, bei ihnen für uns zu sprechen. Ihre und eure Feinde sollen von jetzt an auch die unserigen sein.«

»Diesen Wunsch werde ich euch erfüllen, und ich bin überzeugt, daß sie gern auf denselben eingehen werden.«

Dies war wieder einmal ein Beweis, daß das Beispiel mehr und besser wirkt als alle Lehren und Worte, denen die wirkliche That mangelt. Freilich war ich nicht in der Stimmung und Lage, augenblicklich eine große Versöhnungsrede halten zu können. Mein ganzer Körper schmerzte mich; ich bedurfte der Ruhe; aber ich sah den Sendador liegen und durfte nicht an mich, sondern mußte zunächst an ihn denken. Man hatte sich nur mit mir beschäftigt und ihn einstweilen unbeachtet gelassen. Er war noch ohne Besinnung. Als wir ihn untersuchten, zeigte es sich, daß der Aststummel ihm doch in den Rükken gedrungen war. Es war eine böse, jedenfalls außerordentlich schmerzhafte, wenn auch keine lebensgefährliche Wunde. Dennoch erschien mir sein Zustand als sehr bedenklich. Er lag mit halb geöffneten, verdrehten Augen da; sein Mund stand so weit auf, daß man die Zunge sehen konnte, und er röchelte, als ob ihm jeden Augenblick der Atem versagen wolle.

»Das kann doch nicht nur von der Rückenwunde sein,« meinte der Bruder. »Er muß noch eine andere Verletzung davongetragen haben.«

»Das ist sehr leicht möglich,« antwortete ich. »Denken Sie sich den Sturz, wenigstens siebzig Fuß in die Tiefe, und den Ruck, den es gegeben hat, als er von dem Stumpfe ergriffen und aufgehalten worden ist. Wäre sein Gürtel nicht so fest gewesen, so hätte der Ast ihm den ganzen Rücken aufgerissen. Das hat eine innerliche Erschütterung gegeben, welche seinen Tod auch ohne alle äußere Verletzung zur Folge haben kann.«

»Wollte Gott, er kehrte ins Bewußtsein zurück und dabei zur Einsicht seiner Sünden! Wollen versuchen, ihn aufzuwekken.«

Unsere Bemühungen waren nicht vergeblich. Zwar ging der Atem noch so schwer wie vorher, aber die Lider öffneten sich vollends; die Augen bekamen Leben und gingen mit einem bewußten Blicke in unserem Kreise von einem zum andern herum. Der Bruder ließ sich neben ihm nieder und sagte:

»Geronimo Sabuco, sind Sie zu sich gekommen? Erkennen Sie uns?«

Der Gefragte hatte versprochen, daß er alles bekennen wolle; ich erwartete, wenn auch keine freundliche, so doch auch keine direkt feindliche Antwort; aber als seine Lippen sich öffneten, kam es zischend zwischen denselben hervor:

»Fort! Gehe zum Teufel!«

»Sprechen Sie nicht so! Vielleicht ist der Tod Ihnen nahe. Schließen Sie Ihre Rechnung mit dem Leben ab und denken Sie nur allein an Gott!«

»Ich sterbe nicht!«

»Wenn Sie auch nicht infolge des fürchterlichen Absturzes sterben, so müssen Sie doch bedenken, daß Ihr Tod eine beschlossene Sache ist. Sie sind dem Gesetze der Pampa verfallen.«

Da richtete der Sendador sich in sitzende Stellung und fragte mit gurgelnder Stimme:

»Wer von euch wagt es, mich zu richten? Dieser Hund von Gomarra ist tot; er ist selbst schuld an seinem Untergange. Kein anderer darf mit mir rechten. Wenn ihr mich tötet, bekommt ihr die Kipus nicht!«

»Sie irren,« entgegnete ich. »Sie lachten mich zwar aus, als ich Ihnen sagte, daß ich nach Ihren Spuren suchen würde; ich habe es aber doch gethan und weiß nun, wo sich die Knotenschrift befindet.«

»Wo?« fragte er höhnisch.

»Sie haben uns schon einmal verhöhnt, weil wir nicht sorgfältig gesucht hatten; diesen Fehler begehen wir nicht zum zweiten Male. Ich weiß jetzt genau, was Sie mit der Flasche vorgenommen haben. Sie nahmen die Kipus heraus, füllten sie mit Sand und warfen sie in den See; die Kipus aber nähten Sie in Ihr Gewand ein. Wir werden sie jetzt finden.«

Der Ausdruck seines Gesichtes wurde ein anderer, der Hohn verschwand; es flog eine Angst über die verwetterten

Züge. Er griff mit der linken Hand unwillkürlich nach der rechten Brustseite und rief:

»Das träumen Sie. Unter den gegebenen Umständen wäre es Wahnsinn von mir, die Schnüre bei mir zu tragen.«

»Wenn auch nicht Wahnsinn, aber doch Unvorsichtigkeit. Und unvorsichtig sind Sie gewesen, sogar eben jetzt wieder, denn Sie haben mir mit Ihrer eigenen Hand gezeigt, wo die Kipus sich befinden, nämlich auf Ihrer rechten Brust.«

Als ich jetzt nach der angegebenen Stelle greifen wollte, stieß er meine Hand von sich und schrie:

»Es ist nicht wahr; es ist nicht wahr! Sie täuschen sich vollständig. Lassen Sie mich; rühren Sie mich nicht an!«

»Wehren Sie sich nicht, sonst muß ich Gewalt anwenden!«

»Wagen Sie es; die Schnüre gehören nicht Ihnen; Sie haben kein Recht auf dieselben!«

»Sie noch viel weniger, denn Sie haben sich durch einen Mord in den Besitz derselben gebracht. Geben Sie sie freiwillig her?«

»Nein, und wieder nein!«

»So haben Sie es sich selbst zuzuschreiben, wenn wir Ihnen trotz Ihrer Verletzungen wehe thun.«

Er wurde auf meinen Wink von einigen Yerbateros festgehalten und ich untersuchte seine Kleidungsstücke genau. Er wollte sich wehren, mußte aber den Versuch aufgeben. Es war so, wie ich vermutet hatte; ich fand das Gesuchte auf der rechten Brustseite zwischen dem Futter. Es waren drei Kipus, jeder aus einer Haupt- und wenigstens dreißig Nebenschnuren bestehend. Der Sendador lag wieder lang ausgestreckt und atmete mühsam. Der Widerstand hatte ihn angegriffen. Er wollte sich wohl in lauten Verwünschungen oder Drohungen ergehen, brachte aber nur ein heiseres, häßliches Gemurmel fertig.

Die andern hatten noch niemals Kipus gesehen. Die Schnuren gingen von Hand zu Hand.

»Und das sollen Buchstaben und Silben sein?« fragte mich Pena.

»Nein, sondern nur Zeichen. Das Wort Kipus oder eigentlich Khipus gehört der Khetsuasprache an und heißt so viel wie Knoten. Jeder Kipus besteht aus einer starken Hauptschnur, an welche verschiedenfarbige dünnere Nebenschnuren verschiedenartig angeknotet sind. Jede Farbe und jede Knotenart hat eine besondere Bedeutung.«

»Und Sie können das entziffern?«

»Ich will es versuchen. Uebrigens sind die Kipus höchst ungenügende Gedächtnisbehelfe, und eigentlich ist zu jeder Schnur ein mündlicher Kommentar notwendig, wenn man ihre Bedeutung verstehen will.«

Der Sendador hatte diese Erklärung mit Aufmerksamkeit verfolgt. Jetzt zuckte es wie Schadenfreude über sein Gesicht, und er rief aus:

»Das ist gut! Eine mündliche Erklärung! Die haben Sie nicht. Folglich können Sie diese Schnuren nicht lesen!«

»Jubeln Sie nicht zu früh. Wenn ich von einem mündlichen Kommentare sprach, so meine ich nur, daß man wissen muß, wovon die Kipus handeln.«

»Und das wissen Sie?«

»Natürlich! Diese Schnuren handeln selbstverständlich von dem vergrabenen Schatze. Selbst der beste Entzifferer würde, wenn er das nicht wüßte, sich ganz vergeblich abmühen. Nun ich es aber weiß, bedarf es keiner ungeheuern Gelehrsamkeit, die Knoten zu enträtseln.«

»So versuchen Sie es doch!«

Er sah mir mit großer Spannung in das Gesicht. Vielleicht dachte er, ich würde mich verleiten lassen, sofort Auskunft zu geben.

»Ich werde es versuchen,« antwortete ich der Wahrheit gemäß, »aber ich glaube nicht, daß es mir gelingen wird. Die Farben sind zerstört; ich bin kein Chemiker, und diese Knoten bedürfen jedenfalls der aufmerksamsten chemischen Behandlung, wenn die Farben wieder sichtbar werden sollen.«

»*Gracias à Dios!* Sie werden also nichts entziffern können! Der Raub, welchen Sie an mir begangen haben, wird Ihnen also keine Früchte bringen!«

»Das beabsichtigte ich auch gar nicht. Der Vorteil sollte nur denjenigen zufallen, welche ein Recht auf denselben haben. Zu diesen Leuten gehören Sie freilich nicht. Uebrigens werde ich auf alle Fälle dafür sorgen, daß diese Kipus in sach- und fachkundige Hände gelangen. Die Farben sind jedenfalls wieder sichtbar zu machen, und die Schnuren werden also gelesen werden.«

»Und was nutzt es, wenn sie gelesen werden? Nichts, gar nichts! Mögen tausend Gelehrte sie entziffern, einen Vorteil wird es doch erst dann bringen, wenn ich einverstanden bin.«

»Sie? Sie werden nicht gefragt!«

»So wird man nichts finden, denn die Hauptsache habt Ihr doch noch nicht; die Pläne sind noch in meinem Besitze.«

»Ah, ja, die Pläne!« entfuhr es mir.

»Ja, die Pläne!« lachte er schadenfroh. »Die habe ich, sogar in mehreren Exemplaren, die ich anfertigen ließ, falls das Original verloren gehen sollte.«

»Nun, ein solches Exemplar wird sich wohl auch noch finden lassen!« meinte ich ruhig.

»Wo denn? Bei wem denn? Gebt mich frei, so sollt Ihr es haben!«

»Nein. Habe ich die Kipus gefunden, so werde ich auch die Zeichnung finden.«

Er warf mir einen langen, unbeschreiblichen Blick aus den halb geschlossenen Augen zu. Es war gewiß, daß ihn nur die Aufregung beim Bewußtsein erhielt. Er kämpfte mit bewunderungswürdiger Selbstbeherrschung seine Schmerzen nieder.

»Ein Teufel bist du!« knirschte er. »Aber du sollst nicht siegen, denn wisse –« er richtete sich wieder halb auf und fügte mit dem Ausdrucke des grimmigsten Hasses hinzu: »Die Rache kommt; dein Ende ist nahe, näher als du denkst!«

»Wollen Sie mir bange machen, mich einschüchtern? Das gelingt Ihnen nicht.«

»So halte die Hoffnung fest; aber sie wird dich betrügen, schnell, plötzlich und unerwartet. Gibst – du – mich – – frei?«

Er brachte diese Frage nur mit größter Anstrengung hervor.

»Nein,« antwortete ich. »Gomarra ist tot, und wir andern sind nicht so blutdürstig, wie er war. Wir werden dich nicht töten, sondern, falls du deinen Verletzungen nicht erliegst, dich den Gerichten übergeben.«

»Ver – suche – es!« hohnlachte er, kaum noch im stande, den Oberkörper aufrecht zu erhalten. Die Augen fielen ihm zu. »Die Zeichnung ist – ist in sichern – in sichern Händen.« Er fiel nach hinten, stützte sich aber noch auf den unverletzten linken Arm und fuhr mit nach und nach erlöschender Stimme fort: »Der Rächer kommt – er ist – wohl schon – da. Droben an – an der Roca de la Ventana – dort holt – er die Zeichnung. Er bringt – bringt sie her, und – und wehe – wehe dir, wenn – wenn er dich – dich – hier – trifft!«

Er sank vollends nieder. Seine Lippen schlossen sich; seine Wangen fielen ein; er hatte ganz das Aussehen eines Toten.

»Entsetzlich!« klagte der Bruder, welcher die drei Kipus, welche er aufmerksam betrachtet hatte, noch immer in den Händen hielt.

»Er geht in seinen Sünden hinüber. Er will nicht bereuen und bekennen. Ist er tot?«

»Nein,« antwortete ich, indem ich den Puls des Sendadors untersuchte. »Entweder sind seine Verletzungen nicht zum Tode, oder seine Natur ist so stark, daß sie nur nach langem Kampfe unterliegt.«

»Wollen ihn verbinden.«

»Warten wir noch. Seine Wunden bluten nicht. Ich möchte ihn nicht stören. Vielleicht sammelt er noch einmal seine Kräfte; es widerstrebt mir, die Hoffnung aufzugeben, daß er doch noch zur bessern Erkenntnis kommt. Uebrigens ist das, was er sagte, höchst wichtig. Er sprach von jemandem, der die Zeichnung holt.«

»Ja, von der Roca de la Ventana.«

»Der Felsen des Fensters. Wo mag das sein?«

»Ich weiß es,« antwortete Pena. »Der Roca de la Ventana ist eine dünne, alleinstehende Felsenwand, in welcher sich eine viereckige, fensterähnliche Oeffnung befindet.«

»Wo?«

»Eine halbe Tagereise aufwärts von hier.«

»Ob er die Zeichnung dort versteckt hatte?«

»Jedenfalls.«

»Aber dann muß derjenige, welchen er beauftragt hat, sie zu holen, sein ganzes Vertrauen besitzen. Wie erfahren wir, wer das ist und wo – ah, das müssen doch die Chiriguanos wissen!«

Ich gab dem Häuptling einen Wink und fragte ihn, als er herbeigekommen war:

»Ist den Chiriguanos ein Felsen bekannt, welcher die Roca de la Ventana heißt?«

»Ja, Herr, sehr gut,« antwortete er.

»Hat der Sendador jemand dorthin geschickt?«

»Ja, seinen Sohn.«

»Ah! Seinen Sohn! Er hat also nicht nur einen Schwiegersohn, sondern auch einen wirklichen Sohn? Das wußte ich nicht. Wo mag er mit ihm zusammengetroffen sein? Ist dieser Sohn allein hinauf nach der Roca de la Ventana?«

»O nein; es sind fünfzehn meiner Leute mit.«

»Fünfzehn? Das müßte ich doch euern Spuren angesehen haben!«

»Vielleicht seid Ihr zu spät auf unsere Fährte gestoßen. Der Sohn des Sendador hat sich schon vorgestern von uns getrennt, weil uns das Fleisch ausging und zwei kleine Abteilungen sich leichter verproviantieren können als eine große.«

»Wann wollte er hier ankommen?«

»Spätestens heute am Abend.«

»Ah, das ist gefährlich; da gilt es aufzupassen. Die Roca de la Ventana liegt von hier aufwärts, also haben wir ihn von oben herab zu erwarten?«

»Nein, Herr. Von hier aufwärts ist die Roca nur unter großen Beschwerden zu erreichen. Leichter kommt man hin von da unten aus.« Er deutete auf den See hinab und dann nach der Felsenenge, aus welcher wir gekommen waren. »Man reitet dort hinein, euern Weg zurück, und wendet sich später nach Westen in die Berge hinein.«

»Also kommt der Sohn des Sendadors dort unten heraus?«

»Jedenfalls.«

»Und wir können ihn heute abend, vielleicht schon jetzt erwarten? Da fällt mir ein, als ich vorhin unten in der Felsenritze stand, erblickte ich zwei Indianer, welche am Eingange standen und dann rasch verschwanden. Ich hielt sie für Eure Wächter.«

Der Häuptling sah einige Augenblicke nachdenklich vor sich nieder und meinte dann:

»Herr, ich habe gesagt, daß ich wünsche, euer Freund zu sein; ich will Ihnen jetzt beweisen, daß ich es mit diesem Wunsche ehrlich meine. Wäre das nicht der Fall, so könnte ich euch jetzt verderben.«

»Ueber Ihre Ehrlichkeit freue ich mich, aber uns verderben, das brächtet ihr nicht fertig, denn was Sie mir sagen wollen, das habe ich schon selbst erraten.«

»Wohl schwerlich!«

»Doch! Der Sohn des Sendador ist zurückgekehrt. Er ist zu Pferde, hat aber der Sicherheit halber, weil er weiß, daß sein Vater unsere Annäherung erwartet, zwei Späher zu Fuß vorausgesandt. Diese waren es, welche ich bemerkte. Sie haben auch mich erblickt; ebenso haben sie unsere Pferde gesehen, welche noch jetzt unten am Felsen stehen. Sie werden also zurückgeeilt sein, um ihm zu melden, daß wir hier sind und seinen Vater überwältigt haben.«

»Herr, Sie verstehen es, meine Gedanken zu lesen!« sagte er erstaunt.

»Pah! Zu dem, was ich bis jetzt gesagt habe, gehört gar kein Scharfsinn. Die Hauptsache ist, zu wissen, daß der Sohn des Sendadors die Absicht haben wird, seinen Vater zu unterstützen. Das kann er an dem Wege am See vorüber nicht thun, denn da unsere Pferde sich da unten befinden, muß er uns auch dort vermuten; er wird also durch die Höhlung kommen, durch welche ihr von meinen Tobas umgangen worden seid.«

»Davon bin ich auch überzeugt.«

»Ich werde diesen Weg also besetzen lassen. Sennor Pena, nehmen Sie fünf Tobas, welche als Späher vollständig genügen, und gehen Sie da über die Böschung zurück, um – – «

Ich hatte mich nach der betreffenden Richtung gewendet, um Pena mit der Hand anzudeuten, wohin er mit den Indianern gehen solle, und hielt mitten in meiner Rede inne, denn da oben auf der Böschung erschien soeben ein bis an die Zähne bewaffneter Mensch, hinter welchem über ein Dutzend Rote auftauchten. Er überflog mit einem schnellen Blicke das Plateau; er sah die Chiriguanos entwaffnet und den Sendador gebunden am Boden liegen.

»*Mira, que desverguenza!*« rief er aus. »Drauf auf diese Hunde!«

Er mochte den Steuermann wegen seiner Riesengestalt für den Anführer oder für den gefährlichsten von uns halten, denn er schoß den einen Lauf seines Gewehres auf diesen, den andern auf Pena ab, aber ohne zu treffen; dann drehte er die Flinte um und wollte sich mit dem Kolben auf uns stürzen. Aber er kam nicht weit. Er glaubte, die zu ihm gehörenden Chiriguanos würden ihm folgen; ja, sie folgten ihm, aber aus einem ganz andern Grunde, als er meinte. Der Häuptling rief ihnen in ihrer Sprache einige schnelle Worte zu, worauf sie, anstatt den Weißen zu unterstützen, hinter ihm hersprangen und ihn ergriffen. Ebenso rasch waren die Tobas und andern Chiriguanos zur Hand, und so sah sich der Angreifer entwaffnet, ehe er im stande gewesen war, einen einzigen Hieb mit dem Gewehr zu thun. Er war so verständig, oder wohl auch listig genug, keinen unnützen Widerstand zu leisten; darum wurde er nicht gebunden, sondern nur in die Mitte des Kreises genommen, welcher sich um ihn bildete. Sein Vater lag nahe neben ihm. Er bückte sich, ohne ein Wort zu sagen, zu ihm nieder, um sich von seinem Zustande zu überzeugen. Als er sich wieder aufrichtete, war sein Gesicht sehr bleich geworden; seine Augen leuchteten, aber seine Stimme klang ruhig und ohne Beben:

»Welcher von Ihnen, Sennores, ist der Deutsche?«

»Jedenfalls meinen Sie mich,« antwortete ich.

Sein Auge bohrte sich förmlich in das meinige, als er nun fragte:

»Kennen Sie mich?«

»Ich vermute es. Sie sind der Sohn des Sendador.«

»Und Sie, was sind Sie? Soll ich es Ihnen sagen?«

»Ich verzichte. Ich kenne mich so genau, daß mir kein anderer zu sagen braucht, wer oder was ich bin.«

»Und doch muß ich es Ihnen sagen. Sie sind ein schleichendes Tier, ein Jaguar, der nicht von seiner Beute läßt, bis er sie packen und zerfleischen kann, ein Hund, welcher das Wild hetzt und nicht eher ermüdet, bis – –«

Er hielt inne, denn er sah, daß sein Vater die Augen öffnete. Es war, als ob die Stimme des Sohnes den Sendador ins Leben zurückgerufen habe. Sein Blick gewann Glanz und Leben; er flog von einem zum andern, ruhte am längsten auf dem Bruder, welcher die Kipus noch immer in der Hand hielt, und blieb dann auf dem Sohne haften.

»Komm her!« sagte er zu ihm.

Der Sohn kniete neben ihm nieder.

»Lege dein Ohr an meinen Mund; ich kann nicht mehr laut sprechen.«

Der Sohn gehorchte. Der Alte flüsterte ihm leise Worte zu. Ich hielt es für eine Pflicht der Menschlichkeit, sie gewähren zu lassen, that aber sehr unrecht daran, denn bald sollten wir erfahren, daß es sich um etwas ganz anderes als einen Abschied für immer gehandelt hatte. Der Sohn hörte nur zu; er sprach nicht. Am Schlusse neigte er zustimmend und wie gottergeben den Kopf, gab seinem Vater die Hand und richtete sich wieder auf.

»Herr,« sagte er zu mir, »ich höre, daß Sie unsere Kipus besitzen. Wissen Sie, daß dieselben ohne die Zeichnung wertlos sind?«

»Das weiß ich nicht und glaube es auch nicht.«

»Ich biete Ihnen die Zeichnung an.«

»Was verlangen Sie dafür?«

»Unsere Freiheit und dazu die Hälfte der Schätze, welche wir finden werden.«

»Das darf ich nicht versprechen, denn die Schätze sind nicht mein Eigentum.«

»So weigern Sie sich?«

»Ja. Auch Ihre Freiheit kann ich Ihnen nicht versprechen. Ihr Vater besonders gehört vor den Richter.«

Er machte das Gesicht eines Mannes, welcher alles verloren sieht und sich in sein Schicksal ergiebt.

»Sie sind grausam, Sennor! Niemand hat Sie zum Richter über uns gesetzt. Blicken Sie hinab in die Tiefe, welche da neben uns gähnt; blicken Sie hinab und sagen Sie mir, ob – – –«

Dieser schlaue Mensch hat kein Wort ohne Absicht gesprochen. Wir alle glaubten, es sei metaphorisch gemeint, und richteten, als er von dem Abgrunde sprach, unsere Augen unwillkürlich der Tiefe zu. Das hatte er beabsichtigt, denn er wollte nach der andern Richtung ausbrechen. Er brach mitten in der Rede ab, riß dem in seiner Nähe stehenden Bruder die Kipus aus der Hand, schlug zwei hinter demselben befindliche Chiriguanos aus einander und sprang dann in weiten Sätzen dem Felsenwege zu, welcher hinab zur Salzlagune führte.

Die meisten waren so überrascht, daß sie gar nicht an eine Verfolgung des Flüchtigen dachten. Ich rief ihnen zu, acht auf den Alten zu haben, und sprang dem Jungen nach.

Es kam darauf an, ihn zu verhindern, eins der unten stehenden Pferde zu besteigen. Ich sah ihn ungefähr vierzig Schritte vor mir und war natürlich neugierig, welcher von uns der bessere Läufer sei. An der ersten Krümmung war ich ihm um zehn, an der zweiten um zwanzig Schritte näher gekommen. Als er unten aus dem Felsenwege ins Freie flog, hatte ich ihn nur noch zwölf Schritte vor mir. Er sah es nicht, denn er drehte sich nicht um, sondern er hörte es. Er wollte zu den Pferden, erkannte aber gar wohl, daß ich ihm diesen Plan durchkreuzen werde. Wenn er am Ufer hinrannte, hatte ich ihn binnen einer Minute erwischt, denn ich hörte seinen Atem schnaufend, fast hustenähnlich gehen, während meine Lunge noch so leicht und frei wie vorher arbeitete; er war ein sehr mittelmäßiger Läufer. Es gab für ihn nur eine einzige Chance, nämlich die Salzdecke der Lagune. Wagte ich mich nicht darauf, und war sie stark genug, sein Gewicht zu tragen, so mußte er vor mir das jenseitige Ufer erreichen. In seiner Aufregung und Angst wagte er es und sprang vom festen Ufer auf die Salzkruste. Ich folgte ihm nicht. Ich war über die Salzdecke der tunesischen Schotts, welche hundertmal gefährlicher sind als so eine kleine bolivianische Lagune, nicht nur gelaufen, sondern sogar geritten; ich fürchtete mich nicht, sein Beispiel nachzuahmen, aber ich konnte ihn ja viel billiger haben. Ich eilte zu meinem Pferde, stieg in den Sattel und galoppierte am Ufer hin, um die Lagune herum. Zu Fuße hätte ich ihm den Weg nicht abzuschneiden vermocht, zu Pferde aber war es eine Leichtigkeit.

Indem ich meinem Wege folgte, hielt ich das Auge natürlich auf ihn gerichtet. Wenn er das Salz kannte, war für ihn von Gefahr gar keine Rede. Wie beim Eise, so kennzeichnen sich auch bei so einer Salzkruste die gefährlichen Stellen, welche keine Tragfähigkeit besitzen, durch ihre Farbe. Man muß sie vermeiden. Uebrigens besitzt das Salz eine viel größere Elastizität, als man gewöhnlich glaubt.

Zur Regenzeit war die Lagune bis an den Rand mit Wasser gefüllt; nach dieser Zeit verdunstete das Wasser; die Salzdecke senkte sich, und darum war sie am Ufer vielfach geborsten; sie bestand da aus einzelnen Schollen und Stücken, zwischen denen man schmale, teils trockene, teils sumpfige Grundstellen erkennen konnte. Weiter drüben aber gab es Wasser, welches eine zusammenhängende Decke trug.

Der Sohn des Sendador sprang von Scholle zu Scholle; er glitt dabei oft aus, kam aber immer wieder in das Gleichgewicht. Jetzt erreichte er die letzte Scholle. Vor ihm gab es einen vielleicht vier Fuß breiten Wasserstrich, dann begann die feste Decke. Der Sprung über das Wasser war ganz leicht und ungefährlich; er that ihn, brach mit dem einen Fuß drüben ein, stürzte nieder, wälzte sich klugerweise schnell eine Strecke auf der Salzdecke weiter, sprang dann auf und setzte seine Flucht im Galoppe fort. Indessen hatte ich schon eine weite Strecke zurückgelegt. Ich befand mich an der äußersten Stelle der Ufereinbuchtung und wendete mich der andern Seite zu. Das heißt mit andern Worten, ich hatte die Hälfte meines Weges bereits hinter mir, während er noch drei Fünftel des seinigen vor sich hatte. Ich mußte weit eher drüben ankommen als er. Er sah es und hielt inne. Noch trug er die

Kipus in der Hand. Hinter ihm standen oder liefen meine Gefährten am Ufer, vor sich hatte er mich; auf diesen beiden Seiten gab es kein Entkommen. Er wendete sich also nach links. Bis jetzt hatte er sich nur auf einer schmalen Bucht befunden; nun eilte er der eigentlichen, zehnmal breiteren Lagune zu. Da gab es drüben kein betretbares Ufer, denn der Salzsee trat bis an die steile Felsenwand. Wer den Flüchtling dort verfolgen wollte, der mußte auf das Salz. Meine Gefährten hüteten sich, dies zu thun; sie blieben halten und eilten nur noch mit ihren Blicken hinter ihm her. Ich jagte hüben am östlichen Ufer hin, welches er hatte erreichen wollen, und er eilte nun auf die Höhe der Lagune hinaus, um sich dann jedenfalls nach dem westlichen Ufer zurückzuwenden, sobald ihm dasselbe eine Stelle bot, welche erklettert werden konnte. Ich hielt mich ihm parallel und war fest entschlossen, ihn nicht entkommen zu lassen. So lange er die gleiche Richtung mit mir behielt, konnte ich ruhig weiter reiten; sobald er sich aber hinüber wendete, war ich bereit, ihm auf das Salz zu folgen, und zwar zu Pferde.

Die Salzkruste hatte eine schöne, helle, weiß glänzende Farbe; sie war fest und trug ganz gewiß einen Reiter, notabene, wenn derselbe sehr schnell, nicht aber langsam ritt. Das Gewicht von Pferd und Mann durfte nur für Augenblicke auf einer und derselben Stelle ruhen. Jetzt sah ich, daß sich im jenseitigen Ufer eine schmale Schlucht öffnete. Er sah es auch, wendete sich nach links und strebte derselben zu. Jetzt konnte er mir entgehen; meine Zeit war gekommen, und ich trieb mein Pferd auf das Salz. Es wollte nicht gehorchen; es schnaubte, bäumte sich, schlug hinten hinaus. Ich gab ihm die Sporen kräftiger, als es sie jemals von mir gefühlt hatte, und unter einem zornigen Wiehern setzte es in einem weiten Bogen auf die glitzernde Decke, sprang von Scholle zu Scholle, über den offenen Wasserstrich hinüber und flog dann im Galoppe über die zusammenhängende, dumpf dröhnende Kruste hin. Von links, wo meine Gefährten standen, erschollen Schreckensrufe. Der Flüchtling hörte es, sah zu ihnen hin, bemerkte, daß sie mir eifrig zuwinkten, und drehte sich nach mir um. Er blieb einige Augenblicke wie erstarrt stehen, als er mich kommen sah, wohl weniger aus Angst um sich, als vielmehr, weil er so einen Ritt gar nicht für möglich hielt. Dann aber rannte er aus Leibeskräften weiter.

Meine ganze Aufmerksamkeit war erst in zweiter Linie auf ihn, in erster aber auf die Farbe des Salzes gerichtet. So lange dieselbe weiß glänzend, krystallinisch schimmernd war, hatte ich wenig oder nichts zu fürchten, viel weniger als ein Fußgänger. Die Schnelligkeit ist's, welche die Gefahr hinter sich legt, und sinkt ein Fußgänger mit einem Fuße ein, so hat er nur noch einen zweiten Fuß, um sich zu erhalten; sinkt aber der Huf eines Pferdes ein, so besitzt es noch drei Beine, um nicht stecken zu bleiben. Hinter dem Reiter mag die Decke immerhin bersten, wenn sie nur vor ihm noch hält.

So war ich dem jetzt voller Angst Dahinrennenden vielleicht bis auf sechzig Ellen nahe gekommen. Er hatte noch eben so weit bis an die Schlucht. Aber vor ihm nahm das Salz plötzlich eine graubräunliche, wässerige Farbe an.

»Halt, halt!« schrie ich ihm zu. »Sie brechen ein!«

Er hörte nicht auf mich und rannte weiter. Ich wollte sein Leben erhalten; mochte er mir immerhin entkommen; darum rief ich noch lauter:

»Nach rechts, wo das Salz weiß ist! Das dunkle hält Sie nicht. Um Gotteswillen, Sie sind verloren!«

Jetzt gehorchte er und hielt sich weiter rechts; ich kam ihm schneller näher, denn er war ermüdet und hatte keinen Atem mehr. Noch dreißig, noch zwanzig Schritte – er bemerkte es und hielt sich wieder links. In solchen Augenblicken handelt der Mensch mit der Schnelligkeit des Blitzes. Nach der Rettung des Sendadors hatten wir die Lassos wieder von einander gelöst, und ich hatte das meinige, wie gewöhnlich, von der einen Schulter nach der andern Hüfte gerollt, so daß ich es nur über den Kopf hinweg abzunehmen brauchte. Ich schwang es los, hakte den Ring des einen Endes an den Sattelknopf, wand das andere Ende zur Schlinge, nahm mit der Linken die Zügel fest, hob mich in den Steigbügeln empor und schwang mit der Rechten den Riemen im Kreise hoch über dem Kopfe. Der

Flüchtling brach mit einem Fuße ein, gewann für kurze Zeit wieder Boden; ich durfte keinen Schritt weiter, denn nur eine kurze Strecke vor mir verlor das Salz die helle Farbe; der Lasso flog durch die Luft; die Schlinge faßte den Mann; in demselben Augenblicke brach er ein. Hätte ich, wie man es auf festem Boden stets thut, scharf wenden und den Riemen anziehen können, so wäre er nicht untergesunken; aber das hätte mir und dem Pferde das Leben gekostet, denn bei einer solchen Wendung auf den Hinterhufen hätten wir uns augenblicklich durch die hier schon weiche Kruste gebohrt. Ich mußte einen, wenn auch kurzen Bogen reiten; dann spannte sich der Riemen an. Das Pferd zog, vergeblich; das Salz hielt den Mann fest; das Pferd zog abermals und fuhr mit einem Hinterhufe durch das Salz. Ich trieb es augenblicklich durch einen Druck des Schenkels zur Seite und riß das Messer aus dem Gürtel; ich mußte den Lasso durchschneiden, um nicht selbst zu verderben. Vorher aber wagte ich das Aeußerste; ich gab dem Tiere die Sporen, daß ich später das Blut an den Rädern kleben sah. Das Pferd zog nicht an, sondern es sprang förmlich an – Gott sei Dank, es schoß vorwärts, und der Lasso war fester als die Salzkruste, unter welche der Flüchtling geraten war; er wurde empor- und mit fortgerissen.

Nun durfte ich nicht etwa halten bleiben, um den Mann aufzunehmen. O nein, das wäre mein Untergang gewesen. Ich mußte fort, zurück, und durfte keinen Augenblick halten bleiben. Ich zog ihn am Riemen hinter mir her, ritt aber so langsam wie möglich, um ihn nicht tot zu schleifen, und nahm dabei den Lasso Hand für Hand zu mir ein, so daß der Sohn des Sendador mir immer näher kam. Der Lasso wurde kürzer und kürzer, und es war auch Zeit dazu, da ich den an demselben Hängenden unmöglich über die harten, scharfkantigen Uferschollen schleifen durfte. Noch hatte ich dieselben nicht erreicht, so hing er neben dem Pferde. Ein Griff, ein Schwung, der mich fast aus dem Sattel gerissen hätte, und der Mann lag quer vor mir und war in Sicherheit. Nun noch über die offene Wasserstelle zurück; dann von Scholle zu Scholle an das Ufer. Dort hielten der Bruder und Pena, auch Turnerstick, welche mir nachgeritten waren; sie nahmen mir den Mann ab, und ich stieg von dem Pferde, welches laut schnaubte und am ganzen Körper zitterte; es hatte die Gefahr empfunden, in welcher wir uns befunden hatten.

Während das Erzählte sich abspielte, hatte ich meine Aufmerksamkeit, wenn auch nur für Momente, auch auf anderes richten müssen. Als ich den Lasso warf und der Mann einbrach, ertönte von oben herab ein Schrei, welcher kaum menschlich genannt werden konnte. Den erwähnten Bogen reitend, blickte ich hinauf auf die Felsenplatte und sah die Chiriguanos und Tobas stehen, welche meinen Ritt mit ihren Blicken verfolgten. Ganz vorn, beinahe an der Kante aber stand, hoch aufgerichtet und mit angstvoll emporgehobenen Armen, der Sendador, der kurz vorher noch so schwach gewesen war, daß er sich kaum hatte sitzend aufrichten können. Die Vaterliebe verlieh ihm die Kraft, sich trotz der Fesseln aufrecht zu halten. Und als ich nun vom Pferde gestiegen war und nach oben blickte, sah ich ihn noch ebenso dastehen.

Sein Sohn sah schrecklich aus. Das Wasser hatte ihn nicht hergeben wollen. Bei dem Rucke, mit welchem ich ihn herausgerissen hatte, war sein Gesicht zerschunden und ein Teil seines Anzuges zerfetzt worden. Durch das Schleifen über das Salz war es nicht besser geworden. Der Gürtel fehlte und eine Hälfte der Jacke. Die Hauptsache war, daß er noch lebte. Er kam bald zu sich und gelangte schnell zum Bewußtsein dessen, was geschehen war. Er sah mich lange in sichtbarer Verlegenheit an; dann hielt er mir die Hand hin und sagte:

»Sennor, ohne Sie läge ich jetzt da unten. Sagen Sie, wie ich Ihnen das vergelten kann!«

»Seien Sie brav, und vergelten Sie es nicht mir, sondern denen, welchen Sie bisher übel gethan haben!«

»Das werde ich thun. Aber auch Sie sollen erfahren, daß ich dankbar bin. Ich gebe Ihnen die Kipus zurück.«

Er griff in die Tasche.

»Sie hatten sie in der Hand, als Sie durch das Salz brachen,« bemerkte ich.

»In der Hand?« fragte er enttäuscht. »*O desdichado de mi!* Es ist wahr; so habe ich sie im Wasser gelassen!«

»Und niemand wird sie jemals finden können!«

»Aber die Zeichnung, die Zeichnung, wenn Sie die haben, so – – wo ist mein Gürtel?«

»Auch im Wasser.«

»O Himmel! Ich hatte die Zeichnung da eingeschlagen.«

»So ist sie auch fort?«

»Auch fort, verloren! Was thun wir? Sie müssen sie haben. Ich muß sie schaffen; ich gehe wieder hinüber!«

Er sprang auf, um sich abermals auf das Salz zu begeben.

»Bleiben Sie!« gebot ich ihm. »Sie erreichen nichts, wenigstens Sie allein. Die einzige Möglichkeit des Gelingens ist dann vorhanden, wenn wir alle unsere Bemühungen vereinigen. Wir müßten das Salz entfernen und dann suchen. Dazu gehören Boote und Werkzeuge, welche wir nicht besitzen. Vielleicht kommt uns ein Rat, ein guter Gedanke. Wir werden überlegen. Jetzt aber kommen Sie mit uns zu Ihrem Vater!«

Er weigerte sich nicht und ging mit uns, ohne daß es uns einfiel, ihn zu binden. Wir hatten die Ueberzeugung, daß er uns nicht wieder entfliehen werde. Was meine Gefährten zu meinem Wagnisse, zu Pferde auf das Salz zu gehen, sagten, das braucht nicht berichtet zu werden. Es war keineswegs eine Heldenthat, sondern höchstens ein kleines Wagnis, wie jeder es einmal unternimmt. Als wir oben auf der Felsenplatte angekommen waren, warfen die Chiriguanos und Tobas mir Blicke zu, welche mir deutlich zeigten, wie ich ihnen imponierte. Ein wenig Mut, und man erwirbt die Achtung dieser Leute leicht.

Der Sendador hatte sich wieder niedergesetzt. Seine Augen leuchteten, ob vor Freude oder in der Glut des Fiebers, das war schwer zu sagen. Er reichte seinem Sohne die Hand, zog ihn neben sich nieder und ließ ihn erzählen. Wir traten zurück, denn es war uns jetzt nicht mehr von Wichtigkeit, zu hören, was er mit seinem Sohne sprach. Ich war vollständig überzeugt, daß er nun doppelt über mich ergrimmt sei, da ich seinen Sohn fast in den Tod getrieben, sein Entkommen verhindert hatte und auch an dem Verluste der Kipus und Pläne die Schuld trug.

Dieser Verlust ging uns allen sehr nahe. Mancher von uns hatte doch wohl im stillen die Hoffnung gehegt, daß das Auffinden des Versteckes ihm Vorteil bringen werde.

Wie erstaunte ich, als der Sendador mich und den Bruder zu sich rief und uns in einem Tone, den wir bei ihm gar nicht für möglich gehalten hätten, sagte:

»Sennores, als ich meinen Sohn versinken sah, ist mir das Herz gebrochen. Mit einemmal sah ich, was für ein Mensch ich gewesen bin. Sie glauben, mich zu kennen, aber Sie kennen mich nicht. Ich weiß, daß ich sterbe. Ich will vorher mein Herz erleichtern, indem ich Ihnen alles, was ich begangen habe, erzähle. Hören Sie meinen Lebenslauf!«

»Nein,« wehrte ich ab. »Hat die Vorsehung Ihren Tod beschlossen, so gehören Ihre letzten Stunden oder Augenblicke nicht mir und andern profanen Personen, sondern Gott. Hier ist unser guter und frommer Frater Hilario. Vertrauen Sie ihm, was Ihr Herz beschwert, und Sie werden von ihm den rechten Trost erhalten«

»Sie haben recht. Aber sagen Sie mir, ob Sie mir verzeihen!«

»Von ganzem Herzen.«

»Was werden Sie mit meinem Sohne thun?«

»Nichts. Er mag gehen, wohin er will. Ich hoffe, er wird nie vergessen, hier den Beweis erhalten zu haben, daß Gott gerecht, doch auch unendlich gnädig ist! Ich hatte nur mit Ihnen zu thun und bin nicht sein Richter.«

»Dann komm her, mein Sohn; gieb mir deine Hand, und höre, was ich dir sage! Es ist entsetzlich, wenn ein Vater zu seinem Kinde so reden muß, wie ich jetzt zu dir; aber ich habe vor dir und mit dir gesündigt und dich den Weg des Verbrechens geführt; meine Reue kann mir die Hoffnung auf Gottes Barmherzigkeit erwecken, nicht aber vermag sie, an den Menschen gut zu machen, was wir an ihnen verbrochen haben. Dieses Letztere soll deine Aufgabe sein. Willst du mir diesen meinen letzten irdischen Wunsch erfüllen?«

Er war ein großer, verstockter, ja frecher Sünder gewesen,

aber wie ich ihn jetzt sprechen hörte, gingen mir seine Worte tief zu Herzen. Die Todesangst um seinen Sohn hatte wirklich die harte, unzerstörbar scheinende Rinde gebrochen. Er sprach nicht zusammenhängend, sondern langsam, mühsam und mit vielen Pausen, denn der Atem versagte ihm. Er hatte sich jedenfalls im Innern Schaden gethan, und die Anstrengung, mit welcher er seine großen körperlichen Schmerzen bekämpfte, trieb ihm den Schweiß in großen Tropfen auf die Stirn. Seine Stimme klang trotzdem mild, wie diejenige einer liebevollen Mutter. Ja, es war wahr, wäre er nicht auf die Wege des Verbrechens geraten, welch ein Mann, Gatte und Vater hätte aus ihm werden können! In dieser Weise hatte er wohl noch nie zu seinem Sohne gesprochen, und darum machten seine Worte einen tiefen, tiefen Eindruck auf denselben. Die Lippen des jungen Mannes zitterten; er konnte nicht sprechen; er antwortete dadurch, daß er sein Haupt zustimmend neigte und die Hand des Vaters drückte.

»Du bist reich,« fuhr dieser fort. »Du weißt, wo unsere Habe verborgen liegt; aber du weißt auch, daß sie nicht auf ehrliche Weise unser Eigentum geworden ist. Gieb sie denen wieder, denen wir sie abgenommen haben! Und willst du zu meiner Seligkeit beitragen, indem du den Zorn Gottes in Barmherzigkeit verwandelst, so gehe fortan nur die Wege der Gerechtigkeit, von denen ich dich fern gehalten habe. Ich glaube nun an die ewige Liebe und Gnade; ich weiß, daß Gott mir vergeben kann; aber sollte ich zu den Verlorenen gezählt werden, so werde ich die Strafe leichter tragen, wenn ich dich einst unter den Seligen erkenne. Jetzt sage mir aufrichtig und ohne alle Schonung, ob du besser werden willst, als dein Vater, der dein Verführer war, gewesen ist!«

Er sah seinem Sohne angstvoll in die Augen. Dieser war überwältigt; er drückte ihn an sich, küßte ihn und antwortete unter strömenden Thränen:

»Du weißt, daß ich oft nicht gern gethan habe, was du von mir verlangtest. Als da unten in der Lagune die Flut über mir zusammenschlug, leuchtete es in mir auf, nur einen Augenblick, dann verlor ich die Besinnung; aber es war ein Augenblick großer, heller Einsicht, daß ich nicht zu leben verdiente. Von jetzt an aber will ich es verdienen. Ich verspreche, ich schwöre es dir!«

Ueber das Gesicht des Alten breitete es sich wie eine tiefe, innige Freude. Er drückte die Hand des Sohnes und bat ihn:

»Ich kenne dich und weiß, daß du Wort halten wirst. Jetzt gehe! Ich muß mit dem Bruder sprechen.«

Auch ich ging, glücklich in dem Gedanken, daß jetzt ein verlorener und vollständig aufgegebener Sohn im Begriffe stehe, zum Vater zurückzukehren. Es war mir zu Mute, als ob ich mich in einem Dome befände und vor dem Heiligtume kniete. Darum wollte es mit meiner Stimmung wenig harmonieren, als mich die andern wegen der verloren gegangenen Kipus in Beschlag nahmen; doch konnte ich mich ihnen nicht entziehen. Es wurde beschlossen, genau nachzusehen, ob sie nicht vielleicht auf der Salzdecke zu finden seien. Sie konnten der Hand des jungen Sabuco entfallen sein, bevor er einbrach. Und ebenso konnte auch der Gürtel sich auf dem Salze finden.

Wir stiegen hinab. Der Bruder blieb mit dem Sendador allein, um ihn zu trösten. Der junge Sabuco erklärte sich bereit, nochmals auf die Lagune zu gehen; ich war gewillt, ihn zu begleiten, und Pena machte das Wagnis mit. Es war vergebens; wir sahen die gesuchten Gegenstände nicht und mußten auch einsehen, daß unter den gegebenen Umständen ein Nachforschen unter dem Salze eine Unmöglichkeit sei. Wir sahen uns gezwungen, auf den Schatz der Inkas für immer zu verzichten. Pah! Es giebt Schätze, welche wertvoller sind und weder von dem Roste gefressen, noch von den Motten verzehrt werden.

Jetzt fanden sich die Chiriguanowachen, welche sich entfernt hatten, wieder zu uns. Sie hatten uns beobachtet und dabei erkannt, daß nichts für sie zu befürchten sei. Wir nahmen uns mit Absicht Zeit und kamen erst nach zwei Stunden wieder oben auf der Felsenplatte an. Der Sendador schlief; der Bruder saß bei ihm. Als ich dem letzteren einen fragenden Blick zuwarf, sagte er in seiner freundlich ernsten Weise:

»Er bereut in Wahrheit, und Gott zürnt nicht ewig.«

Man sah es dem Schlafenden an, daß es mit ihm zur Rüste ging. Der Tod schrieb ihm seine Zeichen in das Gesicht. Wir setzten uns in der Nähe hin und sprachen leise miteinander. Nach einiger Zeit erwachte er und verlangte mit matter Stimme nach seinem Sohne.

»Vergieb mir; halte dein Wort, und sei fromm!« stieß er leise und mit vieler Mühe hervor.

Wir beteten. Die Indianer folgten unserm Beispiele. Nach einiger Zeit flüsterte er, nach dem Grabe des Ermordeten winkend:

»Dort liegt Juan Gomarra. Tragt auch seinen Bruder herauf! Bei ihnen will ich liegen, damit mir leichter vergeben werde.«

Lange lag er mit geschlossenen Augen, rechts die Hand des Bruders und links diejenige seines Sohnes haltend. Dann richtete er sich noch einmal empor, und sank tot zurück. Wahrlich, der Augenblick, an welchem ein Mensch von hinnen scheidet, ist ein großer, ein heiliger Augenblick! Und ob er noch so schwer gefehlt habe, niemand ist Richter als Gott, der Herr, allein! – – –

Die Gesellschaft schlief am Abende unten an der Lagune. Der Bruder, der Sohn des Sendador und ich hielten oben die Leichenwache, und am andern Morgen wurden die Toten, auch die gefallenen Chiriguanos, mit der Feierlichkeit begraben, welche unter den obwaltenden Verhältnissen möglich war. Dann verließen wir die Pampa de Salinas. Vielleicht gab es nur einen einzigen, welcher im stillen unzufrieden darüber war, daß der Sendador sich seiner Rache durch den Tod entzogen hatte – Pena, welcher nur sehr schwer zu vergessen vermochte. –

Uns allen war vollständig unbekannt gewesen, daß der Sendador einen Sohn gehabt hatte. Daß dieser an den Thaten seines Vaters beteiligt gewesen war, das wußten wir nun, aber weiter nichts, weiter garnichts von ihm; er war uns ein Rätsel, welches wir gar zu gern gelöst hätten, doch widersprach es meinem Gefühle, ihn, als er uns auf dem Rückwege begleitete, nach seiner Vergangenheit zu fragen. Die andern aber waren in dieser Beziehung weniger zart als ich, und schon beim ersten Nachtlager wendete sich Pena mit einer darauf bezüglichen Erkundigung an ihn. Er dachte eine kleine Weile nach und antwortete dann in ernstem Tone:

»Sennores, ich bitte Sie sehr, mir dieses eine Geheimnis zu lassen; die Mitteilung desselben kann weder Ihnen etwas nützen noch an dem Geschehenen das geringste ändern. Keiner von Ihnen hat einen Vorteil davon, wenn ich mein plötzliches Erscheinen bei der Pampa de Salinas erkläre. Ich habe viel, sehr viel Unrecht gethan, und mein Leben wird von jetzt an der Sühne meiner Thaten und derjenigen meines Vaters gewidmet sein. Ich werde mich dahin begeben, wo der Sendador lebte, und dort das, was er beging, möglichst gut zu machen suchen. Das mag Ihnen genügen!«

Es fragte ihn keiner wieder. Am Rio Salado trennten wir uns von den Tobas und Chiriguanos; er ritt mit ihnen weiter. –

In Tucuman trafen wir den ›alten Desierto‹, der jetzt wieder jung geworden zu sein schien, mit Unica und ihrem Adolfo Horno. Monteso verabschiedete sich da mit seinen Yerbateros von uns, um nach den erlebten Abenteuern seinem Berufe wieder nachzugehen.

Nicht weit von einer Hauptstadt Mitteldeutschlands liegt ein Rittergut, dessen Namen nicht genannt zu werden braucht. Es gehört dem Desierto, und da wohnt auch Adolf Horn mit seinem Weibchen, die seine Universalerben sind. Wenn sie einmal von vergangenen Zeiten und frühern Erlebnissen sprechen wollen, so lassen sie anspannen und fahren nach der Stadt, um an einem schönen Hause der Schloßstraße auszusteigen. Der Eigentümer desselben ist der Rentier Kummer, einst Sennor Pena genannt, dessen Nichte ihm die Wirtschaft führt. Dann sitzen alle die Genannten traulich beisammen und freuen sich der ruhigen, glücklichen Gegenwart, die ihnen nach so langen Kämpfen gern und wohl zu gönnen ist.